本书为国家社会科学基金重点项目"资产价格波动对我国金融稳定影响的理论模型重构与实证研究"（项目编号：18AJY029）的最终成果。

王劲松　唐洛秋　武文慧　**著**

房地产价格
与中国金融稳定

指数构建、DSGE 分析与实证研究

Real Estate Prices
and Financial Stability of China

Index Construction,
DSGE Analysis and Empirical Study

社会科学文献出版社
SOCIAL SCIENCES ACADEMIC PRESS (CHINA)

序　一

当今时代，百年未有之大变局加速演进，金融稳定和金融安全成为全球经济持续健康发展的关键。2008 年国际金融危机的阴霾逐渐散去，人类对金融体系及其功能的认识更加全面、更加深刻、更加透彻，对其稳定性的追求也更为迫切。中国作为世界经济发展的重要引擎，金融市场的稳健运行对全球经济的稳定与发展有着巨大的影响。在这一背景下，《房地产价格与中国金融稳定：指数构建、DSGE 分析与实证研究》这部专著以其独特的视角和深入的分析，为我们理解金融市场尤其是房地产市场与金融稳定之间的复杂关系提供了有价值的借鉴和参考。这部专著凝聚了作者王劲松、唐洛秋、武文慧多年潜心研究的心血与智慧，通过多维度的分析方法，对中国经济金融的关键问题进行了深入探讨。书中的每一部分都经过了精雕细琢，作者不仅搭建了系统的理论分析框架，而且在实证研究中提供了丰富的数据，展现了深厚的理论功底和独到的学术见解。

该书的主要内容围绕房地产价格的波动及其对金融稳定的影响展开。正如书中所述，房地产市场在中国经济发展中的重要性不言而喻。在城市化浪潮的推动下，房地产市场逐渐成为国民经济的核心领域之一。无论是对家庭的财富积累，还是对金融机构的信贷扩张与地方政府的财政收入，房地产市场的波动都具有广泛而深远的影响。因此，探讨房地产市场与金融稳定之间的关系，就成为学术界和决策者关注的焦点。

该书不仅深入探讨了房地产市场与金融稳定之间的关系，还通过构建金

融稳定指数，为这一问题的深入探讨提供了科学有效的工具。作者利用
TVP-FAVAR 模型和熵值法等计量经济学方法，构建了宏观、省域与区域三
个层次的金融稳定指数。这些指数不仅在理论上丰富了金融经济学的研究，
也为现实的金融风险管理和防控提供了重要的参考依据。作者通过细致分
析，揭示了房地产市场的波动对不同层面金融稳定的差异化影响。例如，在
宏观层面，房地产市场的过热可能会导致资产泡沫形成；而在省域层面，地
方政府对土地出让的依赖使得房地产价格波动对地方财政的影响尤为显著。
这些研究结果为理解中国房地产市场的复杂性及其对金融稳定的多重影响提
供了重要的视角。

值得一提的是，作者在研究中运用了动态随机一般均衡模型（DSGE 模
型），进一步揭示了房地产市场波动对金融稳定的复杂影响。DSGE 模型以
其在动态、随机环境中模拟经济主体行为决策的强大能力，为揭示经济波动
的内在机制提供了强有力的分析工具。作者将中国的实际经济金融数据纳入
模型，详细探讨了房地产价格波动对宏观经济稳定性和金融风险的影响，并
得出了诸多具有政策含义的结论。作者的研究不仅揭示了地方政府债务与房
地产市场的紧密联系，也指出了影子银行体系扩张与房地产市场投机行为的
相互依存关系，以及金融监管缺失带来的潜在风险。

居安思危，思则有备。作者从政策角度提出了多层次、多维度的建议，
以维护中国金融体系的稳定与安全。书中详细阐述了宏观审慎监管的重要
性，并提出了一系列政策措施，以应对房地产市场波动可能引发的金融风
险。这些政策建议，不仅为学术界提供了一个系统的分析框架，也为政策制
定者理顺中国房地产市场与金融稳定之间的复杂关系提供了基础。这些建议
的提出，既是基于对中国经济金融现实的深刻理解，也是基于对国际经济形
势的敏锐洞察。正如书中所指出的，房地产市场的稳定性不仅影响着宏观经
济的运行态势，还关乎整个金融体系的安全与发展。在当前全球经济格局变
幻莫测的背景下，房地产市场的波动可能会引发一系列连锁反应，从而对金
融市场、实体经济乃至社会稳定产生深远的影响。因此，研究中国房地产市
场与金融稳定之间的关系，对学术界是一个严峻的挑战，对政策制定者也是

一个巨大的考验。

　　作为长期关注金融市场与宏观经济政策的经济学者，我深知金融稳定对于经济可持续发展、对于推进中国式现代化的重要性。该书的出版，不仅为我们提供了一个全新的视角来审视房地产市场的宏观微观影响，更为政策制定者提供了宝贵的决策参考。在全球经济面临诸多不确定性的当下，如何防范和化解金融风险，守住不发生系统性风险的底线，维护金融市场的稳定，是每个国家都面临的艰巨任务。

　　长风破浪会有时，直挂云帆济沧海。在此，要特别感谢作者的精湛研究和辛勤付出。正是由于他们的努力，该书才能以这样系统而深入的形式呈现给读者。无论是在学术研究还是在政策实践中，该书都将发挥重要作用，成为继续研究、探讨中国房地产市场与金融稳定问题的重要参考文献。相信该书的出版，必将在学术界和政策制定层面产生重大而深远的影响，也希望作者取得更多有价值的成果。

中国社会科学院财经战略研究院院长、

中国社会科学院大学商学院院长

何德旭

2024 年 8 月 8 日

序　二

　　金融是国家核心竞争力的重要组成部分，金融体系稳定不仅对金融系统资源配置效率有着至关重要的影响，而且会进一步影响实体经济增长的速度和质量，严重时甚至会影响社会稳定。

　　金融系统的稳定和全球政治经济形势紧密相关。一方面，全球政治经济形势会对金融系统整体功能发挥造成实质性影响。当前，全球经济面临更多的不确定性，全球贸易格局也受到逆全球化冲击，巴以、俄乌冲突等地缘政治风险凸显，全球金融市场波动显著加剧。我国的经济金融发展面临较大的外部不确定性，如何正确应对是我国金融系统面临的巨大挑战。另一方面，金融市场是否稳定也会对全球政治经济发展趋势产生深远影响。1997年亚洲金融危机从泰国发端，很快风险溢出到亚洲各国，这些国家股市动荡，许多大型企业特别是外贸企业倒闭，工人失业，金融机构破产，社会经济萧条，甚至一些国家的政局也开始出现混乱现象。2008年国际金融危机从美国开始，迅速席卷全球各主要经济体，大量金融机构倒闭，全球经济衰退严重。这些金融危机使得世界各国政府以及全球学者共同关注金融系统的稳定性，并对金融体系的改革发展提出了很多崭新的理念和措施，在此期间全球各国金融监管体系也进行了更新迭代。

　　值得注意的是，历次金融危机特别是2008年国际金融危机使得各国普遍意识到房地产市场健康发展对金融体系的稳定有着不可忽视的影响。2008年国际金融危机发生的根源之一就是房地产价格大幅变动所引致的风险，这些风险进一步被资产证券化产品和信用衍生产品放大，最终形成全球性的金融危机。不仅是中国，世界几乎所有国家的居民家庭最重要的财富之一就是房产，一旦房地产价格发生未预期到的大幅变动，会影响每一个居民家庭的福利，极端情形下会引起社会动荡。因此，准确分析和探讨房地产价格波动对金融稳定的影响及其背后复杂的机制是国内外学者面临的共同挑战。从实践层面来看，对我国金融系统的稳定性进行准确测度、深刻理解房地产价格波动对金融稳定的影响及其作用机制，也是我国维护金融稳定及金融安全、促进房地产市场健康发展以及推动经济高质量发展的内在要求。因此，切实推进金融稳定相关的理论与实践研究，准确把握房地产价格波动对经济、社会和居民家庭福利等多个方面的影响，进一步分析房地产价格波动与金融稳定的关系，对于完善金融监管体系、防范化解系统性金融风险具有重要的理论和实践意义。

在此背景下，王劲松教授带领团队就房地产价格波动对金融稳定的影响进行了深入且系统的研究。《房地产价格与中国金融稳定：指数构建、DSGE 分析与实证研究》一书立足于中国经济新常态的大背景，聚焦于金融稳定这一关键经济变量，通过构建宏观、省域和区域三个层面的金融稳定指数，深入分析了房地产价格波动对金融稳定的影响。作者不仅在理论上进行了创新，更在方法论上展现了独到之处。他们运用了 TVP-FAVAR 模型、熵值法等，结合动态随机一般均衡（DSGE）模型与 TVP-SV-VAR 模型、GMM 法、空间杜宾模型等，对我国金融系统的稳定性进行了多维度、多层次的分析。

在阅读这部专著的过程中，能够感受到作者的艰苦努力和深入思考。书中不仅对金融稳定的概念进行了清晰的界定，更是通过理论模型构建与实证研究探讨了房地产价格波动对不同层面金融稳定的影响。特别是，作者对地方政府债务风险、影子银行风险以及企业债务违约风险的深入分析，为我们理解房地产价格波动背后的金融风险传导机制提供了新的视角。通过阅读这部专著，我们得以一窥作者在金融稳定方面的深入研究与创新。

首先，作者在金融稳定指数的构建上进行了大量创新性工作。金融稳定指数作为衡量金融系统安全性和稳健性的重要指标，其构建方法和适用范围直接影响到金融风险的识别和预警。作者采用多种先进的量化方法，如 TVP-FAVAR 模型、熵值法等，构建了涵盖八大风险领域，涉及宏观、省域和区域三个层次的金融稳定指数体系。这一指数体系不仅能够全面反映金融系统的稳定性，还能够精准捕捉金融市场的潜在风险，为政策制定者提供科学、精确的决策依据，从而增强金融风险管理的前瞻性和有效性。

其次，在动态随机一般均衡（DSGE）模型的应用上，作者展示了该模型在金融稳定研究中的独特优势。DSGE 模型作为现代宏观经济学的重要工具，能够综合考虑经济体内不同部门之间的相互作用以及政策冲击的长期和短期动态效应。作者通过构建包含多部门的 DSGE 模型，模拟并分析了不同情景下房地产价格波动通过地方政府债务领域、影子银行领域以及企业债务领域对金融稳定的动态影响。这一研究不仅扩展了 DSGE 模型的应用范畴，还为宏观经济政策的制定提供了有力支持。

再次，在房地产价格与金融稳定之间的关系分析上，作者不仅通过构建动态随机一般均衡模型深入探讨了房地产价格波动如何通过不同渠道影响金融稳定，而且还运用 TVP-SV-VAR 模型、GMM 法、空间杜宾模型等先进的计量经济学工具，就房地产价格波动对金融稳定的影响进行了实证分析，进一步拓展和深化了房地产价格与金融稳定之间的关系研究。作者通过结合理论模型和实证研究，深刻揭示了房地产价格波动如何传导至金融体系，并最终影响宏观金融稳定。

最后，该书的研究成果不仅具有较高的学术价值，还具有较强的实践意义。在当前中国经济面临内外部多重挑战的复杂背景下，平衡房地产市场的健康发展与金融稳定之间的关系，有效应对房地产市场波动带来的金融风险，确保金融系统的稳健运行，是摆在决策者面前的一项紧迫而重要的任务。作者基于坚实的理论基础，紧密结合中国经济发展的实际情况，从宏微观经济政策、金融风险监管和房地产市场管理等多个角度出发，提出了一系列切实可行的政策建议，这些政策建议具有较强的操作性和前瞻性。

在研究方法方面，作者将最新的计量经济学方法和宏观经济模型相结合，显著提高了研究的精确性和可靠性。此外，该书在结构安排上也体现了作者的精心处理，从导论到结论与政策建议，逻辑清晰、层次分明，不仅使复杂的概念和理论易于消化，也使读者能够循序渐进地理解作者的研究思路和核心结论。

综上所述，该专著集理论与实践、宏观与微观、定性与定量分析于一体，不仅丰富了我们对金融稳定及其影响因素的认识，更为中国经济金融的稳健发展提供了宝贵的智力支持和深刻的洞见。在此，我诚挚地向广大读者推荐这部优秀的学术作品，希望更多的学者、学生和政策制定者能够通过阅读这本书，进一步提升对金融稳定、资产价格波动等问题的理解和认识，也期待作者未来进一步深入研究，为大家奉献更多更出色的研究成果。

首都经济贸易大学校长，教育部长江学者特聘教授

吴卫星

2024 年 8 月

前　言

　　自 2008 年国际金融危机后，各国学者和决策者都意识到以维持价格稳定为核心的传统宏观调控政策难以保证金融体系的稳定，以防范系统性金融风险为目标的宏观审慎政策逐渐被各经济体纳入政策实践。党的十八大后，我国初步确立了新的经济政策框架以适应经济发展新常态，并且中央对防范化解金融风险进一步给予高度重视；党的二十大报告和 2023 年中央金融工作会议指出要防范化解重大金融风险，防止形成区域性金融风险，守住不发生系统性金融风险的底线，以维护国家安全和社会稳定。目前，我国面临需求收缩、供给冲击、预期转弱的三重压力，全球正处在一个动荡不安的转型期，资产价格等不稳定因素显著增加，国家金融稳定面临着巨大的风险和挑战。基于这样的背景，本书围绕房地产价格波动对我国金融稳定的影响，从宏观、省域和区域三个层面进行金融稳定指数的构建与分析，就房地产价格波动对金融稳定的影响进行动态随机一般均衡分析和实证研究，并在总结研究结论的基础上，从宏观、区域和省域三个层面就如何维护我国金融稳定提出政策建议。

　　本书关于房地产价格波动对我国金融稳定影响的指数构建、动态随机一般均衡分析与实证研究涉及三个方面：第一，运用多种方法对金融稳定指数（包括我国宏观、省域和区域三个层面的金融稳定指数）进行构建与分析；第二，基于 DSGE 模型就主要金融风险领域构建房地产价格波动对金融稳定影响的理论模型，并对其进行动态随机一般均衡分析；第三，就房地产价格波动对不同层面（宏观、省域和区域）金融稳定的影响进行深入的理论分析、提出研究假设和进行规范的实证研究。

除导论、参考文献外，本书共包含四部分内容。第一部分是中国金融稳定指数构建与分析；第二部分是主要金融风险领域动态随机一般均衡分析；第三部分是房地产价格波动对中国金融稳定影响的实证研究；第四部分是结论与政策建议。

在中国金融稳定指数构建与分析中，本书首先运用 TVP-FAVAR 模型构建我国宏观金融稳定指数，并运用模型回归、马尔可夫区制转换模型和随机模拟法对其进行了敏感性检验、区制状态分析以及预测研判；其次运用熵值法构建了省域金融稳定指数，并运用省域分层方法从时间和空间两个维度分析了造成金融稳定省域差异的关键因素；最后在省域金融稳定指数的基础上构建了东部、中部、西部和东北地区的区域金融稳定指数，并运用马尔可夫区制转换模型、泰尔指数、莫兰指数等对其进行了区制状态分析、差异测度和时空变化分析。本书发现：构建的宏观金融稳定指数能够较为准确地反映一些关键事件和重要宏观经济变量对我国金融稳定的影响，我国的金融稳定性较高且呈现波动上升的趋势；北京大学数字普惠金融指数、省级地方政府债务负担率和对外开放程度对省域金融稳定影响最大，并且金融发展状况较好的省份金融稳定性表现较差；我国区域金融稳定性较高，全国及各区域金融稳定性的总体差异较小，东部地区的金融稳定性对于全国的金融稳定具有决定性意义，并且区域金融稳定指数呈现随时间波动的动态演进特征和一定的空间分异演变规律。此外，本书还分别就如何维护各个层面的金融稳定提出相关的政策建议。

在主要金融风险领域动态随机一般均衡分析中，本书先后构建了房地产价格波动通过地方政府债务、影子银行以及企业债务影响金融稳定的 DSGE 模型，并对其传导渠道和途径以及影响金融稳定的过程和作用结果进行了理论模型分析。本书通过研究得出：房价波动通过土地出让转嫁到地方政府部门，进而影响地方政府债务的稳定，其中国有房地产部门价格的波动对地方政府债务稳定性的影响更大，但是地方政府支出效率的提高可以有效降低房价波动对地方政府债务稳定性的影响；房地产市场的波动通过抵押担保渠道传导到金融中介部门从而影响宏观金融波动，广义的宏观审慎监管框架无法避免房地产市场波动下影子银行规模的扩大，也不能很好地缓解房地产市场波动对影子银行和宏观金融稳定的影响；房价波动最主要的原因是房地产需求冲击，体制性因素会影响异质性企业债务稳定性，并且财政政策和货币政策对企业债务稳定性的影响有所分化。

在房地产价格波动对中国金融稳定影响的实证研究中，本书首先对房价和地价波动对宏观金融稳定的影响进行了理论分析，并运用 TVP-SV-VAR 模型进行了实证分析；其次对房价和地价波动对省域金融稳定的影响进行了理论分析，并运用 GMM 法、空间杜宾模型进行了实证分析；最后对房价和地价波动对区域金融稳定的影响进行了理论分析，并运用面板联立方程模型、空间面板联立方程模型对其进行了实证分析。本书通过研究发现：房价和地价上涨从长期来看不利于宏观金融稳定；房价与地价波动对省域金融稳定具有不可忽视的对称性与非对称性的影响，并且相邻省域金融稳定之间存在空间异质性和空间传染性；房价波动和地价波动均不利于区域金融稳定，且这一效应存在显著的区域异质性；房价、地价间存在显著的正相关关系，房价、地价任何一方的波动都会通过导致另一方的波动从而间接影响金融稳定；各区域的金融稳定存在显著为正的空间效应。

综上所述，从理论上讲，房地产价格波动通过地方政府债务、影子银行、企业债务三大风险领域对我国金融稳定产生影响；从实证上看，本书的实证研究不仅检验了通过理论分析而提出的研究假设，还验证了通过理论模型构建而得出的研究结论。基于以上理论研究结论和实证研究结果，本书认为，房地产价格波动对我国金融稳定的影响既有理论的必然性，也有现实的合理性，因此，我们应该将房地产价格波动因素放在维护金融稳定的关键位置，关注房地产价格波动通过地方政府债务、影子银行、企业债务领域对金融稳定产生的影响，然后从宏观、省域和区域三个层面分别提出相应的政策建议，为我国维护金融稳定提供现实指导，并通过维护房地产价格的相对稳定来实现维护省域和区域金融稳定，进而实现宏观金融稳定的最终目标。

目 录

第一章 导论 ………………………………………………………… 001

  第一节 研究的目的、意义及相关概念的界定 ………………… 001

  第二节 问题的提出 …………………………………………… 005

  第三节 国内外相关研究 ……………………………………… 009

  第四节 研究方法与结构安排 ………………………………… 017

  第五节 所做的探索与不足 …………………………………… 022

第一部分 中国金融稳定指数构建与分析

第二章 中国宏观金融稳定指数构建与分析

  ——敏感性检验、区制状态分析与预测研判 ………………… 029

  第一节 研究背景 ……………………………………………… 029

  第二节 宏观金融稳定指数的构建 …………………………… 036

  第三节 宏观金融稳定指数的敏感性检验 …………………… 051

  第四节 宏观金融稳定指数的区制状态分析 ………………… 053

  第五节 宏观金融稳定水平预测 ……………………………… 058

  第六节 小结 …………………………………………………… 059

第三章 中国省域金融稳定指数构建与分析

——时空变化与政策研究 …………………………………………… 061

第一节 研究背景 ………………………………………………… 061

第二节 省域金融稳定指数构建与总体分析 …………………… 064

第三节 省域金融稳定指数的分层与时空分析 ………………… 080

第四节 小结 ……………………………………………………… 097

第四章 中国区域金融稳定指数构建与分析

——区制状态分析、差异测度与时空变化分析 ………………… 103

第一节 研究背景 ………………………………………………… 103

第二节 区域金融稳定指数构建 ………………………………… 107

第三节 区域金融稳定指数的区制状态分析 …………………… 109

第四节 区域金融稳定指数的差异测度 ………………………… 122

第五节 区域金融稳定指数的时空变化分析 …………………… 126

第六节 小结 ……………………………………………………… 159

第二部分 主要金融风险领域动态随机一般均衡分析

第五章 地方政府债务风险

——房价波动、地方政府支出效率与地方政府债务稳定性 …………… 165

第一节 研究背景 ………………………………………………… 165

第二节 房价波动与主要经济变量：来自 VAR 的经验证据 ………… 177

第三节 DSGE 模型构建 ………………………………………… 178

第四节 参数校准与估计 ………………………………………… 188

第五节 模型动态经济特征分析 ………………………………… 191

第六节 小结 ……………………………………………………… 203

第六章 影子银行风险

——房地产市场波动、宏观审慎监管与影子银行风险⋯⋯⋯⋯ 206

第一节 研究背景⋯⋯⋯⋯⋯⋯⋯⋯⋯⋯⋯⋯ 206

第二节 房价波动与主要经济变量：来自 VAR 的经验证据⋯⋯⋯ 214

第三节 DSGE 模型构建⋯⋯⋯⋯⋯⋯⋯⋯⋯⋯ 215

第四节 参数校准与估计⋯⋯⋯⋯⋯⋯⋯⋯⋯⋯ 226

第五节 模型动态经济特征分析⋯⋯⋯⋯⋯⋯⋯⋯ 229

第六节 小结⋯⋯⋯⋯⋯⋯⋯⋯⋯⋯⋯⋯⋯⋯ 240

第七章 房地产泡沫风险与企业债务违约风险

——房价泡沫、异质性企业与债务违约风险⋯⋯⋯⋯⋯⋯⋯ 242

第一节 研究背景⋯⋯⋯⋯⋯⋯⋯⋯⋯⋯⋯⋯ 242

第二节 房价波动与主要经济变量：来自 VAR 的经验证据⋯⋯⋯ 250

第三节 DSGE 模型构建⋯⋯⋯⋯⋯⋯⋯⋯⋯⋯ 252

第四节 参数校准⋯⋯⋯⋯⋯⋯⋯⋯⋯⋯⋯⋯ 265

第五节 模型动态经济特征分析⋯⋯⋯⋯⋯⋯⋯⋯ 269

第六节 小结⋯⋯⋯⋯⋯⋯⋯⋯⋯⋯⋯⋯⋯⋯ 286

第三部分 房地产价格波动对中国金融稳定 影响的实证研究

第八章 房地产价格波动对中国宏观金融稳定的影响

——基于 TVP-SV-VAR 模型的时变特征分析⋯⋯⋯⋯⋯⋯ 291

第一节 研究背景⋯⋯⋯⋯⋯⋯⋯⋯⋯⋯⋯⋯ 291

第二节 典型事实、理论分析与研究假说⋯⋯⋯⋯⋯⋯ 297

第三节　TVP-SV-VAR 模型设定与数据选取 ……………………… 306

第四节　实证过程与分析 ………………………………………… 309

第五节　小结 ……………………………………………………… 323

第九章　房地产价格波动对中国省域金融稳定的影响

　　——影响测度与空间模型检验 ………………………………… 326

第一节　研究背景 ………………………………………………… 326

第二节　理论分析、研究假说与空间权重矩阵构建 …………… 331

第三节　房价、地价波动对省域金融稳定影响测度 …………… 337

第四节　空间模型计量检验与结果分析 ………………………… 345

第五节　小结 ……………………………………………………… 374

第十章　房地产价格波动对中国区域金融稳定的影响

　　——基于面板联立方程模型、空间面板联立方程模型的实证研究 …… 377

第一节　研究背景 ………………………………………………… 377

第二节　理论分析及研究假说 …………………………………… 382

第三节　模型设定及数据来源 …………………………………… 389

第四节　实证结果与分析 ………………………………………… 395

第五节　小结 ……………………………………………………… 408

第四部分　结论与政策建议

第十一章　结论与政策建议 …………………………………………… 413

第一节　结论 ……………………………………………………… 414

第二节　政策建议 ………………………………………………… 422

参考文献 ………………………………………………………………… 433

附　录 ·· 472

附录 1　2008~2022 年宏观金融稳定指数 ······························· 472

附录 2　2015~2022 年省域金融稳定指数 ······························· 474

附录 3　2015~2022 年区域金融稳定指数 ······························· 478

| 第一章 |

导论

第一节　研究的目的、意义及相关概念的界定

一　研究的目的

本书的研究目的有三：一是将八大金融风险领域（不良资产风险、流动性风险、债券违约风险、影子银行风险、外部冲击风险、房地产泡沫风险、地方政府债务风险、互联网金融风险）作为金融稳定指标体系的构建框架，选取多项基础指标，分别采用 TVP-FAVAR 模型、熵值法构建宏观层面和省域层面的金融稳定指数，并在省域层面金融稳定指数的基础上采用加权平均法构建四大区域（东部、中部、西部、东北）的金融稳定指数，运用模型回归、马尔可夫区制转换模型和随机模拟法对宏观金融稳定指数进行敏感性检验、区制状态分析以及预测研判，运用省域分层方法从时间和空间两个维度分析造成金融稳定省域差异的关键因素，运用马尔可夫区制转换模型、泰尔指数、莫兰指数等对区域金融稳定指数进行区制状态分析、差异测度和时空变化分析，最后从宏观、省域及区域层面提出相应的政策建议，旨在对宏观、省域以及区域金融稳定的监测和治理机制进行探索；二是基于 DSGE 模型就主要金融风险领域（地方政府债务风险、影子银行风险、房地产泡沫风险与企业债务违约风险）构建房地产价格波动对金融稳定影响的

理论模型，通过动态随机一般均衡分析，厘清房地产价格波动如何通过地方政府支出效率、土地出让、预算软约束、抵押担保渠道、商业银行与影子银行的异质性（即所受监管不同）、国有与非国有房地产企业的异质性（是否有隐性担保）等，影响地方政府债务稳定性、影子银行风险、房地产泡沫以及企业债务违约等主要金融风险，从而为房地产价格波动通过地方政府债务风险、影子银行风险、企业债务风险三大风险领域传导渠道和途径影响金融稳定的理论研究提供合理性；三是就房价和地价波动对不同层面（宏观、省域和区域）金融稳定的影响进行深入的理论分析（并提出相应的研究假设）和规范的实证研究（包括运用 TVP-SV-VAR 模型、面板回归、空间杜宾模型、面板联立方程模型、空间面板联立方程模型等实证研究方法，就房价和地价波动对宏观、省域和区域金融稳定的影响及影响渠道进行实证研究），为揭示房地产价格波动与不同层次金融稳定之间的联系以及围绕如何维护金融稳定提出相关政策建议提供参考依据。

二　研究的理论意义和实践意义

（一）研究的理论意义

本书研究的理论意义主要包括两大内容：一是金融稳定指数（包括宏观层面、省域层面和区域层面的金融稳定指数）的构建与分析，分别采用 TVP-FAVAR 模型、熵值法构建了宏观层面和省域层面的金融稳定指数，并在省域层面金融稳定指数的基础上采用加权平均法构建了四大区域（东部、中部、西部、东北）的金融稳定指数，然后运用敏感性检验、马尔可夫区制转换模型、时空变化分析、差异测度等就不同层面的金融稳定指数进行了深入分析，最后分别就如何维护各个层面的金融稳定进行了政策分析并提出合理的建议；二是基于 DSGE 模型就主要金融风险领域（地方政府债务风险、影子银行风险、房地产泡沫风险与企业债务违约风险）构建了房地产价格波动对金融稳定影响的理论模型，通过动态随机一般均衡分析，厘清了房地产价格波动如何通过地方政府支出效率、土地出让、预算软约束、抵押担保渠道、商业银行与影子银行的异质性（即所受监管不同）、国有与非国有房地产企业的异质性（是否有隐性担保）等，影响地方政府债务稳定性、影子银行风险、房地产泡沫以及企业债务违约等主要金融风险，进而影响金融稳定，并就地方债务置换政策的效应、不同宏观审慎监管的效应（是否包含对影子银行的监管）、去杠杆政策的效应等进行深入探讨，得出了许多重要的结论，最后就如何维护地方政府债务稳定性、降低影子银行风险和企业债务违约风险提出合理的建议。

（二）研究的实践意义

本书的实践意义主要体现为就房价和地价波动对不同层面（宏观、省域和区域）金融稳定的影响进行了深入的理论分析（并提出许多研究假设）和规范的实证研究（包括运用 TVP-SV-VAR 模型、面板回归、空间杜宾模型、面板联立方程模型、空间面板联立方程模型等实证研究方法，就房价和地价波动对宏观、省域和区域金融稳定的影响及影响渠道进行实证研究）。这些实证研究不仅充分检验了通过理论分析得出的研究假设，而且就前述理论模型构建中关于房地产价格波动通过影响主要金融风险领域进而影响金融稳定的结论进行了规范、有效的实证检验，在得出实证结果的同时就如何维护宏观、省域和区域层面的金融稳定提出了政策建议。不仅如此，本书在完成上述金融稳定指数构建和分析、理论模型构建和实证研究的基础上，就研究结论进行了归纳和总结，并在深入的政策分析基础上，从宏观、省域和区域三个层面就如何维护我国金融稳定提出合理的政策建议。

三 相关概念的界定

（一）金融稳定

本书所涉及的金融稳定分为三个层次：宏观金融稳定、区域金融稳定以及省域金融稳定。总结以往文献发现，国内外文献对金融稳定的研究大多基于宏观层面，鲜少下沉到区域或省域层面。与此同时，从省域、区域层面进行研究的相关文献大多集中于能源、排放、农作物种植等，极为缺乏针对省域、区域金融稳定的挖掘与分析。故本书在《中国金融稳定报告（2005）》、世界银行、国际货币基金组织等已有研究和权威组织对金融稳定含义界定的基础上，紧密结合后金融危机时期，党和政府对威胁我国金融稳定主要风险的科学判断，对我国金融稳定的内涵界定如下：金融稳定是指这样一种状态，即宏观、省域与区域层面所涵盖的主要金融风险（包括地方政府债务风险、房地产泡沫风险、外部冲击风险、互联网金融风险、影子银行风险、不良资产风险、流动性风险、债券违约风险以及其他重要风险）得到有效控制，使其不会对构成金融体系诸要素的平稳运行造成冲击，也不会影响金融机构和金融基础设施发挥有效配置经济资源的基本功能，即不会发生系统性金融风险。

（二）房地产价格

本书所涉及的房地产价格为房价和地价。房价是指建筑物所涵盖资产的市场价值，即地面上房屋的市场价格以及房屋所占土地的市场价格之和，其对房地产市场有指导与调节的作用，使房地产市场进行资源配置以进入帕累托优化的进程。房产在申报、约定、成交时的价格分别有一定的独立性，并不完全一致，从而形成了相对应的申报价格、要约价格、成交价格。一般来讲，成交价格可以较好地反映出市场真实的交易需求，故本书所涉及的房价是指商品房的成交价格。选取商品房的成交价格作为房价指标有如下好处。首先，商品房在房产市场中占据了重要地位。相比于写字楼等其他房产，商品房更具有普遍意义上的居住属性以及金融属性，与地方财政的发展息息相关，在我国省域以及区域的发展中起到了金融助推器的作用。其次，自 21世纪初房地产行业成为我国支柱性产业以来，居民用房逐渐商品化，省域与区域的经济状况和发展水平与房地产行业息息相关，GDP 与房价之间形成了正比例的变化趋势。鉴于商品房与经济发展之间的密切相关性，本书使用商品房的成交价格来代指房价。

地价是指一块或数块土地，在现在或未来时点规定权利状态下的价格，一般指现在时点的成交价格。地价受使用权利与使用期限的影响较大，故地价在同一个区域也有可能呈现出较大的差别。鉴于此，本书使用的地价是某一区域上的加权平均地价以及住宅土地价格（在相应的章节处会有具体的说明）。随着经济的不断发展，地价在房地产市场中起到了越来越重要的作用，主要有两个因素的变化推动了这一趋势。一是房地产市场商品组成稀缺性的变化。在房地产市场发展早期的时候，土地尚未得到充分开发，故土地稀缺性并没有得到足够的重视，而经济的发展潜力在早期尚未得到充分挖掘，技术也没有得到充分推广，故资金与技术的稀缺性较高；而随着房地产市场的不断发展，土地作为供给刚性很强的商品，稀缺性会随着土地开发而越发展现于价格之中，资金与技术原有的稀缺性也会随着发展慢慢被稀释，故展现出来的现象就是地价在商品房总成本中占有的比重越来越大。二是我国土地供给受到政府的约束，并不是完全自由流动，从而导致供给不足，进而推高土地价格。由于数据的可得性，本书选择一定区域中加权平均地价以及住宅土地价格来代指地价。

（三）动态随机一般均衡分析

本书所涉及的理论模型为 DSGE 模型。DSGE 模型的全称为动态随机一般均衡模型，是现代主流宏观经济理论的基本研究范式之一。本书基于 DSGE 模型就主要金融风险领域（地方政府债务风险、影子银行风险、房地产泡沫风险与企业债务违约风险）构建了房地产价格波动对金融稳定影响的理论模型，通过动态随机一般均衡分析，厘清了房地产价格波动如何通过地方政府支出效率、土地出让、预算软约束、抵押担保渠道、商业银行与影子银行的异质性（即所受监管不同）、国有与非国有房地产企业的异质性（是否有隐性担保）等，影响地方政府债务稳定性、影子银行风险、房地产泡沫以及企业债务违约等主要金融风险，进而影响金融稳定，并就地方债务置换政策的效应、不同宏观审慎监管的效应（是否包含对影子银行的监管）、去杠杆政策的效应等进行深入探讨。

第二节　问题的提出

2008 年国际金融危机引发了全球范围内的大衰退，世界主要经济体面临着"后危机时代"经济金融体系的低水平均衡状态，呈现出经济增速下滑与债务攀升并行、局部贸易摩擦频发等新特征。本质上讲，这是对危机之前长期积累的金融失衡的一种被动式的集中调整（陈雨露，2015），即本书所谓的"后金融危机时期"的典型特征。虽然我国政府实施一揽子计划通过信贷扩张成功应对了金融危机的冲击，却给政府、企业和家庭部门带来了大量的债务，导致宏观杠杆率持续攀升。与此同时，GDP 增速在 2011 年告别"两位数"的高速增长后逐步放缓。这些迹象表明通过债务融资手段拉动经济增长的发展模式已经不可持续，而且其在地方政府债务、房地产、影子银行等领域积累了一定程度的金融风险，并于宏观、省域、区域等不同的空间层次以不同的形式表现出来。近年来，全球经济下行压力增大，加之突发性公共卫生事件等不可抗力因素的冲击（例如新冠疫情在世界范围内的暴发），全球正处在一个动荡不安的转型期；我国面临需求收缩、供给冲击、预期转弱三重压力，金融科技和金融创新也使金融风险日趋复杂，金融业进一步扩大对外开放也给风险防控带来了新的挑战。当前，虽然我国金融风险总体可控，但资产价格等不稳定因素显著增加，仍有部分金融领域的风险没有得到有效化解，国家的金融稳定面临巨大的挑战和威胁。那么，如何结合我国的实际分析房价与地价波动对我国宏观、省域、区域金融稳定的影响，并制定有效的政策措施呢？

首先，在识别后金融危机时期威胁我国金融稳定主要因素的基础上，科学构建后金融危机时期我国的金融稳定指数，对于主动防范和有效化解系统性金融风险以及维护金融稳定意义重大。在构建金融稳定指数的过程中，需要紧密结合后金融危机时期的特征，尽可能让金融稳定指数涵盖多个重要领域，从而使指数更具代表性。党的十九届四中全会把坚持全国一盘棋，实现区域经济与金融相互协调配合作为经济高质量发展的目标，使之与实现治理体系和治理能力现代化相互协调配合。党的十九届五中全会要求健全区域协调发展体系，提高区域应对突发风险的联动协同能力，而房地产领域作为现阶段我国的一个重大风险领域，应该得到高度重视和有效监管。党的十九届六中全会则进一步提出，地域性的经济与金融壁垒亟待破除，需要把构建新发展格局同区域协调发展战略有机衔接起来，激活地区发展要素的同时积极防范地域性突发风险，更需密切关注房价波动这一区域金融风险。鉴于防范金融风险需要在一定区域范围内进行，以及为了实现金融有效支持我国实体经济走向高质量发展，完善区域金融体系必须贯彻落实中央经济工作会议精神，加强统筹协调，防范化解重大金融风险，以确保对资金的精准有效配置。这对地方建立区域性金融长效监督体系和切实提高维护金融稳定的能力提出了更高的要求，也增加了对不同区域间金融风险传播机制和风险防控能力研究的新需求。因此，不仅要从宏观上构建金融稳定指数以总体把控我国的金融风险变动情况，还需要从省域、区域的角度把构建新发展格局同区域协调发展战略有机衔接起来，从省域、区域的角度防范局部金融风险的爆发以及蔓延。因此，金融稳定指数的构建还需要从省域、区域方面继续进行层次方面的细化。

其次，在构建金融稳定指数后，需要对指数进行多层面全方位的分析。目前，全球贸易保护主义、逆全球化、民粹主义抬头，尤其是美国挑起的贸易摩擦对全球和中国的宏观经济发展与金融市场稳定造成了不可逆的负面影响，新冠疫情的肆虐也给国际经济金融的发展带来了阻力与威胁。全球经济、金融市场的复杂性、不稳定性与不确定性进一步显现，跨行业、跨市场、跨区域风险以及风险传染给金融市场的稳定带来了极大的威胁。金融体系不稳定因素在宏观、省域、区域层面的显现，表明不仅要准确度量金融稳定，还需要运用适当的方法对其进行空间与时间上的剖析，这样才能防患于未然。党的二十大以及 2023 年中央金融工作会议强调，要加快建设金融强国，深化金融体制改革，加强和完善现代金融监管，强化金融稳定保障体系，依法将各类金融活动全部纳入监管，守住不发生系统性风险底线。由此可以看出，防范化解多层次金融风险，保障多层次金融稳定，是当前金融工作的重要任务。而防范和化解多层次金融风险和保障金融稳定，需要在构建系统性、多层次的金融稳定评价体系的基础上，对金融稳定指数进行多层次全方位的分析并提出相应的政策建议。

再次，需要从理论上讨论房地产价格波动对金融稳定的影响。本书认为，房地产价格波动主要通过影响地方政府债务风险、影子银行风险和企业债务违约风险三个主要风险领域，进而影响金融稳定。现有的经济与社会背景表明，第一，目前地方政府债务稳定性问题已经存在，并在债务稳定性、财政政策与金融稳定性相互关联的机制下变得更加严峻。如不妥善处理，可能会引发债务危机从而威胁宏观金融稳定，并带来经济衰退和福利损失等一系列问题。同时，地方债务危机和银行业危机之间存在显著相关性，地方债务风险甚至可能延伸至银行等金融部门。第二，大量证据表明，在房地产市场与影子银行各自危如累卵的同时，影子银行相当一部分资金流入了房地产市场，因此影子银行与房地产市场的波动密切相关。此外，房地产资产是企业最重要的抵押资产之一，一旦房地产市场发生波动，房地产企业的经营风险便转化为影子银行的金融风险，进而影响宏观金融及经济的稳定。第三，我国房地产市场容易受到外在冲击的影响，使房地产价格波动幅度较大，而企业在经历了房价下跌所导致的资产负债表恶化之后，又存在杠杆率升高的风险。因此，面对房价的先跌后涨，"金融加速器"效应会放大房价波动对企业债务稳定的影响，从而对宏观金融稳定产生更大危害。综上所述，为了更好地化解地方政府债务风险、影子银行风险和企业债务违约风险对金融稳定的影响，有必要从理论上深入挖掘房地产价格波动对政府部门、影子银行与异质性企业的影响。

最后，需要从实证中证明房价、地价波动对多层次金融稳定的影响。其中，房地产价格波动主要通过以下作用机制影响金融稳定。一是财富效应机制，即在其他因素没有发生变化时，房地产价格上涨能够使资产拥有者的资产增加，从而导致总消费的增加。二是投资效应机制。当房地产价格上涨时，房地产作为投资品其账面价值也在增加，从而使企业或家庭的资本性利润或收入增加，相应经济部门的净资产价值也随之增加。三是信贷效应机制。由于我国特色的国情以及房屋定价相对稳定，银行往往会选择房屋等资产作为信贷抵押物，当房地产价格上涨时，相应的抵押品价格也会上升，可贷资金增加，信贷规模扩大，有利于盘活资金，促进企业资金流动。地价则主要通过影响地方政府债务风险进而对金融稳定产生影响。我国地方政府通过以地融资模式增加政府收入的行为由来已久，研究表明，目前我国一些地方政府的土地收入已经超过税收成为第一大收入来源。从短期来看，土地出让可在一定程度上缓解地方政府资金压力，对地方经济的发展起到一定的促进作用；但从长期来看，土地出让会增大总体的金融风险，进而使得宏观经济及金融的不稳定问题突出。因此，为了更好地降低房价、地价波动对金融稳定的影响，有必要从实证层面深入挖掘房价、地价波动对宏观、省域、区域金融稳定的影响途径。

研究房地产价格波动对金融稳定的影响，需要从金融稳定指数构建出发，在理论与实证两个层面上研究这种影响的传导渠道以及定量刻画影响程度。第一，金融稳定内涵丰富，至今缺乏统一定义；且国内外文献构建金融稳定指数大多基于宏观层面，鲜少下沉到区域或省域层面；与此同时，涉及省域、区域层面时空分析的相关文献大多集中于能源、排放、农作物种植等，极为缺乏针对省域、区域层面金融稳定的挖掘与分析。第二，在理论研究方面，以往研究未能突出土地出让对地方政府债务稳定性的影响，且在以往纳入房价波动影响因素的动态随机一般均衡模型中，均假设居民和企业可以自由交易土地或者不动产，供求的变化进一步带来房价、地价波动变化；但就实际情况来看，土地供给主要由地方政府决定，以往研究的假设并没有与实际良好地结合起来。此外，在房价波动影响金融稳定的理论模型中，也很少有研究能够从异质性金融机构的角度对模型进行分析。第三，在房价、地价波动影响金融稳定的实证研究方面，鲜有研究针对不同层次的金融稳定进行研究，也鲜有研究考虑到空间影响与门槛效应。因此，本书将针对这些研究的不足之处，就房地产价格波动影响金融稳定的理论与实证研究等做进一步的完善、拓展与创新。

第三节　国内外相关研究

一　金融稳定内涵的研究

由于金融危机具有巨大危害，国内外学者高度重视金融稳定，并就如何维护金融稳定进行了多次的讨论与研究。已有的研究成果表明，金融稳定可以从两个角度来进行定义：一是从金融稳定应该具有什么特征来进行定义；二是从金融风险的角度分析金融风险具有什么特征，其数值大小则从侧面反映了金融稳定性。在关于金融稳定特征的研究中，金融稳定往往被认定应该具有以下基本功能：能够长时间保持其稳定运行的能力；金融体系的各组成部分能够各司其职，保持有效的监管与出清能力；面对外界的冲击，在一定范围内能够做出有效应对，使资源配置作用能够有效发挥（Duisenberg，2003）。在此基础上，金融稳定还被认为应该在保持金融体系基本功能稳定运行的同时，有效应对外在冲击，以及克服金融体系的内在不稳定性，并在金融监管部门有效监管的辅助下，在金融危机来临时未雨绸缪，有效分离危机，保持币值稳定、实现充分就业、降低金融偏离边际影响，使市场信心保持正常且稳定的状态（Wellink et al.，2002；Schinasi，2004）。从金融风险角度来定义金融稳定的研究中，金融稳定被定义为未发生金融风险的状态（Scholte，2002），金融不稳定也被定义为因受到外界冲击而失去基本功能、无法正常发挥资源配置作用的状态，具体表现为资产价格波动大、金融市场信用缺失、收支不平衡等（Beck et al.，2009）。

在我国学者的研究中，金融稳定被定义为金融系统能够保持稳定运行、有效应对金融系统内外冲击、资源配置作用与运转效率不变或有所提高的状态（董迪，2018；唐魏等，2019）。而王劲松和任宇航（2021）则认为，金融稳定是指主要的金融风险可以得到合理控制，不会对金融体系诸要素的平稳运行造成冲击，亦不会影响金融市场、金融机构以及金融基础设施资源配置的基本功能的状态。总结上述研究结论，可以发现金融稳定是一个复杂的综合性概念，目前学术界普遍认可的说法主要是围绕金融系统可以有效配置资源、组成要素运行平稳以及能够评估、管理风险并抵御外部冲击等展开的。

二　金融稳定测度的研究

国内外学者通常会选用一系列与所研究内容相关的指标，通过不同的方式组合这些指标来衡量金融稳定程度。有关金融稳定指数的构建，相关研究多在国际货币基金组织（IMF）的《金融稳健指标编制指南》的基础上，选用能够代表金融体系各组成要素的基础指标进行指数合成（万晓莉，2008；陶玲、朱迎，2016）。部分学者认为金融稳定还会受到内外部宏观经济环境的影响，并将有关变量引入金融稳定指数构建中（刘诺、余道先，2016b）。吴德胜等（2021）使用风险传染网络模型，从债务口径、债务结构和偿付风险3个方面研究了我国省域层面债务风险的构成和传递。

在组合不同指标时，通常需要确认每一个指标在总体指标中的权重，王雪峰（2010）基于状态空间模型和 Kalman Filter 算法反映权重的动态时变性，并构建了金融稳定状态指数；何德旭和娄峰（2011）运用等方差加权法，通过计算各项基础指标对其长期均值的偏离度来合成综合的金融稳定指数；徐国祥等（2017）以各个基础指标对经济增长的影响作为赋权的依据，构建了金融稳定指数并分析了其预测能力。

组合指标时更常用的方法是主成分分析法，主成分分析法的优点是可以从多个指标中提取出具有代表性的指标，并确保代表性的指标能够保留指标体系里面的大部分信息。有学者从金融体系平稳运行和金融系统的抗冲击能力出发，分金融机构、金融市场、宏观经济和外部环境四个方面，运用主成分分析法构建了金融稳定指数（惠康等，2010；李向前等，2013）；还有学者从经济环境、利率波动和外汇市场的角度，选取相应的指标，运用主成分分析法构建了金融稳定指数（刘艳艳，2017；李中山、杜莉，2019）。

虽然主成分分析法能够提取出指标体系里面的有效部分，但是不能够确保完全使用了指标里面蕴含的信息，所以也有学者尝试使用客观分析法来解决这个问题。王雪峰（2010）、郭红兵和杜金岷（2014）使用房地产价格波动、外汇波动、利率缺口等指标，利用缩减式总需求函数法确定各要素占总指标的权重，构建了中国金融稳定状态指数（FSCI）。而郭俊峰等（2015）、方先明等（2017）使用熵值法，从经济因素、制度因素、环境因素等方面构造了金融稳定指数。

三 房地产价格波动对金融稳定影响的模型构建研究

从国外研究看，Case 和 Shiller（1990）基于正反馈交易行为视角的研究认为，美国房地产市场中的购房者存在"追涨杀跌"的行为，从而生成房价波动冲击金融稳定的风险。1996 年伯南克提出的金融加速器理论（Financial Accelerator）迅速成为解释房地产价格波动及其对金融稳定影响的主流理论。Herring 和 Wachter（1999）从两个角度对房价和债务进行分析，首先房地产价格上涨会降低银行对抵押贷款客户的筛选成本，使其放松信贷标准，引发企业债务规模扩张，进而产生银行信贷风险；其次房价上涨带来的企业抵押品价值增加，会引发"灾难近视"现象，导致企业借贷抵押物和银行信贷风险增加。随着信贷市场摩擦与信贷约束逐渐被引入宏观经济模型，包含金融加速器理论的 DSGE 模型成为揭示资产价格波动与金融稳定、宏观经济波动之间关系的基本框架（Bernanke et al.，1996，1999）。2008 年国际金融危机后，大量的相关研究在 Bernanke 构建的动态随机一般均衡模型之上展开。Okina 等（2001）总结了日本房价泡沫的发展过程，指出了日本的房地产价格波动对金融稳定的影响渠道。Hofmann（2003）认为预期和经济的周期波动是连接房价周期与信贷周期的桥梁，并基于 20 个国家的数据分析证明了这一传导渠道能够显著影响金融稳定。Goetz（2009）通过把宏观经济状况和银行的资产负债表状况联系起来建立宏观经济模型，分析了包含房地产价格在内的资产价格波动诱发银行危机的途径。Goodhart 等（2012）充分考虑了住房的消费和抵押双重属性，采用 DSGE 模型模拟了住房价格快速下跌的影响。Barrell 等（2010）认为住房价格上涨会冲击消费需求，并可能进一步引发金融体系的不稳定。Moscone 等（2014）对美国都市的研究发现，不良贷款的增加很大程度上源自住房抵押贷款的快速增长。

从国内研究看，唐建伟等（2006）认为房地产和股票价格的波动可通过金融体系中至少四类风险传导渠道影响银行系统稳定。张晓晶和孙涛（2006）运用 52 个季度的数据分析我国的房地产价格周期后发现，我国房地产价格周期影响金融稳定主要体现在信贷的期限错配、信贷的风险暴露和担保风险三个方面。孔庆龙等（2008）在一般均衡模型的基础上，进一步完善了包含房地产价格在内的资产价格下降诱发银行危机的理论模型，指出下降的资产价格会通过直接和间接影响银行资本金而导致银行危机。谭政勋和王聪（2011）基于GARCH模型，详细阐述了中国的信贷扩张与房价波动对金融稳定的影响，并在此基础上，结合我国的实际情况构建了DSGE模型，对上述经验机制进行实证检验和解释。文凤华等（2012）基于房地产价格波动对金融脆弱性的影响这一视角，编制了我国的金融脆弱性指数，并建立了向量自回归模型就房地产价格波动对金融脆弱性的影响进行了定量分析，研究发现金融脆弱性与房地产价格波动之间存在双向的因果关系。郭娜等（2011）在随机游走滤波、相关度分析等方法的支撑下，重点关注了房地产市场的周期性与城市金融稳定之间的联系，指出近年来我国房地产市场周期的波动幅度剧增，房地产市场和银行系统之间的周期性联动可能成为威胁金融稳定的重要因素。徐荣等（2017）通过建立基于有向无环图（DAG）的结构向量自回归模型，验证了房价大幅上涨是导致我国系统性金融风险积累的重要原因，能够威胁金融稳定。

四 房地产价格波动对金融稳定影响的实证研究

现有研究表明，房地产价格的剧烈波动会对金融稳定产生不利影响，是影响金融体系正常运行的负面因素。

首先，房地产价格波动会以推高债务或增加融资成本的方式影响金融稳定。孟宪春和张屹山（2021）提出，房地产价格在上升过程中会螺旋式影响居民债务，形成共振效应，且形成的家庭债务会进一步通过挤出效应影响经济波动，特别是在顺周期阶段，房地产价格上涨会更快地推动居民债务增长，使金融风险加大。梅冬州等（2021）通过分析地方政府出让土地的行为，得到如下结论：在地方债务不违约的情况下，房价降低会减少非政府部门的融资成本，而在地方债务违约的情况下，房价下跌会因为信任危机使当地的信贷紧缩，增加各部门的融资成本。

其次，房地产价格波动会通过影响预期的方式影响金融稳定。房地产价格具有很强的预期效应，长时间的房价上涨会让人们形成不理性的预期（王频、侯成琪，2017），不理性的房价预期会影响实际的信贷投向，最终影响证券市场的正常运行。影响金融稳定的因素，不仅有房价波动和信贷波动，还有它们的联合波动，且联合波动对金融稳定的影响具有很强的 CARCH 效应，比单因素的影响更加具有持久性（谭政勋、王聪，2011）。洪祥骏和宫蕾（2021）通过建立纳入房地产市场的多部门 DSGE 模型发现，在政府降低社会融资成本时，房地产市场的金融加速器效应会被削弱，造成房价的不理性上涨与信贷的非有效配置。

最后，房地产价格波动还会影响多个市场参与部门的市场行为，进而影响金融稳定。第一，在对家庭住房需求影响方面，房价的上涨会使居民住房的真实需求与投资性需求增加，且需求的增加导致的效用减少比较缓慢，这会使家庭部门对房地产一直保持强烈需求，从而导致居民房贷的不断上升，而信贷具有的强周期性会放大经济波动的影响，所以抑制房价的波动有利于降低宏观经济的不稳定性（孟宪春、张屹山，2021；周广肃、王雅琦，2019）。第二，房价在持续上涨的时候，会形成资产泡沫，造成短期内相对较高的收益率，吸引人力资本与金融资本，从而造成其他企业的用工成本与资金成本上升，阻碍其他企业的正常发展（段忠东，2012；陈勇兵等，2021），在企业不能得到充足的资源发展的时候，企业管理层为了避险，又会把资金配置到相对安全且有超额收益的房地产行业，进一步成为房价上涨的推手（刘行等，2016）。第三，房价的上涨会使商业银行因为潜在风险上升而提取更多的贷款损失准备（祝继高等，2017），也会因房产投资占固定资产投资最优比例的偏离而使所在地区的金融效率降低，这个现象在我国经济相对不发达的中西部地区更加显著（彭俞超等，2018a）。

由此可见，房地产价格的不理性上涨已经对家庭、企业、银行等市场参与部门的资源配置效率产生了负面的影响，遏制房价的不理性上涨势在必行，而研究房地产价格波动与经济和金融稳定之间的深入关系，是解决这个问题的关键。

房地产价格波动也会对不同地区的金融稳定产生不同的影响，即这种影响具有一定的空间性。徐晶（2013）以 35 个大中城市为研究对象，发现房价上涨会因地区经济发展的不同而产生不一致的影响，且在不同阶段对同一城市产生的影响也有所不同。申博（2016）将我国分为东、中、西三个区域构建区域金融稳定指数，并通过构建空间滞后模型得出结论：房地产库存对东部和中部地区金融稳定的影响并不一致，但都呈现出负面的影响。

学者对地价直接影响金融稳定的研究不多，但大多承认地价会影响房价，进而影响金融稳定。刘琳和刘洪玉（2003）较早地对地价和房价之间的关系在数学关系以及因果关系两个层面上进行了详细论述，认为地价上涨是房价上涨的重要影响因素，而房价上涨通过增加对土地的需求量使地价进一步上涨。高波和毛丰付（2003）基于 16 个季度的土地价格指数和房地产价格指数，运用 Granger 因果关系分析了二者的关系，得出结论：在短期内房价和地价互相影响，而从长期来看，房价的变动决定了地价的变动。严金海（2006）借鉴了 DiPasquale 和 Wheaton 的四象限模型，在运用 Granger 因果关系检验的同时，使用了误差修正模型对我国房价和地价的关系进行了理论和实证分析。其认为，从短期来看房价的走势决定地价的趋势，而从长期来看二者呈现相互影响的关系。余华义和陈东（2009）也指出房价和地价互为 Granger 因果关系且呈现正相关关系，并进一步指出土地政策会经由地价的变化影响房价。

土地不仅作为一种生产要素存在，同时也是一种重要的资产，在我国独特的土地制度背景下，土地要素的价值被充分挖掘，异化出了财政功能、抵押融资功能，深刻影响了我国的财政制度安排和宏观经济运行。范剑勇和莫家伟（2014）论述了商住用地和工业用地的价格差异如何形成地方政府债务和促进地方的工业经济增长，并指出土地资源不应被过度用于债务融资以支撑工业发展，这种做法长久来看不仅不可持续，还会对宏观经济产生冲击。中国经济增长前沿课题组等（2011）则具体分析了土地价格的变化在低价工业化和高价城市化阶段对经济增长的不同影响效应。赵燕菁（2014）全面分析了土地出让的历史由来和政策选择，既肯定了土地出让为城市化积累原始资本的积极作用，也指出了土地出让制度拉大贫富差距、积累金融风险的弊端。张莉等（2018）基于土地在举债融资模式中具有的担保和偿还双重作用，实证分析了土地出让收入的融资放大效应，并指出房地产市场下行时这种放大效应会引发地方政府的债务偿付风险。闫先东和张鹏辉（2019）将土地出让以及地方政府的隐性担保机制引入 DSGE 模型中，分析了土地出让制度下土地价格的波动特征及其对宏观经济的冲击的放大效应。

五 文献述评

从对现有文献的回顾中可以看出，国内外学者在房地产价格对金融稳定影响的研究上已经取得了众多成果，在基础理论和研究方法上对本书具有重要的指导意义，但在指数构建、理论模型构建和实证研究上仍存在诸多不足之处。

第一，指数构建方面。现有文献对金融稳定的内涵界定往往只是局限于单一的经济部门，没有基于八大风险与经济新常态进行界定。从金融稳定指数的构建层次来看，现有文献对金融稳定指数的构建基本停留在单一的宏观层面，鲜少下沉到省域与区域层面，鲜有文献能够构建出同时涵盖宏观、省域与区域层面的金融稳定指数，且缺乏针对省域、区域金融稳定的深入挖掘与分析；没有系统地分析金融稳定指数在不同的地理范围内的时空状态变化并预测可能的发展趋势；也没有在构建不同层次的金融稳定指数时尽可能涵盖更多的经济主体部门。因此，在金融稳定指数的构建中，现有研究还存在着研究层次不全面、对金融稳定指数的时空状态变化挖掘不深入、涵盖经济主体部门不广泛等问题，这些都需要广大学者进行更为广泛与深入的研究。

第二，理论模型构建方面。首先，现有的债务置换政策是否能消除房价波动所带来的地方债务风险，是否能在当前政府支出效率低下的情况下有效提高地方债务稳定性，是否能在长期缓解宏观经济波动并促进经济增长，这些问题尚需在现有文献的基础上进一步探究。其次，现有文献只利用 DSGE 模型研究房价通过单一金融机构或者单一影子银行对金融稳定产生的影响，而鲜有研究将房地产市场波动纳入包含异质性金融机构的 DSGE 模型，也鲜有文献将房地产市场波动与信贷体系稳定性、宏观经济稳定性联系起来，从而限制了当前对房地产市场、影子银行与宏观金融稳定性的理论研究。最后，现有文献主要集中在对资产价格泡沫的传导机制和去杠杆的研究上，将资产价格波动与企业债务联系起来的研究相对较少。另外，在去杠杆政策的研究中，大多数文献只研究了货币政策去杠杆的效果，并且研究结果存在一定差异，鲜有文献就其他政策、体制性因素对企业债务的影响做出探讨，亟须进一步的深入研究。

第三，实证研究方面。现有文献从不同角度构建了金融稳定指数，并研究了房价、地价波动对金融稳定的影响以及房价、地价波动与金融业本身所具有的空间效应。但是，鲜有文献从多角度、多层面进行房价、地价波动影响金融稳定的实证研究。同时，在利用空间效应研究房价、地价波动对金融稳定的影响时，选取的空间效应往往局限于地理距离，没有考虑到地区之间经济与社融的相对距离也会影响房价、地价波动对金融稳定的作用程度，也没有考虑到需要探讨不同地区之间经济与社融的影响在对称性以及在非对称性的假设下会有何不同。将房价波动、地价波动与金融稳定纳入统一分析框架中进行实证分析能够增强参数估计结果的说服力，而这一点在现有的文献中并未有所体现。本书会根据以上不足做进一步完善与拓展。

第四节　研究方法与结构安排

本书关于房地产价格波动对金融稳定影响的研究主要是从多层次金融稳定指数的构建与分析、房地产价格波动对金融稳定影响的理论研究、房地产价格波动对多层次金融稳定影响的实证研究三大方面进行，因此，本书的研究方法按照运用的先后顺序主要有指数构建与分析法、动态随机一般均衡分析法、实证分析法和政策研究法。

一　研究方法

（一）基于 TVP-FAVAR 模型、熵值法、马尔可夫区制转换法的指数构建与分析法

指数构建法是一种通过构建综合指数来对需要研究的问题进行综合评价

的一种方法。指数构建法能够有效针对多目标评估的需求构建一个综合的评价体系，通常需要通过指标选取与数据预处理，再结合相应的指数构建方法得出最终评估结果。在本书中，考虑到构建的金融稳定指数与所研究问题之间存在内生性，宏观金融稳定指数的指标构建涉及的风险领域主要有地方政府债务风险领域、外部冲击风险领域、互联网金融风险领域、影子银行风险领域、不良资产风险领域、流动性风险领域、债券违约风险领域，使用的模型为 TVP-FAVAR 模型。由于数据可得性的原因，在宏观金融稳定指数涉及的风险领域中剔除了房地产泡沫风险，同时将企业部门杠杆率纳入指标体系，最后基于八大风险领域运用熵值法构建了省域金融稳定指数。另外，本书采用加权平均法与马尔可夫区制转换法，在省域金融稳定指数的基础上构建并分析区域金融稳定指数。宏观、省域、区域金融稳定指数的构建与分析，为后面的数理分析提供了理论支撑，也为后面的实证分析奠定了数据基础。

（二）动态随机一般均衡分析法

理论模型分析法也是进行机理探究常用的研究方法之一。在构建理论模型探究影响机理时，首先要厘清探究对象的性质、特性、联系，然后在综合分析现实情况和前人研究的基础上，发挥创造性思维构建模型，最后再将理论模型的传导路径以及结论放在实践中检验，符合现实情况则说明理论模型可以反映现实。本书在构建房地产价格波动影响金融稳定的 DSGE 理论模型之后，对房地产价格波动通过影子银行、地方政府债务、企业债务三大风险领域传导渠道和途径影响金融稳定的过程和作用结果进行了系统、深入的分析，从中发现了许多单纯的理论分析无法或很难阐释清楚的问题，从而使本书对房地产价格波动通过影子银行、地方政府债务、企业债务三大风险领域影响金融稳定的理论研究更全面、更具体、更具说服力，而且为以后的实证研究奠定了坚实的理论基础。

（三）基于 TVP-SV-VAR 模型、GMM、SDM、面板联立方程模型和空间面板联立方程模型的实证分析法

实证分析法是当代学术界常用的，甚至是不可或缺的研究方法，因为没

有实证研究，再好的理论研究也会因缺乏现实说服力而显得苍白无力。实证分析不仅可以对理论和数理分析的结论进行验证，增加其科学性和可信度，而且可以发现理论和数理分析所没有发现的经济规律，从而充实和修正理论。首先，本书在宏观层面使用时变参数向量自回归（TVP-SV-VAR）模型，通过时变参数特征分析、特定时点时变脉冲响应分析与连续时间脉冲响应函数图分析，揭示了房价、地价波动与宏观金融稳定之间的关系。其次，本书在省域层面使用高斯混合模型（GMM）进行了工具变量回归，使用空间杜宾模型（SDM）对房地产价格波动影响金融稳定的空间效应进行了实证分析。最后，本书通过建立面板联立方程模型，将房价波动、地价波动与区域金融稳定纳入统一的分析框架，并构建空间面板联立方程模型进行了空间效应测度，验证并修正了通过理论分析和数理分析所得到的结论。

（四）政策研究法

政策研究法是解决现实问题不可或缺的研究方法。政策研究法不仅可以将理论和实证研究的结论转化为现实的、可操作的政策建议或措施，从而凸显和实现理论研究和实证研究的现实意义和实践价值，而且可以深化理论和实证研究，弥补理论研究和实证研究的不足。本书在进行指数构建、动态随机一般均衡分析、实证分析基础上，总结了房地产价格波动对金融稳定影响的研究结论，同时对房地产价格波动影响金融稳定的研究结论进行了政策分析，并提出了相应的政策建议。通过政策分析本书不仅实现了研究目的，而且还对前面的理论研究进行了补充和深化。

二　结构安排

本书研究的主题为"房地产价格与中国金融稳定：指数构建、DSGE 分析与实证研究"，核心内容是房地产价格波动对金融稳定的影响。因此，本书从三个方面展开阐述。一是金融稳定指数（包括宏观层面、省域层面和区域层面的金融稳定指数）的构建与分析，分别采用 TVP-FAVAR 模型、熵值法构建了宏观层面和省域层面的金融稳定指数，并在省域层面金融稳定指数的基础上采用加权平均法构建了四大区域（东部、中部、西部、东北）

的金融稳定指数。二是基于 DSGE 模型就主要金融风险领域（地方政府债务风险、影子银行风险、房地产泡沫风险与企业债务违约风险）构建了房地产价格波动对金融稳定影响的理论模型，通过动态随机一般均衡分析，厘清了房地产价格波动如何通过地方政府支出效率、土地出让、预算软约束、抵押担保渠道、商业银行与影子银行的异质性（即所受监管不同）、国有与非国有房地产企业的异质性（是否有隐性担保）等，影响地方政府债务稳定性、影子银行风险、房地产泡沫以及企业债务违约等主要金融风险，进而影响金融稳定。三是就房地产价格波动对不同层面（宏观、省域和区域）金融稳定的影响进行了深入的理论分析（并提出许多研究假设）和规范的实证研究（包括运用 TVP-SV-VAR 模型、面板回归、空间杜宾模型、面板联立方程模型和空间面板联立方程模型等实证研究方法，就房价和地价波动对宏观、省域和区域金融稳定的影响及影响渠道进行实证研究）。这些实证研究不仅充分检验了通过理论分析得出的研究假设，而且还就前述理论模型构建中关于房地产价格波动通过影响主要金融风险领域进而影响金融稳定的结论进行了规范、有效的实证检验，在得出实证结果的同时就如何维护宏观、省域和区域层面的金融稳定提出了政策建议。不仅如此，本书在完成上述金融稳定指数构建与分析、理论模型构建和实证研究的基础上，就研究结论进行了归纳和总结，然后在深入的政策分析基础上，从宏观、区域和省域三个层面就如何维护我国金融稳定提出合理的政策建议。在此基础上，本书分为四个部分，共十一章。

第一章，即导论，包括本书研究的目的和意义、相关概念的界定、问题的提出、国内外相关研究、研究方法与结构安排以及所做的探索与不足等。

第一部分包括第二~四章，即中国金融稳定指数构建与分析。

第二章是中国宏观金融稳定指数构建与分析——敏感性检验、区制状态分析与预测研判，包括研究背景、宏观金融稳定指数的构建、宏观金融稳定指数的敏感性检验、宏观金融稳定指数的区制状态分析、宏观金融稳定水平预测、小结。

第三章是中国省域金融稳定指数构建与分析——时空变化与政策研究，

包括研究背景、省域金融稳定指数构建与总体分析、省域金融稳定指数的分层与时空分析、小结。

第四章是中国区域金融稳定指数构建与分析——区制状态分析、差异测度与时空变化分析，包括研究背景、区域金融稳定指数构建、区域金融稳定指数的区制状态分析、区域金融稳定指数的差异测度、区域金融稳定指数的时空变化分析、小结。

第二部分包括第五～七章，即主要金融风险领域动态随机一般均衡分析。

第五章是地方政府债务风险——房价波动、地方政府支出效率与地方政府债务稳定性，包括研究背景、房价波动与主要经济变量、DSGE 模型构建、参数校准与估计、模型动态经济特征分析、小结。

第六章是影子银行风险——房地产市场波动、宏观审慎监管与影子银行风险，包括研究背景、房价波动与主要经济变量、DSGE 模型构建、参数校准与估计、模型动态经济特征分析、小结。

第七章是房地产泡沫风险与企业债务违约风险——房价泡沫、异质性企业与债务违约风险，包括研究背景、房价波动与主要经济变量、DSGE 模型构建、参数校准、模型动态经济特征分析、小结。

第三部分包括第八～十章，即房地产价格波动对中国金融稳定影响的实证研究。

第八章是房地产价格波动对中国宏观金融稳定的影响——基于 TVP-SV-VAR 模型的时变特征分析，包括研究背景，典型事实、理论分析与研究假说，TVP-SV-VAR 模型设定与数据选取，实证过程与分析，小结。

第九章是房地产价格波动对中国省域金融稳定的影响——影响测度与空间模型检验，包括研究背景，理论分析、研究假说与空间权重矩阵构建，房价、地价波动对省域金融稳定影响测度，空间模型计量检验与结果分析，小结。

第十章是房地产价格波动对中国区域金融稳定的影响——基于面板联立方程模型和空间面板联立方程模型的实证研究，包括研究背景、理论分析及研究假说、模型设定及数据来源、实证结果与分析、小结。

第四部分即第十一章，为结论与政策建议。

第五节　所做的探索与不足

一　所做的探索

本书主要构建了宏观、省域与区域金融稳定指数，基于 DSGE 模型就主要金融风险领域（地方政府债务风险、影子银行风险、房地产泡沫风险与企业债务违约风险）构建了房地产价格波动对金融稳定影响的理论模型，并进行了规范的实证研究（包括运用 TVP-SV-VAR 模型、面板回归、空间杜宾模型、面板联立方程模型和空间面板联立方程模型等实证研究方法，就房价和地价对宏观、省域和区域金融稳定的影响及影响渠道进行实证研究）。此外，本书还通过宏观、省域与区域金融稳定指数的构建与分析就如何维护多层次金融稳定提出了政策思路，并结合理论与实证探索就具体省份的表现给出了有针对性的建议，因此本书所做的探索还体现在实践方面。

（一）理论方面的探索

本书分别进行了房地产价格波动通过地方政府债务风险领域影响金融稳定的理论研究、房地产价格波动通过影子银行风险领域影响金融稳定的理论研究、房地产价格波动通过企业债务风险领域影响金融稳定的理论研究。在房地产价格波动通过地方政府债务影响金融稳定的理论研究中，本书在典型事实的基础上构建了 DSGE 模型，刻画了代表性家庭、房地产部门、地方政府部门和商业银行部门之间的相互影响的渠道以及途径，进行了系统、深入的动态随机一般均衡分析。在房地产价格波动通过影子银行影响金融稳定的理论研究中，本书在 VAR 模型的经验数据基础上构建了 DSGE 模型，构建了包含房地产和异质性金融机构的基准模型以及两种不同的宏观审慎监管框架，之后均进行了模型参数的校准和贝叶斯估计，描述了模型的参数和数据特征，对模型的动态经济特征进行了细致的比较分析。在房地产价格通过企业债务影响金融稳定的理论研究中，本书也进行了与上述相类似的研究过程。通过上述理论研究，本书得出以下结论：第一，地方政府土地出让行为是房价波动传导至地方政府债务的关键环节；第二，地方政府对国有企业的种种预算软约束行为与土地出让相互作用，使得国有房地产部门价格波动对地方政府债务稳定性和宏观经济影响更大；第三，地方政府支出效率的提高可以有效降低房价波动对地方政府债务稳定性的影响；第四，房地产市场的波动将通过抵押担保渠道传导到金融中介部门，放大宏观金融波动；第五，在货币政策收紧、监管更加严格的情况下，包括影子银行在内的宏观审慎监管框架可以控制影子银行杠杆率，保持宏观经济稳定；第六，异质性企业债务稳定性背后受到体制性因素的影响，财政货币政策对企业债务稳定性的影响有所分化。

（二）实证方面的探索

本书基于理论研究的过程与结论，采用以时间序列数据为研究对象的 TVP-SV-VAR 模型对相关变量进行 VAR 模型的构建，结合相关性分析、协整分析、模型的估计、脉冲响应函数以及方差分解分析等揭示房价、地价波动与宏观金融稳定之间的关系。同时，本书还使用 GMM 进行工具变量回归，并在空间杜宾模型中采取邻接空间权重矩阵、地理距离空间权重矩阵、对称经济距离空间权重矩阵、非对称经济距离空间权重矩阵、对称社融空间权重矩阵、非对称社融空间权重矩阵计算房产价格波动对省域金融稳定的空间效应，并比较不同的空间权重矩阵设置对模型回归结果的影响差异。此外，本书通过建立面板联立方程模型，将房价波动、地价波动与区域金融风险纳入统一的分析框架，分析了各区域存在的显著差异性，并构建空间面板联立方程模型进行了空间效应测度，从而验证并修正了通过理论分析和数理分析所得到的结论。通过实证研究发现，首先，目前我国金融稳定的形势仍然不容乐观，因此对金融风险的防控不能放松警惕，应继续扎实推进消除潜在风险隐患的各项工作，以确保金融体系持续稳定运行；其次，房价波动对区域金融稳定具有不可忽视的影响；再次，相邻区域金融稳定之间存在空间异质性和空间传染性，我国各地区之间的金融风险并非相互独立；最后，房价对区域金融稳定同时具有对称性与非对称性的影响。

通过上述实证研究，本书不仅验证了理论研究结论的正确性，使本书所提出的观点与理论更具有说服力；而且还为房价、地价波动通过地方政府债务、影子银行、企业债务三大风险领域影响金融稳定的理论事实找到了一定的现实依据，从而为理论分析搭建了现实平台；同时为政府调控房价与地价提供了现实依据，为金融稳定的时空变化趋势以及影响因素的识别指明了方向，为政策分析奠定了现实基础，从而使本书所提出的政策建议更具有可行性。

（三）实践方面的探索

本书以 2016 年中央经济工作会议提出的八大风险（不良资产风险、流动性风险、债券违约风险、影子银行风险、外部冲击风险、房地产泡沫风险、政府债务风险、互联网金融风险）作为构建框架，首先采用 TVP-FAVAR 模型构建了宏观金融稳定指数，然后采用熵值法构建省域金融稳定指数，最后在省域金融稳定指数的基础上构建出区域金融稳定指数。在指数构建完成后，本书就宏观、省域、区域金融稳定指数的数值大小、波动趋势以及转折节点等进行了系统、深入的分析。为了更加系统、全面地对金融稳定指数进行价值挖掘，本书还对宏观、省域、区域金融稳定指数进行了区域分层、差异测度以及时空分析。

本书的研究目的不是单纯探索房地产价格波动对金融稳定的影响效应与作用机制，而是通过对房地产价格波动影响金融稳定进行理论与实证研究，为我国政府维护宏观、省域、区域金融稳定提供新的思路与新的理念，同时提出一些较为具体的、有针对性的政策建议。

1. 在房地产价格波动通过地方政府债务影响金融稳定方面

首先，必须解决地方政府债务稳定性背后的体制性问题，从制度上遏制土地出让，使地方政府拥有稳定的财政收入来源，运用制度对系统性金融风险进行防范与化解。其次，需要从"存量"和"增量"两个方面入手提高地方政府支出效率，维护地方政府债务稳定性。一是要促使地方政府投资

"存量"效率进一步提高，二是要不断提升政府投资"增量"效率，进一步梳理、明确政府与市场的边界，优化地方政府投资结构。最后，把握好债务置换政策的短期有效性，将扩张的政府支出集中到刺激经济增长的关键领域，避免投资产能过剩项目，着力发挥短期内政府支出引领经济发展的积极作用。

2. 在房地产价格波动通过影子银行影响金融稳定方面

首先，在房价上涨不可逆转的情况下，继续实施房地产调控政策，坚持"房住不炒"的原则。其次，将影子银行纳入宏观审慎监管框架，适当消除监管不对称，多渠道补充资本，提高抵御风险能力。最后，从动态角度评估影子银行风险，建立更加灵活、专业的影子银行监管规则。由于影子银行自身运作的复杂性和专业性，商业银行资本的逆周期监管只能在特定情况下缓解影子银行风险。因此，有必要识别影子银行背后的风险源，针对不同的风险源实施不同的监管政策，实现"一事一策"。

3. 在房地产价格波动通过时间与空间效应影响金融稳定方面

首先，地方政府不应盲目追求经济增长速度，而是应该追求经济的高质量发展，把金融风险维持在可控的范围内，实现经济的可持续发展与绿色发展，在发展过程中提高经济的抗冲击能力。其次，基于各省（自治区、直辖市）的房价波动各有地域特点与时间特征，以及所在地区金融稳定的影响存在空间溢出效应等经验证据，中央政府应该制定既具有全局性又具有地方针对性的措施，严格控制金融风险在相邻地区之间的传播。最后，在我国宏观金融风险总体可控的前提下，对于突发性区域金融风险应该加以警惕，要保持金融产品的穿透式监管以及对房价调控的稳健性与控制力，提前建立风险突发应急预案，做好应对区域金融风险的充分准备。

二　研究的不足

第一，由于数据可得性的原因，本书构建宏观金融稳定指数所涉及的年份以及风险领域与构建区域、省域金融稳定指数所涉及的年份与风险领域并不一致，这可能会造成某些年份宏观金融稳定指数与构建区域、省域金融稳定指数无法进行对比的缺憾。第二，由于构建方法适用性的不同，本书构建宏观金融稳定指数与构建区域、省域金融稳定指数的方法并不一致，这也可能会干扰不同层次金融稳定指数之间的比较。第三，由于金融稳定所涉及的部门并不全与房地产部门强相关，以及联合其他部门构建模型会使公式过多从而会给模型求解带来些许困难，所以在进行动态随机一般均衡分析时，本书只选取了与房地产部门强相关的地方政府债务、影子银行以及企业债务三大风险领域。在后续的研究中，可以继续拓展 DSGE 模型中房地产价格波动影响金融稳定所涉及的风险领域，也可以将八大风险领域融合起来，构建出房地产价格波动通过八大风险领域影响金融稳定的系统性 DSGE 模型，这会更全面、完整地反映出房地产价格波动对金融稳定的影响渠道与作用途径。

第一部分

中国金融稳定指数构建与分析

本书第一部分为中国金融稳定指数构建与分析。在构建理论模型与进行实证分析以探讨房地产价格波动对金融稳定的影响途径与影响程度之前，本书通过构建金融稳定指标体系，对宏观、省域和区域三个层面的金融稳定进行了科学测度，并从多角度的分析中验证了金融稳定指标体系的稳健性。

本书第一部分下设三个章节，以八大金融风险领域（不良资产风险、流动性风险、债券违约风险、影子银行风险、外部冲击风险、房地产泡沫风险、地方政府债务风险、互联网金融风险）作为构建框架，选取多项基础指标，分别构建了宏观层面（第二章）、省域层面（第三章）和区域层面（第四章）的金融稳定指数并对其进行了分析。

第二章采用 TVP-FAVAR 模型构建了宏观金融稳定指数，随后对其进行了敏感性检验、区制状态分析以及预测研判；第三章采用熵值法构建了省域金融稳定指数，并从时间和空间两个维度对各省份金融稳定运行的历史状况进行分析，探究背后的风险所在和治理经验；第四章在第三章省域金融稳定指数的基础上，采用加权平均法构建了四大区域（东部地区、中部地区、西部地区、东北地区）的金融稳定指数，并对其进行了区制状态分析、差异测度和时空变化分析。

第一部分对金融稳定指数的构建与分析，不仅为总体把控我国宏观、省域、区域层面的金融风险变动情况，探索金融稳定的监测和治理机制提供了依据，而且为后续理论的进一步深入研究提供了方向，并为第三部分的实证研究提供了理论基础与数据来源。

中国宏观金融稳定指数构建与分析

——敏感性检验、区制状态分析与预测研判

第一节　研究背景

一　现实背景

随着全球经济一体化进程的加快，各个金融市场之间的联系变得更加密切，金融危机所导致的"多米诺骨牌效应"逐渐凸显，金融市场面临着牵一发而动全身的风险。自2008年国际金融危机爆发以来，许多企业处于低迷状态，企业出现困境就会阻碍经济的发展，导致国际金融市场动荡程度加剧。虽然我国实施了投资刺激计划，通过信贷扩张成功应对了国际金融危机的冲击，但也带来了宏观杠杆率、影子银行规模、地方政府隐性债务持续攀升，导致金融风险不断累积的不良后果。之后，我国又经历了股票市场大规模跌停、影子银行规模达到顶峰等冲击。2020年新冠疫情的暴发对经济发展的影响波及全世界，对本就不好的经济环境而言更是雪上加霜，世界银行在2020年6月预测：全球GDP在2020年将下降5%，发达国家下降幅度达7%。国际方面，新冠疫情全球大流行加速了"大变局"的演变进程，国际贸易和投资大幅萎缩，经济全球化遭遇逆流。国内方面，疫情冲击带来的经济下滑压力仍然存在。与此同时，我国面临金融风险点多面广等现实困境，区域性金融

风险隐患仍旧存在，这些都对维护我国宏观金融稳定提出了更高要求。

习近平总书记强调，防范化解金融风险是金融工作的根本任务和永恒主题（中共中央党史和文献研究院，2024）。党的十九大报告提出，加快完善社会主义市场经济体制，"健全金融监管体系，守住不发生系统性金融风险的底线"。2017 年中央经济工作会议也再次强调，打好防范化解重大风险攻坚战，重点是防控金融风险；全国各地相继出台针对本地区的防范化解重大金融风险攻坚战实施方案。不仅如此，中国人民银行于 2021 年底发布《宏观审慎政策指引（试行）》，意在建立健全我国宏观审慎政策框架，推动形成统筹协调的系统性金融风险防范化解体系，促进金融体系健康发展。如此多且频繁出台的政策文件无一不在重申防范金融风险、维护金融稳定的迫切性与必要性。

党的二十大报告和 2022 年中央金融工作会议指出，要防范化解重大金融风险，防止形成区域性金融风险，守住不发生系统性金融风险的底线，以维护国家安全和社会稳定。2008 年爆发的国际金融危机、2020 年开始的新冠疫情，以及近期需求收缩、供给冲击、预期转弱三重压力，共同导致我国面临金融风险点多面广的现实困境。面对新的经济大环境，防范化解金融风险、维护金融稳定是金融工作最主要的任务之一。因此，针对我国近年来潜在金融风险持续积累的状况，建立起一套涵盖主要风险领域，兼顾金融风险预警机制，能够有效体现我国金融体系稳定程度的指标体系，对于维护宏观金融稳定、实现高质量发展和中国式现代化具有重要的积极意义。

基于以上分析，首先，本章根据我国的金融稳定情况构建出一个新的指标体系，并采用最新发展的、引入时变权重的 TVP-FAVAR 模型对我国宏观金融稳定指数进行构建，该方法能够避免权重确定的主观性，从而能够更加客观地分析宏观金融稳定情况。其次，为了检验所构建出的指标体系的有效性和适用性，本章对构建出来的金融稳定指数进行敏感性检验。金融稳定指数的敏感性分析结果表明，本章提出的金融稳定指数能够较客观地刻画我国金融稳定的历史表现。再次，本章通过马尔可夫区制转换模型来分析所构建的金融稳定指数的状态。最后，本章在敏感性检验的基础上对我国金融稳定水平进行预测，发现本章所构建出的指标体系能够体现我国宏观金融稳定趋势的变化情况；除此之外，还能为未来形势等的预测提供重要信息，为防范化解重大系统性金融风险提供建议帮助。

二　理论背景

近年来，我国金融市场的开放程度不断加深、市场化水平持续提高，随之而来的新型金融风险对我国金融体系平稳运行产生很大的影响。党的十九大报告明确提出"健全金融监管体系，守住不发生系统性金融风险的底线"。因此，维护金融体系的正常运行、应对潜在的金融风险成为国内外学者研究的焦点。与此同时，众多学者也从不同的角度对金融稳定进行了定义及分析。

（一）金融稳定的内涵研究

对于金融稳定的含义，至今尚无统一说法。国际货币基金组织的研究员Hou Ben 指出，在金融稳定状态下，金融体系不仅能合理地对资源跨期配置中的资源进行分配，还能有效评估和管控金融风险、吸收冲击。此外，不少学者指出金融稳定还会受金融开放、地方政府债务、影子银行、宏观杠杆等的制约。马勇和王芳（2018）指出，金融开放程度的提高会导致投机和过度投资事件频发，显著增强金融体系的波动性。王维安和钱晓霞（2017）表示，频繁的短期跨境资本流动将加大汇率波动，对资本和外汇市场造成冲击。政府债务的长期扩张，特别是隐性债务的无秩序发展，会使债务违约的风险增加，引起通货膨胀和资产泡沫，银行体系的不良贷款风险也会增加，对金融稳定产生影响（吴盼文等，2013；熊琛、金昊，2021）。方先明等（2017）认为，影子银行规模的长期扩张对金融稳定产生溢出效应。近年来金融技术的发展和新的金融形式的采用，为金融创新和服务效率提高做出了贡献，但也给金融监管带来了新的挑战，从而需要更加开放和有效的监督（何德旭、郑联盛，2008；张晓朴，2014）。我国企业负债率持续上升、家庭负债率大幅提升是一个事实，这通常被认为是对银行系统危机的警示，也是引起资产泡沫的潜在原因（Gertler and Hofmann，2018；纪敏等，2017）。

而去杠杆过程中引发的金融杠杆波动非常不利于金融体系的稳定（马勇等，2016）。自 2014 年以来，我国债券违约事件出现频率大幅上升。在去杠杆和打破刚性兑付的背景下，金融行业违约风险的增加及国企违约现象的出现，都预示着在未来一段时期内不能忽视债务违约风险（王叙果等，2019）。

（二）金融稳定的测度研究

现有研究成果从多个角度对金融稳定进行了分析与测度。从金融风险成因的角度出发，陈雨露和马勇（2013）认为宏观经济形势较好时，市场容易引发投机行为，短时间内产生的过度波动致使泡沫急剧膨胀，由此导致金融风险；高国华和潘英丽（2013）则认为金融体制改革一再延迟，导致我国金融结构扭曲和潜在金融风险增加。我国金融机构面临风险持续积聚的局面，众多学者开始对加剧金融风险的因素展开研究。刘卫江（2002）利用多元 Logit 模型实证分析了 1985～2000 年中国银行体系的稳定性，实证结果显示，宏观变量对银行体系的影响要大于金融变量和其他变量。近年来，越来越多的中国学者关注资产价格波动对金融体系稳定性甚至宏观经济的影响。王书斌和王雅俊（2010）认为，资产价格泡沫既能通过信贷渠道影响宏观经济，又能通过银行资本和商业银行的不良资产状况影响金融稳定。此外，部分学者对系统性金融风险进行了监测研究。陶玲和朱迎（2016）利用包含 7 个维度的系统性金融风险指数来识别风险指数的状态并进行预警，进一步通过马尔可夫区制转换方法识别金融稳定的转折点；李政等（2019）研究了我国金融领域的系统性风险溢出，并利用 ΔCoES 方法实时监测我国的系统性金融风险。大多数早期的定义只关注金融系统自身的稳定性，忽视了金融体系越来越容易受到外源性冲击的实际情况。由此，仅从金融体系能够平稳、正常运作这一方面去理解金融稳定是远远不够的（Koong et al.，2017；邓创、谢敬轩，2021）。国内外学者从金融稳定的定义出发，对金融稳定进行了量化方面的研究，主要有如下几种研究方法：风险预警模型构建法、宏观压力测试法、指标体系构建法等。与风险预警模型构建法和宏观压力测试法不同的是，指标体系构建法不仅可以动态监测金融风险，还可以提供一个能够进一步分析金融稳定与经济、金融变量之间关系的数据库，因此受到众多学者的青睐（Creel et al.，2015；梁永礼，2016）。但学界对金融稳定指标的选取仍有分歧，在某种程度上，这可能会减缓金融稳定评估系统在宏观政治监管实践中的应用。

（三）金融稳定指数构建研究

指标体系构建法虽广受青睐，但构建指标体系的基础指标种类和数量并没有统一的定论，构建指标体系所依据的金融稳定含义不同、选取的基础指标存在差异，构建指标体系采用的方法也各有区别，得出的指标体系也就各不相同（王娜、施建淮，2017）。又由于金融稳定有丰富的内涵，很难用单一的指标进行全面的度量，所以度量金融稳定需要应用各种基础指标，从不同维度进行综合计算，由此有效反映其综合表现。

许多学者在 IMF 发布的《金融稳健指标编制指南》的基础上，选用能够代表金融体系的多个组成要素的基础指标进行综合指数合成，比如 End（2006）首次将代表金融机构信息的变量引入 FCI 指数当中，构建了金融稳定指数（FSCI）。此外，还有部分学者认为，金融稳定受系统性风险影响较大，并将有关变量引入金融稳定指数的构建中。

除了上述指数之外，还有许多类似的综合性指数：金融压力指数（Illing and Liu，2006）、金融脆弱性指数（Nelson and Perli，2007）、金融稳定性指数（Albulescu，2010；Morris，2010）。

关于金融稳定指数的构建方法，由于收集数据的方法和数据来源不同，所以在进行数据分析时，需要对有用数据进行分析，也即按照各类金融指标与金融稳定的相关性程度确定权重。赋权方法主要有两大类：静态权重法和动态权重法。静态权重法包括等权重法、相关系数法、标准离差法和主成分分析法；动态权重法则包括动态因子模型法和 TVP-FAVAR 模型法。李强和赵桦（2022）利用主成分分析法赋予不同基础指标权重，进而合成中国的金融稳定指数。其还采取 H-P 滤波法，论证所构建指数的解释效果。该方法以时间序列的谱分析为基础，将高频率和低频率成分分离出来，并去掉低频率成分的部分，最后分析短期随机波动程度。实际应用到指数构建上时，何德旭和娄峰则（2011）根据现实背景以及相关经济知识对原始指标进行评分并赋予其相应的权重，进一步利用加权平均法，将这些指标合成一个综合指数。其还利用层次分析法（AHP）将决策者对复杂问题的决策进行模型化，通过模型进行分析，将复杂的问题分为若干层次，更加简单科学地进行处理，在各因素之间进行比较，得出不同方案的重要性程度，为决策方案的选择提供依据。

除此之外，国内学者在金融稳定指数构建方法的改进方面通常没有将参数时变性在金融稳定指数构建过程中的不可忽视性考虑进去，关注焦点在基础指标的选取方面（王晓博等，2016）。与此同时，当前中国经济发展已经进入新常态，经常出现经济改革的现象，如若指标权重的时变性得不到重视，就无法保证所构建的金融稳定指数具有科学性、适用性，而最新发展的 TVP-FAVAR 模型很好地弥补了这一缺陷。因此，越来越多的学者开始选择 TVP-FAVAR 模型来构建 FCI 指数。刘金全和张龙（2019）在运用 TVP-FAVAR 模型测算中国 FCI 的基础上，刻画 SF-FCI 和 MF-FCI 的经济增长预测效果与冲击效应。戴淑庚和余博（2020）通过 TVP-FAVAR 模型构建 FCI 指数，指出了不同时期影响我国系统性金融风险的因素。尚玉皇等（2021）基于混频 TVP-FAVAR 模型的实证研究表明，在宏观金融混频数据中提取的 FCI 指数能有效刻画宏观经济先行趋势，为货币政策的制定提供前瞻性信息。桂文林等（2022）在 TVP-FAVAR 模型的基础上，采用动态模型选择（DMS）和动态模型平均（DMA）技术，构建了一个能准确反映中国未来通胀和经济状况的金融状况指数（FCI）。在金融稳定指数方面，王晓博等（2016）建立 TVP-FAVAR 模型，对原有的金融稳定状态指数构建方式进行优化。以上研究结果均表明，TVP-FAVAR 模型在构建金融稳定指数方面具有合理性和适用性。

（四）文献述评

经过对以上相关文献进行梳理后发现，一些学者对金融稳定内涵的理解不够准确，这就导致现有金融稳定评价指标体系存在结构混乱和不完整等问题，说明现有的关于金融稳定定义的研究尚有改进的余地。而习近平总书记在 2021 年中央经济工作会议上指出，虽然当前我国系统性金融风险可控，但八大风险领域潜在风险依旧在不断积累，国际金融危机爆发给予我们深刻警醒。因此，本章沿用王劲松和任宇航（2021）对我国金融稳定的界定：金融稳定是指这样一种状态，即主要的金融风险，包括政府债务风险、房地产泡沫风险、外部冲击风险、互联网金融风险、影子银行风险、不良资产风险、流动性风险、债券违约风险以及其他重要风险，能够得到有效控制，不会对构成金融体系诸要素的平稳运行造成冲击，也不会影响金融市场、金融机构和金融基础设施发挥有效配置经济资源的基本功能，即不会发生系统性金融风险。基于此，本章从八大风险领域角度出发构建宏观金融稳定指数。

国内外学者在宏观金融稳定指数的构建方面还存在一定的不足。较少有文献在构建金融稳定指数时考虑经济环境、经济结构以及不同时期不同政策对指数构建合理性和适用性的影响。毫无疑问，影响金融稳定的变量在不同时期有所不同，这会导致相应变量在构建金融稳定指数时所占的权重发生变化。指标权重赋值方面，早先的研究者倾向于采用加权平均法和层次分析法给权重赋值，但由于可能存在指标之间关联性较强的问题，且加权平均法和层次分析法在一定程度上缺乏客观性，所以金融稳定的实际情况无法被准确体现，而主成分分析法和熵值法需要判断基础指标对指标体系的影响方向，主观性也较高。基于此，本章采用最新发展的 TVP-FAVAR 模型构建我国宏观金融稳定指数，加入时变权重的模型也契合我国金融体系因不同时间段受到不同的外部冲击以及国内政策变化而产生的时变性。

一些学者在选择具体指标的过程中，在全面性与实用性之间没有把握好平衡，同时，现有研究大多停留在金融稳定指数的合成与构建上，缺乏对金融稳定指数的有效性检验以及对金融稳定未来形势的预测和研判，这就导致一些指标体系在实践中难以被应用。而本章在对所构建的宏观金融稳定指数进行有效性检验的基础上，对金融稳定未来形势进行了预测和研判，以检验所构建指数的适用性。

根据以上分析，本章主要贡献在于：第一，从近年来提出的八大风险领域出发，选取构建宏观金融稳定指数的基础指标；第二，运用最新发展且引入时变权重的 TVP-FAVAR 模型来构建我国宏观金融稳定指数；第三，对所构建的宏观金融稳定指数进行敏感性检验，并对金融稳定未来形势进行预测和研判。

第二节 宏观金融稳定指数的构建

一 指标选取

为了模型构建的简便，选取 2008 年 1 月到 2022 年 12 月的月度数据对我国宏观层面的金融稳定指数进行构建，数据来自国家统计局网站、中国人民银行网站、国家金融监督管理总局网站和同花顺。在《中国金融稳定报告（2018）》对金融稳定界定以及 2016 年中央经济工作会议提出的八大风险的基础上，结合王劲松和任宇航（2021）的研究结论，将构建金融稳定指数的基础指标分为八大风险领域：政府债务风险、房地产泡沫风险、外部冲击风险、互联网金融风险、影子银行风险、不良资产风险、流动性风险、债券违约风险。

由于本章构建的宏观金融稳定指数后续需要参与实证研究，因此必须就指标的内生性问题做出讨论，其中"房价"指标的内生性问题最为紧要。近年来，我国房地产泡沫风险有所缓和，从图 2.1 中可以看出，与 2017 年底以前的数据相比较，2017 年底以后房价的整体波动更加平缓，整体上涨程度也未超过风险底线。据新华社统计，2017 年一年内超百城发布 246 次楼市调控政策。与此同时，党的十九大报告确立了"住房不炒"这一主基调，楼市调控再次成为各地区的重点、焦点。

因此，本章在构建我国金融稳定指数时考虑删去"房地产泡沫"这一风险领域。与此同时，考虑到宏观经济会对金融稳定产生一定影响（Hatzius et al.，2010；刘诺、余道先，2016b；Koong et al.，2017），本

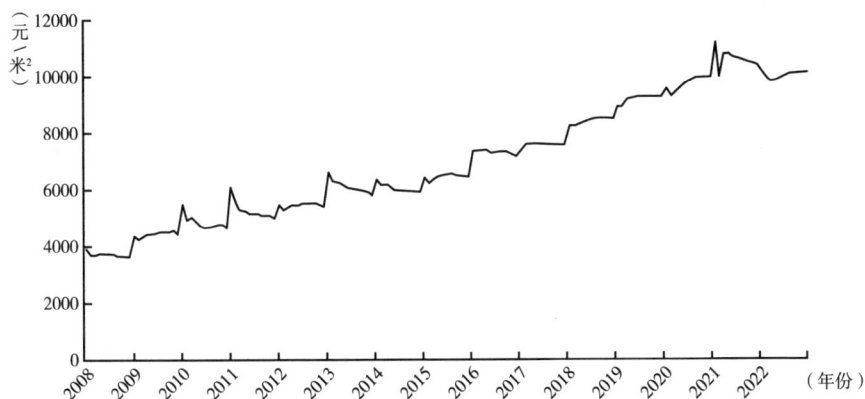

图 2.1　2008～2022 年我国住房价格

章在上述七大风险领域所选取的 11 个基础指标的基础上额外添加 2 个宏
观经济变量，总计选取 13 个基础指标对我国金融稳定指数进行构建（见
表 2.1）。

表 2.1　金融稳定指数基础指标汇总

风险领域	基础指标	数据说明	变量
政府债务风险	政府财政收支比	全国一般公共预算支出/全国一般公共预算收入	X_1
外部冲击风险	金融业 FDI 限制指数	用 EViews 将年度数据处理成月度数据	X_2
	实际有效汇率指数波动率	—	X_3
互联网金融风险	第三方互联网支付市场规模	第三方互联网支付规模/金融机构各项贷款之和	X_4
不良资产风险	商业银行不良贷款率	用 EViews 将季度数据处理成月度数据	X_5
	资本充足率	用 EViews 将季度数据处理成月度数据	X_6
影子银行风险	影子银行规模	影子银行总资产/银行业金融机构总资产	X_7
流动性风险	商业银行流动性比例	用 EViews 将季度数据处理成月度数据	X_8
	上海银行间同业拆借利率波动率	取月度标准差	X_9
债券违约风险	上证公司债指数波动率	取月度标准差	X_{10}
	上证股票市盈率波动率	取月度标准差	X_{11}
宏观经济变量	工业增加值同比	—	X_{12}
	CPI 当月同比	—	X_{13}

（一）政府债务风险

根据国家资产负债表研究中心公布的数据，我国近年政府部门杠杆率呈现上升趋势。其中，中央政府债务水平总体平稳，风险隐患并不显著。而2008 年国际金融危机以来，投资一揽子计划的推行使得地方政府面临相当大的资金缺口，不得不举债融资缓解财政压力，这导致 2011 年以来地方政府债务占据了政府部门债务总额的一半以上，最高时达 62%。同时，地方政府举借的债务由地方政府独立偿还，中央政府原则上不予担保救助。地方政府对债务融资的过度依赖也导致债务风险的积累，引起了党中央和国务院的高度重视。与此同时，以地方政府通过融资平台公司大量发行"城投债"为主体所构成的隐性债务问题同样不可小觑。

一方面，地方政府债务规模扩张通过加剧市场交易中的信息不对称和债券价格波动的不确定性，使金融体系变得更加脆弱；另一方面，由于地方政府债券多由当地商业银行认购，地方政府债务规模扩张意味着大量信贷资金流向政府部门，这不仅使得地方商业银行面临相当大的流动性风险，也使其成为债务风险的实际承担者，一旦出现地方政府债务违约，将会引发商业银行不良资产率攀升，进而触发银行系统危机。

本书选用地方政府财政收支比这一指标，即全国一般公共预算支出与当年全国一般公共预算收入的比率作为政府债务风险领域的基础指标。

（二）外部冲击风险

根据 OECD 发布的数据，我国金融业 FDI 限制指数在保持多年平稳后，于 2018 年显著下降至 0.268。这得益于在党中央、国务院进一步扩大对外开放的决策部署下，我国金融业主动有序扩大对外开放的战略举措。

金融业对外开放并不会直接产生金融风险，且能带来对内竞争力和资源配置效率的提升。但金融开放会使国内金融体系更容易受到外部风险的冲击。根据"蒙代尔不可能三角"定律，一个国家在货币政策的独立、汇率的稳定和资本的自由流动三个变量中不可能三者总揽，只能三者取其二。首先，金融开放会使国外货币政策传导至国内，影响我国货币政策的独立性；其次，短期跨境资本流动的增加会使商业银行的短期流动性增加，并降低国内的融资成本，使银行在迅速扩张信贷规模的同时积累信用风险，导致其不良贷款率攀升，加剧银行体系的脆弱性，而国际资本的逐利性也会推高国内资产价格，催生泡沫风险；最后，随着近年来国际贸易保护主义的抬头，以中美贸易摩擦为代表的外部冲击严重影响了我国的汇率稳定，汇率的频繁波动不利于银行正常经营秩序的维持、风险的管控、企业的出口以及债务的偿还。这些外部冲击风险均对我国的金融稳定产生了不利的影响。

参考徐国祥等（2017）、王娜和施建淮（2017）以及王维安和钱晓霞（2017）的研究，选取金融业 FDI 限制指数、实际有效汇率指数波动率作为外部冲击风险领域的基础指标，可以充分反映金融业开放下短期资本流动通过加剧汇率波动对金融体系波动产生的影响。

（三）互联网金融风险

近年来，全球范围内以大数据、区块链和人工智能等为代表的金融科技迅猛发展，新兴技术手段与金融业的深度融合对传统金融市场、机构和服务都产生了重要影响。在我国，互联网第三方支付、P2P 网络借贷、众筹等是互联网金融的主要业态。这些新的业态带来了金融创新，并大大提升了金融业的服务效率，但传统金融机构积极运用金融科技手段以及新兴科技公司涉足金融行业给维护金融稳定带来了新的挑战。

其一，互联网金融平台的高效便捷在降低交易成本的同时，也进一步增强了金融体系内部的关联性、顺周期性，容易加速风险传递，致使风险叠加放大、市场波动频繁。其二，互联网金融降低了金融交易活动的准入门槛，缺乏风险意识的个人和组织涌入市场，导致金融市场整体风险水平升高，2018 年下半年一些网络借贷平台爆雷就是典型的例证。其三，互联网金融去中心化、产品创新快的特征在一定程度上削弱了货币政策和信贷政策等宏观政策的有效性。虽然互联网金融科技方兴未艾，但仍未有成熟的指标能定义其风险程度，同时由于 P2P 网贷市场利率、温州指数等数据的时间跨度太短，无法与其他基础指标的时间跨度相统一，因此，本章采用第三方互联网支付市场规模来衡量互联网金融对我国金融稳定的影响，用第三方互联网支付规模与金融机构各项存贷款之和的比值来计算。互联网支付规模扩张在一定程度上反映了潜在风险的积累。

（四）影子银行风险

2008 年国际金融危机以后，影子银行的规模快速扩张。虽然近年来增长势头有所放缓，但 2018 年末存量规模仍高达 48 万亿元（李文喆，2019）。我国的影子银行系统是传统商业银行信贷业务的延伸和补充，主要满足受到金融歧视的实体经济部门和居民部门对信贷资金的需求。但影子银行高杠杆操作、期限与信用错配的特征，使得风险不断在其内部积累，一旦出现流动性萎缩，将对其产生致命冲击，并通过其与实体经济和金融机构的密切关联发酵风险，交叉传染；影子银行游离于正常监管体系之外的天然特性，又放大了其对我国金融体系稳定的不利影响。

虽然影子银行风险在 2018 年已得到有效控制，但其在本章构建金融稳定指数的时间跨度内仍是对金融稳定产生威胁的重要因素，本章仍将其作为基础指标之一。方先明等（2017）使用了影子银行规模指标，并考察了其对金融稳定的影响。本章则具体使用影子银行总资产与银行业金融机构总资产的比值来衡量影子银行的总体规模。

（五）不良资产风险

商业银行不良贷款的相关数据是衡量不良资产风险和金融是否稳定的重要参考。根据国家金融监督管理总局公布的季度数据，2016 年和 2017 年我国商业银行不良贷款率整体保持平稳，但 2018 年出现了小幅增长，主要是由于商业银行资产质量分布出现了比较明显的两极分化：大型股份制商业银行在信贷质量控制方面基本保持稳定，但以包商银行为代表的部分地区的城市商业银行、农村商业银行出现了不良资产处置不当、信用风险加剧的情况。未来一段时间，受房地产市场下行压力和化解过剩产能压力的共同影响，商业银行将面临新增信贷风险和存量不良资产风险加速出清的双重压力，如果商业银行不良贷款率持续走高，就会有破产的风险。

参考 Morris（2010）、Petrovska 和 Mihajlovska（2013）以及方兆本和朱俊鹏（2012）的研究，选取国家金融监督管理总局公布的商业银行不良贷款率和资本充足率作为不良资产风险领域的两个基础指标，以反映对不良资产风险的监测能力和抵御能力。

（六）流动性风险

商业银行是我国金融体系中的主导机构，而流动性是保障商业银行主体功能顺利运行的重要指标，一旦出现流动性风险，商业银行将会出现期限错配管理承压、资产负债匹配困难等问题。同时，商业银行折价出售资产以换取短期流动性的操作将会通过银行间市场迅速传递风险，可能会引发资产价格下跌的恶性循环，威胁金融稳定。

为反映商业银行自身流动性风险管理能力，并衡量银行间市场对流动性风险的响应程度，同时参考何德旭和娄峰（2011）、郭红兵和杜金岷（2014）的研究，选取商业银行流动性比例和上海银行间同业拆借利率波动率作为流动性风险领域的基础指标。商业银行流动性比例是体现商业银行流动性最直接的指标，该指标也是 IMF 发布的《金融稳健指标编制指南》中建议的流动性指标。银行间同业拆借利率对于金融机构调节流动性和抵御流动性风险的能力有着重要的影响，频繁波动的银行间同业拆借利率会给金融机构的平稳有序运行带来困难，该利率快速持续上升意味着金融机构确保自身流动性的需求强烈，也意味着不稳定性的增加。

（七）债券违约风险

2014 年，"11 超日债"作为公司债券市场中的首个付息违约事件，引发了监管部门对债券违约风险的担忧。截至 2019 年 1 月，我国债券市场共有 105 个主体发行的 242 只债券发生了违约（仅为银行间、交易所交易的债券），涉及违约的债券本金规模达 1946.28 亿元。其中，民营企业违约较多，且违约现象在 2016 年和 2018 年比较突出。[①]

债券违约源自部分企业在繁荣时期采取激进策略，大幅利用债务融资。而近几年，受经济增速下行压力和金融监管趋严的共同影响，这些公司出现资金周转困难，无法及时偿还到期债务，进而导致了违约风险。同时，基于

---

①　资料来源：Wind 数据库。

股市与债市的联动机制，公司债券违约风险极有可能向股市传导，一方面造成违约的上市公司股价下跌、股票质押融资爆仓，另一方面也会引发连锁反应，引发股票市场波动，对金融稳定整体形势造成不利影响。

由于公司债违约事件发生时间靠近本章所选时间跨度的中间位置，且目前暂无公认的量化指标，本章鉴于金融稳定指数的完整性和可沿用性，选取宏观层面的上证公司债指数波动率和上证股票市盈率波动率作为债务违约风险领域的基础指标，以反映公司债违约风险以及其对股票市场的风险传递。

二　数据处理

由于构建 VAR 模型的内生变量必须保持平稳，因此借助 EViews 10.0 软件对上述基础指标进行 ADF 稳定性检验，由表 2.2 可知，所有非平稳指标均在一阶差分后平稳。之后，通过 Min-Max 标准化法对平稳数据进行标准化处理，消除量纲的影响。

表 2.2　指标变量 ADF 检验结果

变量	检验类型(C,T,N)	ADF 统计量	p 值	检验结果
X_1	(C,T,4)	−7.2847	0.0000 ***	平稳
X_2	(0,0,0)	−3.6641	0.0003 ***	平稳
X_3	(C,0,1)	−1.5358	0.5129	不平稳
dX_3	(0,0,0)	−8.6165	0.0000 ***	平稳
X_4	(0,0,3)	1.4426	0.9627	不平稳
dX_4	(C,0,2)	−6.8162	0.0000 ***	平稳
X_5	(C,T,4)	−5.5159	0.0000 ***	平稳
X_6	(C,T,4)	−3.5483	0.0379 **	平稳
X_7	(C,0,3)	−1.8882	0.3372	不平稳
dX_7	(0,0,2)	−3.1729	0.0017 ***	平稳
X_8	(C,T,3)	−2.8586	0.1791	不平稳
dX_8	(0,0,2)	−7.7372	0.0000 ***	平稳
X_9	(0,0,0)	−12.3072	0.0000 ***	平稳

续表

变量	检验类型(C,T,N)	ADF 统计量	p 值	检验结果
X_{10}	$(0,0,4)$	-2.8905	0.0041^{***}	平稳
X_{11}	$(C,0,2)$	-3.2588	0.0186^{**}	平稳
X_{12}	$(C,0,3)$	-4.3538	0.0005^{***}	平稳
X_{13}	$(C,T,0)$	-6.0610	0.0000^{***}	平稳

注：***、** 分别表示在 1%、5%的水平下显著。

三 指数构建方法说明

Koop 和 Korobilis（2014）综合了时变参数模型以及 FAVAR 模型在构建指数上的技术优势，提出了 TVP-FAVAR 模型。模型方程如下：

$$x_t = \lambda_t^y y_t + \lambda_t^f f_t + u_t \tag{2.1}$$

$$\begin{bmatrix} y_t \\ f_t \end{bmatrix} = c_t + B_{t,1} \begin{bmatrix} y_{t-1} \\ f_{t-1} \end{bmatrix} + \cdots + B_{t,p} \begin{bmatrix} y_{t-p} \\ f_{t-p} \end{bmatrix} + \varepsilon_t \tag{2.2}$$

其中，x_t 为用于构建金融稳定指数的变量，y_t 为宏观经济变量，f_t 为潜在因子即金融稳定指数，λ_t^y 为回归系数，λ_t^f 为因子载荷，$B_{t,i}$ 为 VAR 系数。

进一步地，将载荷矩阵定义为：

$$\lambda_t = [(\lambda_t^y)', (\lambda_t^f)']' \tag{2.3}$$

VAR 系数定义为：

$$\beta_t = [c_t', vec(B_{t,1})', \cdots, vec(B_{t,p})']' \tag{2.4}$$

$vec(\cdot)$ 表示将 VAR 模型的参数与截距依次重新堆叠为 $n(np+1)$ 维向量的算子。

载荷矩阵和 VAR 系数均服从随机游走：

$$\lambda_t = \lambda_{t-1} + \upsilon_t \tag{2.5}$$

$$\beta_t = \beta_{t-1} + \eta_t \tag{2.6}$$

方程（2.1）、方程（2.2）、方程（2.3）、方程（2.4）、方程（2.5）、方程（2.6）构成 TVP-FAVAR 模型。

四　金融稳定指数合成与分析

最后求得 2008 年 1 月到 2022 年 12 月的宏观金融稳定指数，如图 2.2 所示（具体数值见附录 1），指数数值越大，金融稳定程度越低；指数数值越小，金融稳定程度越高。

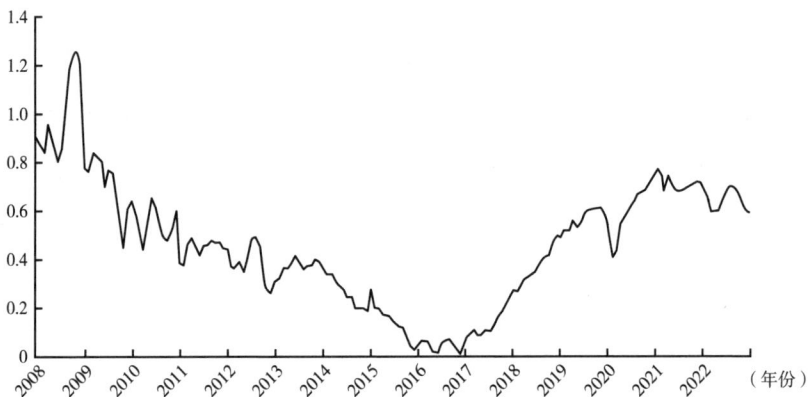

图 2.2　2008～2022 年宏观金融稳定指数

科学、适用的金融稳定指标体系能够较好地反映出一个国家金融稳定的历史情况。将构建出来的宏观金融稳定指数与我国实际情况进行对比分析，不难看出该指数能够比较准确地反映我国历史上遭遇的一些外部性冲击（如 2008 年国际金融危机、2015 年"股灾"危机、2020 年新冠疫情等）和我国金融领域的重大政策举措（如 2008 年中央推出一揽子刺激计划等）对金融稳定的影响。因此，本章所构建的金融稳定指数是有效的。

从本章所构建的金融稳定指数的整体走势可以看出（见图 2.2），2008～2022 年，我国金融稳定程度呈现先上升后下降、局部振荡的格局，整体走势大致可以分为三个阶段。

（一）第一阶段：2008～2016 年

由图 2.2 可以看出，2008～2009 年，我国金融稳定指数震荡明显，且始终维持在一个较高的水平。为了应对席卷全球的金融危机，我国于2008年11月推出一揽子刺激计划，在与积极的财政政策和适度宽松的货币政策配合下，缓冲了金融风险，但在计划实施的一年后，我国出现了宏观经济运行疲软的局面，同时，其带来的地方政府发债规模扩大、产能过剩程度加剧和经济结构进一步失衡等不利影响，使得我国金融运行处于波动中。

伴随着经济全球化程度的不断提高，我国宏观金融稳定状况受国外经济的影响日趋显著，如2010年前后，我国经历了人民币升值压力骤增、外汇储备过剩、跨境资金流动频率和波幅较以往更高等，这些事件和事实对我国经济稳定健康发展造成巨大影响，导致潜在金融风险骤增。除此之外，对于国内金融大环境而言，我国基础金融工具多处于起步阶段，应对潜在风险冲击的能力并没有得到本质提升。而且，在我国将GDP增长、财政收入等经济指标作为绩效考核核心标准的官员晋升考核机制的驱使下，地方政府大规模举债，地方政府债务风险等问题逐渐显现。

地方政府债务规模于2011年达到新高峰，地方政府债务风险攀升，我国金融系统的不稳定性加剧。2012年金融稳定指数震荡明显，很可能是因为受到了欧债危机的滞后影响以及国际金融危机带来的后遗症所导致的。欧元区国家主权债务与银行风险之间的相互交织，成为威胁国际金融稳定的主要因素之一。同时，欧债危机还通过影响贸易与投资信心等途径将风险传递给我国，对我国经济发展造成了重大打击。国际金融危机的后遗症方面，一个典型案例是，一些相关国家的宏观经济体系受到主要发达国家采取激进的货币政策应对金融危机的影响，导致诸多负面效应接踵而至，并对我国金融市场的长期稳定产生深远影响（吴培新，2012）。这也从侧面反映出，表面上所呈现出的稳定并不能说明真正稳定，风险抵御能力的提升不能仅依赖于短期刺激。

随着宏观调控收紧，监管部门对房地产行业加强调控和管理以维稳房价，并对地方融资平台出台一系列政策措施进行相关整顿，2013~2016年我国金融风险不断下降，整体上金融稳定指数处在较低水平。2013年，全球经济进入缓慢复苏时期，欧债危机带来的负面效应逐渐消退，美国发出结束此次量化宽松政策的信号，人民币升值压力缓和，进出口有所增加。我国经济步入新常态后，国内经济增速放缓，前期非常规刺激政策的不良后果逐渐消化。2015 年我国经历了股票市场大规模跌停、影子银行规模达到顶峰等冲击。2016 年，金融稳定程度处于高点。但在此期间互联网金融风险开始进入大众视线，一些 P2P 网贷平台崩溃、中美贸易摩擦越发严重、全球经济低迷等多种因素，导致我国金融运行出现波动。

（二）第二阶段：2017~2019 年

2017 年，党的十九大召开后，金融稳定程度骤降，影子银行风险、地方债隐性风险、网络借贷机构以及各大融资平台风险仍对金融稳定造成了不利影响。2018~2019 年的"黑天鹅"事件造成了金融市场的恐慌，带来了股价暴跌、市场剧烈波动等不良后果，使此阶段金融稳定程度显著下降；在此之后，国家将坚持防范化解宏观金融风险作为经济工作的重中之重，宏观金融稳定程度开始提升，2019 年底金融稳定指数的走势充分说明防范化解重大风险这个"三大攻坚战"之首的任务取得显著成效。

（三）第三阶段：2020~2022 年

2020 年第一季度，国内外经济体系不可避免地受到新冠疫情的巨大冲击，经济增长受阻，经济下滑明显，金融体系稳定性断崖式下降。但此后在中央强力有效的疫情防控措施以及经济刺激政策的作用下，我国经济逐步恢复，金融稳定水平提高。2021~2022 年，我国稳杠杆、压缩高风险金融机构数量、整顿金融秩序等工作取得显著成效，防范化解金融风险体制机制建设取得重大进展，宏观金融风险基本维稳。但在国际方面，全球疫情仍在持续、供应链和国际贸易受阻、大宗商品价格波动，导致我国经济面临需求收缩、供给冲击、预期转弱三重压力，宏观金融稳定处于不断震荡中。

五　时变权重分析

TVP-FAVAR 模型通过时变因子载荷系数有效提取不同时点下各基础指

标对金融稳定指数的动态影响特征。

从图 2.3 中不难看出，所有用于构建金融稳定指数的基础指标的权重都具有明显的随着时间变化的性质。本章从图 2.3 中提取时变性较强和权重较大的几个基础指标（见图 2.4）做具体分析。

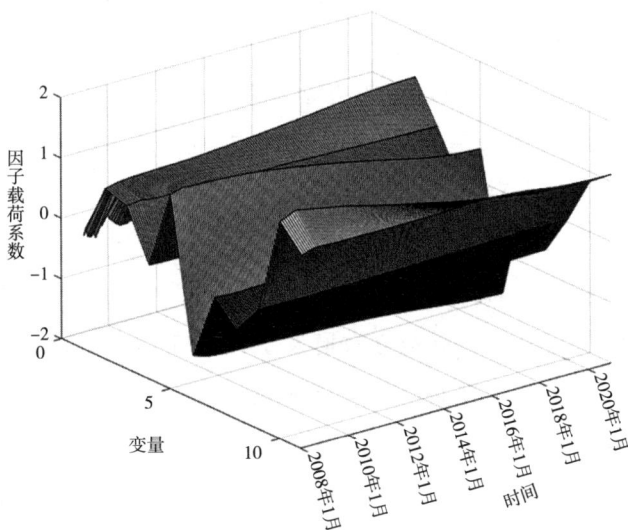

图 2.3 时变因子载荷系数

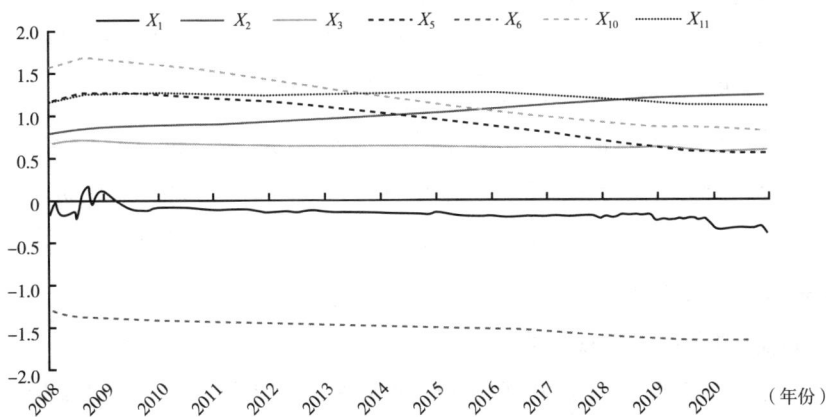

图 2.4 部分指标时变权重

（一）政府债务风险方面

2008~2009 年，政府债务风险领域时变权重变化剧烈，之后时变权重的下降十分平缓。可能的原因是，自从为了应对 2008 年国际金融危机而实施投资计划，地方政府对债务融资行为的过度依赖导致地方政府债务风险持续积累，这一后果引起了党中央和国务院的高度重视。与此同时，以地方政府通过融资平台公司大量发行"城投债"为主体所构成的隐性债务问题同样不可小觑。相应地，政府债务风险的贡献系数已从 2008 年初期的 -0.14 下降至近年的 -0.39 左右。地方政府债务规模的扩张加剧了市场信息不对称和债券价格的波动，而且由于地方政府债券多由商业银行进行认购，债务规模扩张意味着大量信贷资金流向政府部门，这不仅使得商业银行面临相当大的流动性风险，也使其成为地方政府债务风险的实际承担者，一旦地方政府发生债务违约情况，将会导致商业银行不良资产率攀升，进而影响银行体系稳定。因此，防范政府债务风险问题刻不容缓。

有效防范政府债务风险的举措有以下几个。首先，健全常态化监控管理机制。强化部门间的信息获取与协作管理，实现合力监控。其次，妥善化解隐性债务存量危机，形成法治化的风险违约应对体系，有效防范"处置风险的风险"。坚持分类审慎处置，以解决地方政府采购服务中的若干不合规问题。再次，切实遏制地方政府外债增长，严堵非法违规举债融资的"后门"，进一步强化风险源头控制，加强对地方国企债务融资的监管，严禁地方政府通过其进行变相举债。从次，完善地方政府行政问责制度。建立终身跟踪问责、倒查追究等制度，严惩违法乱纪行为。最后，为了有效防范化解重大风险，完善抑制新增隐性债务、化解存量隐性债务的体制机制，牢牢守住风险爆发的底线。

（二）外部冲击风险方面

从时变权重的计算结果可以看出，衡量外部冲击风险的两个基础指标的权重都很大。OECD 编制的金融业 FDI 限制指数，是当前衡量金融业开放程度的一个重要指数，OECD 数据显示，2020 年我国金融业 FDI 限制指数为

0.05，自 2018 年以来连续三年不断下降，说明我国在金融业 FDI 领域的开放程度已经达到了较高水平。IMF 对实际有效汇率指数的定义为：实际有效汇率指数是经本国与所选择国家间的相对价格水平或成本指标调整的名义有效汇率，它是本国价格水平或成本指标与所选择国家价格水平或成本指标加权几何平均的比率与名义有效汇率指数的乘积。随着人民币汇改持续深化，汇率双向波动或将变成常态，而汇率的频繁波动不利于银行正常经营秩序的维持、风险的管控、企业的出口以及债务的偿还。

在构建宏观金融稳定指数时，金融业 FDI 限制指数这一指标随着时间推移，权重不断变大，从 2008 年初的 0.81 变为 2020 年底的 1.24；实际有效汇率指数波动率这一指标权重几乎没变，但水平不低，说明外部冲击风险对金融稳定的影响显著。

有效防范化解外部冲击风险，需要多管齐下，坚持稳中求进的工作路线，为圆满实现全年经济目标任务提供强有力的保障，为我国经济稳定健康发展提供源源不断的新动力。

（三）不良资产风险方面

用于衡量不良资产风险的商业银行不良贷款率和资本充足率的时变权重都较高，商业银行不良贷款率的时变权重随时间变化有所减小，由 2008 年初的 1.22 降低到 2020 年底的 0.56，资本充足率的时变权重也呈下降趋势，由 2008 年初的 -1.29 降低到 2020 年底的 -1.67。不良资产风险是影响金融稳定的一个重要指标，我国当前面临的问题在于，银行不良资产增长的同时融资效率有所降低。此外，整个银行体系实际上除了承担短期融资的任务以外，还承担了相当一部分的长期融资任务。例如，自中央进行宏观调控，尽管贷款总量增幅降低，但主要是短期贷款量的减少，中长期贷款仍旧保持显著增长趋势。由于资金需求期拉长，不确定性增加，中长期贷款必然会导致银行体系流动性风险和错配风险增大。

面对这些问题，第一，必须全面清理不良资产。我国更应该警惕银行体系积累大量不良资产，导致银行体系拖累整个经济增长，进而造成整个经济增长动力不足等问题的发生。要更加严格监管商业银行的资本重组，如若不能通过融资渠道把社会资金有效分发到能为经济增长提供动力的部门之中，将对我国经济发展造成十分不利的影响。第二，要适度推进混业经营。很多银行的资产负债表里有长达 30 年甚至是长达 50 年的贷款，对于这些贷款，逐步尝试推进混业经营不失为一个值得参考的有效方法。第三，推进直接融资。在经济运行中，有许多长期的基础设施建设需要，例如地方政府的市政项目，这些项目需要长期资金支持，如果这些全部由银行体系内部消化，银行将会承担更多的风险。

（四）债券违约风险方面

近年来，中国债券市场快速发展，信用债存量规模急剧扩大，同时，违约事件所涉及的债券数量和违约金额也在不断增长，债务违约风险不断增加，衡量债务违约风险的上证公司债指数波动率和上证股票市盈率波动率两个指标的贡献系数整体变化不大，仅仅是由 2008 年初的 1.59 降低到 2020 年底的 0.84、由 2008 年初的 1.19 提升到 2020 年底的 1.12。对债券市场而言，2020 年上半年整体受疫情影响较小，并没有发生大规模的违约，但考虑到全球疫情发展和经贸形势的不确定性以及国内宏观金融环境的变化，部分企业仍具有较高的债券违约概率，而一旦债券市场发生大规模违约，将对宏观金融环境造成较大影响。因此，尽管在中央政策指导下，一些企业暂时度过了偿债危机，但仍应密切注意风险的积累，积极防范化解债券违约风险。

第一，稳定的宏观经济环境是债券市场健康发展的前提条件，宏观经济体系的不稳定会增加债券违约的风险进而增加债券市场的潜在风险。近年来，面对复杂多变的国内外经济环境和各种严峻的外界考验，我国实施稳健的货币政策和积极的财政政策，有力地保障了实体经济稳定健康发展。因此，在当前国内外经济增长压力较大的情况下，监管部门更应重视宏观经济政策的有效、合理制定与实施。第二，目前市场上存在多家债券发行评级机构，不同评级机构之间的标准存在差异，在信息不对称的情况下，投资者判断债券投资价值与风险往往依据评级机构给出的评级报告，因此评级机构应增强独立性、公正性，确保给出的评级报告真实、合理。另外，考虑到我国信用评级市场与国际评级机构的接触逐渐密切，国内的评级机构更要提高自身评级的公正性，维护市场公信力。第三，目前我国债券市场还缺乏统一的监管体制，在债券发行和交易两方面均形成了不同的监管体系，不利于统一债券市场的形成以及信用环境的建设。在我国债券市场规模大举扩张、债券品种多样化、债券衍生品种类繁多的大环境下，严格、统一的监管体制建设势在必行。

第三节　宏观金融稳定指数的敏感性检验

为了进一步评估上述构建的"宏观金融稳定指数"的质量以及适用性，下面将对其进行计量回归检测，分析其对相关的宏观经济变量改变的敏感程度。若选取的相关指标能对指数实现比较好的拟合，则说明指数存在较强的适用性。参考郭红兵和杜金岷（2014）对敏感性变量的选取，本章选取了3个宏观经济指标。①上证综合指数波动率（SHS）。通常来说，上证综合指数波动很大可能会使投资人员持观望态度，特别是在涨跌幅非常大的情况下，投资人员的投机炒作心理更为显著，即 SHS 数值越大，波动越趋于异常，越不利于金融市场的稳定。②货币供应量增速（$M2R$）。货币供给的意外增长可能会导致意外通胀出现，这在很大程度上会影响金融稳定，而若上一季度的货币供给提升目标可以完成，投资人员就可以做出较为科学的金融判断，从而能够保持金融稳定（Morris，2010）。③固定资产投资增速（$GRFAI$）。固定资产投资水平的持续提高会在很大程度上促进实体经济的发展，进而引领金融系统的发展和完善；不过相对来说，固定资产投资具备时滞性特点（周海欧、肖茜，2015）。上述三个变量的数据来自同花顺和国家统计局网站，其中 SHS 数据由每月上证综合指数换算而来。

在构建回归模型之前，本章首先对上述变量以及构建出来的金融稳定指数（FSI）进行了 ADF 检验。具体结果如表 2.3 所示，上证综合指数波动率（SHS）和固定资产投资增速（$GRFAI$）在 1% 的显著性水平下是平稳序列，货币供应量增速（*M2R*）则在 5% 的显著性水平下是平稳序列，金融稳定指数（*FSI*）存在一个单位根，但一阶差分后为平稳序列（d*FSI*）。

表 2.3　ADF 平稳性检验结果

变量	检验类型(C,T,N)	ADF 统计量	p 值	检验结果
FSI	(C,0,1)	−1.9610	0.3039	不平稳
d*FSI*	(0,0,0)	−15.1513	0.0000 ***	平稳
SHS	(C,T,0)	−5.4703	0.0001 ***	平稳
M2R	(C,T,4)	−3.6563	0.0285 **	平稳
GRFAI	(0,0,1)	−2.5983	0.0096 ***	平稳

注：***、** 分别表示在 1%、5% 的水平下显著。

　　考虑到上证综合指数波动率（*SHS*）、货币供应量增速（*M2R*）以及固定资产投资增速（*GRFAI*）的滞后项可能对金融稳定产生一定的影响，选择当期和 1 阶滞后指标建立相应的回归方程。仅考虑其一阶滞后效应，是由于本章样本数据非常少，滞后阶数越高，其自由度被降低得越多，越可能影响检验结果的稳定性。在模型内增添金融稳定指数（*FSI*）的一阶滞后项则是考虑到其本身的动态改变，假如 |α| < 1，则 d*FSI* 属于均值回复的。相关的验证模型为：

$$\mathrm{d}FSI_t = c + \alpha \, \mathrm{d}FSI_{t-1} + \sum_{i=0}^{1} \beta_i \, SHS_{t-i} + \sum_{i=0}^{1} \gamma_i \, M2R_{t-i} + \sum_{i=0}^{1} \lambda_i \, GRFAI_{t-i} + \varepsilon_t \quad (2.7)$$

　　选择 OLS 法并剔除模型内不显著的变量，去掉具备存在多重共线性以及 R^2 较低的模型，最终选择了 *SHS*、d*FSI*（−1）以及 *GRFAI*（−1）当作自变量，结果如表 2.4 所示。其中，R^2 为 97.05%，调整后的 R^2 为 96.99%，三个变量可以解释因变量 96.99% 的方差，DW 统计值等于 2.2690，代表该计量回归模型在 1% 的置信水平下不具备自相关情况。数据显示，本章构建的金融稳定指数可以对 *SHS*、*GRFAI*（−1）产生显著响应，而且系数符号都和预期情况相同，比较客观；尤其是 d*FSI* 属于均值回复的，虽然当期的 d*FSI* 值会伴随上一期的 d*FSI* 值同向改变，不过改变的幅度非常小。总而言之，本章构建的金融稳定指数可以比较精准且快速地体现出宏观经济变量的改变情况，即具有适用性。

表 2.4　模型验证结果

变量	估计值	标准误	t 值	p 值
c	-0.0892	0.0304	-2.94	0.004 ***
SHS	-2.1312	1.2379	-1.72	0.087 *
$dFSI(-1)$	0.9072	0.0290	31.3	0.000 ***
$GRFAI(-1)$	0.3269	0.1237	2.64	0.009 ***
R^2	0.9705			
调整 R^2	0.9699			
DW 值	2.2690			

注：*** 、* 分别表示在 1%、10% 的水平下显著。

第四节　宏观金融稳定指数的区制状态分析

一　马尔可夫区制转换模型

本章在构建宏观金融稳定指数的前提下，进一步选取了马尔可夫区制转换模型评估该指标的情况。马尔可夫区制转换模型具体包含下列特征：第一，此类模型可以不人为设置稳定性的界限值以评估风险，也不要求预测高风险产生的具体时刻，进而去除了主观因素的作用；第二，此类模型可以通过平滑转换来明确观测样本所处的状态，以及金融体系处于稳定状态的具体时间；第三，宏观金融稳定状态处在一个动态变化过程当中，静态模型不适用于对其进行状态分析，而马尔可夫区制转换模型可以运用状态转移变量来解释金融稳定指标的动态改变，进而非常准确地获得宏观金融稳定状态。

马尔可夫区制转换模型解释了不同条件下相关变量的特征，即时间序列向量 Y_t 这一数据的产生主要取决于无法观测的区制变量 s_t：

$$y_t - \mu(s_t) = \beta_1(s_t)[y_{t-1} - \mu(s_{t-1})] + \cdots + \beta_m(s_t)[y_{t-m} - \mu(s_{t-m})] + \varepsilon_t \quad (2.8)$$

s_t 是区制变量，取值范围是 $\{1, 2, \cdots, n\}$，$\varepsilon_t \sim \mathrm{NID}\,(0, \sum s_t)$、$\mu(s_t)$、$\beta_{x=1,2,\cdots,m}$、$\sum s_t$ 均属于区制依赖于变量 s_t 所位于的状态。

$$\mu(s_t) = \begin{cases} \mu_1, & s_t = 1 \\ \vdots & \vdots \\ \mu_n, & s_t = n \end{cases} \quad (2.9)$$

区制转变的可能性为：

$$p_{ij} = \Pr\left(s_{t+1} = j \,\middle|\, s_t = i, \sum_{j=1}^{n} p_{ij} = 1\right) \quad \forall\, i,j \in \{1,2,\cdots,n\} \quad (2.10)$$

马尔可夫转移矩阵是：

$$P = \begin{bmatrix} p_{11} & \cdots & p_{1n} \\ \vdots & & \vdots \\ p_{n1} & \cdots & p_{nn} \end{bmatrix} \quad (2.11)$$

其中，P 满足正则性约束，即 $p_{in} = 1 - p_{i1} - p_{i2} - \cdots - p_{in-1}$。

由于构建 VAR 模型的内生变量必须保持平稳，为了确保实证结果精准科学，在利用马尔可夫区制转换模型开展分析前，首先借助 EViews 10.0 软件对金融稳定指数进行 ADF 平稳性检验，检验结果见表 2.3。从表 2.3 中可以看出，在 1% 的显著水平下，金融稳定指数 1 阶差分后平稳。

二　区制状态分析

马尔可夫区制转换模型在应用 EM 算法进行估计的前提下，选取 OX-MS-VAR 对模型进行具体分析。依照对数似然值以及 SIC 指标评估选取 2 个区制和滞后一阶的 MSIAH（2）-AR（1）模型进行具体分析。获取两区制的平滑概率、滤波概率（见图 2.5）。根据 " $P[S_t = j \,|\, \Omega] > 0.5$，$\Omega$ 代表的是全样本信息"，可以得到此样本属于 j 区制的判断依据，其区制属性和划分特征如表 2.5 所示。

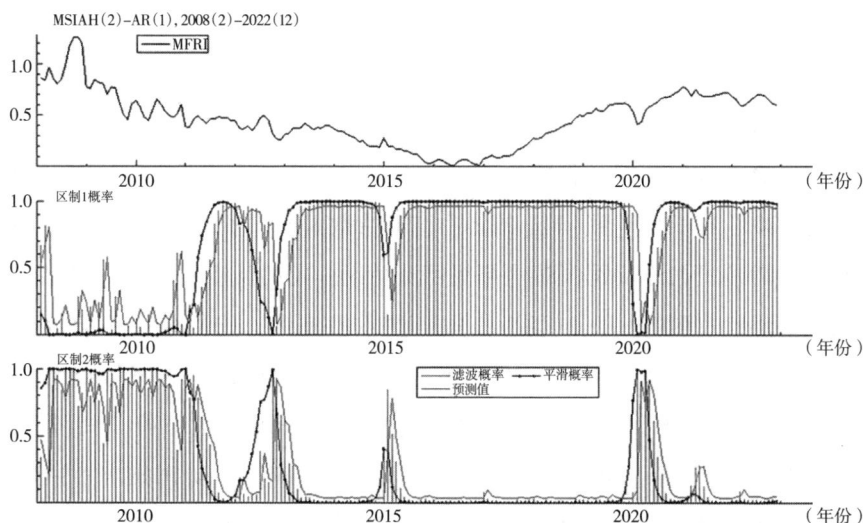

图 2.5　2010~2022 年我国金融稳定性两区制滤波概率和平滑概率

表 2.5　金融稳定性区制属性和划分特征

属性	区制 1(高稳定区制)	区制 2(低稳定区制)
落入区制内样本	2011 年 4 月~2012 年 5 月 2012 年 12 月~2019 年 12 月 2020 年 6 月~2022 年 12 月	2008 年 2 月~2011 年 3 月 2012 年 6 月~2012 年 11 月 2020 年 1 月~2020 年 5 月
样本数量	130	49
频率	0.7562	0.2438
平均持续期	39.97	12.89
区制转移概率	0.9750	0.9224

　　根据图 2.5 以及表 2.5 的相关数据，把宏观金融稳定指数划分为 2 个区制，可以看出，区制 1 的样本数量为 130，频率是 0.7562，而区制 2 的样本数量是 49，频率是 0.2438，落在区制 1 的样本数量是落在区制 2 的 2 倍多；区制 1 的平均持续期为 39.97，比区制 2 的 12.89 要长，前者的区制转移概率为 0.9750，同样超过了区制 2。这表示金融稳定指数处于区制 1 内的周期更长，且在区制 1 条件下更加稳定，不会变化至区制 2。通过对具体数据的描述分析能够了解到，区制 1 的样本均值等于 0.3843，标准差等于 0.2251，

均显著小于后者的样本均值（0.6695）以及标准差（0.2414）。所以，区制 1 是"高稳定"区制，区制 2 是"低稳定"区制。之后结合中国现实情况对两区制进行时段探究。

国际金融危机期间，我国宏观金融稳定指数频繁处于不稳定状态。2008 年 2 月～2011 年 3 月，我国宏观金融稳定指数处于"低稳定"区制。2008 年初，金融危机初露端倪，我国市场已产生了一定的反应，而且我国宏观经济处于流动性过剩时期，市场上出现了严重的泡沫，致使金融风险持续涌现，金融稳定程度快速下降。2008 年 9 月，雷曼兄弟破产，国际金融危机彻底爆发，迅速波及国内金融市场，金融稳定程度继续下降，持续处于"低稳定"区制当中。随着中央一揽子刺激计划的落实、美国推出第一轮量化宽松货币政策等，我国金融稳定程度下降幅度有所缓和但依旧处于"低稳定"区制。2009 年，我国金融市场维持稳定运转，资产价格企稳回升，我国推出了相关政策对其进行管控，优化了金融市场架构，固定资产投资架构得到深入完善，这为我国投融资市场提供了优良的环境，对我国金融体系的平稳运行起到积极作用。伴随国际金融危机的逐渐消散，通胀预期持续加剧，2011 年，中国人民银行接连提高了存款准备金率，我国货币政策从比较宽松逐渐转变为稳健，金融市场流动性紧张，利率频繁波动，宏观金融稳定指数仍处于"低稳定"区制。这说明我国金融市场稳定状况虽然受到国际金融危机影响，区制转移概率稍有下降，但处在"低稳定"区制的情况依然较为稳定。

2011 年 4 月～2012 年 5 月，我国宏观金融稳定指数由处于"低稳定"区制转变为处于"高稳定"区制。在此期间，面对复杂的国内外经济环境，我国宏观经济政策实施成效逐步显现，经济增长，价格水平稳定增长，国际收支改善，就业形势向好，货币、债券、股票等金融市场继续保持平稳运行。

2012 年 6 月，宏观金融稳定指数再次回到"低稳定"区制。可能的原因是，一方面，新一轮全球经济衰退预期升温，外汇市场大幅波动，同时我国通货膨胀水平提高。我国在此期间仍然流动性过剩，通货膨胀带来的压力在一定程度上降低了宏观金融稳定性。另一方面，世界游资受美国经济复苏的影响从我国转移至美国，导致我国的流动性压力不断攀升。受美联储退出量化宽松政策信号的影响，全球投资人员接连降低了投资水平，致使股票市场以及商品价格出现了剧烈的变动。市场受世界经济发展情况的影响，资金出现了短暂性的短缺，流动性风险也随之提升，导致宏观金融稳定程度骤降。

2012年12月~2019年12月，随着国内政策落地和欧洲主权债务危机纾困政策明朗，我国宏观金融稳定指数又落回了"高稳定"区制。在此期间，全球经济缓慢复苏，我国继续实施积极的财政政策和稳健的货币政策，经济平稳增长，金融体系稳定发展。2013年，欧债危机带来的负面效应逐渐消退，美国发出结束此次量化宽松政策的信号，人民币升值压力缓和，进出口增加；2014~2016年，金融市场规范健康发展，银行业资产负债规模扩大，信贷投入增加，资本充足水平持续提高，风险吸收能力较强，金融监管转型深化，金融体系总体稳健；2017年，确立了未来一段时期金融改革发展和维护金融稳定的顶层架构，并成立了国务院金融稳定发展委员会，以中央银行为核心的宏观审慎监管框架逐步确立，系统性金融风险防范机制进一步强化；2018年，积极化解地方政府隐性债务风险，宏观杠杆率的快速增长得到抑制，处置了一批高风险机构，金融秩序进一步整顿，有序应对了金融市场波动风险；2019年，面对全球经济增长动能偏弱的压力，坚决打好防范化解重大金融风险攻坚战，国内生产总值稳步增长，就业形势稳定，国际收支基本平衡，金融稳定发展。

2020年初新冠疫情发生，受疫情影响，全国经济发展几乎停滞，失业率攀升，但在中央大力管控下疫情得到控制的时间大大缩短，在疫情得到较好控制后，中央出台一系列相关政策调控经济，维持金融市场稳定，我国宏观金融稳定水平在经历大幅波动后迅速回稳。2021~2022年，我国统筹疫情防控和经济社会发展，稳杠杆取得显著成效，全国高风险金融机构减少，互联网金融转入常态化监管，金融风险整体收敛、总体可控。因此，我国宏观金融稳定指数在2020年1月到5月短暂处于"低稳定"区制后回落到"高稳定"区制，并一直处于"高稳定"区制，金融体系稳健发展，金融市场的韧性获得了显著提升。

从整体上进行分析，近些年我国金融市场运行稳定并逐渐走向成熟，虽偶有风险问题出现，但对金融市场未来发展没有产生持续性不利影响。

第五节 宏观金融稳定水平预测

以上 dFSI 和一组宏观经济变量间优良的计量关系让本章有了预测和评估我国金融系统将来稳定水平的可能性，了解未来一定时期模型自变量的预测值，就可以预测相同时期因变量的值。本章借鉴相关学者的思路，选取随机模拟法，运用敏感性变量来对我国金融稳定情况进行科学预测。因为现在很少有学者对上证综合指数进行长期预测，所以本章在对 2021 年上证综合指数波动率预测值的挑选上，以 2021 年 1 月初到 2021 年 12 月底的改变情况为参考进行近似预测。依照表 2.4 的结果，预测具体基于以下模型：

$$\mathrm{d}FSI_t = c + \alpha^* \mathrm{d}FSI_{t-1} + \beta^* SHS_t + \lambda^* GRFAI_{t-1} + \varepsilon_t \qquad (2.12)$$

基于前文所选取的自变量预测值情况，模型的预测结果如图 2.6 所示。从拟合曲线来看，模型可以非常科学地预测出实际情况，两者整体趋势相同、相差不大，预测值和实际值存在区别的原因可能是用于构建随机模拟预测模型的变量数量较少，同时各个变量的预测值的准确度也会对金融稳定指数的预测值产生较大影响，但总体而言，预测结果令人满意。这也从侧面反映出我们可以通过预测模型对本章所构建出来的金融稳定指数进行简要预测，模型中的变量越多，预测值越准确，金融稳定指数的预测值与实际值越吻合。

从预测值曲线来看（见图 2.6），2023 年我国金融稳定指数有所降低。从现实情况来看，随着中央及地方持续推出积极性房地产政策，房地产市场企稳回升；伴随经济修复边际放缓，地方政府债券发行节奏整体变慢；外汇市场运行总体平稳，人民币汇率在合理均衡水平上保持基本稳定。总体来

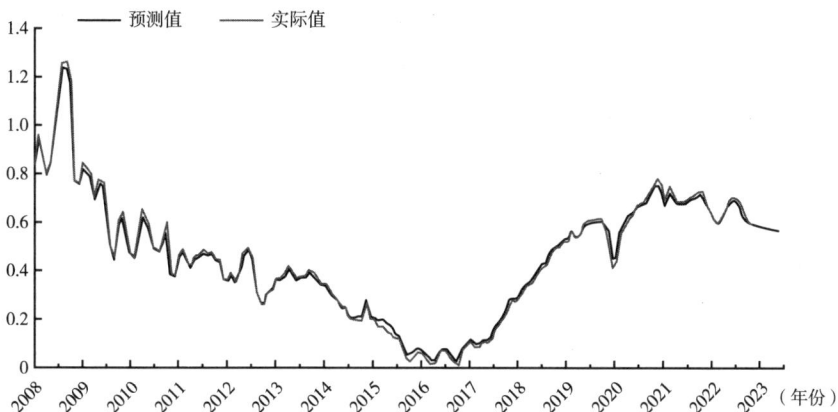

图 2.6 2008~2023 年我国金融稳定指数预测状况

看，2023 年我国经济、金融运行平稳，和预测结果相符，说明本章所构建的金融稳定指数对我国宏观金融稳定具有一定的预测能力。但值得注意的是，2023 年金融风险仍处于较高水平，如何提高我国的抗风险能力，以及维持我国金融体系的稳定发展仍然是金融工作的焦点问题。

第六节 小结

一 结论

首先，本章在归纳具体的研究成果以及不足的前提下，从金融稳定的内涵着眼，明确了以八大风险领域为基础进行基础指标选取，而且在综合分析中国国情以及数据可得性的基础上，挑选了 13 个基础指标，利用中国 2008~2022 年的数据，选取 TVP-FAVAR 模型对相关的指标权重进行赋值，构建出中国宏观金融稳定指数，并通过敏感性分析检验了该指数的合理性以及实用性。之后，本章在参考相关研究成果的前提下，利用马尔可夫区制转换模型将金融稳定指数划分至"高稳定"区制和"低稳定"区制，从而对不同时间段的金融稳定性展开了深入的分析，最终运用随机模拟法对未来金融稳定形势进行预测。本章经过探究以及分析获得了下列结论：依照对金融稳定指数的整体走势的研究，虽然金融体系稳定性变动幅度较大，但从总的样本范围分析，仍然展现出先上升后下降的趋势；从各个阶段的区制情况来看，我国处于"高稳定"区制的时间要多于"低稳定"区制，这表明我国的金融系统稳定性程度较高且"高稳定"区制的转移风险也较低；预测结果表明，本章所构建的金融稳定指数对我国宏观金融稳定具有一定的预测能力。

二 政策建议

第一，监管当局在保障金融市场稳定时，仍需从金融市场稳定的基本概念及内容入手，并通过合理制定相应的政策科学解决金融系统内的风险问题。本章基于金融稳定的基本内涵及当下中央最为重视的八大风险领域构建了宏观金融稳定指数，有助于监管当局发现和预防金融系统风险。监管当局在监督宏观经济状况和金融体系稳定情况的同时，也要兼顾金融体系的综合运行状况，进一步加强事前监管预警工作，并建立严格的风险阻断机制。控制宏观金融潜在风险需要从风险的传染途径的阻隔方面着手，既要避免风险的纵向传导，也要防止某一领域的风险横向传递至其他领域，影响实体经济的持续健康运行。

第二，监管当局应注意潜在风险，并采取预防措施，同时对金融机构实施严格的监管，时刻根据结构的变化调整相关措施。此外，当今世界处在科技日新月异的新时代，金融机构要充分运用大数据等新一代信息技术在维护宏观金融稳定以及保障交易信息实时更新与确认方面的独特优势，进一步提升面对金融市场突发风险时的紧急应对能力。若金融系统不慎进入不稳定区域，或者是高风险区域，监管当局需要及时推出相关的处置方案，针对严重资不抵债、难以稳定经营的金融机构，依据市场化方式开展清算、关闭或重组，优化市场结构，提高抵御各种冲击的能力，进而提高金融系统整体的稳定性。

第三章

中国省域金融稳定指数构建与分析

——时空变化与政策研究

第一节　研究背景

一　现实背景

金融体系的稳健发展在极大程度上影响着我国经济发展的步伐，并与我国经济的发展方向和发展目标息息相关，是促成我国实施长期发展战略的重要因素。自 2008 年国际金融危机引发输入性金融风险到 2020 年新冠疫情在我国以及世界范围内发生，针对国际局势显著深刻的变化，我国反复强调金融稳定的重要性。2019 年 2 月 22 日，习近平总书记在中共中央政治局第十三次集体学习时指出：防范化解金融风险特别是防止发生系统性金融风险，是金融工作的根本性任务。① 国家"十四五"规划、党的二十大报告以及2023 年中央金融工作会议纲要明确了"维护金融稳定，守住不发生系统性风险底线"的目标。然而，自 2020 年新冠疫情发生以来，我国在解决民生问题上的压力更加繁重，面临需求收缩、供给冲击、预期转弱三重压力，金

---

① 习近平主持中共中央政治局第十三次集体学习并讲话 ［EB/OL］. https：//www.gov.cn/xinwen/2019-02/23/content_ 5367953. htm.

融市场尤其是股市受到极为显著的影响（张晓晶、刘磊，2020），公共突发事件带来的公共风险持续对我国乃至世界的宏观经济运行状况产生猛烈的冲击，系统性金融风险明显加大。

近年来，在持续落实宏观金融稳定政策的过程中，国家金融监管逐渐下沉至区域和省域金融风险领域。2017 年，全国金融工作会议设立了国务院金融稳定发展委员会和国家金融办两个机构，进一步加大地方金融监管力度。国务院金融稳定发展委员会会议多次强调"引导地方金融机构服务当地小微企业和城乡居民，促进地区金融供需结构平衡"的重要性，意图通过地方金融治理服务宏观金融稳定。2023 年 3 月，中共中央、国务院印发了《党和国家机构改革方案》，组建中央金融委员会，负责金融稳定和发展的顶层设计与统筹协调，同时组建国家金融监督管理总局，深化地方金融监管体制改革，提高金融监管"由中央到地方"的协调性以促进金融稳定。

当前，我国的金融风险仍然点多面广，区域金融风险不断集聚，省域金融风险管理面临重大挑战。一方面，以 2019 年因不良贷款而破产的包商银行和 2021 年深受债务危机影响的恒大集团为重要代表，部分区域性中小银行和企业存在经营融资压力大、债务违约风险积聚扩散等严重问题；另一方面，"晋升锦标赛治理模式"的劣势日益凸显，省级地方政府金融风险突增。此外，新冠疫情使得我国三次产业均受到重创，2020 年第一季度第二产业增加值同比 9.6% 的降幅在三次产业中对我国经济产生了最为显著的影响（许宪春等，2020），给各省份的金融风险管理工作带来了巨大挑战。而各省份经济状况及发展能力存在差异，若无法有针对性地治理省域重点金融风险，地方金融风险将更易引发区域性辐射，最终演变为宏观金融风险。

二 理论背景

金融稳定的衡量指标一直未有统一定论，现有文献对金融稳定的衡量方法总体分为间接衡量法和直接衡量法。间接衡量法通过衡量金融风险反向测度金融稳定程度，代表方法包括 Z-score 模型法、违约距离计算法和 SRISK 法等。直接衡量法通常以指标合成为基础，首先确定衡量金融稳定的不同维度，进而选取子维度下的变量指标，再根据标准化数据的离散程度对指标进行权重赋值（离散程度越高的指标包含的信息越多，其对应的权重也越大），最后将权重与标准化数据相乘并求和得到各期指数。加拿大中央银行首次构建并运用"货币状况指数"（MCI）探究货币政策对实体经济的影响。随后"金融状况指数"（FCI）的构建引入房价和股价等资产价格，在深入剖析货币政策影响的同时，对未来经济趋势进行更好的预测。Schinasi（2004）首次界定了金融稳定的五大原则，将金融稳定指数框架设定在动态平衡的基础上。"金融稳定状况指数"（FSCI）以及"综合金融稳定指数"（AFSI）则是基于前人的研究成果，引入金融机构相关变量进一步拓展完善的，更具有预测效果。Morris（2010）引入新的量化指标构建 AFSI，进一步完善了金融稳定系统框架。除此之外，另有学者将金融的不稳定状况定义为金融压力和金融脆弱性，进而编制了"金融压力指数"（FSI）和"金融脆弱性指数"，其中金融压力指数的构建得到了许多国际性组织的认可。

　　近年来，也有许多学者构建我国的宏观金融稳定指数，但区域和省域层面的金融稳定指数构建较为缺乏。宏观金融稳定指数的代表文献包括：万晓莉（2008）将银行稳健性作为金融稳定的替代变量，基于 5 个指标构建"金融脆弱性指数"以及引入动态权重构建"金融稳定状况指数"；何德旭和娄峰（2011）利用等方差加权方法，基于金融机构、金融市场、外汇风险三个方面共 11 个基础指标合成"金融稳定指数"（FSI）；王劲松和任宇航（2021）依据我国确立的八大金融风险，利用主成分分析法构建"中国金融稳定指数"（AFSI）。以上方法的主要特点在于，在原始指标数量较多的情况下，能够生成囊括尽可能多信息的指标，从而降低计算难度。但它们的缺陷在于无法保留原始指标信息，并且无法深入探讨原始指标对综合指标的影响程度，而相较之下熵值法则能很好地克服这些问题，因而本章最终选择熵值法作为中国省域金融稳定指数的构建方法。

随着时空分析相关文献数量的增加，国内外文献的研究主题日益丰富，但仍较少将其应用于金融稳定。针对空间维度的分析，林春和谭学通（2021）采用探索性空间数据分析方法（ESDA）和空间计量模型深入探究了区域普惠金融空间溢出效应的影响因素；还有学者通过 Kernel 图和二阶段嵌套 Theil 指数测算大气污染的空间分布密度的组内和组间差异，以识别省域乃至县级的地理集聚特征；另有学者利用指数分解分析方法（IDA）、结构分解分析方法（SDA）或生产理论分解分析方法（PDA）研究能源排放因素的分解，并在组内、组间和时间上通过 LMDI 分解法进行多维比较。在针对时间趋势变化影响的研究中，有学者利用区位基尼系数、产业集中率、地区产业平均集聚率等分析讨论区域内农作物种植差异以及时间趋势变化。此外，时空分析的研究范畴还包括建筑分布、绿色经济、城镇化融合等领域，涉及内容与地理位置的紧密相关。

从现有文献的回顾中可以看出，国内外文献构建金融稳定指数大多基于宏观层面，鲜少下沉到区域或省域层面。与此同时，涉及省域时空分析的文献大多集中于能源、排放、农作物种植等，缺乏针对金融稳定这一对象的挖掘与分析。而在研究方法上，大多数文献并不能很好地保留原始数据并对其进行深入分析。

因此，本章试图在以下几个方面做出探索：一是使用熵值法构建省域层面的金融稳定指数，将对金融稳定的宏观研究下沉到省域金融稳定指数的数值差异状况及其分布的研究当中；二是在构建省域金融稳定指数时使用熵值法分解出显著影响各地区金融稳定指数的指标；三是基于 31 个省份的 9 个指标进行对比分析，考察我国省域金融稳定的时空变化特征；四是从宏观、区域和省域三个层面提出相关政策建议。

第二节 省域金融稳定指数构建与总体分析

一 省域金融稳定指数构建方法的选用

本章主要的目的有两个：一是构建省域金融稳定指数，将影响金融稳定的各项指标合成一个具体指数，并对其进行数值比较；二是从原始数据出发，依据合成方法得到各个指标的权重并提取关键指标，通过时空分析方法对 31 个省份的金融稳定状况的变化做出详细解释，并结合政策热点和时事对此做进一步分析。基于以上两个关键目的，选取指数合成的方法在其中显得极为重要，它决定了如何对各省份金融稳定指数及其指标权重进行比较和探索。

因而，此处对本章选用熵值法作为指数合成的方法进行解释。通常而言，指数合成方法的核心集中在指标赋权上，而权重可进行人为规范或依据数值离散程度计算，因而最终发展成主观赋值和客观赋值两大类合成方法。由于本章的研究对象——省域金融稳定指数并不存在官方赋权依据，因此选用方法应当从客观赋值法中产生。常见的客观赋值法包括主成分分析法、熵值法、标准离差法和 CRITIC 权重法等，其中，主成分分析法是为了解决指数计算中原始指标过多的问题，该方法基于原始数据的离散程度重新生成少量的新指标并进行赋权计算，其结果通常可解释原始数据 80% 以上的内容，但最大的缺点是无法就数据本身进行指标影响分析，与本章的研究核心完全不符。而标准离差法的权重设置基于离差值的计算，存在不精确的缺陷，即便不同指标具有相同离差值，实际的离散程度也可能很大。CRITIC 权重法在计算过程中对正向变量和负向变量没有区分，而本章是根据概念明确区分各个指标对金融稳定的正负影响程度。鉴于本章试图通过较为完整的原始数据探究现有框架中各个指标的影响程度，并根据权重大小将 9 个风险指标的影响程度排序，因此，本章最终采用熵值法进行指数合成。本章还对所有指标进行标准化处理，以排除量纲差异带来的影响。

二　指标构建与设定

本章基于王劲松和任宇航（2021）的中国金融稳定指数构建标准，依据 2016 年中央经济工作会议提出的八大风险（不良资产风险、流动性风险、债券违约风险、影子银行风险、外部冲击风险、房地产泡沫风险、政府债务风险、互联网金融风险）构建框架，同时将企业部门杠杆率纳入指标体系。

对各个风险领域的相关指标进行深入分析后，可以发现本章所使用的指标"房地产泡沫风险"可能对后续的研究产生巨大影响。房地产泡沫风险的量化指标通常为房价指数或房地产贷款规模比率，然而无论是前者还是后者均与后续实证研究章节中的自变量"房价波动"存在极大的相似性。若将其作为构建金融稳定指数的重要指标之一，对于后续采用面板数据、空间计量进行实证分析而言，将容易加大实证结果的内生性，进而对结果的科学性、准确性和严谨性提出极大的挑战。

另外，通过收集《中国房地产统计年鉴》中各省份（不含港澳台，下同）商品房销售价格的相关数据，可以得到 2015～2022 年全国及各省份商品房平均销售价格及其增长率的变化数据，如图 3.1、图 3.2 所示。从图 3.1 中的数据变化趋势可以得到，虽然我国商品房的平均售价基本上每年都有所增长，但其增长率自 2018 年提出"限制炒房、稳定房价"的限房政策后逐年递减，由 2018 年 12.04% 的增长率下降到 2021 年仅有 2.09% 左右，甚至在 2022 年出现了负增长（-2.52%），存在较为明显的下降。

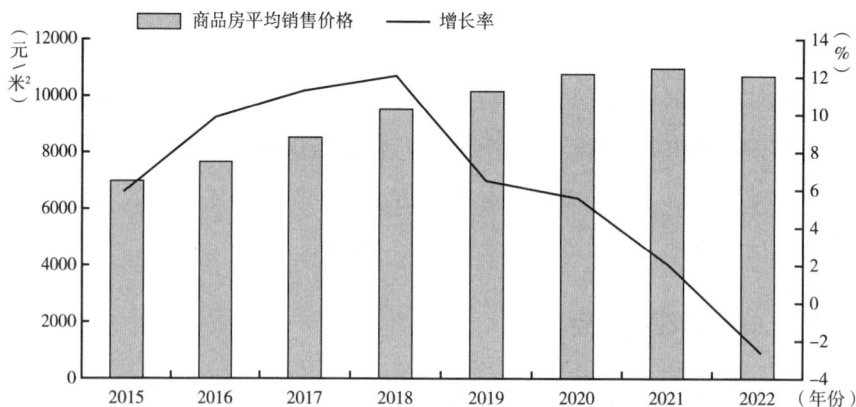

图 3.1　2015～2022 年全国商品房平均售价及其增长率

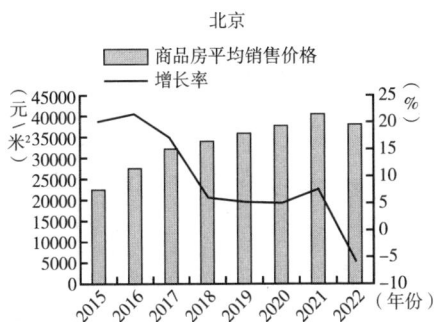

北京

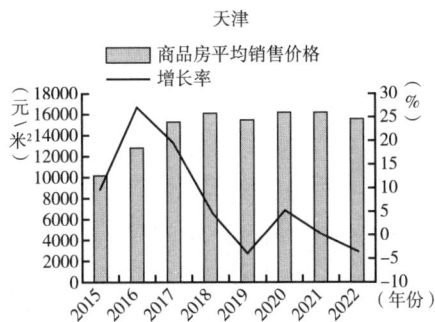

天津

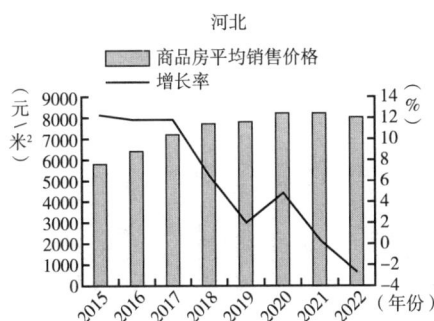

河北

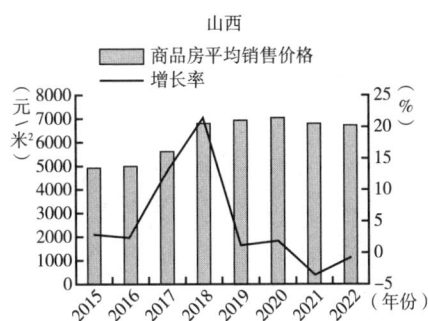

山西

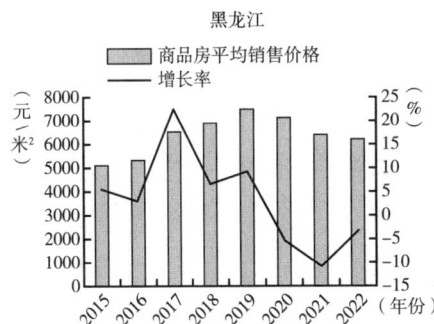

黑龙江

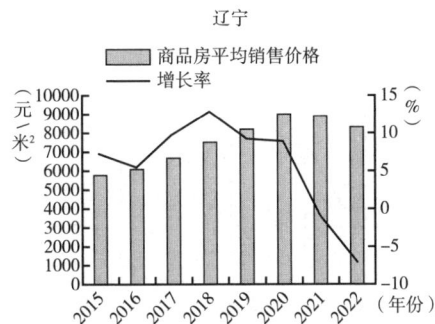

辽宁

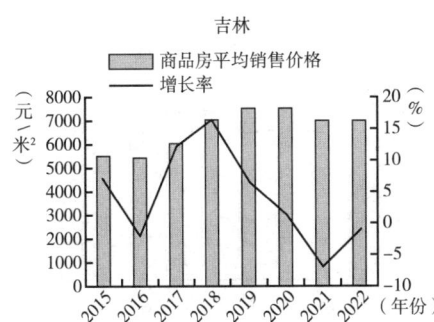

吉林

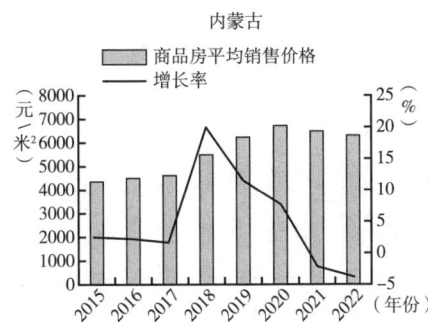

内蒙古

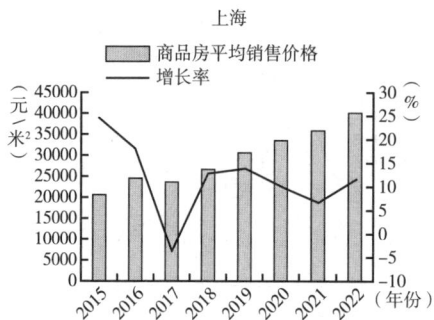

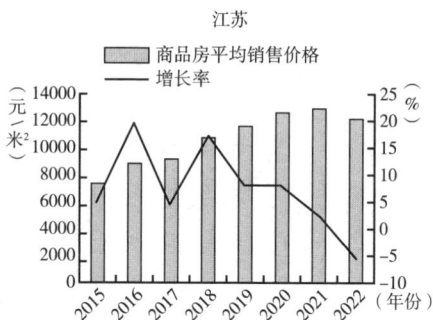

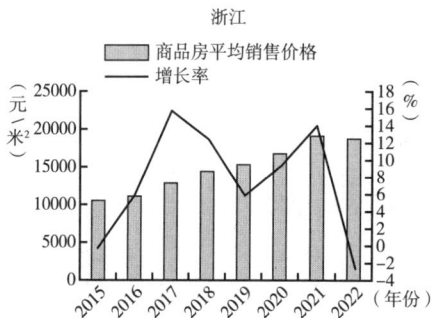

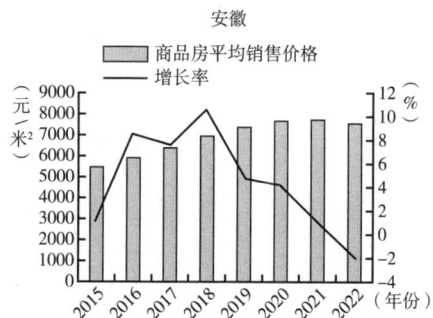

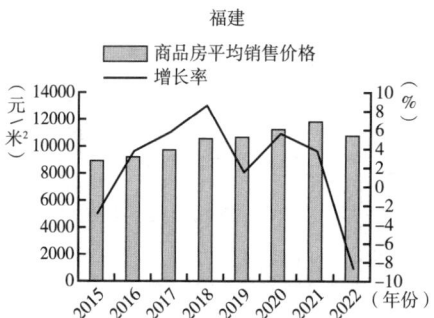

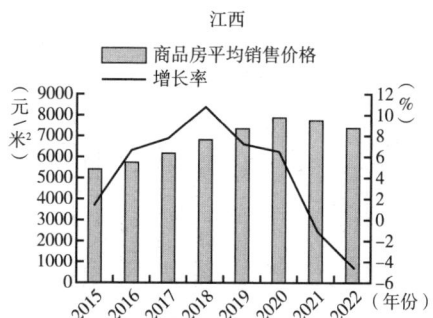

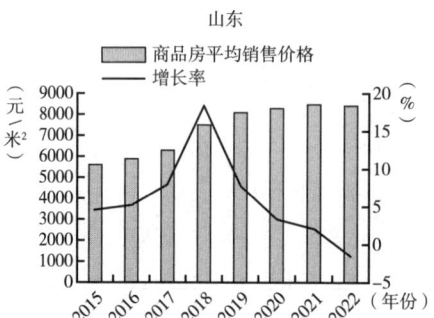

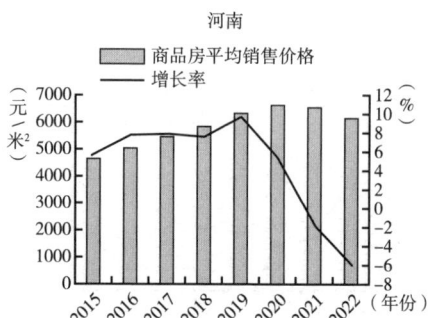

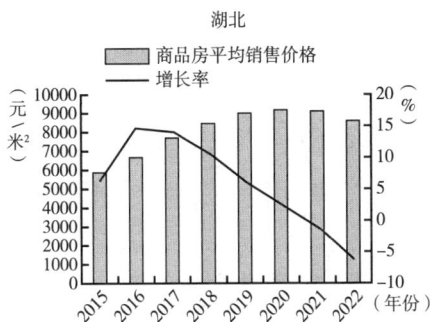

湖北

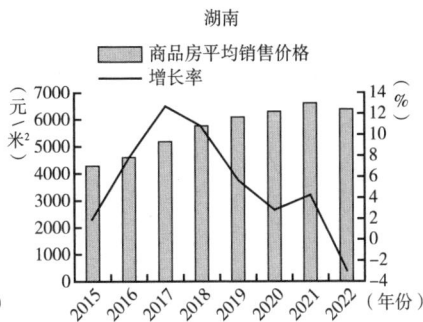

湖南

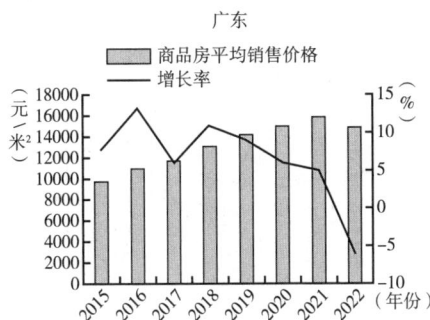

广东

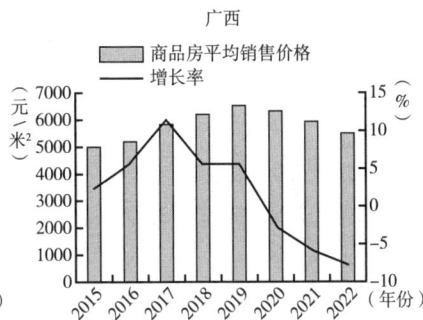

广西

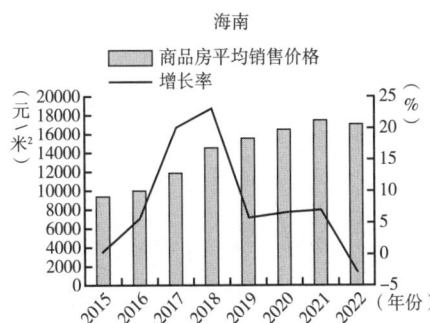

海南

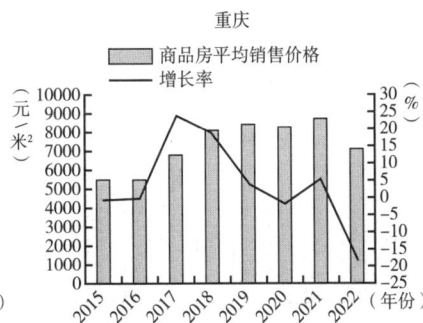

重庆

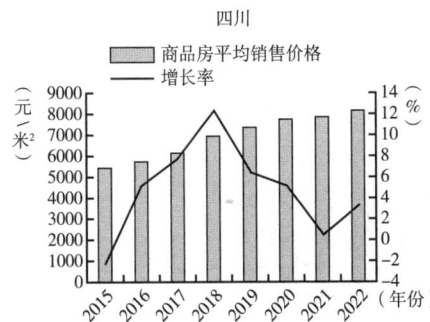

四川

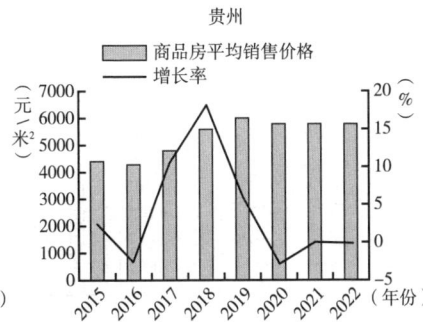

贵州

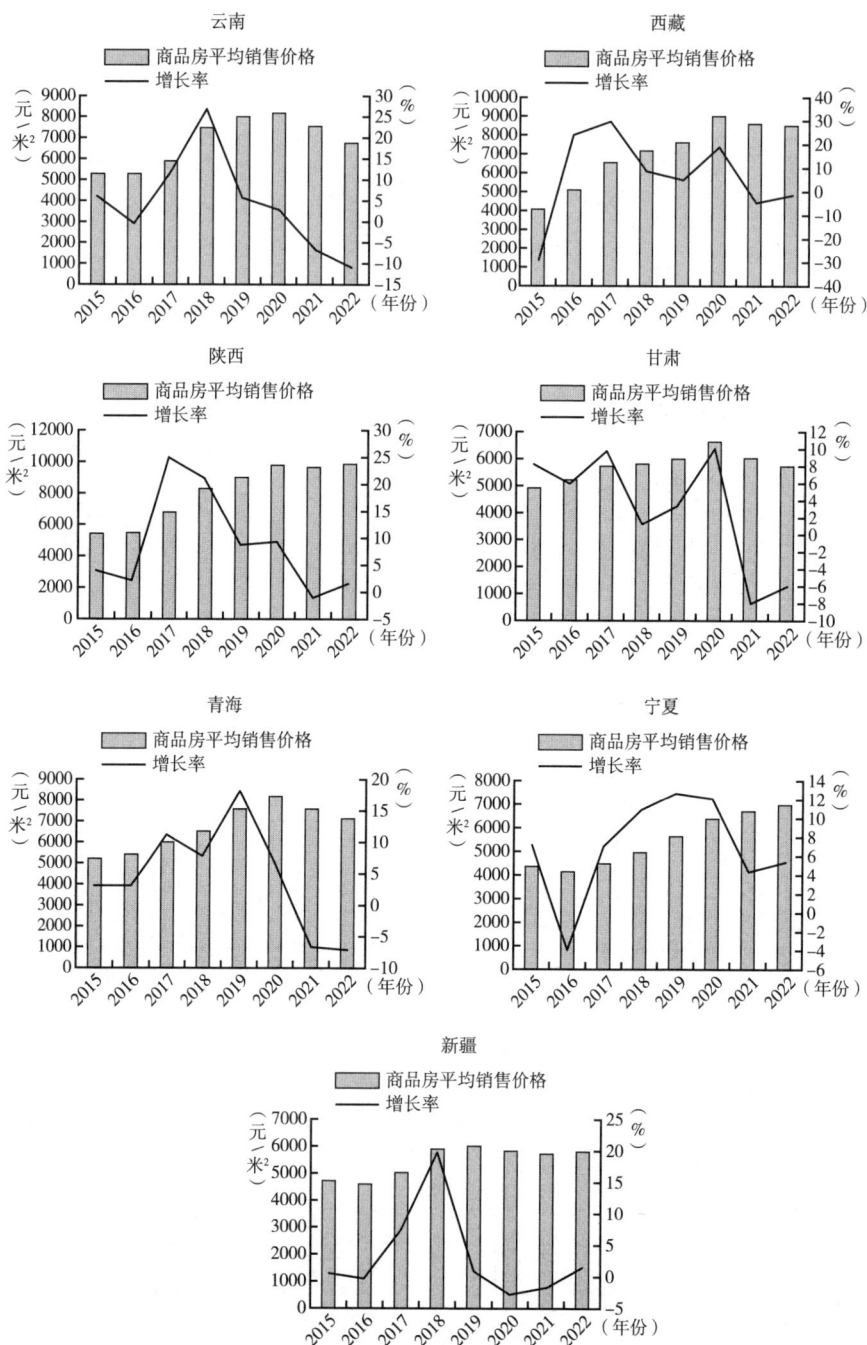

图 3.2　2015~2022 年各省份商品房平均售价及其增长率

图 3.2 则呈现了各省份商品房的价格变化趋势。总体而言，2015～2022年，大多数省份房价增长率呈现先上升后下降的变化趋势。首先，具体观察2018～2022 年房价增长率变化情况可以得出以下几个结论：一是云南、广西、广东、湖北、山东、江西、安徽、江苏、内蒙古、辽宁 10 个省份从2018 年起房地产价格增长率逐步下降；二是四川、吉林、新疆 3 个省份的房价增长率在 2018～2022 年呈现先下降后上升的趋势，其中四川、吉林的房价增长率于 2021～2022 年上升，新疆的房价增长率则在 2020～2022 年呈现上升趋势；三是贵州、重庆、湖南、北京、福建、天津、河北、海南、浙江 9 个省份的房价增长率呈现先下降后上升再下降的变化趋势，其中福建、天津、河北的房价增长率在 2019～2020 年上升，贵州、重庆、湖南、北京的房价增长率在 2020～2021 年上升，海南、浙江的房价增长率在 2019～2021 年呈现上升趋势；四是陕西、西藏、山西 3 个省份的房价增长率则在2018～2019 年下降，2019～2020 年上升，2020～2021 年下降，2021～2022 年上升；五是河南和青海的房价增长率呈现 2018～2019 年上升而 2019～2022年下降的变化趋势；六是上海、黑龙江、宁夏、甘肃 4 个省份的房价增长率呈现先上升后下降再上升的变化趋势，其中上海、黑龙江的房价增长率在2018～2019 年上升、2019～2021 年下降、2021～2022 年上升，宁夏、甘肃的房价增长率在 2018～2020 年上升、2020～2021 年下降、2021～2022 年上升。

其次，观察各省份具体的房价数据可以发现，总体而言，2018～2022 年共有 7 个省份的房价下跌：重庆下跌 12.35%、广西下跌 11.29%、黑龙江下跌 10.14%、云南下跌 9.33%、天津下跌 3.11%、甘肃下跌 1.72%、新疆下跌 1.69%。

因此，从图 3.1、图 3.2 的全国和各省份的房价变化情况以及现实所采取的商品房政策基本可以判断，我国居民以投资为由长期兜售商品房，确实给我国带来了房地产泡沫风险，而自 2018 年政府采取应对措施限制房价以来，我国商品房的价格虽基本呈现上升的态势，但增长速度确实存在较为明显的下降。这意味着我国房价近几年基本企稳，增长率确如图 3.1 所示存在整体性的下降。

基于以上分析和本章的写作角度两个层面，由于金融稳定指数的构建指标应当是研究期间对其影响极为显著的几个指标，且房价近年来总体呈现趋于平稳的态势，因此可以将房地产泡沫风险排除出省域金融稳定指数的构建框架之外。

综上所述，本章最终根据八大风险（流动性风险、影子银行风险、外部冲击风险、政府债务风险、互联网金融风险、债券违约风险、不良资产风险、地方杠杆率风险）共 9 个风险指标构建中国省域金融稳定指数，具体相关指标定义与计算方法如下。

第一，省级地方政府债务负担率：地方政府季度末债券余额与上一年度地区生产总值的比率。该指标直接反映了地方政府偿债水平的高低，能够清晰体现政府资金运作状况和运用效率，是反映当地政府金融杠杆施加状况的有效指标。该指标的高数值本身即对当地政府的金融风险管控能力提出重大挑战，而指标数值的连年上升则意味着地方政府偿债能力下降。地方政府若没有较强的金融资产配置能力和投资能力，可能会在一定程度上影响资金流动的畅通水平以及其对当地经济的贡献。另外，债务水平的提升极易导致地方债券偿债风险和期限错配风险，叠加国内外尚不稳定的利率波动情况，最终将会对金融系统产生负向反馈，进而严重威胁金融稳定。

第二，对外开放程度：省级进口总额与地区生产总值的比值。该数值体现了宏观经济运行中对外贸易对经济的贡献，比值越大则说明该省国际贸易的活跃程度越高，经济发展的动力更多源于对外贸易。通常而言，贸易顺差越大，经济体货币越强劲，经济实力越强。尽管对外开放程度的提升对经济大有裨益，但此处仍认为该指标对金融稳定贡献为负，一方面分子部分以进口总额体现对外开放程度并不能清晰界定实际贸易顺逆差情况，且进口总额越大，贸易状况越靠近逆差；另一方面对外开放需求的上升更容易加强对对外贸易的依赖，长期而言会对国内创新水平和国内经济发展产生不利影响。

第三，实际有效汇率指数波动率：平均每日外汇波动的季度加权平均值。实际有效汇率本身体现经济体之间货币升贬值状况，货币价值与利率能够很明显地体现经济体增长状况，而资本更易投入强势的经济体以赚取高额回报。计算实际有效汇率指数波动率的意义并不在于体现国内经济是否增长，而是通过实际有效汇率指数的较小波动反推我国金融市场的平稳运行。此处选用中国对美国的实际有效汇率作为波动率计算基础，通过对标美元这一国际市场中具有标杆作用的货币来证明我国实施货币政策和财政政策的有效性，是一个极为重要的衡量外部冲击的方法。基于该目的可以认为，实际有效汇率指数波动率越大，我国金融稳定状况越易受到汇率风险的冲击。

第四，北京大学数字普惠金融指数：采用北京大学郭峰等（2020）编制的数字普惠金融指数作为区域互联网金融风险的衡量指标。此处假设指数构建中包含的数字金融各维度研究指标对应的是互联网金融给各省份金融发展带来的不利风险。该指数具体包含数字金融覆盖广度、数字金融使用深度和普惠金融数字化程度 3 个维度，而这 3 个维度之下又各自包含多个具体指标。在此基础上，将目前大量文献和政策性文件所运用的传统普惠金融的相关指标体系作为补充引入指数计算，进而更为有效地衡量数字普惠金融的发展。在本章的金融稳定指数构建中，将数字普惠金融指数作为金融稳定的逆向指标是因为，虽然该指数的构建将体现数字金融发展状况的各个指标合成在一起，但在王劲松和任宇航（2021）的指数构建模式下，该指数更多的是呈现互联网金融创新对金融稳定的冲击风险，而非其构建含义中对人民生活的"普惠"优势。

第五，省级影子银行资产规模：影子银行总资产与地区生产总值之间的比率，其中影子银行总资产包括地方政府与企业的委托贷款、信托贷款和未贴现银行承兑汇票。影子银行狭义上是指通过各种方式逃避银行监管、缺乏有效风险管理模式的信用中介体系；但广义而言，即便是高信用的金融机构，若其金融创新产品不计入信贷业务，则在这一套产品运营下的所有资产都会纳入影子银行的总资产规模之中。影子银行的核心并不是"银行"，而是游离于监管之外的各种高风险金融业务体系。游离于监管之外的风险因素包含期限错配、流动性转换、信用转换和高杠杆。影子银行资产规模越大，银行表外业务占据的资金越多，国家越无法有效测度释放流动性的力度，进而影响从金融工具运用到货币供应量合理变化的有效传导，不利于维持宏观、区域乃至省域的金融稳定状况。

第六，省级法人银行业金融机构流动性比例：银行净资本占综合风险资产的比重。银行流动性比例衡量的是银行体系的流动性水平，能够反映对不良资产风险的抵御能力，一般认为银行流动性比例与金融稳定存在正相关关系。但在日常实践中，银行资本金主要应对概率较小的非预期资本损失，过高的银行流动性比例往往造成资金冗余、运用效率低下，因此该比例在实践中并不适合过大。

第七，上海银行间同业拆借利率波动率：日波动率。同业拆借利率体现了金融市场中金融机构的资金供求关系，是货币市场利率变化和利率互换的重要参考工具。上海银行间同业拆借利率简称为 Shibor，是中央银行努力推进利率市场化过程中培育的市场基准利率。Shibor 是依据参与货币市场交易的银行报价形成的单利、无担保、批发性利率，这些报价银行大多拥有较活跃的交易量、较强的定价能力以及较高的信用评级，本身对市场投资者就具有极为重要的参考性。中国努力构建并完善 Shibor 的报价体系主要有两个原因。其一，加快畅通利率定价渠道，使以商业银行为主体的金融中介渐渐由盯住法定利率过渡到以 Shibor 作为基准利率，为有效推进利率市场化提供更加具有指导性的衡量标准。当前我国货币政策的调控逐渐由数量型调控向价格型调控转变，在这一过程中，Shibor 起到了反映并传导政策信号的作用，引导市场上具有不同期限结构的交易利率发挥自我调整的能力，最终达到宏观政策有效施行的目的。其二，Shibor 对促进商业银行合理配置资金、完善收益率曲线具有重要意义。一方面，以 Shibor 为基础的市场化定价机制一旦形成，商业银行内部不同规模的资金池将会紧密相连，进一步提升商业银行利率定价的透明度，降低信息成本；另一方面，一旦 Shibor 确立其基准利率的地位，货币市场与资本市场上各种产品的定价机制将更为统一，有助于构建完整的收益率曲线，也能促使国家进一步拓展金融市场的深度和广度，提升市场的流动性和稳定性。综上所述，由 Shibor 作为基础利率的性质可以得到，其稳定性对于推进利率市场化具有重要作用，若其日波动率持续上升，市场得到的信号可能是消极的，会影响市场投融资主体对资金流通方向的考量，不利于维持资产有效配置、推动金融向稳发展。因此，此处认为该指标为负向指标。

第八，股票市盈率波动率：理论上以季度内平均每日上证股票市盈率波动率的加权平均值作为基准；实际操作中，由于数据收集较为困难，以各省份市值最高的股票市盈率波动情况来代替。从概念上而言，股票市盈率是某只股票每股市价与每股盈利的比率，反映金融市场各个投资主体对个体公司的估值情况，体现了该股票的投资价值。而股票市盈率波动率的计算脱离了传统意义上对市盈率的静态估计，转而将金融市场投资主体的偏好变化情况作为重要的衡量标准，借以判断宏观经济的发展和变化趋势。从文献角度出发，多年来有大量学者发现股市与债市存在联动关系，例如张岩和胡迪（2017）发现股市和债市之间的溢出效应以及关联度存在明显增大的趋势，且在金融危机和两次股灾期间尤为明显。因此，本章研究股票的市盈率波动率是为了探究金融市场的波动情况，由于股市和债市之间的溢出效应明显，若股票市盈率的波动状况明显，可判断我国债券违约情况也未能得到有效缓解。

第九，企业部门杠杆率：工业企业部门负债合计与本省 GDP 之比。虽然我国产业结构不断优化，第一产业逐渐向第三产业转型，但直到当前，工业企业始终是支撑我国实体经济发展极为关键的一环。在这一转型过程中，一方面，我国面临融资方式单一、预算软约束等结构性问题，长期累积下促使我国借贷成本居高不下，债务风险越发严峻；另一方面，地方政府的经济分权促使地方官员晋升的考核指标主要为经济增长，该政策的劣势会造成地方政府债务风险不断加大，但也有可能通过干预信贷资源流向的方式，使企业杠杆率和工业企业债务规模明显偏离最优水平，最终加大企业财务风险。因此，基于工业企业负债给我国经济带来的重要影响，该指标作为不利于促进金融稳定发展的负向指标被引入本次构建省域金融稳定指数的研究框架之中。

具体的构建指标及其与省域金融稳定指数的关系如表 3.1 所示。

表 3.1　金融稳定指数指标体系

一级指标	基础指标	正负方向
地方政府债务风险	省级地方政府债务负担率	负
外部冲击风险	对外开放程度	负
	实际有效汇率指数波动率	负
互联网金融风险	北京大学数字普惠金融指数	负
影子银行风险	省级影子银行资产规模	负
不良资产风险	省级法人银行业金融机构流动性比例	正
流动性风险	上海银行间同业拆借利率波动率	负
债券违约风险	股票市盈率波动率	负
地方杠杆率风险	企业部门杠杆率	负

为防止出现对数化问题，本章对数据进行处理，防止 0 值出现，并使其取值范围在 [0, 1] 区间内。具体计算方法如下。

首先，对数据进行标准化处理，参照以下正向指标和负向指标的数据处理方法：

$$x'_{ij} = \frac{x_{ij} - \min\{x_{ij}\}}{\max\{x_{ij}\} - \min\{x_{ij}\}} \tag{3.1}$$

$$x'_{ij} = \frac{\max\{x_{ij}\} - x_{ij}}{\max\{x_{ij}\} - \min\{x_{ij}\}} \tag{3.2}$$

其中，x_{ij} 指第 j 项指标的第 i 个样本值，$i = 1, 2, \cdots, m$；$j = 1, 2, \cdots, n$；$\max\{x_{ij}\}$ 和 $\min\{x_{ij}\}$ 分别指代 j 项指标的最大、最小的样本值。

其次，利用标准化后的数值得到 R_{ij}，再计算出第 j 项指标的重要程度，即差异系数 G_j：

$$R_{ij} = \frac{x'_{ij}}{\sum_{i=1}^{m} x'_{ij}} \tag{3.3}$$

$$G_j = 1 + \frac{\sum_{i=1}^{m} R_{ij} \times \ln R_{ij}}{\ln m} \tag{3.4}$$

最后，确定所选指标的权重ω_j：

$$\omega_j = \frac{G_j}{\sum_{j=1}^{n} G_j} \quad\quad\quad (3.5)$$

本章选取 2015~2022 年 31 个省份共 32 个季度的面板数据进行研究，其中西藏部分数据缺失，根据下一个季度的数据统一补足。根据以上方法，可得到各省份的金融稳定指数（见附录 2）。同时，基于所构建的金融稳定指数，本章绘制了 31 个省份 2015 年第一季度至 2022 年第四季度的排名迁移表（见表 3.2）以及金融稳定指数趋势图（见图 3.3）以体现金融稳定指数的时间变化趋势。而为更直观清晰地体现空间上各省份金融稳定指数的变化状况，本章利用 ArcGIS 10.7 得到了省域金融稳定指数的变化迁移情况，并将各省份所处梯队总结至表 3.3 中。

表 3.2　金融稳定指数排名迁移情况

省份	2015 年第一季度		2022 年第四季度		排名迁移
	金融稳定指数	排名	金融稳定指数	排名	
北　京	0.29	31	0.50	31	0
天　津	0.52	8	0.60	23	-15
河　北	0.47	20	0.61	21	-1
山　西	0.46	28	0.56	29	-1
黑龙江	0.49	17	0.61	20	-3
辽　宁	0.50	15	0.59	27	-12
吉　林	0.51	10	0.60	22	-12
内蒙古	0.55	3	0.59	26	-23
上　海	0.40	30	0.54	30	0
江　苏	0.46	26	0.63	15	11
浙　江	0.50	13	0.60	25	-12
安　徽	0.48	18	0.63	14	4
福　建	0.52	4	0.67	4	0
江　西	0.48	19	0.65	8	11
山　东	0.49	16	0.62	17	-1
河　南	0.47	23	0.64	12	11

续表

省份	2015 年第一季度		2022 年第四季度		排名迁移
	金融稳定指数	排名	金融稳定指数	排名	
湖 北	0.46	25	0.65	10	15
湖 南	0.47	21	0.65	7	14
广 东	0.44	29	0.60	24	5
广 西	0.51	9	0.69	3	6
海 南	0.52	6	0.64	11	-5
重 庆	0.50	14	0.66	6	8
四 川	0.47	24	0.62	16	8
贵 州	0.52	5	0.69	1	4
云 南	0.52	7	0.69	2	5
西 藏	0.46	27	0.67	5	22
陕 西	0.47	22	0.61	19	3
甘 肃	0.51	12	0.65	9	3
青 海	0.57	2	0.57	28	-26
宁 夏	0.59	1	0.61	18	-17
新 疆	0.51	11	0.63	13	-2

—— 北京 —— 天津 —— 河北 —— 山西 —— 黑龙江 —— 辽宁 —— 吉林 —— 内蒙古 —— 上海 —— 江苏 —— 浙江
—— 安徽 —— 福建 —— 江西 —— 山东 —— 河南 —— 湖北 —— 湖南 —— 广东 —— 广西 —— 海南 —— 重庆
—— 四川 —— 贵州 —— 云南 —— 西藏 —— 陕西 —— 甘肃 —— 青海 —— 宁夏 —— 新疆

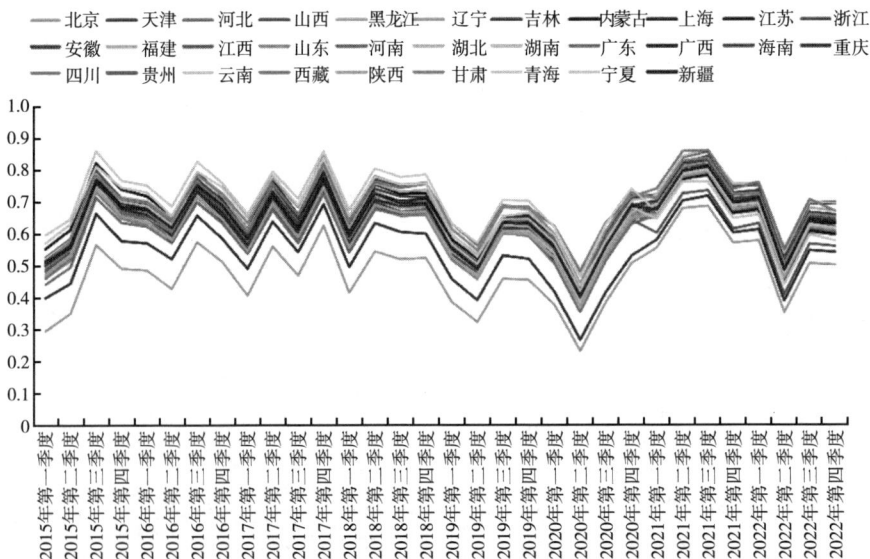

图 3.3　2015 ~ 2019 年 31 个省份的金融稳定指数

表 3.3　2015 年与 2022 年 31 个省份的金融稳定指数变化迁移

2015 年	第一梯队	内蒙古、宁夏、青海
	第二梯队	黑龙江、辽宁、吉林、天津、山东、浙江、福建、四川、贵州、广西、云南、甘肃、新疆、海南
	第三梯队	河北、陕西、山西、河南、江苏、上海、安徽、湖北、湖南、江西、广东、四川、西藏
	第四梯队	北京
2022 年	第一梯队	西藏、云南、贵州、广西、福建
	第二梯队	新疆、甘肃、重庆、河南、安徽、江苏、湖北、湖南、江西、海南
	第三梯队	内蒙古、黑龙江、吉林、辽宁、河北、天津、山东、宁夏、陕西、青海、四川、浙江、广东
	第四梯队	北京、上海、山西

可以发现，虽然在研究期末各省份的金融稳定指数数值均有所提升，但从各省份的排名来看，这种省域金融稳定的优势大体呈现从北部向中部、南部地区的明显迁移，且 2015～2022 年呈现出由"中间低、四周高"向"中部集聚"迁移的空间格局。从金融稳定指数的排名角度分析其缘由，主要是东北地区省份的排名相较其他省份存在急剧下降的趋势。进一步分析单个省份的数值可以发现，北京、上海、山西三个省份的金融稳定指数排名落后大部分省份，均位于 31 个省份的 25 名之后，且上海、北京在研究期始末的两个时间节点上均分别处于第 30、31 名；个别省份，例如贵州、福建的排名一直位于全省前 5。

而由图 3.3 可知，各省份除了数值上存在差异之外，时间序列数据波动情况大致相似。总体上，各省份时间序列数据大致存在两个特点：第一，各省份指数基本存在一个周期性态势，通常在每年第三或第四季度末达到高点而后在来年第一季度大幅回落；第二，各省份时间序列数据的总体趋势大致可以分为三个阶段，即 2015～2017 年指数的波动上升、2018～2019 年指数的波动下降以及 2020～2022 年指数的巨大波动。

2015～2017 年金融稳定指数的波动上升在一定程度上与金融机构的绩效考评相关联。银监会在 2012 年制定的《银行业金融机构绩效考评监管指引》明确不得设立时点性规模考评指标；商业银行"存款冲时点"带来的周期性存款变动趋势也违背审慎经营要求，不利于发挥市场的价格发现作用。2014 年 9 月银监会联合人民银行发布存款偏离度监管新规，这一举措有力抑制了省级存款季度性波动，但带来的周期性影响仍在图 3.3 中有所体现。

2018~2019 年的金融稳定指数波动下降以及 2020~2022 年的金融稳定指数巨大波动与我国的现实状况基本相符，能够较为准确地反映我国近几年发生的重大事件对金融稳定的整体影响。其一，2018 年 7 月，美国诉诸世贸组织拟加征中国关税，中美贸易摩擦从此拉开序幕，与之伴随的是人民币的持续贬值，国内资本大幅外流美国；A 股市场投资者大幅做空，股价持续下跌，交易流动性和活跃度远不如前；此外，国际金融冲击使我国实体经济贸易出口成本骤增，公司利润持续走低甚至亏损。综合以上的风险因素，我国从 2018 年起的省域金融稳定性确实处于一个波动下行的趋势当中。其二，2020~2022 年的省域金融稳定指数极端变化主要体现在 2020 年第一季度与第二季度的大幅下降、2020 年第三季度至 2021 年第三季度的猛烈上升、2021 年第四季度至 2022 年第二季度的急剧下降以及 2022 年第三季度的回升，这与我国所面临的新冠疫情状况基本吻合。全球性的新冠疫情自 2020 年第一季度开始逐步蔓延，而我国新冠疫情在当年第三季度基本得到控制，生产就业逐步恢复，整体经济大致呈现企稳状态；但在疫情的持续影响下，供应链和国际贸易受阻，粮食、能源等大宗商品价格大幅波动，经济发展面临需求收缩、供给冲击、预期转弱三重压力，金融稳定性急剧下降；2022 年后半年，我国高效统筹疫情防控和经济社会发展，加大了宏观调控力度，在攻坚克难中稳住了经济金融大盘，金融稳定程度初步回升。

第三节 省域金融稳定指数的分层与时空分析

一 省域分层

由于无法将所有省域的空间对比同趋势分析囊括在内，因此本章对 31

个省份依据两个角度进行分层：区域金融实力①打分和经济区域划分。前者是以《中国地方金融发展报告（2019）》的分级方法作为参照，后者则根据国家统计局划分标准将我国的经济区域（除港澳台）划分为东部、中部、西部和东北四大地区②。表 3.4 与表 3.5 分别体现了两种省域分层方法。

表 3.4　区域金融实力分层

省域层级划分	打分标准（分）	省份数量（个）	省份
第一梯队	≥5	3	广东、上海、北京
第二梯队	2.9~5	7	江苏、浙江、山东、四川、天津、湖北、福建
第三梯队	2.2~2.9	11	河南、河北、辽宁、重庆、安徽、湖南、山西、陕西、云南、广西、江西
第四梯队	0~2.2	10	内蒙古、青海、贵州、甘肃、黑龙江、新疆、宁夏、西藏、海南、吉林

表 3.5　四大经济区域划分

区域划分	省份数量（个）	省份
东部	10	北京、天津、河北、上海、江苏、浙江、福建、山东、广东、海南
中部	6	山西、安徽、江西、河南、湖北、湖南
西部	12	内蒙古、广西、重庆、四川、贵州、云南、西藏、陕西、甘肃、青海、宁夏、新疆
东北	3	辽宁、吉林、黑龙江

二　省域金融稳定指数的时空分析

为分析各省份金融稳定差异的来源，首先，本章将各省份最集中的指标归类，分析评述全国普遍存在的金融风险因素以及当前国家的应对策略。其次，在时间维度上运用描述性统计方法研究季度数据离散情况，分段描绘省域金融稳定状况的变化趋势。最后，由于各个省份选用的面板数据基于同一

---

① 《中国地方金融发展报告（2019）》从"宏观经济实力、金融业发展程度、金融机构实力、融资能力、地区资本化程度、民间资本活跃度"六个维度对我国区域金融实力进行打分。

② 东西中部和东北地区划分方法［EB/OL］. https://www.stats.gov.cn/zt_ 18555/zthd/sjtjr/dejtjkfr/tjkp/202302/t20230216_ 1909741. htm.

维度进行数据处理，权重保持一致，因而可根据上文的分层方法对各省份金融稳定指数的绝对数值进行空间分析。

（一）各省份金融稳定指标排序与归类

本章研究的核心是影响各省份金融稳定程度的关键指标，具体而言是运用熵值法确定各省份 9 个金融风险指标的权重，选取各省份排序第一的指标进行归类处理，结果如表 3.6 所示。

表 3.6 影响各省份金融稳定的关键指标归类

一级指标	基础指标	省份数量（个）	省份
地方政府债务风险	省级地方政府债务负担率	8	天津、黑龙江、辽宁、吉林、内蒙古、海南、贵州、新疆
外部冲击风险	对外开放程度	7	山西、江苏、江西、山东、湖南、四川、宁夏
互联网金融风险	北京大学数字普惠金融指数	8	北京、河北、上海、浙江、福建、湖北、广东、西藏
地方杠杆率风险	企业部门杠杆率	4	河南、重庆、甘肃、青海
不良资产风险	省级法人银行业金融机构流动性比例	4	安徽、广西、云南、陕西

从表 3.6 中的省份分类结果可以发现，影响 31 个省份金融稳定状况的风险因素集中在省级地方政府债务负担率、对外开放程度、北京大学数字普惠金融指数、企业部门杠杆率和省级法人银行业金融机构流动性比例上，其中以北京大学数字普惠金融指数、省级地方政府债务负担率最为普遍。以下将对这两个风险指标做出分析。

首先，从数据上，北京、河北、上海、浙江、福建、湖北、广东、西藏 8 个省份受北京大学数字普惠金融指数这一指标的影响最大，但相较之下受影响最为明显的前 5 个省份分别为上海（25.64%）、广东（22.20%）、西藏（21.37%）、浙江（18.98%）、河北（18.97%）；而其他省份虽不如以上 5 个省份受互联网金融风险的影响大，却也在 9 个指标中占据了 15% 以上的较大比例。

自金融与互联网技术结合，互联网金融便应运而生。凭借着互联网技术加速运算和信息传播的能力，互联网金融风险正以势不可挡的态势在全球范围内扩散与传播。总体上，我国当前面临的互联网金融风险可以分为两类：互联网信息技术导致的技术风险和互联网金融业务特征导致的业务风险，具体包含安全风险、技术选择风险、信用风险、流动性风险、支付和结算风险等内容。近年来持续影响我国互联网金融稳定的大事件无疑为 P2P 爆雷，而我国从 2019 年严打 P2P 平台以来，在北京、上海、广东 3 个省份的政策施行过程中遇到了相当大的瓶颈，3 个省份作为 P2P 发展极为活跃的地区，机构数目和借贷金额极其庞大，出清工作十分艰巨。

其次，从数据上，天津、黑龙江、辽宁、吉林、内蒙古、海南、贵州、新疆 8 个省份受省级地方政府债务负担率这一指标的影响最大，但相较之下受影响最为明显的省份为辽宁（27.26%）、海南（23.67%）、内蒙古（23.59）、贵州（22.19%）、天津（21.88%）、黑龙江（21.40%）6 个省份，权重均达到了 20% 以上；而新疆和吉林虽不如以上 6 个省份受地方政府债务风险的影响大，却也在 9 个指标中占据了较大比例。

从我国长期发展的角度来探究其风险来源，可以认为，自我国 1995 年施行《预算法》明确"地方政府不得举债"后，各地方政府为招商引资制定优惠政策而自担资金筹措的压力不得不通过地方融资平台、中央债务担保以及地方政府信用背书等渠道缓解，长年累月下酝酿成为全国性金融风险。为防范省级地方政府债务率持续上升，人民银行建立地方政府融资平台贷款情况的季度调查监测制度，并要求地方政府自行发行的债券纳入一般公共预算和政府性基金预算管理，协助监管部门进行有效的风险预警管控。

（二）省域金融稳定指数的时间变化分析

1. 省域金融稳定指数的描述性统计分析

本章根据 32 个季度的数据进行均值、标准差以及变异系数的描述性统计分析（见表 3.7），并得到以下结论。

表 3.7　2015~2022 年省域金融稳定指数描述性统计结果

时期	均值	标准差	变异系数
2015 年第一季度	0.4888	0.0516	0.1056
2015 年第二季度	0.5454	0.0524	0.0962
2015 年第三季度	0.7547	0.0492	0.0652
2015 年第四季度	0.6741	0.0481	0.0713
2016 年第一季度	0.6575	0.0467	0.0710
2016 年第二季度	0.6009	0.0448	0.0745
2016 年第三季度	0.7383	0.0444	0.0602
2016 年第四季度	0.6717	0.0449	0.0669
2017 年第一季度	0.5691	0.0458	0.0804
2017 年第二季度	0.7143	0.0436	0.0610
2017 年第三季度	0.6157	0.0437	0.0710
2017 年第四季度	0.7688	0.0443	0.0576
2018 年第一季度	0.5759	0.0474	0.0824
2018 年第二季度	0.7090	0.0471	0.0664
2018 年第三季度	0.6854	0.0463	0.0675
2018 年第四季度	0.6891	0.0480	0.0696
2019 年第一季度	0.5465	0.0452	0.0827
2019 年第二季度	0.4843	0.0450	0.0928
2019 年第三季度	0.6232	0.0442	0.0709
2019 年第四季度	0.6200	0.0455	0.0734
2020 年第一季度	0.5423	0.0489	0.0901
2020 年第二季度	0.3906	0.0482	0.1235
2020 年第三季度	0.5477	0.0489	0.0894
2020 年第四季度	0.6636	0.0477	0.0718
2021 年第一季度	0.6683	0.0389	0.0582
2021 年第二季度	0.7890	0.0388	0.0491
2021 年第三季度	0.8018	0.0402	0.0501
2021 年第四季度	0.6867	0.0412	0.0600
2022 年第一季度	0.6942	0.0400	0.0576
2022 年第二季度	0.4751	0.0416	0.0876
2022 年第三季度	0.6308	0.0423	0.0671
2022 年第四季度	0.6217	0.0422	0.0678

首先，全国数据变化趋势基本与各省份相同，基本存在 2015～2017 年波动上升、2018～2019 年波动下降以及 2020～2022 年波动的情况。这也证明了各省份状况和全国整体状况相似。

其次，仅根据各时期的标准差情况无法基于统一基准分析离散程度，故选用变异系数分析得到无量纲差异的数值。从变异系数的季度性变化可以看到，31 个省份的数据离散程度从 2015 年第一季度起波动下降，由 2015 年第一季度的 0.1056 下降到 2017 年第四季度的 0.0576；但从 2018 年第一季度，变异系数开始波动上升，至 2020 年第二季度变异系数上升到了 0.1235，首创新高，这一趋势的总体变化体现了 2018 年第一季度至 2020 年第二季度的金融稳定差异在各省份之间逐渐变大，省域金融稳定状况趋于不平衡，同时也证明了新冠疫情对各省份之间的金融稳定差异具有较大影响；由于 2020 年第二季度后新冠疫情逐渐得到控制及其产生的持续影响，变异系数迅速下降后又逐渐上升。

2. 金融稳定指标的年度权重变化分析

本章绘制表 3.8 以分析关键指标的权重变化。由于实际有效汇率指数波动率和上海银行间同业拆借利率波动率属于全国性数据，故无法直接以季度数据展示其权重变化情况，取而代之以年度数据进行分析；同时，由于实际有效汇率指数和上海银行间同业拆借利率的数据特殊性，各权重之间无法直接进行同一时期数值上的比较，因而本章仅分析指标在时间上的权重变化情况，具体分析结果如下。

表 3.8　2015～2022 年金融稳定指标权重变化

单位：%

金融稳定指标	2015 年	2016 年	2017 年	2018 年	2019 年	2020 年	2021 年	2022 年
省级地方政府债务负担率	6.67	5.40	4.20	5.61	6.82	7.40	6.10	6.39
对外开放程度	2.16	2.11	2.28	3.05	2.40	2.73	3.64	3.21
实际有效汇率指数波动率	27.36	29.26	38.74	30.62	27.48	29.04	39.24	24.95
北京大学数字普惠金融指数	6.75	8.18	6.00	7.74	6.61	7.96	6.94	9.49

续表

金融稳定指标	2015 年	2016 年	2017 年	2018 年	2019 年	2020 年	2021 年	2022 年
省级影子银行资产规模	1.13	2.27	2.66	1.90	1.73	2.07	6.54	7.57
省级法人银行业金融机构流动性比例	9.28	8.83	8.49	8.98	6.66	7.59	6.67	7.05
上海银行间同业拆借利率波动率	38.14	34.50	28.46	31.51	39.19	34.12	23.46	32.14
股票市盈率波动率	1.84	2.08	1.12	1.26	1.30	3.16	1.42	2.50
企业部门杠杆率	6.68	7.37	8.06	9.32	7.81	5.94	5.99	6.69

首先，由表3.8可知，9个风险指标的权重变化幅度存在差异。其中，省级影子银行资产规模权重在研究期间基本处于波动上升的状态，由2015年的1.13%上升到2022年的7.57%，这体现了影子银行风险对金融稳定的影响程度有较为显著的上升，这与近几年影子银行风险问题凸显有所对应。与此同时，实际有效汇率指数波动率和上海银行间同业拆借利率波动率在9个风险指标中均权重较大，且权重呈现较大波动，实际有效汇率指数波动率在2017年、2021年分别达到峰值38.74%、39.24%后呈现下降趋势，于2019年、2022年分别下降到27.48%、24.59；上海银行间同业拆借利率波动率在2015年、2019年分别达到高点38.14%、39.19%后下降，分别于2017年、2021年达到低值28.46%、23.46%。其余几个风险指标的权重在8个年度中并未发现较为明显的变化。本章认为，出现以上变化趋势主要有以下几个原因。

第一，影子银行活动通常采用较高的财务杠杆，并提供复杂的金融工具，而这些工具往往没有受到与传统商业银行相同的严格监管。监管的不足可能会导致金融系统面临较高的系统性风险，特别是在影子银行活动与传统银行体系深度融合时。例如，影子银行可能会利用监管制度中的漏洞，降低《巴塞尔协议》等国际监管规定的实际效力，进而造成监管框架的失效和系统风险的不断积聚。因此，影子银行如果无节制地扩张，可能会对金融市场的稳定构成威胁。

第二，实际有效汇率指数波动率与我国在研究期内所经历的中美贸易摩擦存在一定相关性。继美元脱钩黄金后，全球汇率波动与各国的政治状况紧密相连，鉴于当前国际形势较为严峻，全球经济体尤其是发达经济体的溢出效应通过供应链广泛扩散，显著影响国际贸易和国内外投资；与此同时，保护主义、单边主义、逆全球化的势头不断涌现，国际局势发生显著深刻的变化。因而，在美元主导的国际货币体系中，美联储的货币政策对人民币汇率的稳定有着极为重要的影响（高惺惟，2019）。

第三，上海银行间同业拆借利率作为我国货币市场的基准利率，本身就是兼具理论与实证意义的重要经济指标（陈汉鹏、戴金平，2014），对货币市场的流动性以及利率市场化推进起着关键性作用，是我国促进利率互换市场发展、降低期限错配风险的重要保障。然而，2012 年的 Libor 操纵案和 2013 年 6 月的"钱荒"证明 Shibor 具有易被操纵报价且缺乏稳定性的风险，有学者就 Shibor 的影响因素研究发现，货币政策工具的运用、隔夜 Shibor 的历史波动、CPI 增速变动、商业银行同业资产占比、上证指数环比以及网贷利率会显著影响隔夜 Shibor（张明等，2016；何启志、彭明生，2016）。尽管国家建立了市场利率定价自律机制以降低其波动性，但也引发了金融机构的羊群行为（谭德凯、何枫，2019）。因此，Shibor 本身的潜在风险和当前我国利率市场化仍处于改革阶段，无法形成畅通的利率定价机制，给各省份的流动性带来了极大风险和挑战。

其次，本章进一步分析指数均值和变异系数的变化原因。此处以均值较大且变异系数较小的 2021 年（省域金融稳定状况较优的年份）作为参照，对 2019~2020 年变异系数的攀升和均值的下降做出解释。相较之下，在其他指标权重相近的状况下，2019 年和 2020 年上海银行间同业拆借利率波动率和省级地方政府债务负担率的权重相较于 2021 年更大，前者的权重在 2021 年为 23.46%，但在 2019 年和 2020 年分别为 39.19% 和 34.12%；后者在 2021 年的权重为 6.10%，但在 2019 年和 2020 年分别为 6.82% 和 7.40%。

因此可以认为，这两个指标权重的上升会在降低金融稳定指数的同时，提升其离散程度。

（三）省域金融稳定指数的空间差异分析

1. 基于区域金融实力的分析

首先，本章对各个梯队的金融稳定指数变化趋势进行整合，得到结果如图 3.4 所示。可以发现，各梯队中各省份的金融稳定指数均呈现相似的变化趋势，除却数值高低外并无过大差异，在后文的基于经济区域的分析部分中将不再阐述。

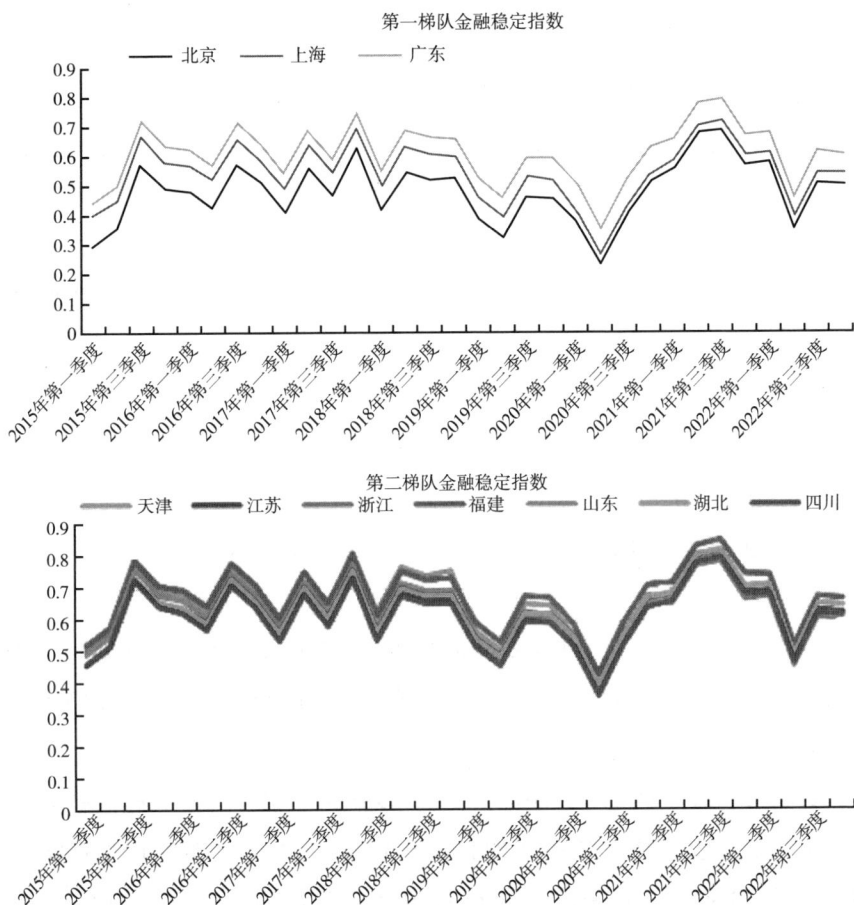

第一梯队金融稳定指数

第二梯队金融稳定指数

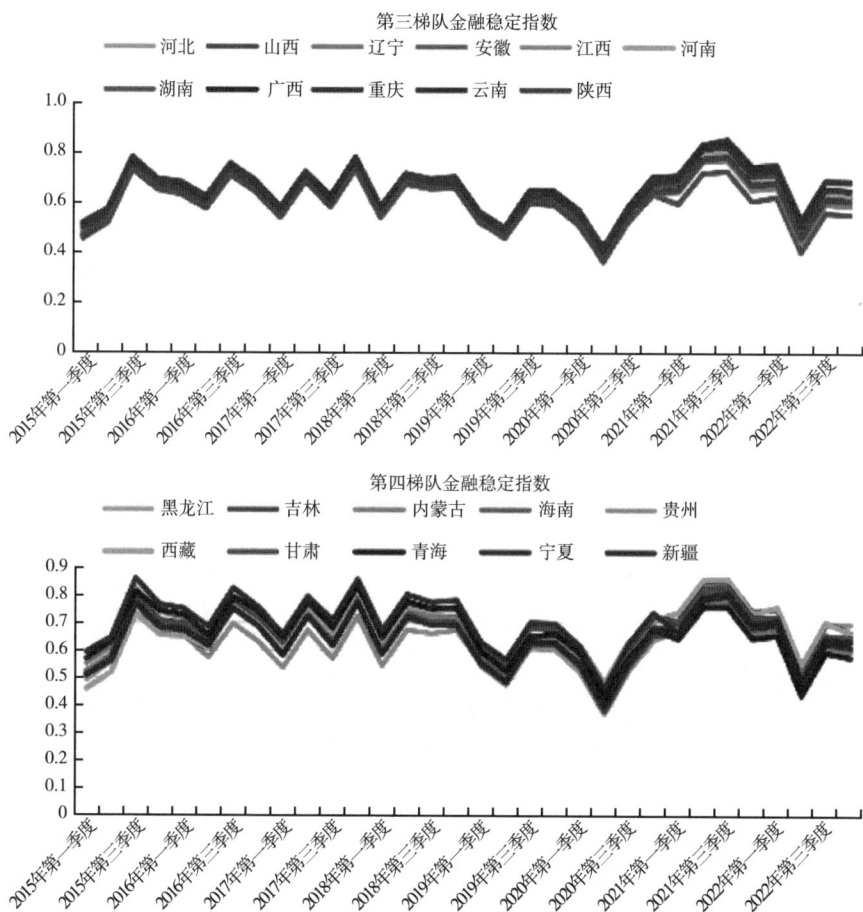

图 3.4　各梯队金融稳定指数状况

其次，本章对各梯队的内部差异以及 4 个梯队间的差异进行量化分析，4 个梯队中各省份指标权重差异见图 3.5。

经过分层分析，本章首先发现了第一梯队的广东、上海、北京 3 个省份以及第四梯队西藏的异常之处。对于第一梯队的 3 个省份，它们虽然金融实力位列前三名，但依据熵值法得到的历年数据却呈现出排名靠后的结果。第一，这与本章选取指标的正负性有关。以北京、广东为例，王劲松和任宇航（2021）构建的中国金融稳定指数将对外开放程度定义为负向指标，而北京和广东作为两个经济开放大省，量化指标得到的数据相对于其他省份均处于

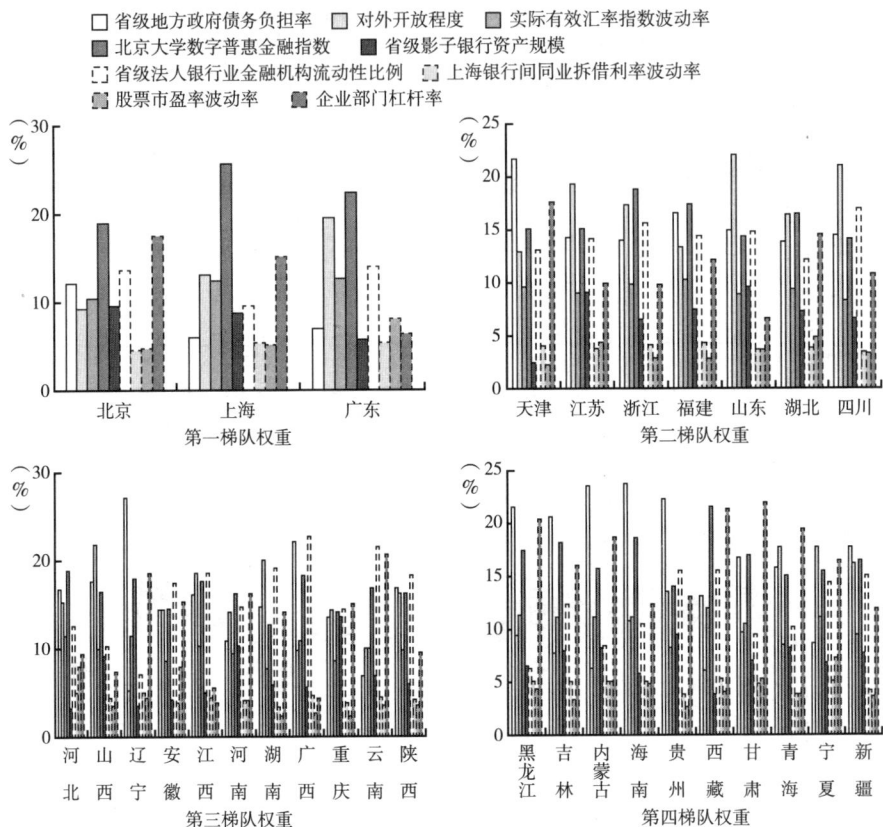

图例：
□ 省级地方政府债务负担率　□ 对外开放程度　▨ 实际有效汇率指数波动率
▨ 北京大学数字普惠金融指数　■ 省级影子银行资产规模
▨ 省级法人银行业金融机构流动性比例　▨ 上海银行间同业拆借利率波动率
▨ 股票市盈率波动率　□ 企业部门杠杆率

图 3.5　4 个梯队中各省份指标权重

一个较高水平，尤其是北京在 2015 年的数据能达到 50% 以上，而其他省份基本处于负值，极端负向指标大大降低了该因素的权重，从而最终降低了北京和广东在该因素上的数值。第二，从现实角度来说，金融业的发展程度以及对外开放程度等因素确实也会影响各省份的金融风险。开放环境下的国内国际风险叠加，在当前全球贸易局势急转直下的背景下，随着资本项目开放后的风险跨境传导，国内外风险将呈现交叉传染的趋势，最终经由沪市传导到国内市场，引发系统性风险。因此，金融发展程度较高的省份，反而将经历一个金融创新水平飞跃伴随着金融风险激增的阶段。第三，基于"金融实力"这一概念的分层本身就同"金融稳定"存在差异，因为区域金融实力打分的六个维度与本章的金融稳定指标并非完全呈现正向关系，且"金融实力"不同维度的打分权重也影响数值。

相较而言，西藏的金融稳定指数排名却连年跃升，在研究期初始和末尾呈现从第 27 名到第 5 名的排名跃升。从原始数据中可以看出，省级法人银行业金融机构流动性比例上升和省级影子银行资产规模下降共同促进该地区金融的稳定发展。而从宏观环境来看，西藏金融稳定指数的提升主要存在两个原因。一是西藏发展水平提升和政府管控能力提升带动金融稳定发展。综观西藏的宏观经济指标可以发现，实体经济方面，得益于"西部大开发"与"一带一路"建设，东部地区的部分产业向中西部地区转移，并在固定资产投资上产生重大提振作用，固定资产投资在 2016 年和 2017 年连续两年增速在 20% 以上。就金融业发展来说，西部地区银行业金融机构能做到平稳发展，2015 年西藏银行业资产总额增速超过 20%。鉴于西藏属于我国脱贫攻坚和环境保护的重点省份，政府施行长期性政策予以支持，并于 2017 年发行精准扶贫债务融资工具。2019 年西部脱贫攻坚战役取得重大成效，西藏的财政支出大量落实到民生领域。二是西藏深入内陆的地理阻碍和薄弱的经济基础。受限于区域位置，其对外开放本身就存在阻碍，而当地资源相对稀缺，本身就依赖内陆地区的资源供给，这在很大程度上抵御了进出口贸易带来的风险叠加。同时，由于西藏的经济发展落后，政策有序实行后带来的实体产业复苏的利好逐渐传递到金融市场，且由于其金融业发展水平远低于其他省份，近年来的金融风险事件很难影响其金融稳定，其便依托着政府支持和实体经济向好的东风扶摇直上。

进一步进行 4 个梯队的内部差异研究，能够发现以下结论。

其一，当 4 个梯队均以排名最佳的省份作为参照去研究梯队内其他省份的指标劣势时，可以发现，4 个梯队集中体现的三大重要影响指标为省级地方政府债务负担率、股票市盈率波动率以及对外开放程度。具体而言，第一梯队广东的优势体现在股票市盈率波动率上；第二梯队福建和天津金融稳定状况的优势因素主要集中在省级地方政府债务负担率上；省级地方政府债务负担率和省级法人银行业金融机构流动性比例是促使第三梯队的标杆省份——广西金融稳定状况占据领先地位的原因；第四梯队排名稳定且处于高位的宁夏的对外开放程度具有较大优势。

其二，第一梯队的参照省份广东同北京和上海相比，在对外开放程度指标上也具有优势，具体原因在上文中已有阐述。值得一提的是，上海的北京大学数字普惠金融指数权重远高于其他两个省份，说明该指标对上海的影响相比对其他两个省份更大。

其三，各个梯队指标的权重分布大致如下：第一梯队 3 个省份指标的权重状况基本类似；第二梯队较为显著的风险指标为省级地方政府债务负担率、对外开放程度、北京大学数字普惠金融指数和省级法人银行业金融机构流动性比例，体现了大多数省份聚焦的风险因素；第三梯队中，辽宁指标的权重分布情况与其他省份不同，显著指标为省级地方政府债务负担率，高达27%以上；第四梯队黑龙江、吉林、内蒙古、海南、贵州等省份的分布情况较为一致，且省级地方政府债务负担率具有较高的权重，青海相对于其他省份突出的指标为对外开放程度，其余省份的权重分布则基本相似。

总体而言，以上分析从各省份的重要指标和原始数据出发探讨了各梯队省域金融稳定指数存在差异的原因，所得结果也能在一定程度上体现金融实力和金融稳定的负相关性。

为进一步分析金融实力和金融稳定可能存在的反向关系，本章对研究时点首末以及研究期（32 个季度）的金融稳定指数依照梯队划分情况做算术平均处理，结果如表3.9所示。除第二梯队数值略高于第三梯队外，基本满足该相反趋势。

表 3.9 各梯队金融稳定指数均值

省域层级划分	2015 年第一季度	2022 年第四季度	2015~2022 年平均
第一梯队	0.3782	0.5476	0.5403
第二梯队	0.4899	0.6255	0.6356
第三梯队	0.4860	0.6337	0.6315
第四梯队	0.5244	0.6280	0.6596

2. 基于经济区域的分析

四大经济区域中各省份指标权重差异见图 3.6。本章首先发现东北地区 3 个省份呈现金融稳定指数排名下降的状况。具体而言，黑龙江、辽宁、吉林分别下降了 3 名、12 名、12 名。此外，与之邻近的内蒙古排名下降 23 名，因而这种金融稳定性下降的趋势存在地理区域上辐射扩散的可能。原始数据显示，3 个省份金融稳定指数明显的下降体现在省级地方政府债务负担率、北京大学数字普惠金融指数、企业部门杠杆率三个指标上，其中以企业部门杠杆率这一指标尤为明显，与之对应的现实事件是供给侧改革去产能政策的推进。企业部门杠杆率这一指标由工业企业负债与地区 GDP 的比值所表示，即针对实体企业的融资负债风险进行探究。一方面，我国的实体企业长期存在产能过剩、生产效率不高的问题；另一方面，国家信用兜底人民币发行，且国家大力实施专项企业财政补贴和优惠利率政策，促使工业企业盲目扩张，反而触发道德风险和融资分配不均等重大问题。近年来，我国为解决产能过剩问题，不断提升供给侧改革的力度和效率，工业和信息化部持续公布工业行业淘汰落后和过剩产能的企业名单，以期在"去产能"这一攻坚战上获得突破。2019 年，国家钢、煤"去产能"重点任务目标已达成，并逐步转向"结构优化"调整，而水泥等建材行业的"去产能"力度也得到明显提升。

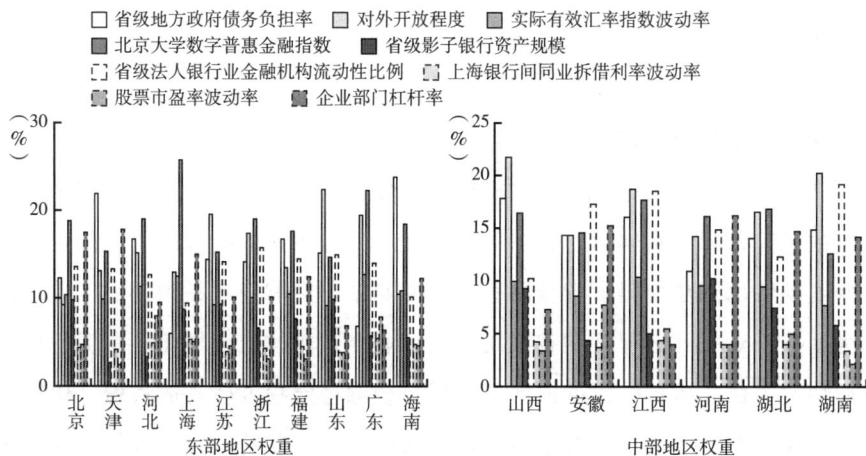

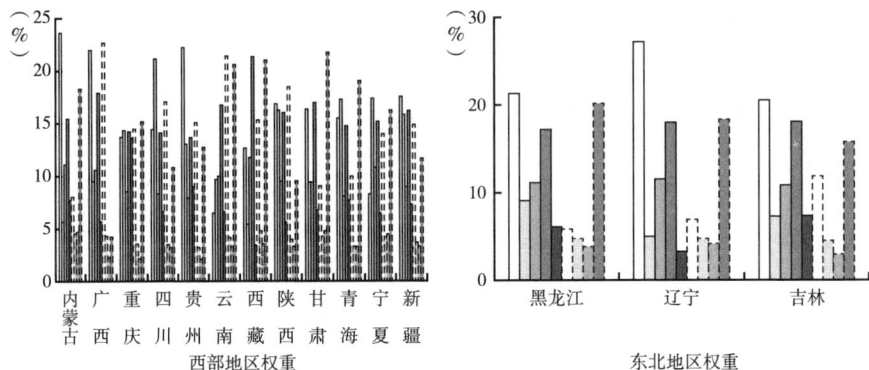

图 3.6　四大经济区域中各省份指标权重

在全国范围内，东北地区相较其他区域更为重视重工业发展，去产能政策对其影响显著。尽管国家大力推进新旧动能转换，重工业的工业增加值仍占 80% 左右，且由于新旧动能转换不畅，接连引发东北地区财政增收持续走低。自 2015 年国家提出供给侧结构性改革和"三去一降一补"的目标后，《中国区域金融运行报告（2020）》显示，2019 年辽宁关停 15 万千瓦落后煤电机组；吉林原煤产量下降 23.7%，铁合金产量下降 75.6%；黑龙江于 2018 年和 2019 年累计关闭煤矿 256 个。在提升产业动能，推进行业健康发展的同时，东北三省也承担 GDP 增速下滑和失业冲击的双重压力。更为严重的是，2017 年以来东北地区区域性企业债券违约事件不断增加，产能过剩行业贷款质量下降，银行业不良贷款率同比持续上升，使该区域金融稳定性大幅下降。

从区域排名分析来看，本章发现了以下几个特点。

其一，省级法人银行业金融机构流动性比例和对外开放程度是四个区域集中的风险指标。具体而言，东部地区代表省份福建的省级法人银行业金融机构流动性比例是使得该省金融稳定占优的主要影响因素；中部地区以江西作为基准，对外开放程度和省级法人银行业金融机构流动性比例是促使该省金融稳定占优的指标；西部地区的宁夏是金融稳定程度较高的省份，优势主要体现在对外开放程度和股票市盈率波动率上；东北地区以吉林作为参照可以发现，在其他因素均不存在显著优势的情况下，省级法人银行业金融机构流动性比例的优势大大提升了该省的金融稳定水平。

其二，东部地区总体上与其他区域具有不同的权重分布情况。东部地区各风险指标的影响程度分布大致体现了区域内部因素影响的趋同性，主要指标为北京大学数字普惠金融指数、对外开放程度和省级法人银行业金融机构流动性比例，与全国性的主要风险指标相同。然而，其他省份的权重分布差异明显，尤其在东北和西部地区，重要影响因素主要体现在省级地方政府债务负担率上。

其三，如前所述，我国金融稳定指数呈现由"中间低、四周高"向"中部集聚"迁移的空间格局，而此变化趋势主要是由于中部地区的金融稳定程度上升，而东北地区金融稳定水平下降。首先，相较全国数据而言，河南、湖北、湖南、安徽等中部省份的排名上升，而东北地区的吉林、黑龙江和辽宁排名下降。其次，从原始数据出发，中部地区选择湖北、湖南2个省份作为参照，东北地区选择吉林、黑龙江和辽宁3个省份，可以发现，省级法人银行业金融机构流动性比例的显著攀升引发湖北、湖南金融稳定指数排名上升，省级法人银行业金融机构流动性比例分别由2015年第一季度的66.66%和66.24%变为93.09%和80.89%；相较之下，东北三省在省级法人银行业金融机构流动性比例这一指标上没有明显提升，但企业部门杠杆率却明显提升，分别由91.43%、76.34%、64.88%上升到104.77%、100.75%、89.61%，这一变化即使在全国层面也相当显著。因此，结合指数数值和原始数据变化可以得到，中部地区金融稳定程度相对上升和东北地区金融稳定程度相对下降的空间格局变化主要体现在东北三省的金融稳定程度变化上，并主要由省级法人银行业金融机构流动性比例和企业部门杠杆率两个指标决定。

其四，结合我国当前现实背景和全国性显著影响指标，辅以郭峰和熊瑞祥（2018）的结论，即城市商业银行对区域性金融资本筹措的贡献主要体现在第二产业中地级市及以下的企业上，可以认为，我国尤其是东北三省的城市商业银行对当地区域性资本筹措贡献较小，资金配置转向第二产业的困难加剧；同时，地方政府对城市商业银行的干预使其很难提升存贷比等流动性指标，因而实体企业实力很难提升。

此处同样根据划分情况对各区域金融稳定指数进行比较，由于东北地区省份过少且具有排名下降的特殊性，故只分析东部、中部、西部的数值情况。结果如表 3.10 所示，无论哪个时期的数据均呈现东部<中部<西部。值得关注的是，东部、中部、西部的省份基本呈现金融实力逐渐减弱的状态，结合表 3.9 的数值比较结果，进一步印证了省级金融实力和金融稳定存在负相关关系。

表 3.10　各经济区域金融稳定指数均值

区域划分	2015 年第一季度	2022 年第四季度	2015~2022 年平均
东部	0.4633	0.6005	0.6104
中部	0.4721	0.6288	0.6266
西部	0.5156	0.6406	0.6541

（四）突发公共卫生事件对我国省域金融稳定的影响

自新冠疫情发生以来，我国的金融系统遭受了巨大冲击。如前所述，本章构建的省域金融稳定指数在 2020 年第一季度和第二季度均出现了"跳水"。观察各省份指标对应的原始数据可以发现，新冠疫情发生时各省份的数据与新冠疫情发生前相比出现众多异常数值。而由于 2020 年初深受新冠疫情影响的省份当属湖北，因而该部分通过研究湖北的异常数值，可较为有效地分析突发公共卫生事件对我国金融稳定的影响。

从全国各省份的数据出发，可以发现各省份的企业部门杠杆率均出现成倍提升，而将湖北的数据与各省份的数据进行对比，湖北的企业部门杠杆率提升幅度远高于其他省份，环比提升约 7 倍，而其他省份，例如北京提升 4.66 倍、广东提升 4.6 倍、黑龙江提升 5.54 倍，均未超过湖北。

这一结论与现实情况较为符合。湖北是国家的老工业基地之一，长期以来产业贡献率均呈现第二产业>第三产业>第一产业，即工业是该省最主要的产业增加值来源。新冠疫情导致湖北省尤其是武汉市在 2020 年第一季度呈现完全停摆状态，支撑湖北经济的工业自然受到了远大于其他省份的影响，为维持企业正常运营，企业负债率自然而然出现了大幅提高。

第四节　小结

本章基于 2015~2022 年 31 个省份共 32 个季度的数据与王劲松和任宇航（2021）的中国金融稳定指数构建标准，依据现有的八大风险作为构建框架，建立含 9 个风险指标的金融稳定指标框架进行指数度量，并对我国省域层面的金融稳定指标进行时空分析与权重解释。根据研究可知，对各省份金融稳定影响最大的风险因素集中在省级地方政府债务负担率、对外开放程度、北京大学数字普惠金融指数、企业部门杠杆率和省级法人银行业金融机构流动性比例上，尤以北京大学数字普惠金融指数和省级地方政府债务负担率最为显著。此外，我国以北上广为首的金融发展状况较好的省份，金融稳定指数绝对数值较小，即存在金融稳定性较低的状况。同时，根据经济区域划分，中部地区和东北地区呈现相同的极端变化趋势，且存在地理位置上的风险辐射。另外，本章进一步比较发现，影响同一梯队的金融稳定指数的因素基本集中于省级地方政府债务负担率、股票市盈率波动率以及对外开放程度。而针对时间序列数据分析可得，影响省域金融稳定指数均值和离散程度的指标为上海银行间同业拆借利率波动率和省级地方政府债务负担率。最后，由于研究期包含全球新冠疫情暴发的阶段，本章也对重点省份湖北进行了研究，研究发现企业部门杠杆率的显著提高（环比提升 6.66 倍）对该省的金融稳定状况产生了重大影响。综合上述研究结果，本章从宏观、区域和省域三个层面针对我国金融稳定发展提出政策建议。

一　宏观层面：央地协同、金融稳定发展与公共突发事件预警

（一）加强中央与地方的协同管理

中央和地方的博弈始终是一个值得长期关注的问题。中央政府基于金融稳定和防范重大风险的总览性考虑，但地方政府基于"地方锦标赛"加大

招商引资力度促进经济增长，增加政府隐性债务避开监管，在加剧系统性风险的同时，融资压力最终仍由中央政府预算兜底，实质上背离了中央政府监管的初衷。因而从现实意义来看，明确地方金融监管法规以规避地方政府实施自由裁量权时引发的监管风险是具有效率和针对性的。

（二）推进金融稳定与金融发展同步进行

本章的研究结果呈现了我国省级区域内存在的金融稳定和金融发展并不协调的情况。在以区域金融实力和以经济区域划分的省级空间分析中，根据金融稳定指数对比，可以得到我国区域金融实力和金融稳定大致存在一种负相关关系。这一结论意味着，金融经济发展较好与金融体系较为完善的省份具有相对优势，但面临重大风险尤其是国际风险向内部传导引致的结构性风险时，其面对市场的敏感性只会导致经济波动更加显著。因而，在金融稳定和金融发展的问题上，不能顾此失彼，要紧紧把握实体经济，将其作为一国经济的重要支柱，把发展经济的着力点放在实体经济上，优化产业结构、大力发展优势产业，进而加快完善金融市场交易与监管体系，推行稳健的货币与财政政策，促进金融稳定发展。

（三）建立高效的公共突发事件预警机制

本章的研究期涵盖新冠疫情这一突发事件。如前所述，这一突发公共卫生事件最终引发了全球范围内的不良影响，众多民生问题也因此凸显。与此同时，新冠疫情对我国经济的影响由最初的湖北蔓延至全国，而国外的新冠疫情影响又借由商品市场和金融市场进一步蔓延至国内，引发我国股市大幅震荡。因此，此次新冠疫情的出现事实上为政府敲响了警钟，建立高效的公共突发事件预警机制刻不容缓。该机制应当从人民出发，在满足人民生活需求的同时稳定金融市场，利用金融政策工具为市场增加流动性和活力，尽可能减轻民众、公司、政府的负债压力，使其尽快从突发事件的压力中脱离出来。

二　区域层面：促进地方政府与商业银行共同提升实体经济活力

（一）强化实体经济支撑作用，把握政策性金融措施实施方向与力度

如前所述，我国东北三省面临产能过剩、效率低下等问题。我国高端制

造业发展能力不足，缺少核心技术创新；地方政府为支持区域支柱产业发展将工业企业负债压力转嫁自身，事实上也弱化了市场对资源的配置能力，可能会触发道德风险。一方面，我国应当大力提升资源配置效率和转化效率，在工业技术上把握传统制造业的优势，大力发展先进产能，夯实实体经济基础，从而使其与金融协同发展；另一方面，当前我国政策性金融措施的实施可能会使定向扶持的工业企业债务违约风险加大，而区域内小微企业的融资难问题却无法得到有效化解，这一情况仍需要通过政府和企业有效协调沟通予以改善。

（二）平衡风险和效益，谨防区域性风险辐射传染

东北三省的产业结构相似，因而面对的风险类型较为相似，内部风险也容易向外部扩散传递，尤其是地域距离较为接近的区域（内蒙古）。因此，国家在解决经济体制改革中存在的历史遗留问题时，应当考虑风险与效益的平衡，地方政府也不得为图经济增长"一刀切"。面对复杂多变的局势，国家应当稳健推行改革，切勿操之过急。

（三）鼓励支持中小银行发展，提升城市商业银行流动性水平

在四大经济区域中，金融稳定状况较好的省份大多在省级法人银行业金融机构流动性比例这一指标上具有优势，且在东部与中部地区尤为明显，这在很大程度上说明了区域性银行作为金融中介的重要地位。同时，由于本章构建金融稳定指数选取的省级法人银行业金融机构流动性比例体现在该省省会城市的城市商业银行存贷比指标上，而地方政府的掣肘可能会对城市商业银行存贷比造成不利影响，地方政府应适度调整对城市商业银行的干预程度，将提升其流动性和其他竞争力指标作为一项重要工作持续推进，进而通过城市商业银行这一平台更好地服务于中小微企业。

（四）调整对外开放力度，优化区域风险管理

在空间分析的过程中，可以发现：无论是以金融实力还是以经济区域划分，对外开放始终是影响金融稳定的重要因素。事实上，本书研究中对外开放指标权重较大省份的经济开放程度并非是最高的，然而这种相对不高的开放度恰恰促进了省域甚至区域内的金融稳定。因此，对外开放程度较高的省

份应当审慎控制开放力度，坚持开放和风险防控并行，促使省域金融风险可防可控。对外开放是国家的一项重要经济战略，部分省份例如青海、西藏也应该培育出新的增长点，并以地方优势或区域优势为基础向全国甚至全球推进，从而促进区域协同发展。

三 省级层面：聚焦各省份重点风险指标推进相关领域风险防控工作

（一）加强地方性政府债务约束，提升政府治理能力

本章研究显示，大多数省份，如天津、黑龙江、辽宁、吉林等的地方政府债务风险权重较大，总体上对全国造成了普遍影响。除却本章所研究的表内地方政府债务风险，我国还需要防范化解地方政府隐性债务风险。所以，我国对表内地方政府债务应当加以审慎管理，加强中央对地方的融资约束；而对较难衡量的表外隐性债务，要予以明确和细化，谨防漏查带来的风险管理缺口。

（二）省域金融稳定差异化政策建议

1. 基于空间分析结果的对策建议

通过空间分析可以发现，大多数排名靠前的省份，例如宁夏和福建均依托省级地方政府债务负担率、省级法人银行业金融机构流动性比例两个指标提升其金融稳定水平，这个结论可以为其他省份提升金融稳定水平提供参考，即一方面要提升政府统筹资金、合理负债的能力；另一方面要督促地方商业银行提高存贷比水平、增强筹措资本的能力。

2. 基于关键指标的对策建议

表 3.6 的关键指标归类对提升各省份的金融稳定水平具有重要意义，此处选取各指标中的重要省份提出差异化政策建议。

互联网金融风险、地方政府债务风险是本书研究中的两项重要风险，其起源和发展前文已有阐述。在互联网金融风险的问题上，结合研究结果中受到该风险重要影响的省份进行探究可以发现许多现实案例：2019 年，北京的 13 家网贷机构退出市场，并对 12 家出险网贷机构予以立案处理。从以上事例可以看出，我国对于互联网金融风险的打击还是非常及时到位的。我国

当前深受互联网金融的有利影响，金融科技的优势产物（区块链、数字货币等）备受社会关注，过大的金融监管力度很有可能挫伤金融创新；但是，缺少金融监管的市场又有产生下一个金融平台爆雷的可能。因而，基于我国金融市场仍不完善的背景，国家对互联网金融风险的控制仍存在一条"创新—监管—再创新"的逻辑链。

不良资产风险涉及的安徽、广西、云南、陕西4个省份主要应提升的是各省份银行系统的稳健经营能力，它们所涉及的具体指标是省级法人银行业金融机构流动性比例，也正说明了地方性银行的金融实力较弱，可能需要引进战略投资者，通过借助合作方的技术、资金、人力以及组织形式，突破区域扩展能力弱、资金紧缺等普遍瓶颈。另外，我国有着区别于其他国家的高储蓄率的特征，因此各省应当统筹好当地银行的风险管理工作，协助各方投融资主体共同实现经济的高质量发展与金融体系的稳定发展。

针对政府债务存在的风险，辽宁、海南、内蒙古、贵州、天津、黑龙江、吉林、新疆8个省份具有更高风险权重，因而相较其他省份更应完善地方政府债务披露制度、提升地方债务测度的准确度和效率，同时加大对地方债务专项发行的监管力度，避免出现违约。更重要的是，以上各省份应当明确当地政府债务规模扩张的来源和影响，因地制宜地建立更加完善的多样化监管模式。

针对外部冲击风险，山西、江苏、江西、山东、湖南、四川、宁夏7个省份具有更高的风险权重。从各省份实际状况来看，其对外开放程度并不比经济发达地区如北京、上海等高，但基于数据分析结果，这些省份应当慎重考虑国际贸易和海外市场扩张等对外投资的规模，将对外开放力度控制在合理的范围内，或通过区域合作的方式，将主要的对外开放窗口交给风险控制水平较高的经济区域，从而达到一箭双雕的效果。

针对河南、重庆、甘肃、青海4个省份聚焦的地方杠杆率风险，国家应当优化信用评级机制，提高信息披露违规成本，提升债券市场监管法规的一致性。债券违约事件的大量出现实际上暗示着我国还没有一套高效适用、充分反映债券信用的公司债评级机制，这在很大程度上与信息披露不足、评级独立性欠佳以及监管法规无法普遍适用有关，其中法规完善是协调三个矛盾的重要部分。因此，对于公司债券违约问题，国家应当基于普适标准施行相关法律，坚决守住债券违约的底线，通过事前引导、事中监管、事后弥补的方式降低债券的违约率。此外，我国的国有企业债务拥有国家刚性兑付的支撑，因而缺乏企业内部机制予以调整，而要促使债券违约率降低，本质上还是要提升公司经营能力，并借由市场规律去淘汰或进一步优化。另外，我们应当意识到，工业新旧动能转换不畅以及接踵而至的工业负债剧增等问题本质上仍是财政问题。基于当前我国重工业仍旧占据主导地位，首先地方政府应当持续鼓励企业与高校、研究所联合，实现动能转换，加速技术创新的步伐；其次国家应当继续加强对地方财政拨款对象和规模的监管，也就是在确保资金切实有效运用到工业领域的前提下，尽量先保障真正急需资金的工业企业主体，而后对定向扶持的企业控制拨款金额，避免大量资金去向不明。

第四章

中国区域金融稳定指数构建与分析

——区制状态分析、差异测度与时空变化分析

第一节　研究背景

一　现实背景

目前，我国经济金融运行在总体上呈现出稳定趋势，金融体系稳健发展，金融市场进一步完善，金融机构的发展更加规范，金融基础设施的建设也在稳步推进，金融服务实体经济的能力也在不断提升。为保证金融稳定运行，国家制定并实施了相应的政策。2022年4月6日，中国人民银行公布了《中华人民共和国金融稳定法（草案征求意见稿）》，并向全社会征求意见。该法律的出台将进一步完善和加强我国金融稳定的顶层设计。

但是，我国金融的稳定运行仍然面临来自国内外的压力。从国际来看，全球贸易保护主义抬头、逆全球化趋势加剧，尤其是美国挑起的贸易摩擦对全球经济与金融市场的稳定造成了极大的威胁；国际金融市场的波动进一步加大，大宗商品价格波动也随之加剧，未来国际金融局势仍面临较大的不稳定因素。从国内来看，经济面临较大的下行压力，存在过剩的结构性产能，企业杠杆率处在相对较高的水平，商业银行的不良贷款呈现反弹态势，金融产品的创新存在设计与监管漏洞，非法集资的问题仍然存在，风险的跨行

业、跨市场、跨区域传染给金融市场的稳定发展带来了极大挑战。

党的二十大报告和 2023 年中央金融工作会议指出，要着力推进区域协调发展；要防范化解重大金融风险，防止形成区域性、系统性金融风险。2017 年底，国务院金融稳定发展委员会正式成立。2020 年，国务院金融稳定发展委员会决定在各省级行政区设立金融委办公室地方协调机制，以此来进一步加强中央和地方之间的金融合作。2023 年，将国务院金融稳定发展委员会提升为中央金融委员会，在原银保监会的基础上组建了国家金融监督管理总局，建立了以中央金融监管部门地方派出机构为主的地方金融监管体系。2021 年召开的中央经济工作会议提出，要深入实施区域协调发展战略，促进东部、中部、西部和东北地区协调发展，进一步优化区域经济布局。宏观金融的稳定发展需要区域内部与区域之间的配合与协调，某地区的金融风险不仅会影响该地区的金融稳定性，还会影响到其所处区域的金融稳定性，进而危及其他区域的金融稳定，具有牵一发而动全身的作用效果。目前，我国的金融资源在区域之间的分配较不均衡，地区生产总值越高的地区，社会融资规模占比也越高；而经济增速下行压力较大的地区也面临较为复杂的金融风险挑战。除新冠疫情等短期影响，我国正在经历深刻的人口区域流动与产业地理结构调整，应高度重视区域金融的协调发展。因此，因地制宜地增强区域金融稳定性，畅通金融的良性传导，在防范化解局部金融风险的同时促进区域金融稳定协调发展势在必行。综上所述，以习近平新时代中国特色社会主义思想为指导，开展区域金融稳定问题研究，防范区域性金融风险，对于我国金融的稳定健康发展具有重要意义。

二　理论背景

鉴于金融系统自身的复杂性，金融稳定在学术界至今未形成一个统一的概念。一般认为金融稳定是一种状态，在该状态下不存在不稳定的金融隐患（Crockett，1996），金融体系能够承受外部冲击（Padoa-Schioppa，2003），实现配置资源、化解风险等功能（Houben et al.，2004）；而在不稳定的金融状态下，金融系统不能正常运行，从而影响到其资源配置等功能（Chant，2003）。也有学者认为金融稳定的定义不是一成不变的，会随着经济发展和金融系统的结构调整发生变化（Allen and Wood，2006）。王劲松和任宇航（2021）基于中央提出的八大风险对金融稳定进行了定义，即政府债务风险、房地产泡沫风险、外部冲击风险、互联网金融风险、影子银行风险、不良资产风险、流动性风险、债券违约风险能够得到有效控制，不会对金融的稳定运行造成冲击，也不会造成系统性风险。

影响金融稳定的因素有很多，金融杠杆的波动（马勇等，2016）、货币政策的倒逼机制与政府的增长偏好（苗文龙，2007）、经济的"脱实向虚"（彭俞超等，2018b）等都会对金融稳定产生负向影响；而长期货币稳定（王自力，2005）等会对金融稳定产生正向影响。也有许多学者对房价与金融稳定之间的关系进行了研究：房价波动、信贷波动以及二者的联合波动（谭政勋、王聪，2011）会对金融稳定产生负向影响，并且该影响存在空间溢出效应（王劲松、戴大淳，2022）；房地产周期也会通过房地产信贷的风险暴露、政府担保以及期限错配等途径，影响金融的稳定发展（张晓晶、孙涛，2006）。

学术界对于金融稳定的衡量方法主要有两种：直接衡量法与间接衡量法。间接衡量法是指通过对金融风险的测度来负向衡量金融系统的稳定程度，主要包括 Altman（1968）提出的 Z-score 模型、Black 和 Scholes（1973）使用的违约距离计算法以及 SRISK 系统性风险测算方法（Acharya et al.，2012；Brownlees and Engle，2017）等。直接衡量法是指利用指标合成指数，寻找测算金融稳定的合适维度及其相关的指标，运用恰当的方法合成指数来刻画金融的稳定程度（Morales and Estrada，2010）。从国内学术界来看，大多采用直接衡量法，即构建金融稳定指数来对金融稳定进行测度。例如，有学者运用主成分分析法构建宏观金融稳定指数（王劲松、任宇航，2021；李强、赵桦，2022），也有学者运用熵值法对省级金融稳定指数进行构建（王劲松、戴大淳，2022）。综上所述，已经有不少学者对宏观和省级金融稳定指数进行了构建和分析，但很少有研究针对区域金融稳定指数进行分析，因此本章选取区域金融稳定指数作为研究对象。

学术界对区域指数的构建与合成的研究较少。有学者在区域数据的基础上利用主成分分析法直接合成了区域金融稳定指数（董迪，2018）。也有学者在省级指数的基础上，运用加权平均法对区域金融安全指数进行了合成（郭娜等，2018）。陈贵等（2018）在构建区域商业环境信用指数（CEI）时，直接将区域内地级以上城市 CEI 得分的平均值作为区域 CEI。在已有省级金融稳定指数的基础上，本章将选取合适的权重，运用加权平均法来构建区域金融稳定指数。

有许多指标可以衡量金融的发展水平，一般认为金融相关比率能够比较全面地度量金融深化程度。金融相关比率是指金融资产占 GDP 的比重，一般利用各地区金融机构各项贷款余额占 GDP 的比重（许文彬、叶文霞，2016；黄智淋、董志勇，2013；杨友才，2014）、信贷市场的相对规模（申广军等，2015；杨楠、马绰欣，2014）、股票总市值以及私人部门信贷总额与 GDP 的比值（黄宪等，2019）来代表金融相关比率。综上所述，本章将选取各省级行政区金融机构各项贷款余额占 GDP 的比重作为构建区域金融稳定指数的权重。

对指数进行多方面、多层次的分析也具有重要意义。首先，马尔可夫区制转换模型因在处理非线性、非对称问题上具有明显优势而得到了广泛应用。陶玲和朱迎（2016）利用系统性风险综合指数来衡量金融稳定性，并利用马尔可夫状态转换方法对指数进行了实证分析。还有许多学者对中国金融市场压力指数（CFMSI）进行了构建，并利用马尔可夫区制转换模型对其进行了状态识别与实证检验（郭娜等，2020；李敏波、梁爽，2021；任爱华、刘玲，2022；丁慧等，2020）。其次，目前用于衡量区域差异的指标有基尼系数、泰尔指数、变异系数等，其中泰尔指数因具有分解性而被学术界广泛应用。泰尔指数最初被用于测度收入不平等，后又被应用于其他领域，如高端产业发展（李旭辉等，2022）、科技创新效率（杨骞等，2022）、碳排放（韩梦瑶等，2021）、高质量发展水平（潘桔、郑红玲，2020）、金融业的非均衡问题（荣华，2019）等。最后，时空变化分析常用于环境科学、气象学、农业等学科，而在经济学、金融学层面常用于对微观指标进行分析，如城镇化水平（彭翀、常黎丽，2013）、居民生活水平（古杰等，2013）、专利质量（丁焕峰等，2021）等。本章将运用马尔可夫区制转换模型对区域金融稳定指数进行状态识别，并选取泰尔指数对区域金融稳定指数进行差异测度，最后对区域金融稳定指数进行时空变化分析。

综上所述，现有文献已经对宏观及省域金融稳定的定义、指数构建、实证等进行了较为充分的研究，但极少有学者对区域金融稳定进行研究。现有研究主要存在以下不足：第一，对金融稳定指数的构建大多停留在宏观及省域层面，极少有学者对区域金融稳定指数进行构建；第二，马尔可夫区制转换模型常用于状态的识别，但很少运用于金融稳定领域；第三，学术界对于区域金融稳定差异测度也存在研究空白；第四，时空变化常用于自然科学，不常用于金融稳定的研究。

第二节　区域金融稳定指数构建

一　变量选择

金融发展有很多度量标准，从量上看，金融发展是指金融系统在经济发展过程中，以货币和信贷提供的支持。理论上普遍认为"金融相关比率"是一个能够较为全面地度量金融深化程度的指标。Goldsmith（1969）首次提出利用"金融相关比率"来衡量金融发展水平，即"金融资产占国民财富的比重"。但是，由于金融资产在计算上存在技术困难，McKinnon（1973）认为金融增长可以采用货币存量与国内生产总值的比值来衡量，国内许多学者基于我国的实际情况，采用经济货币化指标（M2/GDP）来衡量金融发展水平。但是，对于省域研究，显然无法获得 M2 的分省域数据，又考虑到我国银行业信贷体系在金融体系中占有绝对比重的实际情况，部分学者将金融机构贷款总量或存贷款总量与 GDP 的比值作为测度金融发展程度的指标；也有部分学者选取金融业增加值占 GDP 的比重；还有学者依据融资方式分别测算各地区的直接融资规模（各地区股票市值占地区 GDP 的比重）和间接融资规模（各地区金融机构贷款余额占地区 GDP 的比重），并用二者之和的对数值作为金融发展的衡量指标。

本章将在省域金融稳定指数的基础上构建区域金融稳定指数，考虑到金融与经济发展对区域金融稳定性的影响，本章选取"金融相关比率"，即"金融机构贷款余额与地区 GDP 的比值"作为构建区域金融稳定指数的权重，如公式（4.1）所示。该指标也比较符合我国以银行业信贷体系为主体的金融体系的现实国情。

$$金融相关比率 = \frac{金融机构贷款余额}{地区\ GDP} \tag{4.1}$$

二 指数构建

根据国家统计局划分标准将我国的经济区域（除港澳台）划分为东部地区、中部地区、西部地区和东北地区[①]，如表 4.1 所示。

表 4.1 四大经济区域划分

区域划分	省份数量(个)	省份
东部地区	10	北京、天津、河北、上海、江苏、浙江、福建、山东、广东、海南
中部地区	6	山西、安徽、江西、河南、湖北、湖南
西部地区	12	内蒙古、广西、重庆、四川、贵州、云南、西藏、陕西、甘肃、青海、宁夏、新疆
东北地区	3	辽宁、吉林、黑龙江

依据省域金融稳定指数，以"金融相关比率"为权重，分别构建东部地区、中部地区、西部地区以及东北地区的区域金融稳定指数（具体数值见附录 3）。

---

① 东西中部和东北地区划分方法［EB/OL］. https：//www.stats.gov.cn/zt_ 18555/zthd/sjtjr/dejtjkfr/tjkp/202302/t20230216_ 1909741. htm.

三　数据来源

省域金融稳定指数来自本书第三章；金融机构贷款余额以及地区 GDP 等数据来源于各省统计年鉴。

第三节　区域金融稳定指数的区制状态分析

一　马尔可夫区制转换模型

编制区域金融稳定指数的最终目的是测度、评估各区域金融市场的稳定程度。因此，能够正确识别金融市场的稳定程度极为重要。本章采用 Hamilton（1989）提出的马尔可夫区制转换（Markov Regime Switching）模型来分析我国区域金融稳定指数在各时间段所处的状态。

马尔可夫链的分布只与当前状态有关，而与之前的状态无关，马尔可夫区制转换是指某变量按照马尔可夫链在不同区制之间转移。马尔可夫区制转换模型不需要主观设立金融稳定的警戒值来判定其稳定程度，而是通过金融稳定指数的平滑转换情况来确定其所处的稳定状态。马尔可夫区制转换模型可以反映不同状态下研究变量的特征，即已观测到的时间序列向量 y_t 是由不可观测的离散状态变量 s_t 决定的：

$$y_t = \beta_1(s_t)\ y_{t-1} + \cdots + \beta_m(s_t)\ y_{t-m} + v(s_t) + e_t \qquad (4.2)$$

其中，s_t 是区制变量，根据 s_t 的区制，将研究问题划分为 m 个区制（状态），$s_t = 1, 2, \cdots, m$。$e_t \sim NID(0, \sum s_t)$，为残差分布。截距 $v(s_t)$ 和向量系数矩阵 $\beta_{x=1,2,\cdots,m}$ 随着区制变量 s_t 的转换而发生改变，反映了模型的非线性特征。

此外，区制转换的概率为：

$$p_{ij} = \Pr\left(s_{t+1} = j \mid s_t = i, \sum_{j=1}^{m} p_{ij} = 1\right) \qquad \forall i,j \in \{1,2,\cdots,m\} \qquad (4.3)$$

马尔可夫转移矩阵为：

$$P = \begin{bmatrix} p_{11} & \cdots & p_{1m} \\ \vdots & & \vdots \\ p_{m1} & \cdots & p_{mm} \end{bmatrix} \tag{4.4}$$

其中，P 满足正则性约束，即对于任意的 $i = 1, 2, \cdots, m$，都有 $\sum_{j=1}^{m} p_{ij} = 1$。

二 平稳性检验

为确保实证研究的正确性和有效性，本章在构建 MS-VAR 模型之前，对区域金融稳定指数进行了平稳性检验，结果如表 4.2 所示。从表 4.2 中可以看出，我国四大区域金融稳定指数的统计量均小于 5% 的临界值，即拒绝原假设，这说明本章构建的区域金融稳定指数具有平稳性。

表 4.2　我国四大区域金融稳定指数平稳性检验结果

指数	统计量	p 值	1% 临界值	5% 临界值	10% 临界值
东部地区金融稳定指数	-4.099	0.0063	-4.325	-3.576	-3.226
中部地区金融稳定指数	-4.238	0.0039	-4.325	-3.576	-3.226
西部地区金融稳定指数	-4.373	0.0024	-4.325	-3.576	-3.226
东北地区金融稳定指数	-4.108	0.0061	-4.325	-3.576	-3.226

三 实证结果

根据对数似然值以及 AIC、SIC、HQIC 指标，本章选取了两区制以及滞后零阶的 MSIAH（2）-AR（0）模型进行实证分析，并分别得到四大区域两个区制的滤波概率、平滑概率以及预测值等。将 $P\ (S_t) > 0.5$ 作为样本所处区间的判断准则，并根据实证结果总结各区域金融稳定指数的区制属性以及分布特征。

（一）东部地区实证结果分析

根据图 4.1 和表 4.3 的结果，模型将我国东部地区金融稳定指数划分为

两个区制。按照判断准则,落入区制2的样本数量为22,出现的频率为
0.7030,平均持续期为6.93,大于区制1的样本数量、频率和平均持续期,
并且区制2的区制转移概率为0.8557,也大于区制1的区制转移概率。对
两个区制中的样本进行描述性统计分析,区制1的样本均值为0.49,低于
区制2的样本均值0.65;区制1的标准差为0.07,高于区制2的标准差
0.06。因此,将区制1定义为"低稳定"区制、区制2定义为"高稳定"
区制。这说明我国东部地区金融稳定指数处于"高稳定"区制中的时间更
长,且在"高稳定"区制中的状态比在"低稳定"区制中稳定,不易转移
至"低稳定"区制中。

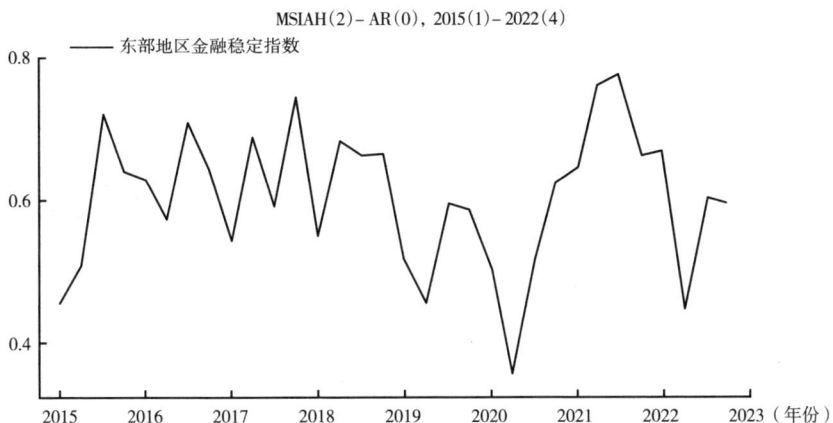

MSIAH(2)-AR(0), 2015(1)-2022(4)

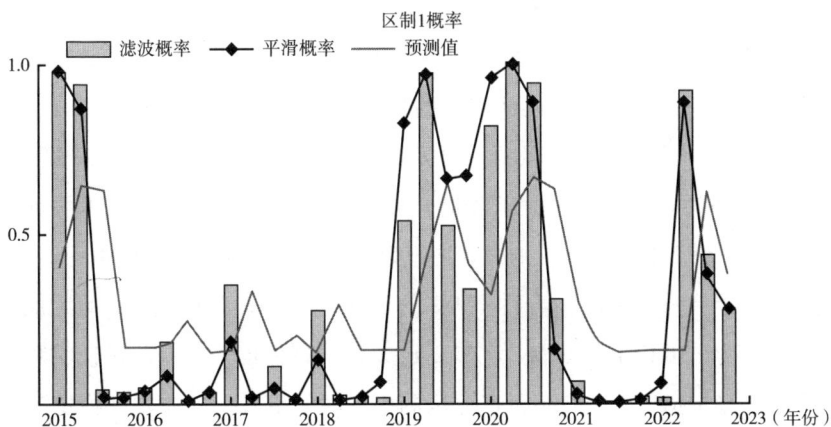

区制1概率

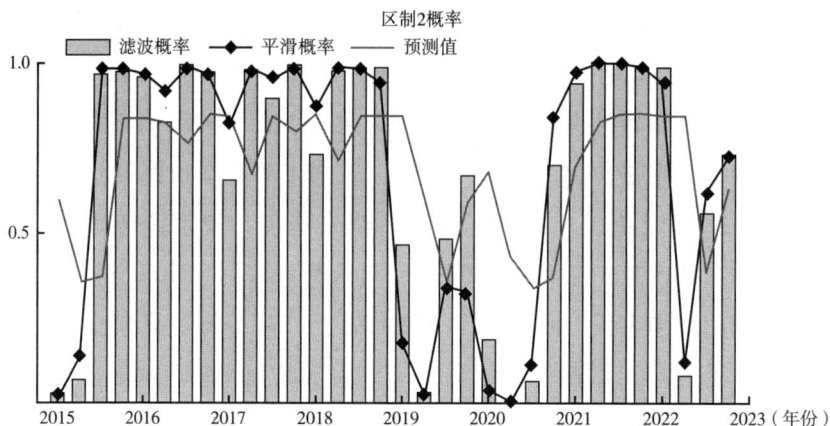

图 4.1　东部地区金融稳定指数两区制滤波概率和平滑概率

表 4.3　东部地区金融稳定指数区制属性及分布特征

属性	区制 1（低稳定区制）	区制 2（高稳定区制）
落入区制内的样本	2015 年第一季度~2015 年第二季度 2019 年第一季度~2020 年第三季度 2022 年第二季度	2015 年第三季度~2018 年第四季度 2020 年第四季度~2022 年第一季度 2022 年第三季度~2022 年第四季度
样本数量	10	22
频率	0.2970	0.7030
平均持续期	2.93	6.93
区制转移概率	0.6585	0.8557

（二）中部地区实证结果分析

根据图 4.2 和表 4.4 的结果，模型将我国中部地区金融稳定指数划分为两个区制。按照判断准则，落入区制 2 的样本数量为 24，频率为 0.7661，平均持续期为 6.55，大于区制 1 的样本数量、频率和平均持续期，并且区制 2 的区制转移概率为 0.8472，也大于区制 1 的区制转移概率。对两个区制中的样本进行描述性统计分析，区制 1 的样本均值为 0.50，低于区制 2 的样本均值 0.67；区制 1 的标准差为 0.05，虽低于区制 2 的标准差 0.06，但相差不大。因此，将区制 1 定义为"低稳定"区制、区制 2 定义为"高稳定"区制。这说明我国中部地区金融稳定指数处于"高稳定"区制中的时间更长，且在"高稳定"区制中的状态比在"低稳定"区制中稳定，不易转移至"低稳定"区制中。

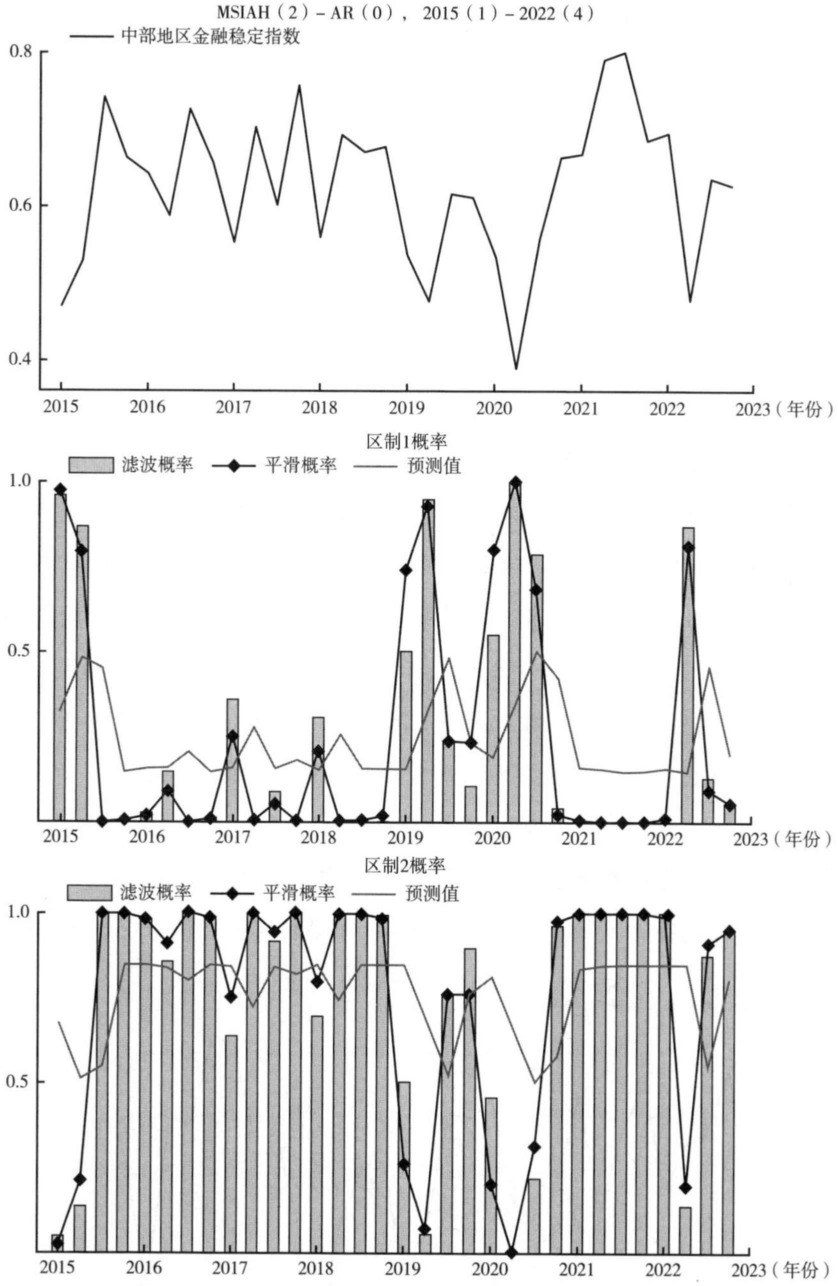

MSIAH（2）– AR（0），2015（1）– 2022（4）

图 4.2　中部地区金融稳定指数两区制滤波概率和平滑概率

表 4.4　中部地区金融稳定指数区制属性及分布特征

属性	区制 1(低稳定区制)	区制 2(高稳定区制)
落入区制内的样本	2015 年第一季度~2015 年第二季度 2019 年第一季度~2019 年第二季度 2020 年第一季度~2020 年第三季度 2022 年第二季度	2015 年第三季度~2018 年第四季度 2019 年第三季度~2019 年第四季度 2020 年第四季度~2022 年第一季度 2022 年第三季度~2022 年第四季度
样本数量	8	24
频率	0.2339	0.7661
平均持续期	2.00	6.55
区制转移概率	0.4996	0.8472

（三）西部地区实证结果分析

根据图 4.3 和表 4.5 的结果，模型将我国西部地区金融稳定指数划分为两个区制。按照判断准则，落入区制 2 的样本数量为 22，出现的频率为 0.6926，平均持续期为 6.10，大于区制 1 的样本数量、频率和平均持续期，并且区制 2 的区制转移概率为 0.8361，也大于区制 1 的区制转移概率。通过对两个区制中的样本进行描述性统计分析，区制 1 的样本均值为 0.56，低于区制 2 的样本均值 0.71；区制 1 的标准差为 0.07，高于区制 2 的标准差 0.06。因此，将区制 1 定义为"低稳定"区制、区制 2 定义为"高稳定"区制。这说明我国西部地区金融稳定指数处于"高稳定"区制中的时间更长，且在"高稳定"区制中的状态比在"低稳定"区制中稳定，不易转移至"低稳定"区制中。

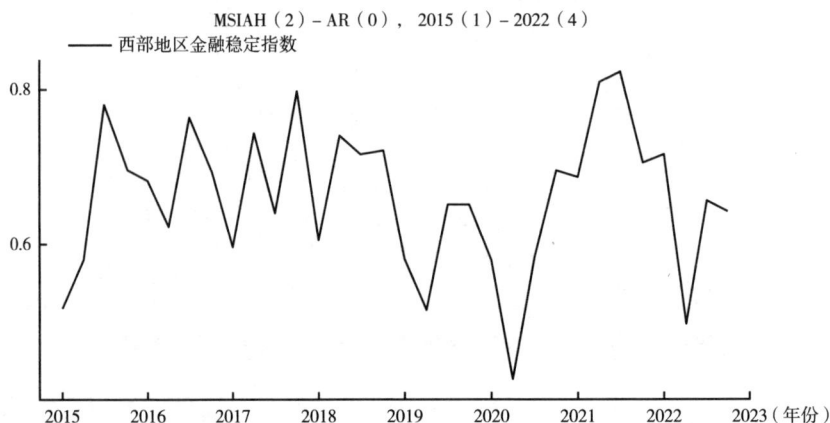

MSIAH（2）- AR（0），2015（1）- 2022（4）

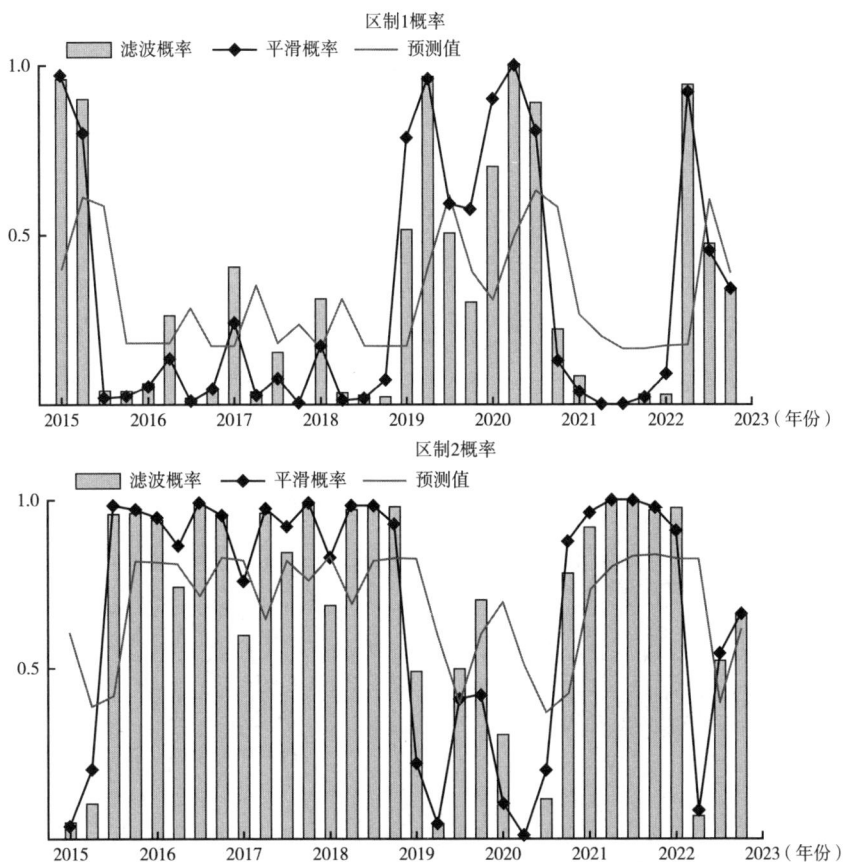

图 4.3 西部地区金融稳定指数两区制滤波概率和平滑概率

表 4.5 西部地区金融稳定指数区制属性及分布特征

属性	区制 1(低稳定区制)	区制 2(高稳定区制)
落入区制内的样本	2015 年第一季度~2015 年第二季度 2019 年第一季度~2020 年第三季度 2022 年第二季度	2015 年第三季度~2018 年第四季度 2020 年第四季度~2022 年第一季度 2022 年第三季度~2022 年第四季度
样本数量	10	22
频率	0.3074	0.6926
平均持续期	2.71	6.10
区制转移概率	0.6306	0.8361

（四）东北地区实证结果分析

根据图 4.4 和表 4.6 的结果，模型将我国东北地区金融稳定指数划分为两个区制。按照判断准则，落入区制 2 的样本数量为 20，出现的频率为 0.6336，平均持续期为 7.53，大于区制 1 的样本数量、频率和平均持续期，并且区制 2 的区制转移概率为 0.8672，也大于区制 1 的区制转移概率。对两个区制中的样本进行描述性统计分析，区制 1 的样本均值为 0.53，低于区制 2 的样本均值 0.69；区制 1 的标准差为 0.07，高于区制 2 的标准差 0.06。因此，将区制 1 定义为"低稳定"区制、区制 2 定义为"高稳定"区制。这说明我国东北地区金融稳定指数处于"高稳定"区制中的时间更长，且在"高稳定"区制中的状态比在"低稳定"区制中稳定，不易转移至"低稳定"区制中。

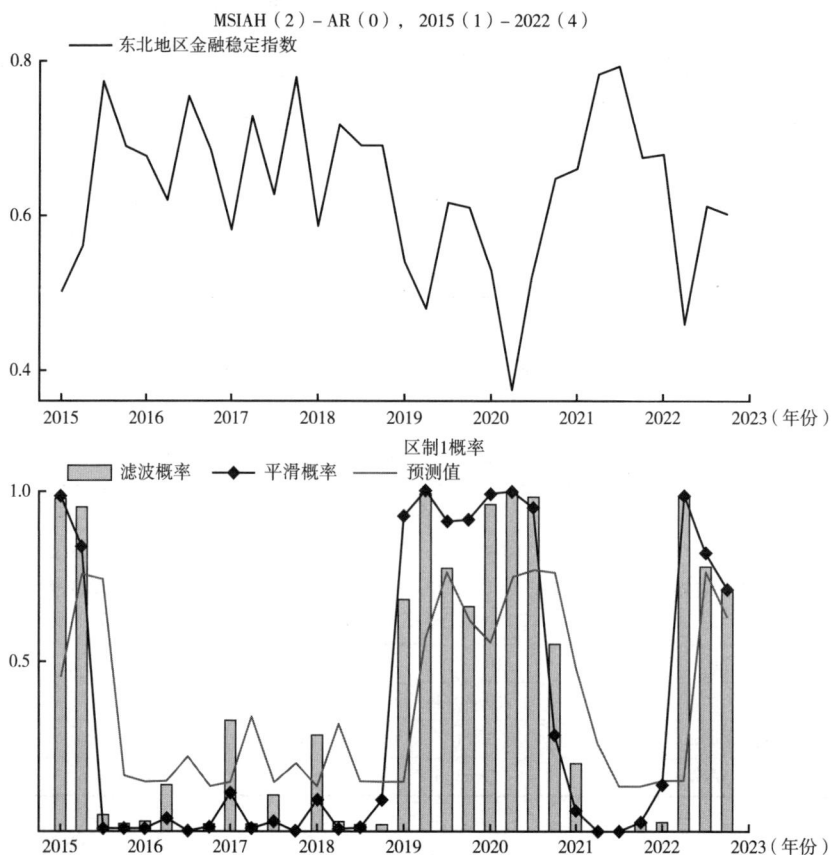

$$MSIAH（2）- AR（0），2015（1）- 2022（4）$$

图中上方：东北地区金融稳定指数

区制 1 概率

图例：滤波概率　平滑概率　预测值

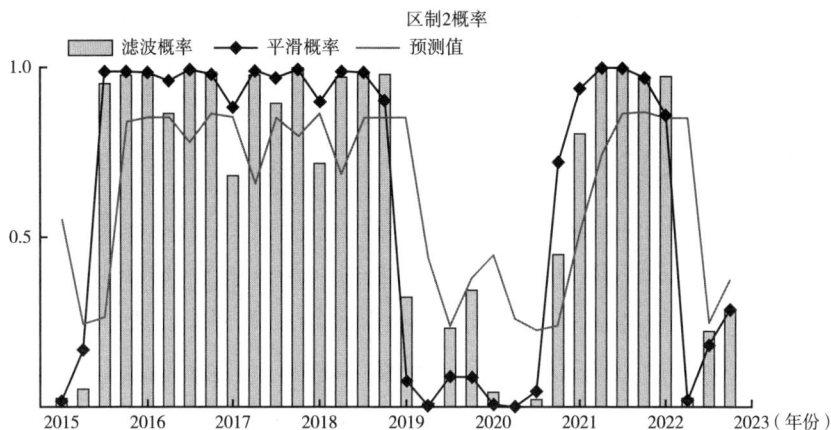

图 4.4　东北地区金融稳定指数两区制滤波概率和平滑概率

表 4.6　东北地区金融稳定指数区制属性及分布特征

属性	区制 1（低稳定区制）	区制 2（高稳定区制）
落入区制内的样本	2015 年第一季度~2015 年第二季度 2019 年第一季度~2020 年第三季度 2022 年第二季度~2022 年第四季度	2015 年第三季度~2018 年第四季度 2020 年第四季度~2022 年第一季度
样本数量	12	20
频率	0.3664	0.6336
平均持续期	4.35	7.53
区制转移概率	0.7704	0.8672

综上所述，我国东部地区、中部地区、西部地区和东北地区的金融稳定指数具有相同特征。处于"高稳定"区制的持续时间占总研究期的比重比处于"低稳定"区制更高，并且处于"高稳定"区制的状态也比处于"低稳定"区制更加稳定，因此，总体来说我国区域金融稳定指数表现良好，各区域金融状态较为稳定。

四　区域间区制分析

（一）2015年：由"低稳定"到"高稳定"的转变

2015 年第一季度和第二季度，东部地区、中部地区、西部地区和东北地区的金融稳定指数均处于"低稳定"区制；而在 2015 年第三季度，四大区域金融稳定指数均从"低稳定"区制转移至"高稳定"区制。2015 年，我国区域金融稳定面临来自各方面的压力，由于美联储加息等的影响，我国的流动性管理越发困难和复杂；金融活动更加活跃，与之相对应的监管难度也大大提升。但是，在央行及其他部门的共同作用下，金融朝着更加稳定健康的方向发展。2015 年，社会融资规模同比下降了4675 亿元，从结构来看，人民币贷款和非金融企业债券、股票融资规模均大幅提升；委托贷款、信托贷款以及未贴现银行承兑汇票融资规模则明显下降，并且贷款利率的下降也导致新增贷款较多。社会融资结构的改变，使得金融风险大大降低，有利于金融的稳定发展。2014 年部分地方政府试行发债，2015 年地方政府债券规模得到了快速增长，并且发行量在 6 月突破了 7000 亿元；10 月之后，地方政府债券二级市场的活跃度上升，交易规模逐步增大，投资者种类也日益丰富，除了银行类金融机构，一些证券公司、基金公司也开始参与地方政府债券的认购。此外，在2015 年第三、第四季度中，人民币跨境支付系统（CIPS）启动、国际货币基金组织决定将人民币纳入 SDR 货币篮子、人民银行宣布完善人民币兑美元汇率中间价形成机制，中国与世界市场的联系更加密切，世界金融市场的稳定关乎中国金融系统的健康发展，而这些举措将更好地完善国际货币市场，为国际金融体系带来更多的活力，从而能够为中国金融体系的发展营造良好的外部环境，与此同时中国也能直接从中获益，有利于促进金融的稳健发展。综上所述，四大区域在 2015 年完成了从"低稳定"金融到"高稳定"金融的转变。

（二）2016~2018年："高稳定"状态

2016~2018 年，东部地区、中部地区、西部地区和东北地区的金融稳定指数均处于"高稳定"区制。2016 年是"十三五"的开局之年，流动性合理充裕，社会融资规模平稳增长，利率保持低水平运行，金融体系稳定发展。2017 年以来，中国经济和金融得到了进一步改革和发展，遏制了宏观杠杆率过快上升的趋势，释放了部分金融风险，一些金融乱象也得到了初步治理，金融体系朝着更加稳定的方向发展。金融风险直接影响金融系统的稳定程度，2018 年，我国在金融风险的防范化解上取得了重大进展。宏观杠杆率平稳波动，其增长被进一步遏制；坚持依法治国的方针，处理了一批高风险机构；大力整顿了金融秩序，尤其是防范化解互联网金融风险，严厉打击了非法集资活动；有效应对了金融市场与资产价格的波动风险，抑制了市场的短期波动；出台了一系列监管政策，金融风险得到进一步控制，金融系统进一步稳定发展。除此之外，2015 年 12 月 31 日，国务院印发《推进普惠金融发展规划（2016—2020 年）》，规划了 2016~2020 年普惠金融的发展。2016~2018 年，普惠金融迅速发展，金融覆盖范围进一步扩大，实体企业、农村部门企业获得了更加普惠的金融服务。另外，针对金融稳定的机构与政策方针也相继成立和推出，2017 年召开的全国金融工作会议确立了金融改革发展和维护金融稳定的方针与架构，2017 年底成立了国务院金融稳定发展委员会。因此，在政府、央行和相关部门的努力下，金融风险得到了控制，中国整体及区域在这三年保持了金融体系的"高稳定"发展。

（三）2019年：区域差异

2019 年第一季度和第二季度，东部地区、中部地区、西部地区和东北地区金融稳定指数均处于"低稳定"区制；而在 2019 年的第三季度和第四季度，各区域金融稳定指数所处区制存在差异，东部地区、西部地区和东北地区金融稳定指数均处于"低稳定"区制，而中部地区金融稳定指数处于"高稳定"区制。2019 年，世界经济增长持续放缓，仍处在深度调整期，同时外部风险挑战加剧，中美贸易摩擦影响进一步显现。反观国内，高风险金融机构威胁各区域金融稳定。例如，因大量资金被大股东"明天系"违法违规占用，长期难以归还，包商银行出现严重信用危机，触发法定接管条件；恒丰银行公司治理薄弱、经营管理混乱，出现流动性紧张的问题；锦州银行股权高度分散，内部人控制严重，且资产规模大、同业关联度高，于2019 年 5 月爆发严重的同业挤兑危机。在党中央、国务院统一部署下，人民银行会同各部门采取针对性措施对各金融机构风险进行了稳妥处置，守住了不发生系统性金融风险的底线。此外，2019 年，中国经济和金融总体上稳定发展，股票、债券以及外汇市场压力水平有所下降，货币市场压力水平保持平稳。2019 年，全国商业银行不良贷款率为 1.86%，东部地区、中部地区和东北地区的金融资产质量向好，不良贷款率都有所下降，有利于金融稳定；中部地区社会融资规模和信贷总量增长较快，社会融资结构得到进一步优化；而西部地区不良资产率则有所上升，但是在精准扶贫的目标指引下，西部地区部分省份通过债务工具进行融资，促进了金融的稳定发展。2019 年各地区金融运行总体平稳，区域发展协调性增强，重大风险也得到有效防控。但是，各地区风险存在差异，多种风险差异的合力使得区域金融稳定指数所处的区制存在差异。但从滤波概率来看，该时间段各区域在"低稳定"区制与"高稳定"区制之间的概率差距很小，并且区制转移概率也相对较高。

（四）2020~2021年：由"低稳定"到"高稳定"的转变

2020 年第一季度至第三季度，东部地区、中部地区、西部地区和东北地区金融稳定指数均处于"低稳定"区制；在 2020 年第四季度，四大区域金融稳定指数均从"低稳定"区制转移至"高稳定"区制。2020 年初，新冠疫情给中国乃至世界经济和金融市场带来了巨大冲击。世界经济严重衰退，产业链、供应链的正常运行遭到破坏，出现了大范围停工停产，医疗系统也承受前所未有的压力，国际贸易投资萎缩，大宗商品市场以及股市动荡不安。中国第一季度经济收缩了近 6.8%，宏观杠杆率阶段性上升，中小微企业面临巨大的生存困境，保守势力抬头，部分企业债务违约风险增加，金融风险有所集聚，对金融稳定造成了严重威胁。政府及时出台相关政策，保证了流动性的合理充裕，实施了宽松的财政政策和货币政策，支持中小微企业贷款并给予优惠，全力应对新冠疫情对金融市场的冲击；同时也进一步对高风险金融机构进行了处置，出台了资产管理新规定及相关细则。在多种措施的作用下，新冠疫情得到有效控制，全行业复工复产稳步推进，经济实现稳步恢复。总之，经过一系列治理，国内金融体系重点风险得到有效控制与化解，区域金融稳定指数也在 2020 年第四季度由"低稳定"区制转移至

"高稳定"区制。

2021 年，东部地区、中部地区、西部地区和东北地区均持续处于"高稳定"状态。2021 年，中国统筹疫情防控和经济社会发展，金融体系持续稳健发展。宏观层面上，中国实施了有效的经济政策，宏观杠杆率较 2020 年下降了 7.7 个百分点；北京证券交易所设立，资本市场改革得到进一步深化。微观层面上，持续推进了"明天系"、海航集团等企业的风险化解工作，高风险机构数量下降明显；P2P 网贷平台已全部退出经营，各类金融活动的监管工作依法进行；资管新规过渡期于 2021 年底结束，资管行业进一步稳健发展。总体来看，2021 年金融工作取得积极成效，金融风险整体可控，金融体系稳健发展，四大区域在 2021 年均保持了金融的"高稳定"发展。

（五）2022 年：金融稳定状态的波动

2022 年第一季度，东部地区、中部地区、西部地区和东北地区金融稳定指数均处于"高稳定"区制；2022 年第二季度，四大区域金融稳定指数均从"高稳定"区制转移至"低稳定"区制；2022 年第三、第四季度，东部地区、中部地区、西部地区金融稳定指数均处于"高稳定"区制，而东北地区金融稳定指数处于"低稳定"区制。2022 年第一季度，金融风险防控有效、信贷投放总量增加，四大区域均延续了上一年的金融稳定状态。2022 年第二季度，全球经济增长放缓、通胀高位运行，国际金融市场大幅动荡；国内疫情防控形势总体向好，但任务仍然艰巨，例如深圳、上海等地疫情对供应链造成较严重影响；同时，俄乌冲突等地缘政治冲突进一步加剧了金融市场的动荡，也对区域金融稳定构成了挑战。为应对这些挑战，中国人民银行加大了稳健货币政策的实施力度，保持了流动性的合理充裕，金融服务实体经济的能力进一步增强；中小银行风险处置、平台企业金融业务整改等工作稳步推进，金融风险得到有效控制。东部、中部和西部地区金融稳定指数由"低稳定"区制转移至"高稳定"区制。但是，相较于其他三个区域，东北地区的经济发展、投资增长、进出口、存贷款增速等指标较为疲软，不良贷款率虽有所下降却高于全国平均水平，同时其产业结构调整和升级面临较大挑战，金融服务在产业结构优化、发展难点解决及民生短板填补方面尚需强化。总体来看，2022 年，东部地区、中部地区和西部地区金融均经历了"高稳定—低稳定—高稳定"的状态波动，东北地区金融则经历了"高稳定—低稳定"的状态转变。

第四节　区域金融稳定指数的差异测度

一　泰尔指数

各区域的经济发展格局因国家发展战略以及人文地理环境的不同而呈现差异，区域金融发展及其稳定性也因此存在差异。金融稳定的区域差异不仅表现在区域之间，也存在于区域内部。常用于衡量不平衡程度的指标有变异系数、基尼系数和泰尔指数等。泰尔指数（Theil Index）是基于信息熵的理论提出的，可以准确反映总体以及组间、组内金融稳定性的差异程度，以及总差异中能够由区域间差异和区域内差异所解释的比例，因此本章选用泰尔指数对区域金融稳定指数进行差异测度。本章将我国（除港澳台）分为东部地区、中部地区、西部地区以及东北地区四大区域，并以省级行政区作为基本地域单元。根据潘桔和郑红玲（2020）的研究，全国（除港澳台，下同）以及东部地区、中部地区、西部地区、东北地区的金融稳定指数差异可用式（4.5）、式（4.6）来计算。

$$T = \frac{1}{n} \sum_{i=1}^{n} \left(\frac{Y_i}{\overline{Y}} \ln \frac{Y_i}{\overline{Y}} \right) \tag{4.5}$$

$$T_k = \frac{1}{n_k} \sum_{i=1}^{n_k} \left(\frac{Y_{ki}}{Y_k} \ln \frac{Y_{ki}}{Y_k} \right) \tag{4.6}$$

其中，T 表示全国金融稳定指数的泰尔指数，数值介于 0~1，数值越趋向于 0 代表总体差异越小，数值越趋向于 1 代表总体差异越大；T_k（$k = 1$，2，3，4）表示东部地区、中部地区、西部地区、东北地区金融稳定指数的泰尔指数；i 表示省份；n 表示省级行政区总数；n_k 表示东部地区、中部地区、西部地区以及东北地区内省级行政区数量；Y_i 表示 i 省级行政区的金融稳定指数；Y_{ki} 表示 k 区域中 i 省级行政区的金融稳定指数；$\overline{Y}$、$\overline{Y_k}$ 分别表示全国和 k 区域金融稳定指数的平均值。

再通过式（4.7）和式（4.8）将金融稳定指数的泰尔指数进一步分解为区域内差异泰尔指数 T_w 和区域间差异泰尔指数 T_b。

$$T = T_w + T_b \tag{4.7}$$

$$T = \sum_{k=1}^{4} \left(\frac{n_k}{n} \frac{\overline{Y_k}}{\overline{Y}} T_k \right) + \sum_{k=1}^{4} \left(\frac{n_k}{n} \frac{\overline{Y_k}}{\overline{Y}} \ln \frac{\overline{Y_k}}{\overline{Y}} \right) \tag{4.8}$$

在此基础上，计算区域内差异和区域间差异对总差异的贡献率 D_w、D_b，该指标可以用于进一步研究区域金融稳定性总体差异的来源。计算公式如下：

$$D_w = T_w / T \tag{4.9}$$

$$D_b = T_b / T \tag{4.10}$$

二　差异分析

以省级金融稳定指数为计算数据，代入泰尔指数的计算公式进行计算，图4.5为泰尔指数的计算结果。由图4.5可以看出，全国及四大区域的泰尔指数均位于 [0.0.015] 区间内，尤其中部地区与东北地区的泰尔指数趋向于0，说明总体差异较小。全国的泰尔指数与东部地区、西部地区的走势基本相似，其金融稳定性差异呈现明显的三段式波动特征，总体表现为先下降后上升再下降。其中，2017年第四季度和2020年第二季度是两个明显的分界点：2017年第四季度以前，全国与东部地区、西部地区的泰尔指数呈现波动式下降，金融稳定性差异缩小；2017年第四季度至2020年第二季度，全国与东部地区、西部地区的泰尔指数呈现波动式上升，金融稳定性差异逐渐扩大，并且由于新冠疫情的影响，金融稳定性差异在 2020 年加速扩大，并在第二季度达到顶峰；2020 年第二季度后，新冠疫情得到控制，金融市场也逐步恢复，泰尔指数呈现大幅下降的趋势，差异逐步缩小。中部地区和东北地区的泰尔指数在 2021 年之前，基本上在 0 和 0.0002 之间小幅波动，2021 年开始，中部地区泰尔指数呈上升趋势，而东北地区泰尔指数仍旧处于较低水平。总体来看，两地区泰尔指数显著低于全国和东部地区、西部地区水平。东部地区的泰尔指数明显高于全国泰尔指数，这说明在金融稳定性总体差异中，东部地区占据了极大的比重，而中部地区、东北地区所占份额很小，东部地区金融稳定性的走势决定了宏观金融稳定性的走势。因此，东部地区是缩小金融稳定性差异的关键。

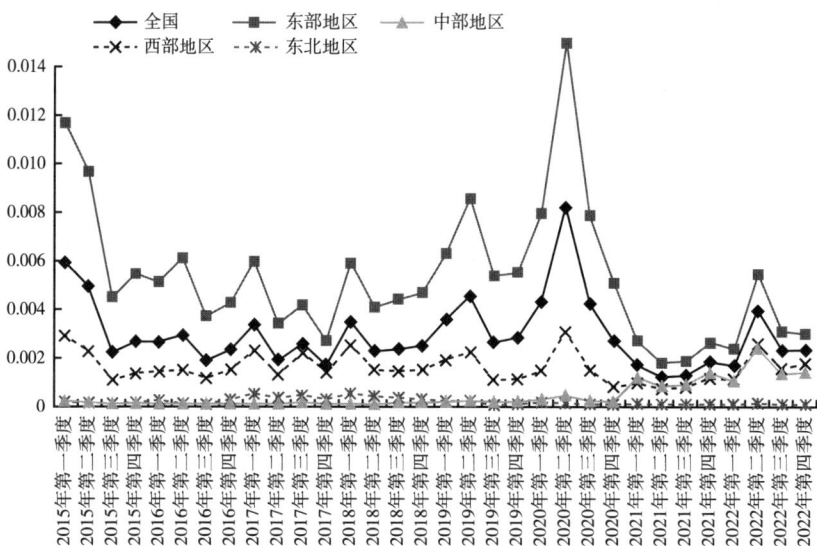

图 4.5　2015 年第一季度～2022 年第四季度全国及四大区域泰尔指数

图 4.6 为总差异的组内与组间分解。从图 4.6 中可以看出，金融稳定指数的总差异与组内差异总体上具有一致的变动趋势。组间差异在大多数时间低于 0.001，维持在相对较低的水平。这说明从东部地区、中部地区、西部地区和东北地区区域内差异和区域间差异来看，区域内差异在总

差异中一直占据主体地位，对总差异影响较大，而区域间差异则对总差异
的影响较小。

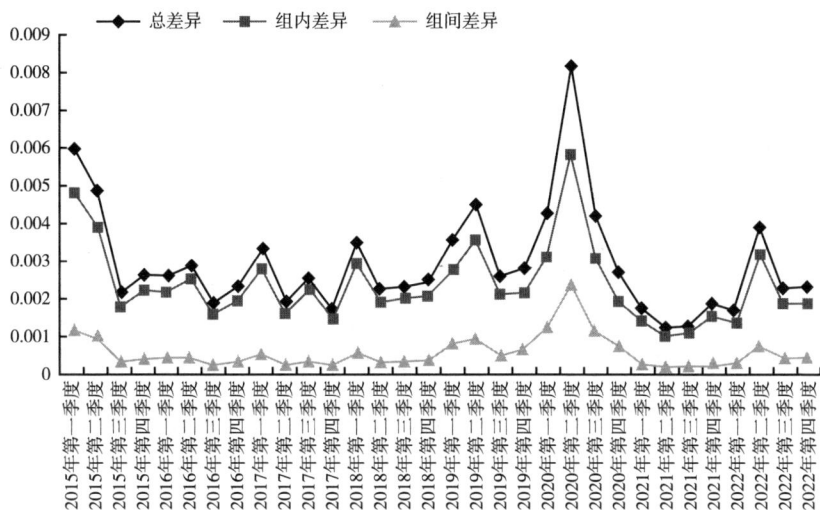

图 4.6　2015 年第一季度～2022 年第四季度总差异的组内与组间分解

图 4.7 为组内差异与组间差异的贡献度。从图 4.7 中可以看出，在研究
期内，组内差异贡献度始终显著高于组间差异贡献度，这说明总差异中能够
由四大区域内部差异解释的比例超过由四大区域间差异解释的比例。2015～
2017 年，组内差异贡献度呈现波动上升的趋势，组间差异贡献度呈现波动
下降的趋势，总差异中可以由组内差异解释的比例逐渐提升。2018～2020
年，组内差异贡献度波动下降，组间差异贡献度波动上升，这说明总差异中
能够由四大区域内部差异解释的比例逐渐下降，而能够由四大区域间差异解
释的比例逐渐上升，组间差异贡献度在 2018～2020 年上升了近 130%，促进
区域间金融稳定协调对于维护总体金融稳定越发重要。2020 年后，组内差
异贡献度陡然上升，组间差异贡献度呈现下滑趋势，这说明在促进区域间金
融稳定协调发展的同时，更要注重区域内部的金融风险防控与金融稳定
维护。

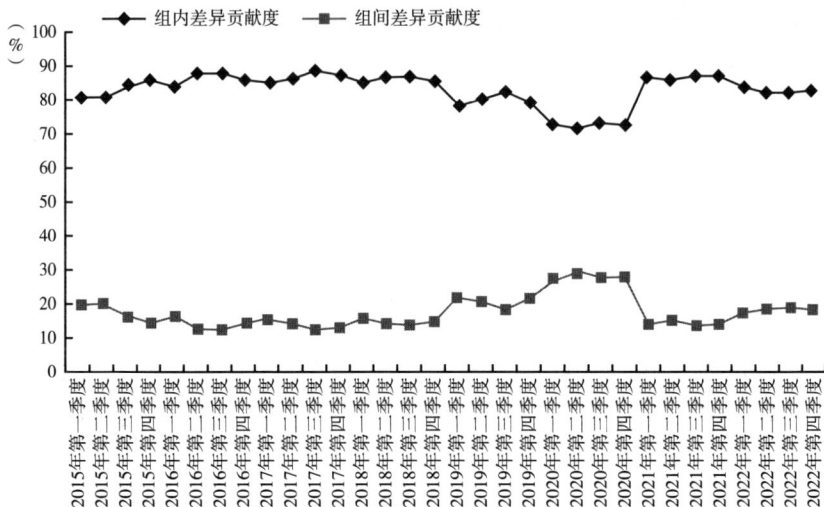

图 4.7　2015 年第一季度~2022 年第四季度组内差异与组间差异贡献度

第五节　区域金融稳定指数的时空变化分析

一　金融稳定指数的总体变化特征分析

（一）随时间变化的折线图

东部地区、中部地区、西部地区和东北地区四个区域的金融稳定指数随时间变化的趋势如图 4.8 所示。从图 4.8 中可以发现，在四大区域中，西部地区的金融稳定程度最高，东部地区的金融稳定程度最低。2015~2022 年，东部地区、中部地区、西部地区、东北地区的金融稳定指数总体上都呈现"上升—下降—上升—下降"的趋势。其中，2015 年为加速上升阶段；2016~2018 年呈现波动状态，并且在 2017 年第四季度达到此阶段的最高点；2019~2020 年，先是呈现波动性下降趋势，在 2020 年第二季度达到低值之后，又呈现上升趋势；2021~2022 年，各区域金融稳定指数总体又呈现下降趋势。

东部地区金融稳定指数

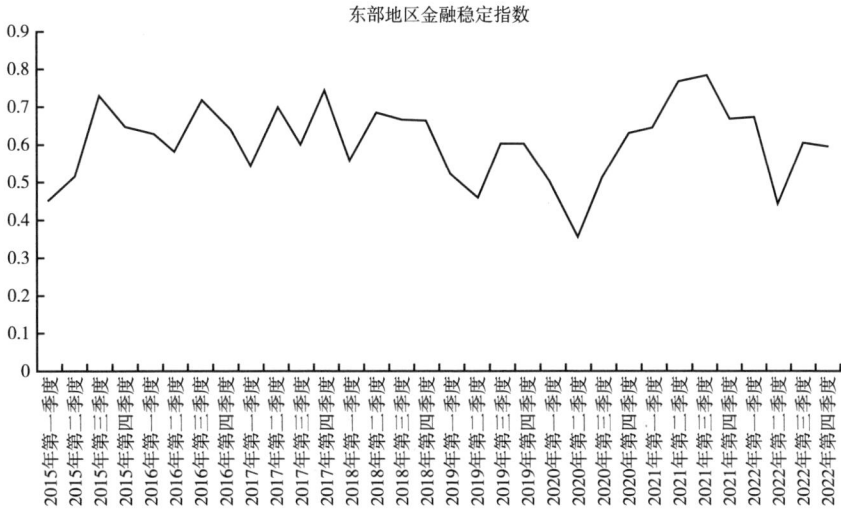

中部地区金融稳定指数

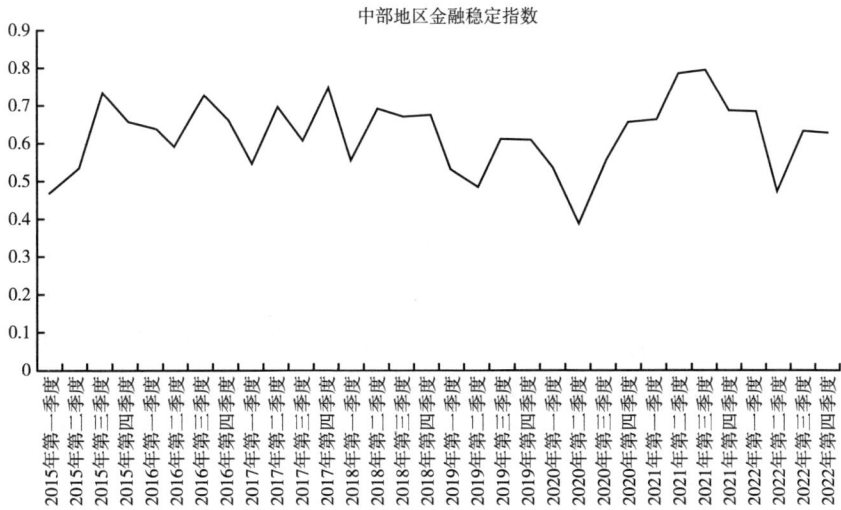

西部地区金融稳定指数

东北地区金融稳定指数

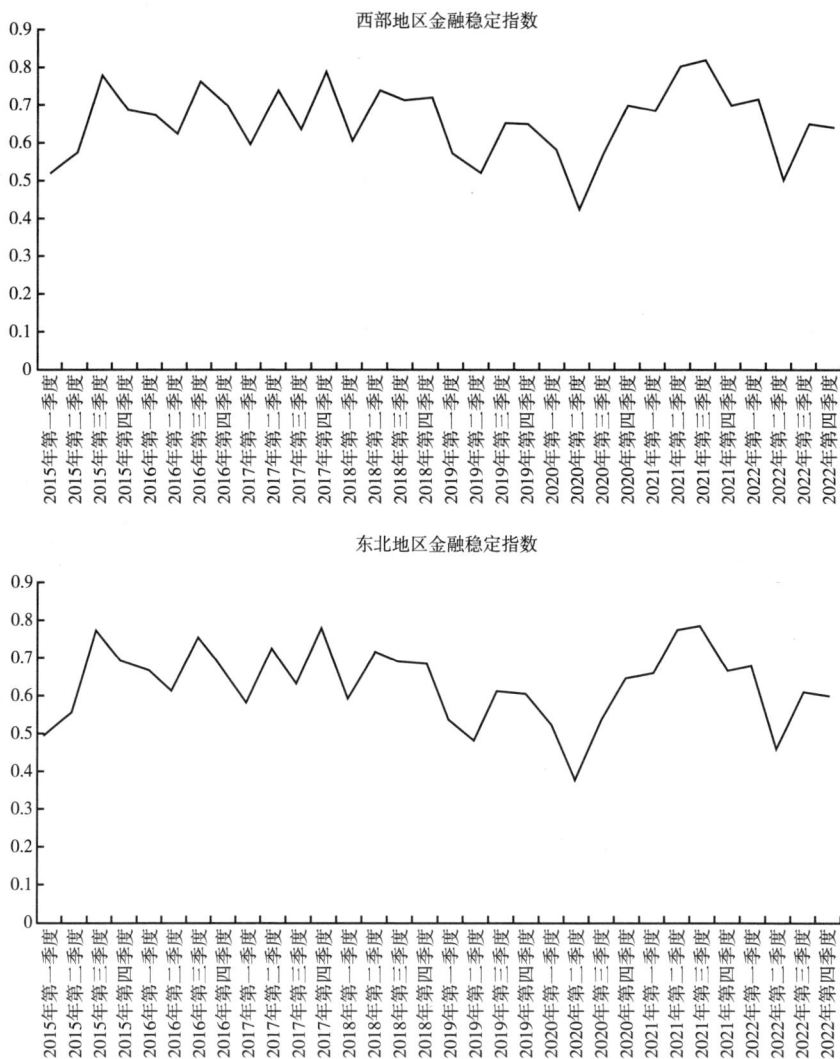

图 4.8 2015 年第一季度～2020 年第四季度各区域金融稳定指数

（二）核密度图

为进一步研究各区域金融稳定指数随时间变化的动态趋势，本章选用核密度估计法对金融稳定指数的动态时序演进特征进行分析。核密度估计法可以通过连续的核密度曲线直接呈现变量的数据分布形态及其动态演进过程。对核密度图的重心位置、波峰高度、波峰数量以及拖尾进行分析，可以对各区域金融稳定指数在不同时期的状态进行判断，从而分析其时序动态演进特征。运用核密度估计法，采用每年的第四季度数据来代表该年数据，分别对全国及四大区域 2015～2022 年的金融稳定指数进行核密度估计。

1. 区域间时序动态演进特征

图 4.9 为中国四大区域金融稳定指数的核密度估计结果。第一，2015～2016 年核密度曲线的重心位置向左偏移，2016～2017 年向右偏移，2017～2019 年向左偏移，2019～2021 年向右偏移，2021～2022 年向左偏移。这表明，2015～2022 年，中国区域金融稳定指数整体呈现反复先下降后上升的演进特征。第二，2015～2022 年核密度曲线主峰的波峰高度总体呈现上升趋势，但波峰在 2021 年达到最高点、在 2020 年达到最低点。这说明中国各区域间金融稳定指数的差异呈现"缩小—扩大—缩小—扩大"的变化趋势。第三，2016～2022 年都出现了主峰和次峰共存的现象，说明这几年中国各区域间的金融稳定指数表现出一定程度的两极分化；而 2015 年只有一个波峰，说明没有出现两极分化。第四，2015～2016 年的左侧拖尾大于右侧拖尾，呈现左偏分布，这说明 2015～2016 年处于左侧区域的数量多于处于右侧区域

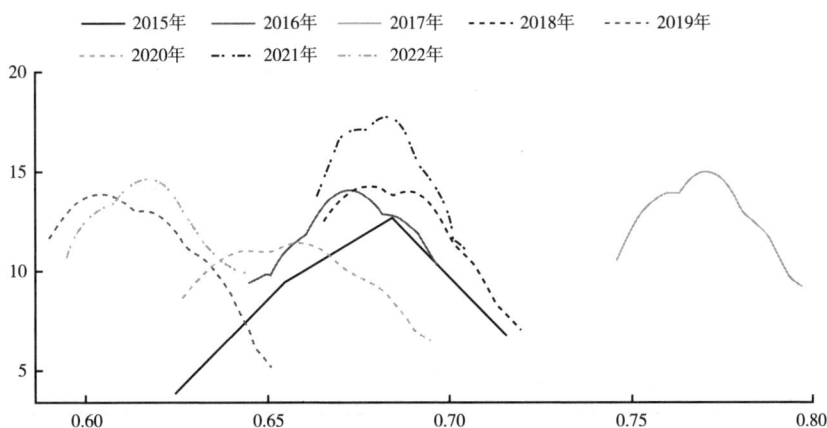

图 4.9　区域间金融稳定指数核密度

的数量，即金融稳定指数小于平均值的区域个数更多，金融稳定指数低值聚
集分布较为明显；2017~2022 年的右侧拖尾大于左侧拖尾，呈现右偏分布，
这说明右侧区域的数量较左侧区域来说更多，即金融稳定指数大于平均值的
区域个数更多，金融稳定指数高值聚集分布较为明显。由此可以得出，
2015~2022 年各区域的金融稳定指数都有不同程度的上升，金融稳定指数由
低值聚集逐步转变为高值聚集。

由核密度分析可以发现，总体来说，中国四大区域的金融稳定指数在整
体发展水平、区域间差异、极化程度等方面均体现了随时间波动的动态演进
特征。

2. 东部地区时序动态演进特征

图 4.10 为东部地区金融稳定指数的核密度估计结果。第一，2015~
2016 年核密度曲线的重心位置不变，2016~2017 年向右偏移，2017~2019
年向左偏移，2019~2021 年向右偏移，2021~2022 年向左偏移。这表明，
2015~2022 年，东部地区金融稳定指数整体呈现反复先上升后下降的演进特
征。第二，2015~2018 年核密度曲线主峰的波峰高度逐步上升，在 2019 年
有所下降，并且在 2020~2021 年急剧攀升，但在 2022 年有所回落。这说明
东部地区各省份间金融稳定指数的差异呈现 “缩小—扩大—缩小—扩大”

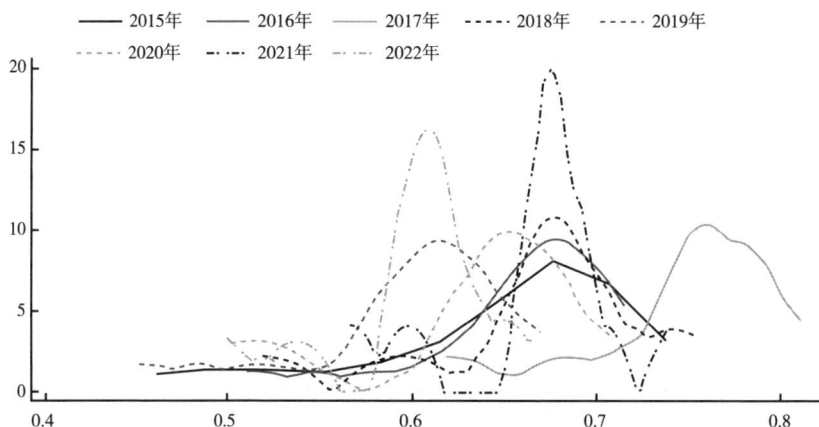

图 4.10　东部地区金融稳定指数核密度

的变化趋势。第三，2015~2016 年的波峰数量只有一个，说明并未出现两极分化格局；其余年份都出现了主峰和次峰共存的现象，说明这几年东部地区的金融稳定指数表现出一定程度的两极分化。第四，2015~2022 年的左侧拖尾大于右侧拖尾，均呈现左偏分布，并且左侧拖尾不断缩短，这说明位于左侧的省级行政区数量更多，即金融稳定指数低于平均值的省份更多，并且位于低值区的省份有所减少。总体来看，东部地区金融稳定指数呈现较为明显的低值聚集。

由核密度分析可以发现，总体来说，东部地区金融稳定指数在整体发展水平、省份间差异、极化程度等方面均体现了随时间波动的动态演进特征。

3. 中部地区时序动态演进特征

图 4.11 为中部地区金融稳定指数的核密度估计结果。第一，2015~2017 年核密度曲线的重心位置向右偏移，2017~2019 年向左偏移，2019~2021 年向右偏移，2021~2022 年向左偏移。这表明，2015~2022 年，中部地区金融稳定指数整体呈现先上升后下降再上升再下降的演进特征。第二，2015~2017 年波峰高度基本保持上升，在 2018~2019 年有所下降，并在 2020 年大幅提升后又呈现下降趋势。这说明中部地区各省份金融稳定指数的差异呈现"缩小—扩大—缩小—扩大"的变化趋势。第三，2015~2016

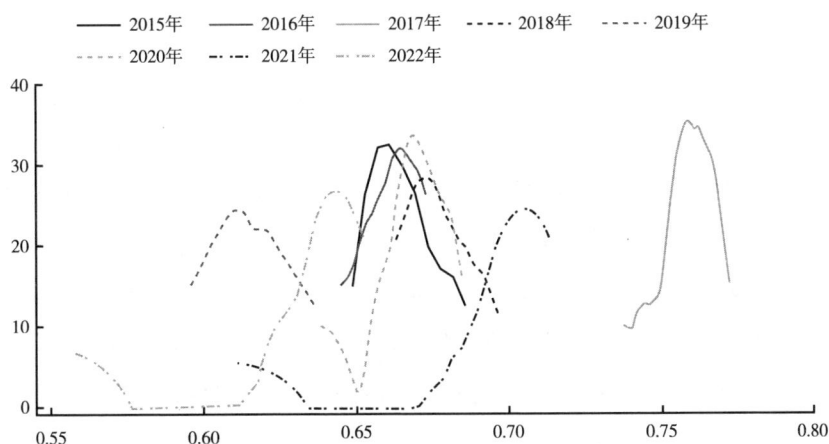

图 4.11　中部地区金融稳定指数核密度

年均只有一个波峰，说明中部地区各省份金融稳定指数并未出现两极分化格局；而在 2017~2022 年出现了主峰和次峰双峰共存的现象，说明这几年中部地区的金融稳定指数表现出一定程度的两极分化。第四，2015 年的右侧拖尾大于左侧拖尾，2016~2021 年的左侧拖尾大于右侧拖尾，其中 2019 年左右拖尾相当。这说明中部地区金融稳定指数呈现从右偏分布逐渐转变为左偏分布的演进特征。左侧省份的数量逐渐增多，右侧省份数量逐渐减少，即研究期内金融稳定指数小于平均值的省份个数增多，金融稳定指数由高值聚集分布逐步转变为低值聚集分布。

由核密度分析可以发现，总体来说，中部地区金融稳定指数在整体发展水平、省份间差异、极化程度等方面均体现了随时间波动的动态演进特征。

4. 西部地区时序动态演进特征

图 4.12 为西部地区金融稳定指数的核密度估计结果。第一，2015~2016 年核密度曲线的重心位置基本保持不变，2016~2017 年向右偏移，2017~2019 年向左偏移，2019~2021 年向右偏移，2021~2022 年向左偏移。这表明，2015~2022 年，西部地区金融稳定指数整体呈现先上升后下降再上升再下降的演进特征。第二，2015~2017 年核密度曲线主峰的波峰高度呈现下降的趋势，2018~2020 年呈现上升的趋势，2021~2022 年则呈现下降趋势，这说明西部地区各省份间金融稳定指数的差异呈现先扩大后缩小再扩大的变化趋势。第三，2015 年、2019 年和 2020 年均只有一个波峰，说明未表现出两极分化现象；而在其余年份均出现了主峰和次峰双峰共存的现象，说明这几年西部地区各省份的金融稳定指数表现出一定程度的两极分化。第四，2015~2018 年的右侧拖尾均大于左侧拖尾，呈现右偏分布，并且右侧拖尾呈现缩短趋势，2019~2022 年左侧拖尾大于右侧拖尾。这说明早期右侧省份的数量较左侧来说更多，即金融稳定指数大于平均值的省份个数更多，随时间变化，高值区省份占比有所下降并逐渐低于低值区占比，西部地区金融稳定指数高值聚集分布较为明显并呈现向低值聚集分布演进的动态特征。

由核密度分析可以发现，总体来说，西部地区金融稳定指数在整体发展水平、省份间差异、极化程度等方面均体现了随时间波动的动态演进特征。

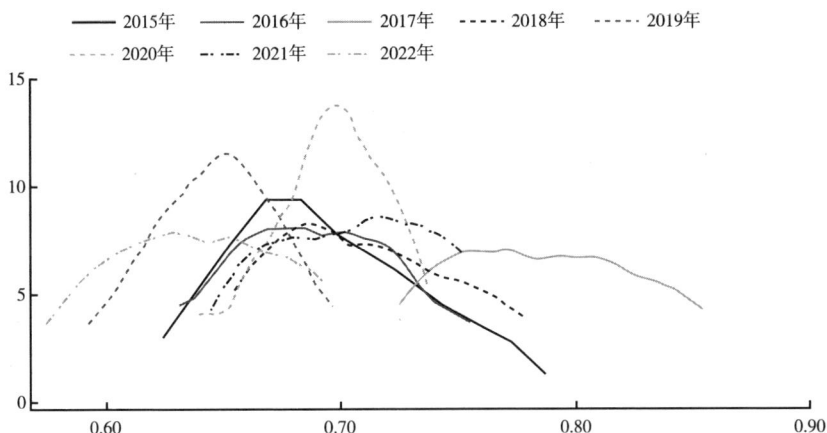

图 4.12 西部地区金融稳定指数核密度

5. 东北地区时序动态演进特征

图 4.13 为东北地区金融稳定指数的核密度估计结果。第一, 2015 ~ 2016 年核密度曲线的重心位置基本保持不变, 2016 ~ 2017 年重心向右偏移, 2017 ~ 2019 年重心向左偏移, 且 2018 年重心位置与 2015 年、2016 年相当, 2019 ~ 2021 年重心向右偏移, 2021 ~ 2022 年重心向左偏移。这表明, 2015 ~ 2022 年, 东北地区金融稳定指数整体呈现先上升后下降再上升再下降的演进特征。第二, 2015 ~ 2017 年核密度曲线主峰的波峰高度呈现逐渐下降的趋势, 2018 ~ 2020 年波峰高度逐渐上升, 2021 年波峰高度明显下降后又在 2022 年出现上升。这说明东北地区各省份间金融稳定指数的差异呈现 "扩大—缩小—扩大—缩小" 的变化趋势。第三, 从核密度曲线的波峰数量来看, 2015 ~ 2022 年的波峰数量只有一个, 说明研究期内东北地区各省份金融稳定指数并未出现两极分化格局。第四, 从核密度曲线的左右拖尾来看, 2015 年的左右拖尾相当; 2016 ~ 2018 年的左侧拖尾大于右侧拖尾, 呈现左偏分布; 2019 ~ 2020 年的右侧拖尾大于左侧拖尾, 呈现右偏分布; 2021 ~ 2022 年的左侧拖尾大于右侧拖尾, 呈现左偏分布。这说明左侧省份的数量呈现先增加后减少再增加的变化趋势, 右侧省份的数量则先减少后增加再减少, 即研究期内金融稳定指数小于平均值的

省份个数减少后逐渐增加，地区金融稳定指数由低值聚集分布逐渐转变为高值聚集分布后又转变为低值聚集分布。

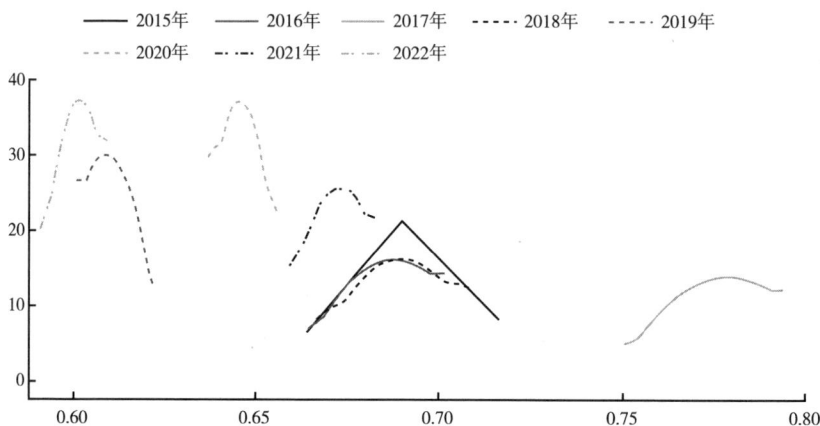

图 4.13　东北地区金融稳定指数核密度

根据核密度分析可以发现，总体来说，东北地区金融稳定指数在整体发展水平、省份间差异方面均体现了随时间波动的动态演进特征。

二　金融稳定指数的区域及省域层面分析

根据四大区域以及区域内各省份的金融稳定指数，绘制各区域、各省份2015～2022 年的金融稳定指数箱形图。该方法既能反映数据的离散分布，也能比较区域内多组数据的分布特征。每个省份或区域的箱形图，上下两条水平线对应金融稳定指数的最大值和最小值；箱体的上下两边分别对应金融稳定指数的上四分位点和下四分位点；箱体内部的水平线代表金融稳定指数的中位数。

（一）金融稳定指数的区域层面分析

图 4.14 为中国四大区域的金融稳定指数箱形图。其中，东北地区对应的箱形较短，说明东北地区金融稳定指数在 2015～2022 年波动相对较小，保持了稳健发展的态势；相比之下，东部地区、中部地区、西部地区对应的箱形长度相当，这三个区域的金融稳定指数的变化幅度相对较大。对比各区

域金融稳定指数的中位数可以发现：西部地区金融稳定指数相对高于其他区域；其余区域金融稳定指数排名从高到低依次为东北地区、中部地区、东部地区。从图 4.14 中可以发现，东北地区有一异常值（2020 年第二季度，0.37），该异常值可能主要是新冠疫情冲击、需求端复苏滞后、房地产市场冲击等因素共同作用的结果，这也说明了东北地区容易受到外部突发公共事件的冲击。针对金融稳定的波动性及其稳定程度，应积极促进区域间金融稳定协调发展。

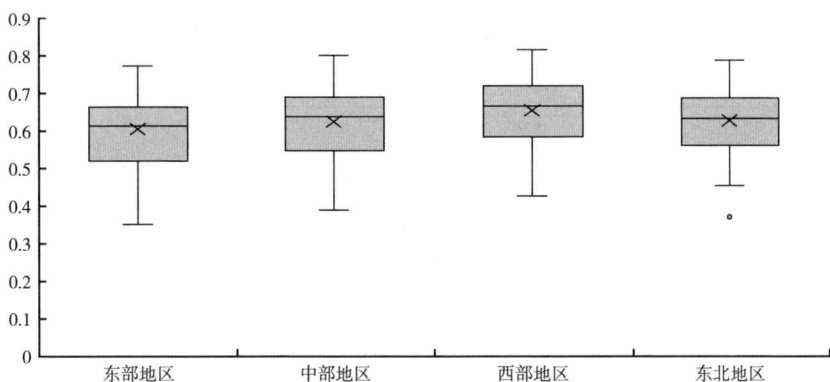

图 4.14　四大区域金融稳定指数箱形图

（二）东部地区金融稳定指数的省域层面分析

图 4.15 为东部地区各省份的金融稳定指数箱形图。其中，北京、天津、江苏、福建、广东对应的箱形较长，说明这些省份的金融稳定指数在 2015～2022 年波动相对较大；相比之下，河北、上海、浙江、山东和海南的金融稳定指数在研究期内的变化幅度不大，保持了较为稳定的发展。对各省份金融稳定指数的中位数进行对比，可以得出：福建、海南、天津的金融稳定指数相对高于其他省份，其余金融稳定指数相对领先的省份有山东、浙江、河北、江苏，广东、上海、北京为金融稳定指数排名最后三位的省份。从图 4.15 中可以发现，浙江有一异常值（2020 年第二季度，0.37），该异常值可能主要是因为受到宏观经济环境，尤其是新冠疫情的冲击，导致经济增速放缓和金融体系压力增大，这也说明浙江容易受到外部突发公共事件的影

响。不同省份的金融稳定状态不同，为促进东部地区金融的稳定发展，应对金融稳定程度较低的省份进行针对性治理。

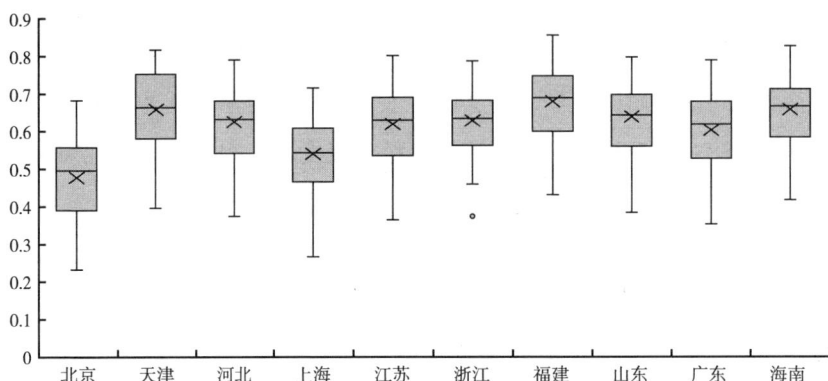

图 4.15　东部地区各省份金融稳定指数箱形图

（三）中部地区金融稳定指数的省域层面分析

图 4.16 为中部地区各省份的金融稳定指数箱形图。其中，湖南、湖北、河南对应的箱形较长，说明这些省份的金融稳定指数在 2015～2022 年波动相对较大；相比之下，安徽、江西、山西的金融稳定指数在研究期内的变动幅度较小，保持了较为稳定的发展。观察各省份金融稳定指数的中位数可以发现：江西、湖北的金融稳定指数相对高于其他省份，其余金融稳定指数相

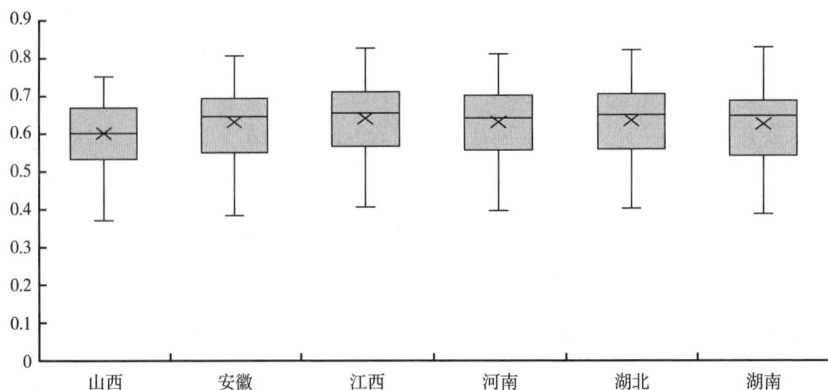

图 4.16　中部地区各省份金融稳定指数箱形图

对领先的省份有湖南、安徽、河南，而山西为金融稳定指数排名最后一位的省份，是中部地区金融稳定的重点关注对象，应积极促进其金融稳定发展。

（四）西部地区金融稳定指数的省域层面分析

图 4.17 为西部地区各省份的金融稳定指数箱形图。其中，宁夏、青海、四川和重庆对应的箱形较长，说明这 4 个省份的金融稳定指数在 2015~2022 年波动相对较大；相比之下，西部地区其余省份的金融稳定指数的变化幅度不大，保持了稳健发展的态势。对比各省份金融稳定指数的中位数可以发现：宁夏、广西和甘肃的金融稳定指数相对高于其他省份；四川与陕西的金融活动较为活跃，但其金融稳定指数的排名相对靠后，应更加注重其金融风险的防范，以促进西部地区金融稳定发展。

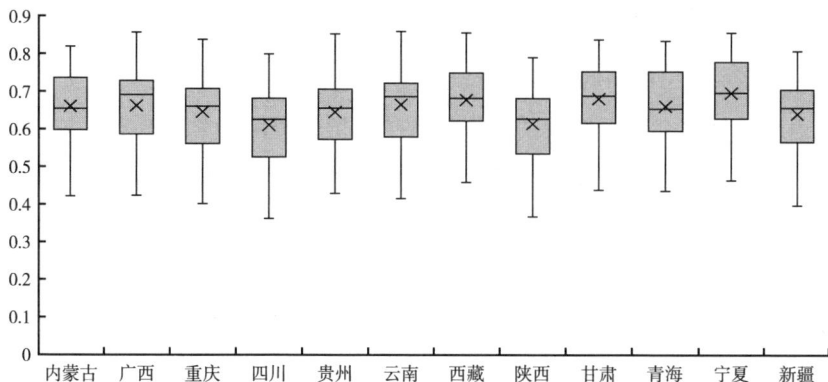

图 4.17　西部地区各省份金融稳定指数箱形图

（五）东北地区金融稳定指数的省域层面分析

图 4.18 为东北地区各省份的金融稳定指数箱形图。东北地区仅包含 3 个省份，从箱形长度来看，吉林、黑龙江、辽宁的箱形长度依次变短，说明这 3 个省份金融稳定指数在 2015~2022 年的波动程度依次降低，总体来看金融发展较为稳定。对比各省份金融稳定指数的中位数可以发现：吉林、黑龙江、辽宁的金融稳定指数依次减小，可以着重对薄弱区域及其风险领域进行政策引导，以促进东北地区的金融系统朝更稳定的方向发展。

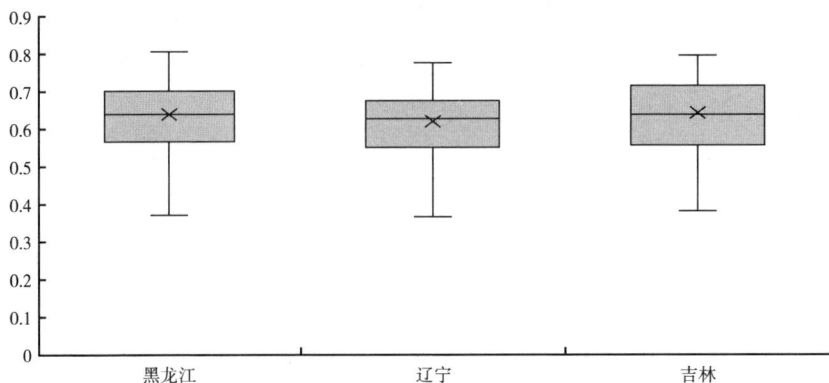

图 4.18　东北地区各省份金融稳定指数箱形图

三　金融稳定指数的时空格局演变

（一）全局空间格局演变特征

由于区域内金融系统间的联系越来越密切，资源要素的流动也越来越频繁，因此同一区域内不同金融系统的稳定性可能存在一定的相关性。本章选取 Moran's I 指数来衡量各区域金融稳定指数的空间相关性。Moran's I 指数可以分为用于分析整体空间聚集状态的全局 Moran's I 指数和用于分析局域空间聚集状态的局域 Moran's I 指数。

用 I 表示全局 Moran's I 指数，其取值范围为 [-1，1]。$I>0$ 表示存在空间正相关效应；$I<0$ 表示存在空间负相关效应；$I=0$ 表示不存在空间自相关效应。计算公式如下：

$$I = \frac{\sum_{i=1}^{n} \sum_{j=1}^{n} \omega_{ij}(X_i - \overline{X})(X_j - \overline{X})}{S^2 \sum_{i=1}^{n} \sum_{j=1}^{n} \omega_{ij}} \tag{4.11}$$

其中，X_i 和 X_j 分别表示区域 i 和区域 j 的金融稳定指数，$\overline{X}$ 为金融稳定指数的平均值。n 代表区域内省级行政区的个数，S^2 为样本方差。ω_{ij} 为地理距离空间权重矩阵，$\omega_{ij}=1/d_{ij}^2$，d_{ij} 表示两地区之间的地理空间质心欧式距离。

借助 GeoDa 软件对 2015～2022 年区域间金融稳定指数的全局 Moran's I

指数进行测算，测算结果如图 4.19 所示。结果显示：2015～2022 年中国各区域间的全局 Moran's I 指数均为负值，总体在 ［-0.4，-0.2］ 内波动，即存在空间负效应。但是，中国区域金融稳定指数 Moran's I 指数各时期的 p 值均大于 0.05，即没有通过显著性检验。说明研究期内中国区域金融稳定指数所表现出的空间负效应并不显著，即并不存在显著的空间自相关性，各区域之间金融稳定指数的相互影响并不明显。因此，在研究期内的大部分时间中，区域金融的稳定性在空间上是分散的、差异较大的，应对各个区域进行差异化和有针对性的治理，强化区域金融稳定性对周围区域的扩散效应，以促进区域间金融的协调稳定发展。

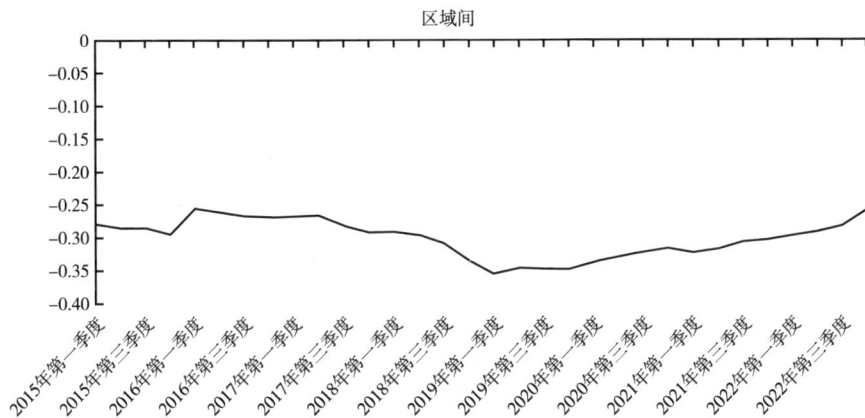

图 4.19　2015 年第一季度～2022 年第四季度区域间金融稳定指数全局 Moran's I 指数演变特征

借助 GeoDa 软件对 2015～2022 年各区域金融稳定指数的全局 Moran's I 指数进行测算，结果见图 4.20。结果显示，2015～2022 年东部地区和东北地区的全局 Moran's I 指数均为负值；中部地区 2016 年以及 2022 年的全局 Moran's I 指数基本为正值，其余年份基本为负值；西部地区的全局 Moran's I 指数在 2016～2018 年以及 2021～2022 年为正值，其余年份基本为负值。但是，四大区域各时期的 p 值均大于 0.05，即没有通过显著性检验，说明研究期内四大区域内各省份的金融稳定指数并不存在显著的空间自相关性，即

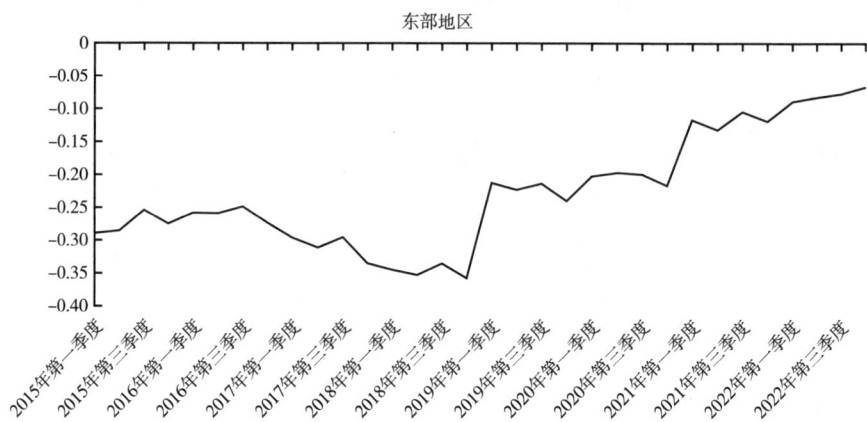

东部地区

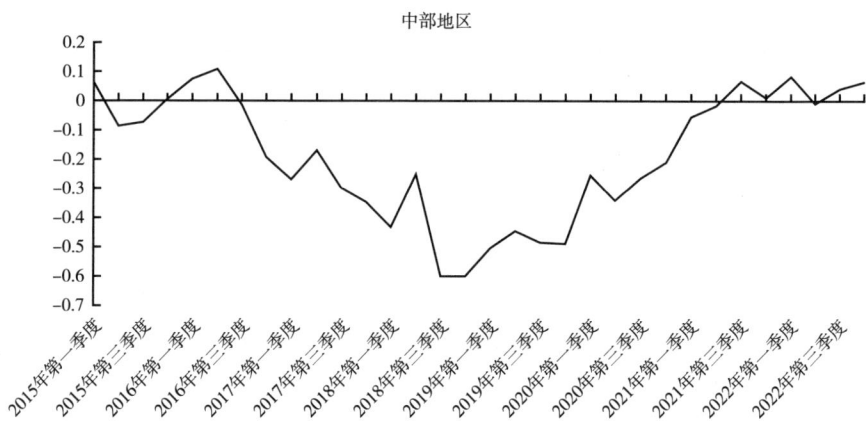

中部地区

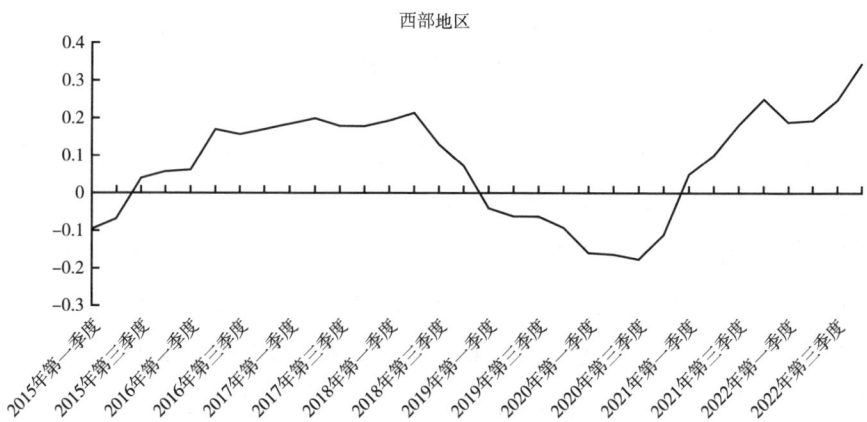

西部地区

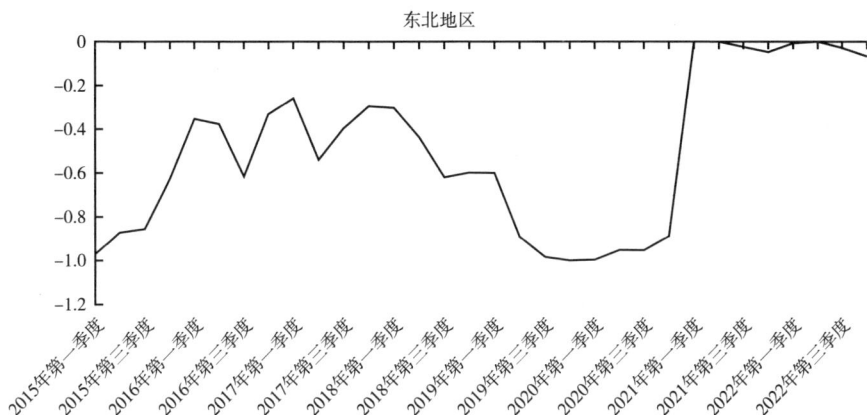

图 4.20 2015 年第一季度~2022 年第四季度各区域金融稳定指数
全局 Moran's I 指数演变特征

各区域内各省份之间金融稳定指数的相互影响并不显著。在研究期的大部分时间内各区域省域金融稳定指数在空间上是非聚集的、分散的。

（二）局域空间格局演变特征

为了考察各区域金融稳定指数的局域空间分异情况，本章根据 2015~2022 年各季度各区域的金融稳定指数的局域 Moran's I 散点图以及 Lisa 集聚图总结各区域的局域空间格局。

根据局域 Moran's I 散点图的四个象限将局域空间分布格局划分为以下四种类型。

第一，H-H 型，即高-高聚集型，位于局域 Moran's I 散点图的第一象限。该类型的局域空间形态表现为本区域金融稳定指数较高，相邻区域的金融稳定指数也相对较高，即"中心高、四周高"的空间分布特征。将其定义为扩散互溢区，即高水平空间均衡关联集聚状态。

第二，L-H 型，即低-高聚集型，位于局域 Moran's I 散点图的第二象限。该类型的局域空间形态表现为本区域金融稳定指数较低，但相邻区域的金融稳定指数相对较高，即"中心低、四周高"的空间分布特征。将其定义为极化效应区，即空间非均衡关联集聚状态。

第三，L-L 型，即低-低聚集型，位于局域 Moran's I 散点图的第三象限。

该类型的局域空间形态表现为本区域金融稳定指数较低，相邻区域的金融稳定指数也相对较低，即"中心低、四周低"的空间分布特征。将其定义为低速增长区，即低水平空间均衡关联集聚状态。

第四，H-L 型，即高-低聚集型，位于局域 Moran's I 散点图的第四象限。该类型的局域空间形态表现为本区域金融稳定指数较高，但相邻区域的金融稳定指数相对较低，即"中间高、四周低"的空间分布特征。将其定义为落后过渡区，即空间非均衡关联集聚状态。

1. 区域间空间分布格局

表 4.7 为中国四大区域金融稳定指数的空间分布格局。从表 4.7 中可以看出，中国各区域金融稳定指数除在 2015 年第二季度和 2019 年第四季度未表现出局部空间集聚特征，在其余各时间段均表现出一定程度的局部空间集聚特征，并且极化效应区和落后过渡区（均为空间非均衡关联集聚状态）主导中国区域金融稳定指数的演变。东部地区在各个时间段基本表现为极化效应，落后过渡区则以西部地区为代表，而中部地区和东北地区均表现为不显著的空间分异特征。因此，需要重点关注东部地区的金融稳定问题以及发挥西部地区金融稳定的辐射带动作用，采取措施提升各个区域的金融稳定性，缩小区域间的金融稳定性差距。

表 4.7　区域间空间分布格局

类型	2015 年第一季度	2015 年第二季度	2015 年第三季度	2015 年第四季度	2016 年第一季度	2016 年第二季度	2016 年第三季度	2016 年第四季度
H-H	0	0	0	0	0	0	0	0
L-H	东部	0	东部	东部	东部	东部	东部	0
L-L	0	0	0	0	0	0	0	0
H-L	西部	0	西部	西部	西部	西部	西部	西部
不显著	2	4	2	2	2	2	2	3

类型	2017 年第一季度	2017 年第二季度	2017 年第三季度	2017 年第四季度	2018 年第一季度	2018 年第二季度	2018 年第三季度	2018 年第四季度
H-H	0	0	0	0	0	0	0	0
L-H	东部	东部	东部	东部	东部	东部	东部	东部
L-L	0	0	0	0	0	0	0	0
H-L	0	西部	西部	西部	西部	西部	西部	西部
不显著	3	2	2	2	2	2	2	2

续表

类型	2019年 第一季度	2019年 第二季度	2019年 第三季度	2019年 第四季度	2020年 第一季度	2020年 第二季度	2020年 第三季度	2020年 第四季度
H-H	0	0	0	0	0	0	0	0
L-H	东部	东部	东部	0	东部	东部	东部	东部
L-L	0	0	0	0	0	0	0	0
H-L	0	西部	西部	0	西部	西部	西部	西部
不显著	3	2	2	4	2	2	2	2

类型	2021年 第一季度	2021年 第二季度	2021年 第三季度	2021年 第四季度	2022年 第一季度	2022年 第二季度	2022年 第三季度	2022年 第四季度
H-H	0	0	0	0	0	0	0	0
L-H	东部	东部	东部	东部	东部	东部	0	东部
L-L	0	0	0	0	0	0	0	0
H-L	西部	西部	西部	西部	西部	西部	西部	西部
不显著	2	2	2	2	2	2	3	2

2. 东部地区空间分布格局

表 4.8 为东部地区空间分布格局。从表 4.8 中可以看出，东部地区省域金融稳定指数除在 2016 年第四季度到 2019 年第二季度没有表现出明显的局部空间集聚特征，在其余各时间段均表现出一定的局部空间集聚特征，并且以极化效应和落后过渡为主。极化效应区以广东为代表，其在 2015 年、2016 年（除了第四季度）以及 2020~2022 年表现为极化效应。落后过渡区以天津为代表，其在 2019 年后半年以及 2021~2022 年表现为落后过渡。其余省份均表现为不显著的空间分异特征。

表 4.8 东部地区空间分布格局

类型	2015年 第一季度	2015年 第二季度	2015年 第三季度	2015年 第四季度	2016年 第一季度	2016年 第二季度	2016年 第三季度	2016年 第四季度
H-H	0	0	0	0	0	0	0	0
L-H	广东	广东	广东	广东	广东	广东	广东	0
L-L	0	0	0	0	0	0	0	0
H-L	0	0	0	0	0	0	0	0
不显著	9	9	9	9	9	9	9	10

续表

类型	2017 年第一季度	2017 年第二季度	2017 年第三季度	2017 年第四季度	2018 年第一季度	2018 年第二季度	2018 年第三季度	2018 年第四季度
H-H	0	0	0	0	0	0	0	0
L-H	0	0	0	0	0	0	0	0
L-L	0	0	0	0	0	0	0	0
H-L	0	0	0	0	0	0	0	0
不显著	10	10	10	10	10	10	10	10

类型	2019 年第一季度	2019 年第二季度	2019 年第三季度	2019 年第四季度	2020 年第一季度	2020 年第二季度	2020 年第三季度	2020 年第四季度
H-H	0	0	0	0	0	0	0	0
L-H	0	0	0	0	广东	广东	广东	广东
L-L	0	0	0	0	0	0	0	0
H-L	0	0	天津	天津	0	0	0	0
不显著	10	10	9	9	9	9	9	9

类型	2021 年第一季度	2021 年第二季度	2021 年第三季度	2021 年第四季度	2022 年第一季度	2022 年第二季度	2022 年第三季度	2022 年第四季度
H-H	广东	广东	广东	广东	广东	广东	广东	广东
L-H	0	0	0	0	0	0	0	0
L-L	0	0	0	0	0	0	0	0
H-L	天津	天津	天津	天津	天津	天津	天津	天津
不显著	8	8	8	8	8	8	8	8

3. 中部地区空间分布格局

表 4.9 为中部地区空间分布格局。从表 4.9 中可以看出，中部地区省域金融稳定指数除了在 2015 年第四季度到 2016 年第四季度以及 2017 年后三个季度没有表现出显著的局部空间集聚特征，在其余各时间段均表现出一定的局部空间集聚特征，并且金融稳定指数的演变由极化效应区和落后过渡区主导。极化效应区以湖北、湖南和安徽为代表，湖北只在 2015 年前三个季度表现为显著的极化效应；安徽在 2018~2020 年表现为极化效应；湖南在 2017 年第一季度、2019 年第一季度和 2020 年表现为极化效应。落后过渡区则以江西和河南为代表，江西只在 2018 年第三季度表现为落后过渡，河南

在 2020 年第一季度以及 2021~2022 年表现为落后过渡。山西则没有表现出显著的空间分异特征。

表 4.9 中部地区空间分布格局

类型	2015 年第一季度	2015 年第二季度	2015 年第三季度	2015 年第四季度	2016 年第一季度	2016 年第二季度	2016 年第三季度	2016 年第四季度
H-H	0	0	0	0	0	0	0	0
L-H	湖北	湖北	湖北	0	0	0	0	0
L-L	0	0	0	0	0	0	0	0
H-L	0	0	0	0	0	0	0	0
不显著	5	5	5	6	6	6	6	6

类型	2017 年第一季度	2017 年第二季度	2017 年第三季度	2017 年第四季度	2018 年第一季度	2018 年第二季度	2018 年第三季度	2018 年第四季度
H-H	0	0	0	0	0	0	0	0
L-H	湖南	0	0	0	安徽	安徽	安徽	安徽
L-L	0	0	0	0	0	0	0	0
H-L	0	0	0	0	0	0	江西	0
不显著	5	6	6	6	5	5	4	5

类型	2019 年第一季度	2019 年第二季度	2019 年第三季度	2019 年第四季度	2020 年第一季度	2020 年第二季度	2020 年第三季度	2020 年第四季度
H-H	0	0	0	0	0	0	0	0
L-H	湖南	安徽	安徽	安徽	安徽 湖南	安徽 湖南	安徽 湖南	安徽 湖南
L-L	0	0	0	0	0	0	0	0
H-L	0	0	0	0	河南	0	0	0
不显著	5	5	5	5	3	4	4	4

类型	2021 年第一季度	2021 年第二季度	2021 年第三季度	2021 年第四季度	2022 年第一季度	2022 年第二季度	2022 年第三季度	2022 年第四季度
H-H	0	0	0	0	0	0	0	0
L-H	0	0	0	0	0	0	0	0
L-L	0	0	0	0	0	0	0	0
H-L	河南	河南	河南	河南	河南	河南	河南	河南
不显著	5	5	5	5	5	5	5	5

4. 西部地区空间分布格局

表 4.10 为西部地区的空间分布格局。从表 4.10 中可以看出，西部地

区省域金融稳定指数在各时间段均存在一定程度的局部空间集聚特征，扩散互溢区、极化效应区、落后过渡区和低速增长区在西部地区金融稳定指数的演变中均有出现。扩散互溢区以云南、广西和贵州为代表，且集中于2021 年和 2022 年。极化效应区以新疆为代表，并且集中于 2017～2019年。低速增长区则以重庆、贵州为代表，重庆 2015 年第四季度至 2020 年第四季度表现为低速增长；贵州则在 2016 年第四季度到 2018 年第四季度表现为低速增长。落后过渡区则以青海、甘肃和云南为代表，青海在2015 年前两个季度表现为落后过渡；云南 2015 年第三季度到 2016 年第二季度表现为落后过渡；甘肃则在 2021～2022 年表现为落后过渡。其余未提及省份则均表现为不显著的空间分异特征。值得注意的是，贵州在研究期内先表现为低速增长后表现为扩散互溢，云南在研究期内先表现为落后过渡后表现为扩散互溢，说明贵州和云南的金融稳定性有所上升且对周边地区的辐射作用增强。

表 4.10　西部地区空间分布格局

类型	2015 年第一季度	2015 年第二季度	2015 年第三季度	2015 年第四季度	2016 年第一季度	2016 年第二季度	2016 年第三季度	2016 年第四季度
H-H	0	0	0	0	0	0	0	0
L-H	0	0	0	0	0	0	0	0
L-L	0	0	0	重庆	重庆	重庆	重庆	重庆 贵州
H-L	青海	青海	云南	云南	云南	云南	0	0
不显著	11	11	11	10	10	10	11	10

类型	2017 年第一季度	2017 年第二季度	2017 年第三季度	2017 年第四季度	2018 年第一季度	2018 年第二季度	2018 年第三季度	2018 年第四季度
H-H	0	0	0	0	0	0	0	0
L-H	新疆	新疆	新疆	新疆	新疆	新疆	新疆	新疆
L-L	重庆 贵州	重庆 贵州	重庆 贵州	重庆 贵州	重庆 贵州	重庆 贵州	重庆 贵州	重庆 贵州
H-L	0	0	0	0	0	0	0	0
不显著	9	9	9	9	9	9	9	9

续表

类型	2019 年 第一季度	2019 年 第二季度	2019 年 第三季度	2019 年 第四季度	2020 年 第一季度	2020 年 第二季度	2020 年 第三季度	2020 年 第四季度
H-H	0	0	0	0	0	0	0	0
L-H	新疆	新疆	0	新疆	新疆	0	0	0
L-L	重庆	重庆	重庆	重庆	重庆	重庆	重庆	重庆
H-L	0	0	0	0	0	0	0	0
不显著	10	10	11	10	10	11	11	11

类型	2021 年 第一季度	2021 年 第二季度	2021 年 第三季度	2021 年 第四季度	2022 年 第一季度	2022 年 第二季度	2022 年 第三季度	2022 年 第四季度
H-H	云南	云南	云南 广西	云南 广西 贵州	云南	云南	云南	云南 广西 贵州
L-H	0	0	0	0	0	0	0	0
L-L	0	0	0	0	0	0	0	0
H-L	甘肃	甘肃	甘肃	甘肃	甘肃	甘肃	甘肃	甘肃
不显著	10	10	9	8	10	10	10	8

5. 东北地区空间分布格局

表 4.11 为东北地区的空间分布格局。从表 4.11 中可以看出，东北地区省域金融稳定指数在各时间段都表现出一定的局部空间集聚特征，并且以极化效应区和落后过渡区为主。极化效应区以黑龙江和辽宁为代表，黑龙江在2015 年前三个季度以及 2019 年第二季度到 2020 年第四季度表现为极化效应；辽宁在 2015~2020 年表现为极化效应。吉林在各个时间段都表现为显著的落后过渡的空间分异特征。

表 4.11　东北地区空间分布格局

类型	2015 年 第一季度	2015 年 第二季度	2015 年 第三季度	2015 年 第四季度	2016 年 第一季度	2016 年 第二季度	2016 年 第三季度	2016 年 第四季度
H-H	0	0	0	0	0	0	0	0
L-H	黑龙江 辽宁	黑龙江 辽宁	黑龙江 辽宁	辽宁	辽宁	辽宁	辽宁	辽宁
L-L	0	0	0	0	0	0	0	0

续表

类型	2015 年第一季度	2015 年第二季度	2015 年第三季度	2015 年第四季度	2016 年第一季度	2016 年第二季度	2016 年第三季度	2016 年第四季度
H-L	吉林	吉林	吉林	吉林	吉林	吉林	吉林	吉林
不显著	0	0	0	1	1	1	1	1

类型	2017 年第一季度	2017 年第二季度	2017 年第三季度	2017 年第四季度	2018 年第一季度	2018 年第二季度	2018 年第三季度	2018 年第四季度
H-H	0	0	0	0	0	0	0	0
L-H	辽宁	辽宁	辽宁	辽宁	辽宁	辽宁	辽宁	辽宁
L-L	0	0	0	0	0	0	0	0
H-L	吉林	吉林	吉林	吉林	吉林	吉林	吉林	吉林
不显著	1	1	1	1	1	1	1	1

类型	2019 年第一季度	2019 年第二季度	2019 年第三季度	2019 年第四季度	2020 年第一季度	2020 年第二季度	2020 年第三季度	2020 年第四季度
H-H	0	0	0	0	0	0	0	0
L-H	辽宁	黑龙江辽宁	黑龙江辽宁	黑龙江辽宁	黑龙江辽宁	黑龙江辽宁	黑龙江辽宁	黑龙江辽宁
L-L	0	0	0	0	0	0	0	0
H-L	吉林	吉林	吉林	吉林	吉林	吉林	吉林	吉林
不显著	1	0	0	0	0	0	0	0

类型	2021 年第一季度	2021 年第二季度	2021 年第三季度	2021 年第四季度	2022 年第一季度	2022 年第二季度	2022 年第三季度	2022 年第四季度
H-H	0	0	0	0	0	0	0	0
L-H	0	0	0	0	0	0	0	0
L-L	0	0	0	0	0	0	0	0
H-L	吉林	吉林	吉林	吉林	吉林	吉林	吉林	吉林
不显著	2	2	2	2	2	2	2	2

最后，对于处于极化效应区的区域或省份，应支持其与周边区域或省份进行金融合作，促进金融知识和技术的传播，带动地区的金融发展水平和金融稳定水平提升；对于处于落后过渡区的区域或省份，需要关注这些区域如何发挥辐射带动作用，通过金融支持和政策引导，提升周边地区的金融稳定性；对于处于扩散互溢区的区域或省份，应推进其金融创新发展，同时通过

区域合作机制，将其成功经验和优质金融资源向周边地区扩散；对于处于低速增长区的区域或省份，应着重于基础设施建设，提高金融服务水平，加强金融教育和培训，以及通过政策扶持，促进金融稳定性提升。

总之，为促进区域金融协调稳定发展，需要加强区域之间以及各个区域内部省份之间的金融协调与合作，促进金融资源的合理流动和优化配置，同时要建立区域性金融风险监测和预警机制，防范和化解区域性金融风险。除此之外，还需要制定和实施长期的金融发展战略，充分考虑区域间的差异性和协同性，推动区域间以及各区域金融的整体均衡发展；加强金融基础设施建设，提高金融服务的普及率和效率，特别是对于落后过渡区和低速增长区，要加大金融支持力度。

（三）金融稳定指数的时空格局演变

选取 2015 年第一季度到 2022 年第四季度共 32 个时间节点，运用 ArcGIS 软件中的自然断点法将东部地区、西部地区、中部地区各省份以及中国四大区域金融稳定指数划分为三个梯度，东北地区由于只包含三个省份且省份间金融稳定指数差异较小，故划分为两个梯度，得到空间分布情况，并将各个时间段各区域或各省份金融稳定指数所处的等级梯度进行汇总。

1. 区域时空格局演变

根据中国区域间金融稳定指数的空间分布情况，中国区域金融稳定指数表现出较为显著的空间集聚效应。结合各区域金融稳定指数的变化趋势来看，四大区域的金融稳定性总体呈现不同程度的提高。其中，东北地区金融稳定指数虽然有所提高，但由于其增长幅度有限，区域金融稳定指数所处梯队在 2018 年第二季度由第一梯队下降为第二梯队，在 2020 年第四季度由第二梯队下降为第三梯队，随后在第二、第三梯队间波动。东部地区一直处于第三梯队，金融发展相对较不稳定。中部地区在 2018 年后三个季度处于第三梯队，在 2022 年后三个季度处于第一梯队，其余时间段则一直处于第二梯队，金融朝着更加稳定的方向发展。西部地区一直处于第一梯队，金融发展较为稳定（见表 4.12）。

表 4.12　2015 年第一季度～2022 年第四季度中国区域间金融稳定指数所处梯队汇总

时期	东部	中部	西部	东北	时期	东部	中部	西部	东北
2015 年第一季度	3	2	1	1	2019 年第一季度	3	2	1	2
2015 年第二季度	3	2	1	1	2019 年第二季度	3	2	1	2
2015 年第三季度	3	2	1	1	2019 年第三季度	3	2	1	2
2015 年第四季度	3	2	1	1	2019 年第四季度	3	2	1	2
2016 年第一季度	3	2	1	1	2020 年第一季度	3	2	1	2
2016 年第二季度	3	2	1	1	2020 年第二季度	3	2	1	2
2016 年第三季度	3	2	1	1	2020 年第三季度	3	2	1	2
2016 年第四季度	3	2	1	1	2020 年第四季度	3	2	1	3
2017 年第一季度	3	2	1	1	2021 年第一季度	3	2	1	2
2017 年第二季度	3	2	1	1	2021 年第二季度	3	2	1	2
2017 年第三季度	3	2	1	1	2021 年第三季度	3	2	1	3
2017 年第四季度	3	2	1	1	2021 年第四季度	3	2	1	3
2018 年第一季度	3	2	1	1	2022 年第一季度	3	2	1	3
2018 年第二季度	3	3	1	2	2022 年第二季度	3	1	1	2
2018 年第三季度	3	3	1	2	2022 年第三季度	3	1	1	2
2018 年第四季度	3	3	1	2	2022 年第四季度	3	1	1	2

2. 东部地区时空格局演变

　　根据东部地区金融稳定指数的空间分布情况，东部地区金融稳定指数表现出较为显著的空间集聚特征。根据各省份金融稳定指数，结合表 4.13 中各省份金融稳定指数所处梯队的变化趋势来看，所有省份的金融稳定性总体呈现不同程度的提高。其中，河北、上海、浙江和山东的金融稳定指数均有所提高，河北和浙江于 2015～2016 年在第一梯队和第二梯队之间波动，上海在 2015～2016 年在第二梯队和第三梯队间波动，山东在 2015 年第一季度到 2017 年第三季度处于第一梯队。但由于增长幅度有限，上海金融稳定指数最终稳定在第三梯队，河北、浙江和山东的金融稳定指数所处梯队最终下降并稳定在第二梯队。天津 2015～2019 年处于第一梯队，并最终稳定在第二梯队。海南除 2017 年第四季度和 2018 年处于第二梯队，其余时间均处于第一梯队，金融发展相对稳定。北京一直处于第三梯队，金融发展相对较不稳定。广东和江苏则一直处于第二梯队。福建一直处于第一梯队，金融发展较为稳定。

表 4.13 2015 年第一季度~2022 年第四季度东部地区金融稳定指数所处梯队汇总

时期	北京	天津	河北	上海	江苏	浙江	福建	山东	广东	海南
2015 年第一季度	3	1	2	2	2	1	1	1	2	1
2015 年第二季度	3	1	1	2	2	1	1	1	2	1
2015 年第三季度	3	1	1	2	2	1	1	1	2	1
2015 年第四季度	3	1	2	3	2	1	1	1	2	1
2016 年第一季度	3	1	1	2	2	1	1	1	2	1
2016 年第二季度	3	1	1	2	2	1	1	1	2	1
2016 年第三季度	3	1	2	3	2	2	1	1	2	1
2016 年第四季度	3	1	2	3	2	2	1	1	2	1
2017 年第一季度	3	1	1	2	2	1	1	1	2	1
2017 年第二季度	3	1	2	3	2	2	1	1	2	1
2017 年第三季度	3	1	2	3	2	2	1	1	2	1
2017 年第四季度	3	1	2	3	2	2	1	2	2	2
2018 年第一季度	3	1	2	3	2	2	1	2	2	2
2018 年第二季度	3	1	2	3	2	2	1	2	2	2
2018 年第三季度	3	1	2	3	2	2	1	2	2	2
2018 年第四季度	3	1	2	3	2	2	1	2	2	2
2019 年第一季度	3	1	2	3	2	2	1	2	2	1
2019 年第二季度	3	1	2	3	2	2	1	2	2	1
2019 年第三季度	3	1	2	3	2	2	1	2	2	1
2019 年第四季度	3	1	2	3	2	2	1	2	2	1
2020 年第一季度	3	1	2	3	2	2	1	2	2	1
2020 年第二季度	3	2	2	3	2	2	1	2	2	1
2020 年第三季度	3	1	2	3	2	2	1	2	2	1
2020 年第四季度	3	1	2	3	2	2	1	2	2	1
2021 年第一季度	3	2	2	3	2	2	1	2	2	1
2021 年第二季度	3	2	2	3	2	2	1	2	2	1
2021 年第三季度	3	2	2	3	2	2	1	2	2	1
2021 年第四季度	3	2	2	3	2	2	1	2	2	1
2022 年第一季度	3	2	2	3	2	2	1	2	2	1
2022 年第二季度	3	2	2	3	2	2	1	2	2	1
2022 年第三季度	3	2	2	3	2	2	1	2	2	1
2022 年第四季度	3	2	2	3	2	2	1	2	2	1

3. 中部地区时空格局演变

根据中部地区金融稳定指数的空间分布情况，中部地区金融稳定指数表现出较为显著的空间集聚特征。根据各省份金融稳定指数，结合表 4.14 中各省份金融稳定指数所处梯队的变化趋势来看，所有省份的金融稳定性总体呈现不同程度的提高。其中，安徽在 2015~2016 年一直处于第一梯队，但由于增长幅度有限，在 2017 年第一季度下降为第二梯队，在 2018 年第三季度下降为第三梯队，此后在第二、第三梯队之间波动，最终稳定在第二梯队；河南除 2016 年第二季度处于第三梯队，在 2015~2017 年一直处于第二梯队，2018~2021 年在第一梯队和第二梯队间波动，最终稳定在第二梯队，金融稳定状态处于变化之中；湖北在 2015 年处于第三梯队，但在 2016 年第一季度上升为第二梯队，随后在第一梯队和第二梯队之间波动，最终稳定在第一梯队；湖南 2015 年第一季度到 2016 年第一季度在第二梯队和第三梯队间波动，2016 年第二季度到 2019 年第四季度稳定在第三梯队，2020 年稳定在第二梯队，2021~2022 年稳定在第一梯队，金融发展越发稳定；山西除 2017 年第四季度至 2018 年第二季度处于第二梯队外，一直处于第三梯队，金融发展相对较不稳定；江西省则基本处于第一梯队，金融发展较为稳定。

表 4.14　2015 年第一季度~2022 年第四季度中部地区金融稳定指数所处梯队汇总

时期	山西	安徽	江西	河南	湖北	湖南
2015 年第一季度	3	1	1	2	3	2
2015 年第二季度	3	1	1	2	3	2
2015 年第三季度	3	1	1	2	3	2
2015 年第四季度	3	1	1	2	3	3
2016 年第一季度	3	1	1	2	2	2
2016 年第二季度	3	1	1	3	2	3
2016 年第三季度	3	1	1	2	1	3
2016 年第四季度	3	1	1	2	2	3
2017 年第一季度	3	2	1	2	2	3
2017 年第二季度	3	2	1	2	2	3
2017 年第三季度	3	2	1	2	2	3
2017 年第四季度	2	2	1	2	2	3
2018 年第一季度	2	2	1	2	2	3

续表

时期	山西	安徽	江西	河南	湖北	湖南
2018 年第二季度	2	2	2	1	1	3
2018 年第三季度	3	3	1	2	2	3
2018 年第四季度	3	3	1	2	2	3
2019 年第一季度	3	3	1	2	2	3
2019 年第二季度	3	3	1	2	2	3
2019 年第三季度	3	2	1	1	2	3
2019 年第四季度	3	3	1	2	2	3
2020 年第一季度	3	2	1	2	2	2
2020 年第二季度	3	2	1	1	1	2
2020 年第三季度	3	2	1	2	2	2
2020 年第四季度	3	2	1	1	1	2
2021 年第一季度	3	2	1	1	1	1
2021 年第二季度	3	2	1	1	1	1
2021 年第三季度	3	2	1	2	1	1
2021 年第四季度	3	2	1	2	1	1
2022 年第一季度	3	2	1	2	1	1
2022 年第二季度	3	2	1	2	1	1
2022 年第三季度	3	2	1	2	1	1
2022 年第四季度	3	2	1	2	1	1

4. 西部地区时空格局演变

根据西部地区金融稳定指数的空间分布情况，西部地区金融稳定指数表现出较为明显的空间集聚特征。根据各省份金融稳定指数，结合表 4.15 中各省份金融稳定指数所处梯队的变化趋势来看，各省份的金融稳定性总体呈现不同程度的提高。其中，内蒙古 2015 年第一季度到 2016 年第三季度一直处于第一梯队，2017～2018 年在第一、第二梯队之间波动，2019～2020 年稳定在第二梯队，但在 2021 年第一季度降为第三梯队；重庆则一直在第二梯队和第三梯队之间波动，并于 2021～2022 年稳定于第二梯队；贵州在 2015 年第四季度由第二梯队下降为第三梯队，但又在 2019 年第二季度转变为第二梯队，随后在第二梯队和第一梯队之间波动，最终稳定于第一梯队；西藏在 2015 年处于第三梯队，在 2016 年第二季度上升至第二梯队，2017 年第二季度上升为第一梯队后则基本上稳定于第一梯队，金融发展越发稳定；甘肃起初处于第二梯队，在 2016 年第三季度上升为第一梯度，但又在 2021~2022 年稳定在第二梯队；青海在 2015~2018 年一直处于第一梯队，但由于增长幅度有限，金融稳定指数逐渐由第一梯队下降为第三梯队；新疆在 2015~2018 年一直处于第二梯队，随后在第二梯队和第三梯队之间波动；陕西、四川一直处于第三梯队，金融运行相对较不稳定；云南和广西在 2015~2020 年基本处于第二梯队，并于 2021 年第二季度上升为第一梯队；宁夏则在 2021 年第一季度由原先的第一梯队下降为第三梯队，金融稳定状态变动较大，对此需要重视。

表 4.15　2015 年第一季度~2022 年第四季度西部地区金融稳定指数所处梯队汇总

时期	内蒙古	广西	重庆	四川	贵州	云南	西藏	陕西	甘肃	青海	宁夏	新疆
2015 年第一季度	1	2	2	3	2	2	3	3	2	1	1	2
2015 年第二季度	1	2	2	3	2	2	3	3	2	1	1	2
2015 年第三季度	1	2	2	3	2	2	3	3	2	1	1	2
2015 年第四季度	1	2	2	3	3	2	3	3	2	1	1	2
2016 年第一季度	1	2	3	3	3	2	3	3	2	1	1	2
2016 年第二季度	1	2	3	3	3	2	2	3	2	1	1	2
2016 年第三季度	1	2	3	3	3	2	2	3	1	1	1	2
2016 年第四季度	2	2	3	3	3	2	2	3	1	1	1	2
2017 年第一季度	2	2	2	3	3	2	2	3	1	1	1	2
2017 年第二季度	1	2	2	3	3	2	1	3	1	1	1	2
2017 年第三季度	1	2	2	3	3	2	1	3	1	1	1	2
2017 年第四季度	1	2	2	3	3	2	1	3	1	1	1	2
2018 年第一季度	2	2	3	3	2	2	1	3	1	1	1	2
2018 年第二季度	1	2	2	3	2	2	1	3	1	1	1	2
2018 年第三季度	1	2	2	3	2	2	1	3	1	1	1	2
2018 年第四季度	2	2	2	3	2	2	1	3	1	1	1	2
2019 年第一季度	2	2	3	3	2	1	1	3	1	2	1	3
2019 年第二季度	2	2	2	3	2	1	1	3	1	2	1	2
2019 年第三季度	2	2	2	3	2	2	1	3	1	2	1	2
2019 年第四季度	2	2	2	3	2	2	1	3	1	2	1	2

续表

时期	内蒙古	广西	重庆	四川	贵州	云南	西藏	陕西	甘肃	青海	宁夏	新疆
2020 年第一季度	2	2	2	3	2	2	1	3	1	1	1	2
2020 年第二季度	2	2	3	3	2	2	1	3	2	2	1	3
2020 年第三季度	2	2	2	3	2	2	1	3	1	2	1	2
2020 年第四季度	2	1	2	3	2	2	1	3	1	2	1	2
2021 年第一季度	3	2	2	3	2	2	1	3	2	3	3	3
2021 年第二季度	3	1	2	3	1	1	1	3	2	3	3	3
2021 年第三季度	3	1	2	3	1	1	1	3	2	3	3	3
2021 年第四季度	3	1	2	3	1	1	1	3	2	3	3	3
2022 年第一季度	3	1	2	3	1	1	1	3	2	3	3	3
2022 年第二季度	3	1	2	3	1	1	1	3	2	3	3	2
2022 年第三季度	3	1	2	3	1	1	1	3	2	3	3	2
2022 年第四季度	3	1	2	3	1	1	2	3	2	3	3	2

5. 东北地区时空格局演变

根据东北地区金融稳定指数的空间分布情况，东北地区金融稳定指数表现出较明显的空间集聚特征。根据各省份金融稳定指数，结合表 4.16 中各省份金融稳定指数所处梯队的变化趋势来看，黑龙江所处梯队呈现波动态势，辽宁和吉林所处梯队则较为稳定。黑龙江在 2015 年前三个季度处于第二梯队，在 2015 年第四季度至 2019 年第一季度处于第一梯队，由于增长幅度有限，金融稳定指数在 2019 年第二季度由第一梯队下降为第二梯队，但又在 2021 年第二季度上升为第一梯队；辽宁一直处于第二梯队，金融运行相对较不稳定；吉林则一直处于第一梯队，金融发展较为稳定。

表 4.16　2015 年第一季度~2022 年第四季度东北地区金融稳定指数所处梯队汇总

时期	黑龙江	辽宁	吉林	时期	黑龙江	辽宁	吉林
2015 年第一季度	2	2	1	2016 年第二季度	1	2	1
2015 年第二季度	2	2	1	2016 年第三季度	1	2	1
2015 年第三季度	2	2	1	2016 年第四季度	1	2	1
2015 年第四季度	1	2	1	2017 年第一季度	1	2	1
2016 年第一季度	1	2	1	2017 年第二季度	1	2	1

续表

时期	黑龙江	辽宁	吉林	时期	黑龙江	辽宁	吉林
2017 年第三季度	1	2	1	2020 年第二季度	2	2	1
2017 年第四季度	1	2	1	2020 年第三季度	2	2	1
2018 年第一季度	1	2	1	2020 年第四季度	2	2	1
2018 年第二季度	1	2	1	2021 年第一季度	2	2	1
2018 年第三季度	1	2	1	2021 年第二季度	1	2	1
2018 年第四季度	1	2	1	2021 年第三季度	1	2	1
2019 年第一季度	1	2	1	2021 年第四季度	1	2	1
2019 年第二季度	2	2	1	2022 年第一季度	1	2	1
2019 年第三季度	2	2	1	2022 年第二季度	1	2	1
2019 年第四季度	2	2	1	2022 年第三季度	1	2	1
2020 年第一季度	2	2	1	2022 年第四季度	1	2	1

（四）金融稳定指数的趋势面分析

趋势面分析是指利用数学曲面呈现样本数据在空间上的分布规律和变化趋势，可以帮助揭示各区域内各省份金融稳定指数的空间分布规律。

运用 ArcGIS 软件中的全局趋势面分析工具，将 2015 年第一季度与 2022年第四季度东部地区、中部地区以及西部地区的金融稳定指数作为高度属性 Z 值，各省份的地理坐标作为水平属性 X 值、Y 值（X 轴代表东西方向，X 轴所指方向为东；Y 轴代表南北方向，Y 轴所指方向为北），利用二次趋势面函数拟合，将金融稳定指数与地理位置之间的函数关系在全局层面上拟合。其中，东北地区只包含 3 个省份，无法进行趋势面分析，故在此不做分析。

1. 东部地区趋势面分析

图 4.21 为东部地区金融稳定指数的趋势面分析结果。从整体来看，2015 年第一季度东部地区金融稳定指数在南北方向呈现由南向北逐渐递减的空间分布特征，而在东西方向则基本呈现由西向东逐渐递减再到由东向西逐渐递增的空间分布特征。从具体表征来看，东西方向，从海南、河北、天津等省份到广东、江苏等省份，金融稳定指数递减，而再向东，福建、浙江

的金融稳定指数出现回升，其中以北京为代表的省份金融稳定指数最低，分布在"U形"曲线的波谷位置。南北方向，从海南、福建等省份到浙江、山东、河北等省份，再到北京，金融稳定指数呈现由南向北逐渐递减的趋势。从空间分布的变化趋势来看，研究期内东部地区的金融稳定指数的东西方向空间分布特征呈现为从2015年的"U形"到2022年由西向东逐渐递减的演变特征，而南北方向的空间分布特征则基本保持不变。

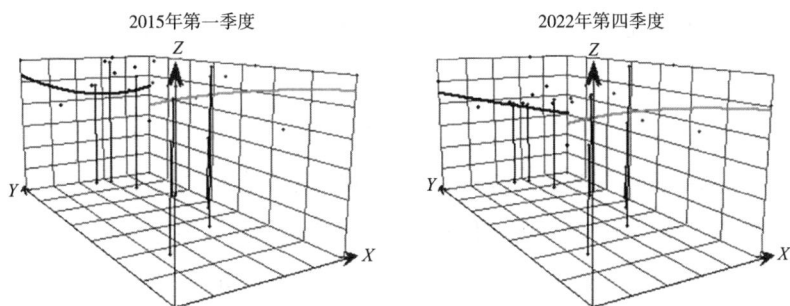

图 4.21　2015 年第一季度和 2022 年第四季度东部地区金融稳定指数的趋势面分析

2. 中部地区趋势面分析

图 4.22 为中部地区金融稳定指数的趋势面分析结果。从整体来看，2015 年第一季度中部地区金融稳定指数在南北方向呈现由北向南逐渐递增的空间分布特征，在东西方向呈现由西向东逐渐递增的空间分布特征。从具体表征来看，东西方向，从山西、湖南到安徽、江西，金融稳定指数递增。南北方向，从山西到河南、湖北，再到湖南、江西，金融稳定指数逐步递增。2022 年第四季度以河南、湖北为代表的省份金融稳定指数最高，稳定分布于"倒 U 形"曲线的波峰位置。从空间分布的变化趋势来看，研究期内中部地区金融稳定指数东西方向的空间分布特征基本保持不变，南北方向的空间分布特征则变化为"倒 U 形"。

3. 西部地区趋势面分析

图 4.23 为西部地区金融稳定指数的趋势面分析结果。从整体来看，2015 年第一季度西部地区金融稳定指数在东西方向呈现由西向东逐渐递增

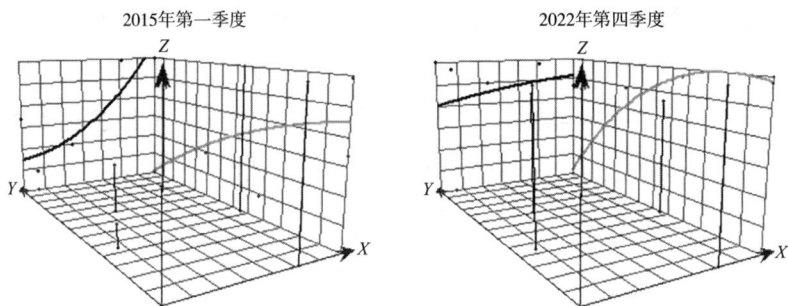

图 4.22 2015 年第一季度和 2022 年第四季度中部地区金融稳定指数的趋势面分析

的空间分布特征，在南北方向呈现"U 形"的空间分布特征。从具体表征来看，东西方向，从新疆、西藏、青海和宁夏等省份到内蒙古、广西、云南、贵州等省份，金融稳定指数递增。南北方向，从广西、云南、贵州等省份到甘肃、青海、西藏、四川、陕西等省份，金融稳定指数递减，再向北，内蒙古、宁夏等省份金融稳定指数出现回升，其中以四川、陕西为代表的省份金融稳定指数最低，稳定分布于"U 形"曲线的波谷位置。值得注意的是，在南北方向上，2015 年第一季度位于北方向的省份金融稳定指数高于位于南方向的省份，而在 2022 年第四季度，位于南方向的省份金融稳定指数高于位于北方向的省份。从空间分布的变化趋势来看，在研究期内西部地区金融稳定指数南北方向的空间分布特征基本保持不变，东西方向的空间分布特征转变为"倒 U 形"。

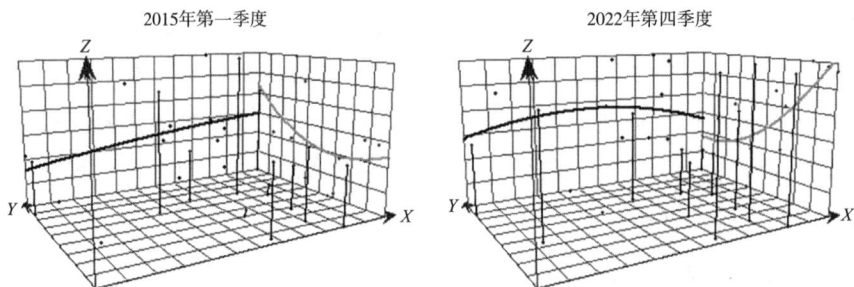

图 4.23 2015 年第一季度和 2022 年第四季度西部地区金融稳定指数的趋势面分析

第六节　小结

一　结论

综上所述，本章在省域金融稳定指数的基础上构建了东部地区、中部地区、西部地区和东北地区的区域金融稳定指数，并对区域金融稳定指数进行了区制状态分析、差异测度与时空变化分析，得出了以下结论。

第一，利用马尔可夫区制转换模型将区域金融稳定指数划分至"低稳定"和"高稳定"两个区制，发现：我国区域金融稳定指数处于"高稳定"区制的时间比处于"低稳定"区制的时间长，并且不易转移至"低稳定"区制中；各区域的金融稳定指数所处区制基本同步，与宏观金融稳定状况基本一致，各区域金融稳定均受宏微观金融稳定因素的影响，省域金融稳定因素不同是区域所处区制产生差异的原因。

第二，通过泰尔指数对区域金融稳定指数的差异进行分解，发现：全国及各区域金融稳定性的总体差异较小，东部地区的金融稳定对于全国金融稳定具有决定性意义；并且金融稳定指数区域内差异的贡献度较大，在总差异中占据主导地位。

第三，中国四大区域的金融稳定指数在整体发展水平、省份间差异、极化程度等方面表现出了随时间波动的演进特征，中部地区的金融稳定指数在研究期内波动较大；在研究期内区域金融稳定指数在空间上是分散的，差异较大；各区域内部在研究期内基本表现出了一定的局部空间集聚特征，大多表现为极化效应和落后过渡；东部地区、中部地区、西部地区也都呈现一定的空间分异演变规律。

二　政策建议

为了我国及各区域金融的协调稳定发展，本章提出以下政策建议。

（一）增强金融稳定的宏观调控

宏观金融稳定因素对于区域金融稳定具有主导作用，因此进行宏观调控对于区域金融的稳定发展具有积极的影响。首先，面对经济下行压力，央行应当实行积极的财政政策和稳健的货币政策，保持良好充裕的流动性。其次，采取良好的宏观审慎政策，良好的宏观审慎政策对于经济金融的稳定发展具有重要意义，不仅对货币政策起到辅助作用，而且可以增加福利，平缓金融波动。再次，明确中央银行在宏观审慎监管框架中的主导地位，建立金融稳定指标体系，健全金融风险预警机制，并以宏观审慎为依据实施压力测试。最后，继续深化金融改革，引导金融资源在区域间自由流动和合理配置，打破资源流动的区域壁垒。只有不断推进金融结构与功能优化、完善市场规则，使金融结构与实体经济相匹配，才能更加充分地发挥金融体系服务实体经济的功能。

（二）增强金融稳定的区域协调

根据分析，区域金融稳定在空间上是分散的、差异较大的。各区域由于在自然人文地理条件等方面存在差异，所以金融稳定程度也存在差异。东部地区基础设施相对完善，金融体系发达、金融活动较为活跃，与此同时金融的稳定程度也较低，应注重金融结构的优化与调整；中部地区和西部地区的金融市场功能则较为薄弱，金融发展较为稳定，应注重资源的倾斜与配置；东北地区的金融资源分布不均，产业结构调整的需求与相应的金融支持不匹配，存在企业融资成本高、融资渠道不畅等问题，应加强金融基础设施建设。加强东部地区的金融监管，提高其抗风险能力，维护金融稳定；在追求中部地区、西部地区金融发展的过程中，要注重其发展质量；在推动东北地区产业结构调整的同时，要提高其金融服务效率。推动东部地区和东北地区金融活动向中部地区和西部地区扩散，提升区域间金融稳定协调能力，以促进金融布局不断优化。不断优化金融布局不仅可以对本区域的金融稳定形成正面影响，促进金融聚集，还会产生正向溢出效应，促进周边区域金融稳定发展以及区域间金融的稳定协调发展。

（三）强化金融稳定的省级调控

由于省级因素是区域金融稳定指数产生差异的重要原因，因此省域金融稳定性的高低对于区域金融稳定具有决定性意义。在省级层面，要充分利用互联网、大数据、区块链等技术，把防范金融风险放在更加重要的位置，不断加强金融风险的监控、识别、评估、预警与化解的机制建设，不断推进对跨地区、跨行业的金融风险与风险传染的分析与治理。

除此之外，要严厉打击非法融资等金融违规违法行为，整顿金融市场秩序，补齐监管短板。例如，规范金融创新产品的发行与管理，完善对金融机构、上市公司等的治理以及信息披露要求，防范股价崩盘等"黑天鹅"事件发生以维护区域金融稳定。

第二部分

主要金融风险领域动态随机
一般均衡分析

本书第二部分为主要金融风险领域动态随机一般均衡分析。在前一部分，本书通过构建包含八大金融风险的金融稳定指标体系，从不同维度对我国目前的金融稳定水平及背后的冲击来源进行了测算与识别，研究结果显示，本书所构建的金融稳定指标体系具有稳健意义。在此基础上，本书进一步探讨房地产价格对中国金融稳定的影响机制，通过构建理论模型这一研究范式，刻画特定资产价格波动对主要宏观经济变量和金融稳定的影响渠道和影响程度。

本书第二部分下设三个章节，对应四个主要金融风险领域，即第五章的地方政府债务风险、第六章的影子银行风险以及第七章的房地产泡沫风险与企业债务违约风险。虽然本书构建的金融稳定指数强调八大风险，但在理论和实践中，多种风险可能存在相互作用，而且将所有风险统一纳入理论模型进行探讨存在困难。因此，本部分仅在模型中呈现与房地产资产最为相关、与其他风险存在可能联系的四种风险，并据此分析房地产价格影响中国金融稳定的理论路径。

本部分的三个章节均按照标准的理论研究范式展开。首先介绍章节内容的研究背景与特征事实，其后在 VAR 经验证据的基础上构建动态随机一般均衡（DSGE）模型，在对模型中涉及的参数进行校准或估计后，根据模型数值分析结果对经济变量、传导机制进行深入分析，最后对章节内容进行总结。总体来看，本部分所构建的理论模型能够较好地刻画现实经济特征，也能够就关键问题得出良好的事实分析结果，一定程度上丰富了该领域的理论研究，同时为第三部分的实证研究奠定了坚实基础。

| 第五章 |

地方政府债务风险

——房价波动、地方政府支出效率与地方政府债务稳定性

第一节 研究背景

一 现实背景

2008 年国际金融危机、2020 年开始的新冠疫情，以及近期需求收缩、供给冲击、预期转弱三重压力，共同导致我国面临长期的经济增速下行压力。为刺激经济、振兴产业，应对金融危机可能带来的风险和挑战，中央政府推出了"一揽子计划"，并实行了长达十余年的扩张性财政政策。在此背景下，我国各地区房价快速上涨，房地产市场在短期内确实起到了刺激经济的作用，但也带来了一系列负面影响；同时，各级地方政府在以GDP 增长为基本经济度量指标的"晋升激励锦标赛"（周黎安，2007）压力下，大力开展各项投资，扩大政府支出规模，使得地方政府债务规模在"稳增长"的目标下不断扩张。根据国家资产负债表研究中心公布的数据，我国政府部门杠杆率近年呈现上升趋势，"一揽子计划"的推行更是导致地方政府债务自 2011 年以来占据政府部门债务总额的一半以上。2011 年第一季度，地方政府杠杆率占政府部门总杠杆率的比重为 51%，随后这一比重持续增长，在 2014 年底达到最高的 62% 后开始下降，但占比仍超

过50%。

目前，地方政府债务相关问题在房价波动、地方政府债务稳定性与金融稳定性相互关联的机制下变得更加严峻。如不妥善处理，可能会引发债务危机，威胁宏观金融稳定，并带来经济衰退和福利损失等一系列问题。同时，地方政府债务危机和银行业危机之间存在显著相关性，地方政府债务风险甚至可能会扩散至其他金融部门。因此，探究影响地方政府债务稳定性的因素，提出有效维护地方政府债务稳定的举措，成为许多学者关注的焦点。

地方政府债务稳定性问题背后不容忽视的一个体制性因素是土地出让，土地出让的存在使得地方政府债务稳定性与房地产市场的波动密切相关。1994 年分税制改革的实行，使地方政府增收控收的权力与行政权力分离，地方财政收支缺口呈现不断扩大的趋势。由于地方政府的"事权留置"以及土地的国有性质，《中华人民共和国预算法》等法律明确规定，地方财政预算包括土地出让收入。[①] 与此同时，地方财政压力会对土地出让收入产生显著的正向影响。为缓解财政压力，地方政府严重依赖土地出让，土地出让成为"第二财政"。

地方政府债务稳定性问题背后的体制性因素还包含预算软约束行为的存在，预算软约束行为将进一步加剧地方政府面临的债务稳定性问题。2014年 9 月，国务院针对地方政府债务出台了《关于加强地方政府性债务管理的意见》，要求加强预算约束、严防道德风险，地方政府应该承担偿还债务的责任，中央政府不应该采取救助措施，但就目前的情况来看，中央政府并非全部不提供救助。此外，预算软约束行为不仅存在于地方政府部门，还存在于国有企业中。由于国有企业自身经营的政策性背景和"第三财政"的作用，地方政府出于互利考虑为国有企业信贷提供隐性担保，并在土地出让过程中为国有企业提供价格优惠。

在"第二财政"和"第三财政"的影响下，地方政府债务规模不断扩

---

① 提出此规定的文件还包括《国务院关于加强地方政府性债务管理的意见》（国发〔2014〕43 号）、《国务院办公厅关于规范国有土地使用权出让收支管理的通知》（国办发〔2006〕100 号）。

张，扩张后的债务主要用于开展各项投资。地方政府债务规模在地方投资冲动的影响下具有顺周期性。同时，由于政绩观等因素的影响，地方政府片面追求 GDP 增速，投资项目普遍存在回报率低、外部性差等问题，政府支出效率的低下进一步导致债务风险变大。此外，地方政府债务的期限通常较短，而地方政府投资的回收期通常较长，债务期限错配问题非常严重，这使地方政府在偿还债务时更多地依赖土地出让收入，而不是项目的投资收入。

土地出让、预算软约束以及政府支出的低效率，使得地方政府债务稳定性问题不仅与房价波动息息相关，还在三者的作用下更为严峻。为化解地方政府存量债务集聚风险，有效防范系统性、区域性金融风险，财政部于 2015 年开始实施债务置换政策。然而，债务置换政策能否消除国内房价波动带来的地方政府债务波动？能否在当前政府支出效率低下的情况下有效提高地方政府债务稳定性？能否长期缓解宏观经济波动并促进经济增长？对于这些问题的探究刻不容缓。

鉴于此，本章以地方政府债务稳定性为出发点，尝试构建 DSGE 模型，在土地出让、预算软约束以及政府支出效率低下的现实背景下，考察房价波动如何影响地方政府债务稳定性，并试图分析债务置换政策缓释风险、刺激经济的效力。

本章后续的内容安排如下：第二部分为文献综述与典型事实，首先对相关文献进行梳理，其后阐述地方政府债务稳定性问题背后存在体制性因素的典型事实（主要是土地出让和国有企业的预算软约束），为后续模型的构建提供更多的现实依据；第三部分是来自 VAR 的经验证据；第四部分是动态随机一般均衡模型的构建，涉及家庭、房地产、地方政府以及商业银行四个部门，其中房地产部门又分为国有房地产和非国有房地产部门；第五部分运用贝叶斯方法对模型中涉及的参数进行校准及估计；第六部分对动态随机一般均衡模型的动态经济结果进行说明；第七部分对本章进行总结，并提出针对性建议。

二　理论背景

（一）文献综述

1. 房价波动、土地出让与地方政府债务

就房地产市场而言，其价格波动一直受到各界关注，同时各国主权债务稳定性问题也不断被各界提及。对我国而言，地方政府债务的持续性风险释放会动摇不发生系统性金融风险的底线，危及经济社会的方方面面。值得注意的是，房价与地方政府债务联系密切，二者之间不可忽视的因素是土地出让。我国财政情况特殊，1994 年分税制改革带来的地方财政支出与收入之间的巨大缺口是地方政府对土地出让偏好加深的原因（罗必良，2010）。为厘清二者之间的关系并说明地方政府债务稳定性问题的重要性，国内外学者均做出相应探索。

Chen 和 Wu（2022）通过研究中国土地所有制的案例，考察了中国住房市场与土地金融化、财政化之间的关系，并说明了它们是如何相互交织和相互加强的；其研究表明，中国的住房市场与土地金融化在国家土地所有权下紧密交织在一起，并且土地金融化增加了房地产市场的供应以满足日益增长的住房需求，二者共同促进了房地产生产、维持了资本积累。Wu 等（2015）利用 2003~2011 年中国 35 个主要城市的数据，实证研究了地方政府预算赤字与房价之间的关系，并梳理了二者之间的影响机制；其研究表明，地方政府作为城市土地的垄断提供者，其预算赤字会对土地价格产生正向影响，并进一步刺激市场需求从而拉升房价，即地方政府财政预算赤字是导致房价波动的因素之一。Liu 等（2013）通过构建动态随机一般均衡模型探讨了地价波动对宏观经济波动的影响，模型的动态经济模拟结果表明，土地作为一种抵押资产，会通过企业信贷约束机制，对投资产生一种正向作用，土地价格和投资的联合波动会进一步放大和传播宏观经济波动。Huang 和 Du（2018）利用中国土地交易数据进行研究，发现中国 2009~2010 年的经济刺激计划促使地方政府更多地依赖土地出让收入来偿还债务。Wang 和 Hou（2021）通过构建包含土地融资的动态随机一般均衡模型，探讨了土地

出让与房价波动之间的关系；其研究结果表明，土地出让是中国房价飙升背后的主要推动因素，中国当前的土地价格政策以住房成本上涨和政府支出乘数下降为代价刺激实体经济的增长。Wu（2023）研究发现中国城市的融资工具，包括土地抵押等，会使得地方政府债务进一步金融化、证券化，与此同时也会使得房地产开发商的信贷规模进一步扩张。Wu（2022）探讨了土地收益对中国地方公共财政的贡献，并基于此背景展示了土地出让、城投债券的运行机制。Zhang 等（2021）利用 2006～2015 年 7 个超级城市群共 135 个地级市的数据进行研究，发现地方政府依托土地出让支持城市群建设，城投债券的发行以土地为担保，债务偿还取决于土地租赁收入和费用，实证研究表明土地出让收入对地方债务规模和债务风险具有正向作用。

国内研究更加聚焦于土地出让的动态视角，也更多地体现了我国"以地生财"的现实因素。高然和龚六堂（2017）构建了一个纳入地方政府土地出让行为的动态随机一般均衡模型，探究了土地出让在房价波动传导至宏观经济过程中的作用机制，模型的动态经济特征表明地方政府的土地出让行为会放大房地产市场的波动、减少社会福利，但地方政府调控土地供给可以在一定程度上降低这些负面效应。况伟大和李涛（2012）利用中国 35 个大中城市 2003～2008 年的房价和土地交易数据，实证分析了房价与地价之间的关系；其研究结果表明，房价主要受供求关系影响，并进一步影响地价，即地价由房价决定，与此同时，与地价直接相关的土地出让收入俨然已成为地方政府的"第二财政"。梅冬州等（2018）构建了包含房地产部门和土地出让行为的 BGG 模型，研究发现外生冲击导致的房价波动会通过地方政府的土地出让行为传导至地方政府部门，并进一步通过地方政府的支出行为扩张至整个实体经济，即土地出让联结了房价与地方政府财政收入。闫先东与张鹏辉（2019）在金融加速器模型中嵌入土地出让和政府隐性担保等现实因素，研究发现正向的需求冲击会推高土地价格，加剧地方财政对土地收入的依赖，土地出让会放大宏观经济波动，并进一步对土地价格产生正反馈作用。赵扶扬等（2017）通过构建嵌入土地出让行为的宏观经济模型和贝叶斯估计，模拟了土地出让的动态过程，研究发现土地出让具有的动态加速器机制会放大中国宏观经济波动。郑骏川（2020）利用中国 35 个大中城市 2000~2016 年的面板数据，实证研究发现地方政府高度依赖土地出让收入为一方财政纾困，而土地出让收入的高低又与土地价格联系紧密，地价作为中间机制联结了房价和地方政府财政支出行为。

房价波动和地方政府债务稳定性问题均会显著影响宏观经济稳定性。Biegun 和 Karwowski（2020）通过构建有序概率模型，测试了宏观经济失衡程序（MIP）对预测欧盟国家宏观经济危机和多维危机的能力；其将多种负面现象组合成一个有限的因变量以定义多维危机，研究发现房价指数和一般政府债务这两个 MIP 变量对预测欧盟国家的多维危机具有统计学意义，即房价和一般政府债务会影响宏观经济稳定。Burnside 等（2001）通过构建动态随机一般均衡模型探讨了亚洲货币危机与政府财政赤字之间的关系；其研究表明，亚洲货币危机是由规模巨大的预期财政赤字引起的，赤字规模与银行体系失败的隐性担保密切相关，一旦未来政府赤字规模进一步扩大，其对一国宏观经济的投机性攻击就不可避免。Iacoviello（2005）基于动态随机一般均衡模型开发了一个货币商业周期模型，探讨了房价与各种经济变量之间的关系；其研究表明，房价波动会随着时间的推移而不断放大和传播。Yang 等（2022）通过构建面板模型和 HP 滤波方法研究了省级政府债务对经济增长和经济波动的影响；其研究结果表明，中国省级政府债务与经济增长之间存在非线性关系，政府债务的波动加剧了经济波动。

2. 房价波动、预算软约束与地方政府债务

王永钦等（2016）利用双重差分法实证研究了预算软约束与我国地方政府债务违约风险之间的关系；其研究结果表明，预算软约束问题在我国地方政府债务中普遍存在，并会进一步加剧地方政府债务风险的释放。马文涛和马草原（2018）运用多政府层级的 DSGE 模型，研究了政府担保对政府债务的作用；结果表明，政府担保具有负反馈效应，与政府债务规模正向相关，政府担保力度的下降可能会使政府存量债务风险释放。吴粤等（2017）结合实证和理论分析，研究发现地方政府投资效率对地方政府债务风险存在显著的负向作用。

Boubakri 等（2020）应用倾向得分匹配法进行分析，发现一国的国有制水平与风险承担存在十分重要的正向关系；其研究的种种发现与政府控制相关的扭曲目标一致，也符合国家所有制的预算软约束观点，国有制对风险承担的影响在国有企业占主导地位的国家更为明显，在全球危机期间也更为普遍。Dong 等（2021）分析了地方政府隐性担保与异质性企业之间的种种联系；其研究表明，地方政府提供的隐性担保会进一步加剧国有企业"大而不能倒"的问题，并且国有企业债务相较于非国有企业，普遍具有一种"政府联系"效应。Fang 等（2022）采用中国土地交易数据，并结合企业层面的等级信息和差异，探究了土地交易过程中的寻租与腐败行为；其研究结果表明，相对于工业用地，国有房地产开发商购买的住宅用地增加比例显著高于私有房地产开发商，原因在于向私有房地产开发商出售土地带有城市官员可能收受贿赂的刻板印象，尽管存在更有效率的私有房地产开发商，但即使是"干净"的地方官员也会更愿意将土地授予国有企业。Gao 等（2019）利用中国贷款数据，探讨了中国信贷市场对异质性企业的不同偏好；其研究表明，银行对于国有企业信贷的放松并不会显著提升国有企业业绩，反而会进一步促进国有企业贷款规模的扩张，其原因主要在于国有企业会受到信贷预算软约束。Geng 和 Pan（2019）通过研究中国信贷市场，发现地方政府对于国有企业的支持导致了非国有企业的信贷利差显著高于国有企业信贷利差，提高了国有企业的溢价，因此国有企业对政府支持更加敏感。He 和 Jia（2020）在现代货币理论的框架下探讨了地方政府债务对中国金融稳定的巨大威胁；其研究表明，地方官员对晋升的竞争和中国财政制度的特点是地方政府债务增长背后的原因，由于在我国的财政体制下，中央政府往往优先减少财政赤字，且在很大程度上可以决定自身与地方政府之间的收支分配，因此财政负担有从中央政府向地方政府转移的趋势。Tsafack 等（2021）重新衡量了政府隐性担保的价值，并将其应用于中国企业，发现国有企业明显受到政府隐性担保，隐性担保价值的大小与其债券收益率利差成反比。

van der Kwaak 和 van Wijnbergen（2014）通过构建动态随机一般均衡模

型探讨了主权政府债务违约风险、商业银行救助限度以及金融脆弱性之间的关系；结果表明，商业银行救助行为使得主权政府债务风险与银行信贷风险相互交织，大大降低了商业银行资本重组的效果，并进一步加剧了宏观金融的脆弱性。李文溥等（2017）研究认为，中国系统性金融风险的根源在于地方政府对国有企业的预算软约束，以及商业银行对国有企业的信贷倾斜。

3. 地方债务置换政策

为缓解地方政府存量债务的风险释放问题，我国自 2015 年起实施债务置换政策，国内学者也对债务置换政策的效果做出了相应讨论与研究。刁伟涛（2015）通过未定权益分析，探讨了地方债务置换政策对缓解地方债务流动性风险的政策效应；其研究发现，2016 年及以后，地方政府偿债压力依然很大，尤其是 2018 年置换债务到期后，地方政府的偿债压力进一步增大，因此债务置换政策只能够缓解 2015 年以前的存量债务流动性风险，对于这之后的债务风险效用有限。孔丹凤和谢国梁（2020）分时期检验了地方债务置换政策对商业银行理财收益率的影响；其研究结果表明，地方债务置换政策通过延长债务还款期限加剧了商业银行流动性风险，迫使商业银行通过提高理财收益率的方式吸收储蓄、缓解流动性。梁琪和郝毅（2019）通过构建动态随机一般均衡模型探讨了地方债务置换政策对于宏观经济风险的缓释作用；其研究表明，土地出让收入等不确定性因素导致地方债务不可持续，而为缓解地方存量债务流动性问题的置换政策仅在短期内有效，中长期会降低财政政策效力，抑制总产出。邱志刚等（2022）发现地方债务置换政策通过"隐性担保效应"降低了城投债的融资成本，缩减了城投债的融资需求和发行规模，然而地方债务置换政策的替代效应具有区域差异性。武彦民和竹志奇（2017）在动态随机一般均衡模型的基础上研究地方债务置换政策的宏观效应，结果表明，地方债务置换政策在初期会改变财政支出规则，使得财政政策对债务的反应延迟，降低财政政策效果并加剧宏观经济的周期性波动。詹向阳和郑艳文（2015）深入探讨了地方债务置换政策可能具有的种种影响，其基于地方债务置换政策的出台背景以及地方债务置换的规则，发现地方债务置换具有一系列即时意义和长远效应，同时也会对商业银行产生消极影响，比如加剧商业银行期限错配风险、降低商业银行项目收益率等，因此必须在实施地方债务置换政策的过程中综合考虑多方因素，审慎进行债务置换。

4. 文献述评

首先，对以往文献进行梳理，可以发现地方政府出让土地的行为将房价波动与地方政府收入紧密联系在一起，房价波动主要受居民对房地产需求的变化影响，房价的变化进一步改变了房地产企业对土地的需求，从而导致地价在需求的影响下波动，可以说房价在很大程度上决定了地价。通常情况下，居民对房地产需求的变化带来的正向冲击，会促使地方政府抬高住宅用地价格、扩大土地供给。由于我国地方政府高度依赖土地出让收入作为偿债来源，房价波动风险通过土地出让与地方政府债务风险交织在一起，土地供求变化的放大效应促使地方政府更多地依赖土地出让，这导致房地产市场剧烈波动。在土地出让的动态加速器机制作用下，地方政府债务稳定性问题和周期性宏观经济低迷也更加突出。

其次，地方政府债务稳定性问题的背后存在多种体制性因素，包括中央对地方政府的预算软约束；地方政府对国有企业的预算软约束；商业银行对国有企业的信贷偏好；地方政府支出效率低下；等等。这些因素共同作用于地方政府债务，进一步加剧了地方政府债务稳定性问题的严重性。

最后，基于文献可以发现，现有研究一致认为地方债务置换政策可以在短期内有效缓解地方政府存量债务风险，但在中长期具有一定的负面效应。因此，有必要进一步探讨地方债务置换政策的可能影响，为该政策的优化更新和良好实施提供更多理论依据。

（二）典型事实

这一部分主要阐述地方政府债务稳定性问题背后体制性因素的两个典型事实。一是以土地出让为研究对象，说明地方政府的土地出让行为对地方政府债务稳定性以及宏观金融稳定性的重要影响。二是阐述地方政府和国有企业的互利行为，具体包括地方政府对国有房地产部门的预算软约束、隐性担保、价格优惠，商业银行信贷资源配置的体制性偏好。这两个典型事实为本章构建模型研究国有和非国有房地产企业价格变动对地方政府债务稳定性等其他经济变量的影响提供了现实依据，使得模型对房价波动传导机制的研究更符合现实经济特征。

1. 土地出让与地方政府债务稳定性

在发展地方经济以及推动城镇化、工业化进程不断加快的过程中，土地杠杆是十分重要的工具，通过土地杠杆创造巨额融资（刘守英，2012）是1994 年分税制改革后中国土地制度的典型特征。经过多年的发展变化，最终形成了一套"以地融资"的地方发展模式。该模式的显著特征在于利用土地进行抵押融资的同时，凭借土地出让收入缓解地方财政压力。由于土地市场与房地产市场联系紧密，房价与地价在"以地融资"过程中相互作用，导致在利用土地出让解决地方财政缺口问题时，房地产市场的波动会传导至地方政府部门。

与此同时，城市化的发展以及居住需求的扩张均对资金有着极大需求，这使土地出让收入作为支持城市化和房地产发展的资金来源发挥着越来越重要的作用。近些年，土地出让收入占地方财政收入的比重逐年上升，从2002 年的 28.4%上升到 2019 年的 71.83%，提升 43.43 个百分点。[①] 但由于地方政府的绩效考核压力，土地出让收入通常被用于投资一些具有较长回报周期和较低收益率的项目，如城市基础设施建设，而且地方政府债务的偿还也主要依靠土地出让收入（张莉等，2018），这使得土地出让、政府支出效率与地方政府债务稳定性之间产生了复杂联系。

由于地价会受到房价变化的影响而产生波动，地方政府在利用土地出让收入偿还债务时可能会陷入捉襟见肘的境地，这也进一步导致地方政府在巨大压力下无奈采取借新债还旧债的做法。因此，受外部冲击影响的土地出让模式威胁着地方政府债务的稳定，长期积累的债务风险将影响整个金融体系的稳定性。鉴于此，为强调地方政府的土地出让行为在房价波动影响地方政府债务稳定性的传导机制中的重要作用，使模型更好地刻画房

---

① 数据来源于财政部。

地产市场的特点与土地市场的波动，本章设定土地供给行为完全由地方政府部门决定。

2. 地方政府与国有企业的互利行为

国有企业一直承担着许多社会责任，包括践行经济制度、维护经济稳定和维持社会公平等。由于该类责任非常重大，国有企业在信贷和税收等各个方面都能够获得一些优惠政策支持，特别是地方政府部门在土地出让过程中给予的价格优惠以及在信贷过程中提供的隐性担保。这使得国有企业、地方政府和商业银行的利益交织在一起，出于最大化自身效益的考虑，三者之间往往存在互利行为。

由于国有企业自身生产经营具有政策性导向，其营业收入和经营资本将直接影响地方政府的财政收入。国有企业同地方政府之间的隐形互利行为在一定程度上反映了国有企业作为"第三财政"的地位（张馨，2012），"第三财政"的存在意味着国有企业与地方政府间存在千丝万缕的联系。从互利的角度看，地方政府在面临较大的财政缺口或实施刺激性财政政策时，往往会为国有企业的土地购买提供一定的价格优惠（赵文哲、杨继东，2015），并在信贷过程中为国有企业提供隐性担保，对国有企业具有一定的预算软约束，在信贷尚不确定的情况下，国有企业也很有可能获得地方政府的支持与救助（Kornai，1998；Khwaja and Mian，2005）。与此同时，地方政府通过隐性担保降低了国有企业自身风险，加强了国有企业与金融中介之间的信贷联系（纪洋等，2018），商业银行为间接享受地方政府隐性担保对国有企业进行信贷倾斜，其信贷资源配置也存在体制性偏好（张晓晶等，2019）。地方政府、国有企业以及商业银行三者之间出于自身利益采取的互利合作行为，不仅会加剧体制性因素对地方政府债务稳定性的负面影响，也会增加风险向其他金融部门传染的可能性。因此，为客观评估房地产市场资产价格波动对地方政府债务稳定性的影响，探究国有房地产部门"大而不倒"的现实难题，构建模型时必须考虑国有房地产部门在土地交易和信贷配给过程中与地方政府的互利行为。

基于以上对过往文献与两个典型事实的梳理和阐述，可以初步勾勒出房价波动对地方政府债务及 GDP 的影响渠道（见图 5.1）。外生的住房需求冲击引起的房地产市场需求变化会导致房价波动，进而影响房地产部门生产，房地产部门的生产用地需求变化将改变土地市场供求关系，地价随之发生波动。由于土地的供给由地方政府部门决定，地价的波动会影响地方政府土地出让收入，土地出让收入成为地方政府的偿债来源，借贷抵押使得地价波动与地方政府债务密切相关。房地产部门分为国有房地产部门和非国有房地产部门，地方政府与国有房地产部门在土地交易和信贷配给过程中存在各种互利行为，导致地方政府实际承担部分国有房地产部门债务，间接影响地方政府债务。至此，房价波动影响地方政府债务的中间环节梳理完毕，由于地方政府扩张后的债务部分用于政府支出，由房价波动引起的房地产部门产出波动和地方政府公共支出波动共同影响 GDP。

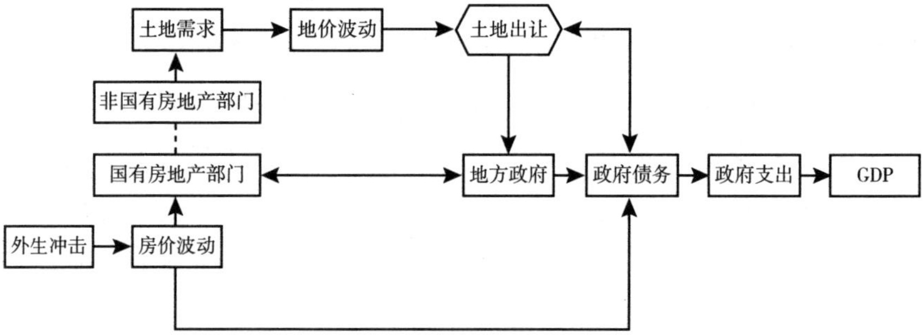

图 5.1　房价波动影响地方政府债务及 GDP 的传导路径

本章贡献主要体现在以下几点。首先，在以往纳入房价波动的动态随机一般均衡模型中，居民和企业都能够自由交易土地或者不动产，供求关系的变化进一步导致房价和地价的变化。但就中国的实际情况来看，土地供给主要由地方政府决定，并且土地出让收入纳入政府性基金收入，由地方政府自由支配，受政治激励的影响，这部分收入的增加将导致地方政府债务规模的膨胀以及政府支出的扩张，以达到刺激经济增长的效果。因此，以往的研究未能考虑土地出让对地方政府债务稳定性的影响，本章在进行研究时针对该方面的不足进行了弥补。其次，为了在模型中引入地方政府对国有企业的预算软约束行为以及商业银行信贷的体制性偏好，使得模型能够更好地反映地方政府债务稳定性问题背后的体制性因素，本章将房地产部门划分为国有房地产部门和非国有房地产部门，数值模拟结果表明，国有房地产部门价格波动对宏观经济变量的影响更大。最后，本章详细阐述了在不同的地方政府支出效率下，土地出让以及预算软约束对地方政府债务稳定性的影响，并探讨了地方债务置换政策的有效性。

第二节　房价波动与主要经济变量：来自 VAR 的经验证据

在构建 DSGE 模型之前，本章通过构建 VAR 模型来明确房价波动与主要经济变量，尤其是地方政府债务之间的关系。由于地方政府债务数据自 2014 年开始透明化，因此本章选取 2014～2020 年的数据进行分析。同时，为增加观测样本的数量，本章选取房价、地方政府债务、消费和总产出的月度时间序列，样本时间为 2010 年 1 月至 2020 年 12 月。其中，房价由商品房销售额与商品房销售面积计算得到；消费采用社会消费品零售总额度量；总产出和地方政府债务数据利用 Chow 和 Lin（1971）的方法转换为月度数据。之后，将所有数据通过 CPI 定基指数转换为实际值，采用 X-13 方法进行季节调整，并通过取对数减缓数据波动以及消除时间序列中的异方差现象。

图 5.2 显示了在房价受到一个单位的正向冲击下，各经济变量的 VAR 脉冲响应，虚线表示 95% 的置信区间。房价受到一个单位的正向冲击以后，在当期就对其自身产生了最大的正向影响，此后在第 2 期下降并减小至 0；地方政府债务受房价影响缓慢增加，时间较长且程度较大；消费受房价的影响而发生正向波动，并且这一过程将一直持续；总产出在短期内出现负向波动，但这一情况很快消失，长期总产出在房价冲击的影响下规模扩张。以上实证结果表明，房价的增长会带来刺激经济的效果，与此同时也会动摇地方政府债务的稳定性。

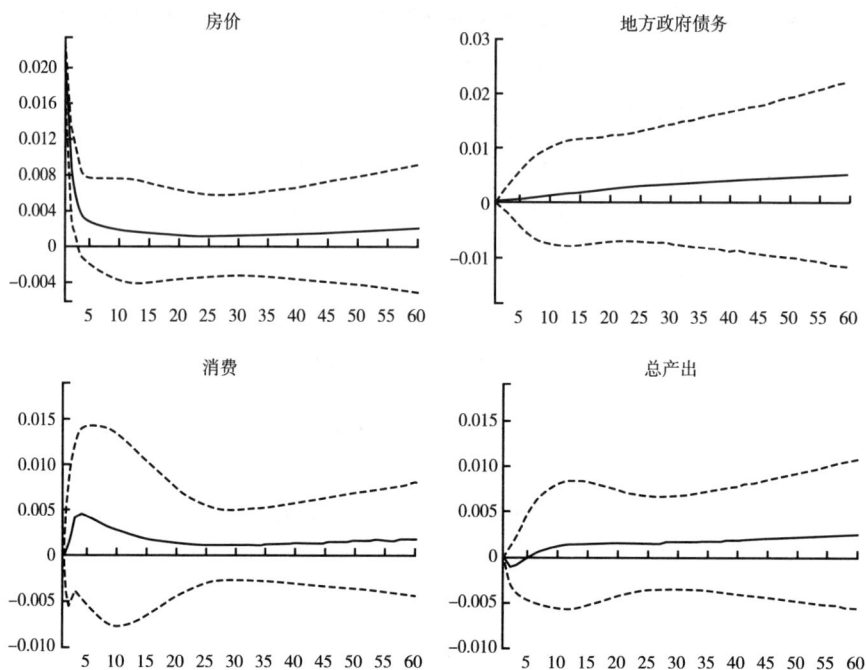

图 5.2　主要经济变量对房价波动的脉冲响应

在后续研究中，本章将通过理论模型的动态经济特征对影响地方政府债务稳定性的冲击进行识别，分析房价冲击对地方政府债务稳定性和总产出的影响机制，进一步验证房地产市场与地方政府债务之间的密切关系。

第三节　DSGE 模型构建

本部分在 Iacoviello 和 Neri（2010）以及 Liu 等（2013）的模型基础上引入地方政府土地出让因素以及地方政府、国有企业之间的互利因素。具体而言，本章参考了 Iacoviello 和 Neri（2010）研究中对"住房偏好"或"房地产需求冲击"和企业家效用函数的建模，以及 Liu 等（2013）的研究中企业家的信贷约束。值得注意的是，与 Iacoviello 和 Neri（2010）不同的是，本章并没有对家庭部门进行异质性区分，即没有将家庭部门分为耐烦和不耐烦两种。

原因在于，Iacoviello 和 Neri 认为耐烦的家庭不仅会通过银行等金融中介机构为企业家提供其所需的信贷资金，而且会为不耐烦的家庭提供资金，使得不耐烦的家庭只积累所需的净值来为他们的房屋首付提供资金，但这会受到住房抵押品的限制。然而，本章的目的在于探索异质性房地产企业，即国有房地产企业和非国有房地产企业面临的不对称信贷约束是否会放大由外生需求冲击引起的房价波动对其他经济变量的影响。因此，为了使模型更好地实现本章的研究目标，本章在模型构建部分将代表性家庭简化为单一类型，即在需求端，家庭部门参与劳动、消费、改善住房条件和储蓄，但不进行住房抵押贷款。此外，为了使该模型能够更好地反映中国经济的现实特征，本章在模型中嵌入了土地出让和地方政府与国有企业之间的互利行为。

在本章构建的 DSGE 模型中，由外生的住房需求冲击引起的房地产市场需求变化导致房价波动，进而影响房地产部门的生产，房地产部门的生产用地需求改变了土地市场的供求关系，导致地价波动。由于土地供应由地方政府部门决定，土地价格的波动将影响地方政府的土地出让收入，而地方政府需要利用土地出让收入偿还债务以及充当借贷的抵押资产，这使得地价波动与地方政府债务紧密联系起来。

模型中的房地产部门分为国有房地产部门和非国有房地产部门。地方政府与国有房地产部门在土地交易和信贷资源配置过程中存在各种互利行为，导致地方政府承担部分国有房地产部门债务，从而间接影响地方政府债务。至此，房价波动与地方政府债务之间的中间环节已经梳理完毕。基准模型中刻画的市场主体包括代表性家庭、房地产部门、地方政府部门和商业银行部门，其中地方政府是土地的唯一供给方。

一 代表性家庭

无限期生存的家庭通过每期持有国有房地产部门生产的房屋存量$HE_{g,t}$、非国有房地产部门生产的房屋存量$HE_{f,t}$以及提供劳动N_t来实现终身效用的最大化：

$$\text{Max } E_0 \sum_{t=0}^{\infty} \beta^t (j_{f,t} \ln HE_{f,t} + j_{g,t} \ln HE_{g,t} - \Omega \frac{N_t^{1+\varphi}}{1+\varphi}) \tag{5.1}$$

其中，居民对两部门房屋完全替代，向两部门提供的劳动也不存在异质性。β 为家庭部门贴现因子，Ω 为劳动偏好系数，φ 为劳动供给弹性的倒数。居民每期通过向房地产部门提供劳动获得工资收入并享受上一期储蓄带来的利息收益，获得的收入用于继续增加对房屋的持有，剩下一部分存入商业银行。与 Iacoviello 和 Neri（2010）、Liu 等（2013）的研究类似，将居民对住房（服务）偏好的冲击表示为 j，为方便起见，将其定义为"住房需求冲击"。j_f、j_g 服从 AR（1）过程：

$$\log j_{f,t} - \log j_f = \rho_{jf}(\log j_{f,t-1} - \log j_f) + \varepsilon_{jf,t} \tag{5.2}$$

$$\log j_{g,t} - \log j_g = \rho_{jg}(\log j_{g,t-1} - \log j_g) + \varepsilon_{jg,t} \tag{5.3}$$

其中，$j_f > 0$、$j_g > 0$ 是稳态时的住房需求冲击。

家庭部门的预算约束为：

$$P_{fh,t}[HE_{f,t} - (1-\delta_h) HE_{f,t-1}] + P_{gh,t}[HE_{g,t} - (1-\delta_h) HE_{g,t-1}] + D_t \leqslant$$
$$W_t N_t + D_{t-1} R_{d,t-1} \tag{5.4}$$

其中，$P_{fh,t}$、$P_{gh,t}$ 分别为非国有房地产部门房价和国有房地产部门房价，D_t 为家庭部门的存款，W_t 为居民提供劳动力所获得的报酬，$R_{d,t}$ 为存款利率，δ_h 为住房折旧。上述预算约束方程表明，家庭部门的支出包括从异质性房地产部门购房从而改善居住条件的支出以及储蓄；家庭部门的收入包括提供劳动获得的工资报酬以及上一期储蓄带来的利息收入。代表性家庭部门在预算约束方程的约束下追求自身效用的最大化，整理得到以下优化条件：

$$R_{d,t}\beta \frac{N_{t+1}^{\varphi}}{W_{t+1}} = \frac{N_t^{\varphi}}{W_t} \tag{5.5}$$

$$\frac{j_{f,t}}{HE_{f,t}} = \frac{\Omega N_t^{\varphi}}{W_t} P_{fh,t} - \beta(1-\delta_h) P_{fh,t+1} \frac{\Omega N_{t+1}^{\varphi}}{W_{t+1}} \tag{5.6}$$

$$\frac{j_{g,t}}{HE_{g,t}} = \frac{\Omega N_t^{\varphi}}{W_t} P_{gh,t} - \beta(1-\delta_h) P_{gh,t+1} \frac{\Omega N_{t+1}^{\varphi}}{W_{t+1}} \tag{5.7}$$

式（5.5）为代表性家庭部门的劳动储蓄欧拉方程，式（5.6）为代表性家庭部门对非国有房地产部门所生产的房屋的需求方程，式（5.7）为代表性家庭部门对国有房地产部门所生产的房屋的需求方程。

二 房地产部门

为使模型更加符合我国房地产市场的实际情况，以及反映地方政府部门与国有房地产部门之间的种种互利行为，本章的房地产部门包括非国有房地产部门和国有房地产部门。

（一）非国有房地产部门

非国有房地产部门风险中性，每期投入劳动、资本以及土地进行生产，生产函数符合 Cobb-Douglas 形式：

$$H_{f,t} = A_{f,t} K_{fh,t}^{\alpha} X_{f,t}^{\omega} N_{f,t}^{(1-\omega-\alpha)} \tag{5.8}$$

其中，$H_{f,t}$ 为非国有房地产部门生产的房屋数量，$K_{fh,t}$、$X_{f,t}$、$N_{f,t}$ 分别为非国有房地产部门投入的资本、土地以及劳动力。α、ω 分别为资本和土地的产出弹性。$A_{f,t}$ 为非国有房地产部门的全要素生产率，服从 AR（1）过程：

$$\log A_{f,t} - \log A_f = \rho_f(\log A_{f,t-1} - \log A_f) + \varepsilon_{af,t} \tag{5.9}$$

同时，非国有房地产部门通过抵押生产的房屋从商业银行获得贷款，以购买生产所需的资本和土地：

$$L_{fh,t} = K_{fh,t} + P_{fhx,t} X_{f,t} \tag{5.10}$$

而且，当非国有房地产部门以房屋作为抵押品进行贷款时，将无法获得与抵押品同等价值的信贷资金。因此，本部分还参考了 Liu 等（2013）的研究引入非国有房地产部门的信贷约束：

$$L_{fh,t} R_{fh,t} \leq \mu_h E_t(P_{fh,t+1} H_{f,t}) \tag{5.11}$$

其中，$R_{fh,t}$ 为非国有房地产部门面临的利率，μ_h 为贷款抵押比率。

在生产函数和信贷约束下，非国有房地产部门通过出售房屋、支付工资、购买土地、支付贷款利息等方式实现利润最大化。同时，本章假设房地

产部门不能无成本地调整房价，并参照 Rotemberg 和 Saloner（1984）的定价

形式引入了房价调整成本 $\frac{\phi_h}{2}\left(\frac{P_{fh,t}}{P_{fh,t-1}}-1\right)^2 H_{f,t}$，$\phi_h$ 为房价调整成本系数。非国

有房地产部门目标函数如下：

$$\text{Max } E_0 \sum_{t=0}^{\infty} (\beta_h)^t \left[P_{fh,t} H_{f,t} - P_{fhx,t} X_{f,t} - R_{fh,t-1} L_{fh,t-1} - W_t N_{ft} - \frac{\phi_h}{2}\left(\frac{P_{fh,t}}{P_{fh,t-1}}-1\right)^2 H_{f,t} \right]$$

$$(5.12)$$

其中，β_h 为房地产部门的贴现因子，$P_{fhx,t}$ 为非国有房地产部门竞标土地

的价格。

非国有房地产部门的资本积累方程为：

$$K_{fh,t} = (1 - \delta_k) K_{fh,t-1} + I_{fh,t} \qquad (5.13)$$

整理后得到如下优化条件：

$$W_t N_{ft} = \lambda_{fh,t}^1 (1 - \omega - \alpha) H_{f,t} \qquad (5.14)$$

$$K_{fh,t} = -\frac{\lambda_{fh,t}^1 \alpha H_{f,t}}{\lambda_{fh,t}^2} \qquad (5.15)$$

$$P_{fhx,t} X_{f,t} = \frac{\lambda_{fh,t}^1 \omega H_{f,t}}{1 - \lambda_{fh,t}^2} \qquad (5.16)$$

$$\lambda_{fh,t}^1 = P_{fh,t} - \frac{\phi_h}{2}\left(\frac{P_{fh,t}}{P_{fh,t-1}} - 1\right)^2 + \left[\frac{\alpha P_{fhx,t} X_{f,t}}{R_{fh,t}(\omega K_{fh,t} - \alpha P_{fhx,t} X_{f,t})} - \beta_h \right] \mu_h E_t P_{fh,t+1}$$

$$(5.17)$$

$$\lambda_{fh,t}^2 = \frac{\alpha P_{fhx,t} X_{f,t}}{\alpha P_{fhx,t} X_{f,t} - \omega K_{fh,t}} \qquad (5.18)$$

（二）国有房地产部门

国有房地产部门同样风险中性，每期投入劳动、资本以及土地进行生

产。生产函数符合 Cobb-Douglas 形式：

$$H_{g,t} = A_{g,t} K_{gh,t}^{\alpha} X_{g,t}^{\omega} N_{g,t}^{(1-\omega-\alpha)} \qquad (5.19)$$

其中，$H_{g,t}$ 为国有房地产部门所生产的房屋数量，$A_{g,t}$ 为国有房地产部门全要素生产率，$K_{gh,t}$、$X_{g,t}$、$N_{g,t}$ 分别为国有房地产部门投入的资本、土地以及劳动力。α、ω 分别为资本和土地的产出弹性。

与非国有房地产部门一致，国有房地产部门通过房产抵押从商业银行取得贷款，贷款资金用于购买生产所需资本和土地：

$$L_{gh,t} = K_{gh,t} + P_{ghx,t} X_{g,t} \qquad (5.20)$$

然而，由于国有房地产部门具有地方政府的隐性担保，商业银行对国有企业具有预算软约束的"补贴幻觉"（张晓晶等，2019），更倾向于向国有企业放贷（厦门大学宏观经济研究中心 CQMM 课题组等，2017）。因此，模型在此处综合了信贷资源配置过程中地方政府、商业银行、国有房地产部门三者的交互行为。国有房地产部门面临的信贷约束如下：

$$L_{gh,t} R_{gh,t} \leqslant (\mu_h + \mu_g) E_t(P_{gh,t+1} H_{g,t}) \qquad (5.21)$$

$$P G_t = \mu_g E_t(P_{gh,t+1} H_{g,t}) \qquad (5.22)$$

其中，$R_{gh,t}$ 为国有房地产部门面临的利率，PG_t 为地方政府部门为国有房地产部门提供的隐性担保贷款，μ_g 为"预算软约束"担保贷款的抵押比率。

在生产函数和信贷约束下，国有房地产部门追求自身利润的最大化：

$$\text{Max } E_0 \sum_{t=0}^{\infty} (\beta_h)^t \left[P_{gh,t} H_{g,t} + \gamma X_{g,t} - P_{ghx,t} X_{g,t} - R_{gh,t-1} L_{gh,t-1} - W_t N_{gt} - \right.$$
$$\left. \frac{\phi_h}{2} \left(\frac{P_{gh,t}}{P_{gh,t-1}} - 1 \right)^2 H_{g,t} \right] \qquad (5.23)$$

其中，$P_{ghx,t}$ 为国有房地产部门竞标土地的价格。模型还在此处引入 γ 度量地方政府部门在土地竞标环节给予国有房地产部门的优惠，以体现地方政府在土地出让过程中为国有房地产部门提供价格优惠的现实特征。

国有房地产部门的资本积累方程为：

$$K_{gh,t} = (1 - \delta_k) K_{gh,t-1} + I_{gh,t} \qquad (5.24)$$

整理得到以下优化条件：

$$W_t N_{gt} = \lambda_{gh,t}^1 (1 - \omega - \alpha) H_{g,t} \tag{5.25}$$

$$K_{gh,t} = - \frac{\lambda_{gh,t}^1 \alpha H_{g,t}}{\lambda_{gh,t}^2} \tag{5.26}$$

$$P_{ghx,t} X_{g,t} = \frac{\lambda_{gh,t}^1 \omega H_{g,t} + \gamma X_{g,t}}{1 - \lambda_{gh,t}^2} \tag{5.27}$$

$$\lambda_{gh,t}^1 = P_{gh,t} - \frac{\phi_h}{2} \left(\frac{P_{gh,t}}{P_{gh,t-1}} - 1 \right)^2 + \left[\frac{\alpha (P_{ghx,t} - \gamma) X_{g,t}}{R_{gh,t} (\alpha P_{ghx,t} X_{g,t} - \omega K_{gh,t})} - \beta_h \right] (\mu_h + \mu_g) E_t P_{gh,t+1}$$

$$\tag{5.28}$$

$$\lambda_{gh,t}^2 = \frac{\alpha (\gamma - P_{ghx,t}) X_{g,t}}{\alpha P_{ghx,t} X_{g,t} - \omega K_{gh,t}} \tag{5.29}$$

三　地方政府部门

很多国有房地产企业在进行土地竞标时会获得一定的优惠，因此有底气进行高价竞标。国有房地产部门实际上只需承担较低的协议出让价格就能获得大部分土地（赵文哲、杨继东，2015）。作为唯一的土地供给方，地方政府部门必须在一定数量土地的基础上，调整对国有房地产部门和非国有房地产部门的土地供给，使土地出让收入最大化：

$$\text{Max } E_0 \sum_{t=0}^{\infty} (\beta_g)^t \left[(P_{ghx,t} - \gamma) X_{g,t} + P_{fhx,t} X_{f,t} \right] \tag{5.30}$$

每期拍卖的土地数量 X_t 给定，国有房地产部门和非国有房地产部门竞拍的土地数量满足以下约束：

$$X_{g,t} + X_{f,t} = X_t \tag{5.31}$$

整理得到如下优化条件：

$$P_{ghx,t} - \gamma = P_{fhx,t} \tag{5.32}$$

需要指出的是，由于地方政府财权和事权分离，在财政预算的约束下，其收入支出情况会受到上级部门的监督。考虑到地方政府的扩张性财政政策和支出惯性行为（陈小亮、马啸，2016），模型参考了梁琪和郝毅（2019）的研究，假设地方政府支出满足以下条件：

$$\frac{UG_t}{\overline{UG}} = \left(\frac{UG_{t-1}}{\overline{UG}}\right)^{\eta} \left[\left(\frac{Y_t}{\overline{Y}}\right)^{-\chi}\right]^{(1-\eta)} \quad (5.33)$$

$$\frac{RG_t}{\overline{RG}} = \left(\frac{RG_{t-1}}{\overline{RG}}\right)^{\eta} \left[\left(\frac{Y_t}{\overline{Y}}\right)^{-\chi}\right]^{(1-\eta)} \quad (5.34)$$

$$RG_t + UG_t + PG_t + L_{g,t-1} R_{d,t-1} \leq P_{ghx,t} X_{g,t} + P_{fhx,t} X_{f,t} + \\ T_t + L_{g,t} + R_{rg,t} RG_{t-2} + Rev_t \quad (5.35)$$

其中，η 体现了地方政府的支出惯性，$-\chi<0$ 表示地方政府的逆周期调控，UG_t 为地方政府财政支出中实际收益为零的部分，RG_t 为地方政府财政支出中有实际收益的部分，$L_{g,t}$ 为地方政府债务规模，$R_{rg,t}$ 为地方政府投资收益率。为了在一定程度上说明地方政府债务的期限错配，此处假设地方政府债务的偿还期为一期，有收益的政府财政支出的回收期为两期。Rev_t 为上级政府或中央政府给予地方政府的财政补贴：

$$Rev_t = \theta L_{g,t} \quad (5.36)$$

然而，政治锦标赛的存在使地方政府因片面追求 GDP 增速而进行了大量的低效率支出行为（吴粤等，2017）；再者，地方政府在支出决策过程中存在粗放和管理不当等问题，使得增加 GDP 的政府支出并不是全部而只是部分有效支出。因此，本章引入 κ 作为政府支出效率来核算实际的 GDP：

$$GDP_t = P_{fh,t}[HE_{f,t} - (1-\delta_h) HE_{f,t-1}] + P_{gh,t}[HE_{g,t} - (1-\delta_h) HE_{g,t-1}] + \\ I_{fh,t} + I_{gh,t} + \kappa(RG_t + UG_t) \quad (5.37)$$

考虑到地方政府投资收益率 R_{rg} 与实际 GDP 具有一定的相关性，实际 GDP 的增加会提高地方政府投资收益率，因而地方政府投资收益率由以下公式确定：

$$R_{rg,t} = \frac{GDP_t}{GDP_{t-1}} R_{d,t} \tag{5.38}$$

地方政府税收收入来源于实际 GDP：

$$T_t = \tau GDP_t \tag{5.39}$$

其中，τ 是税率。为突出土地出让收入对地方政府债务稳定性的直观影响，本章将地方政府的负债率 Lev_t 定义为：

$$Lev_t = \frac{(1 + R_{d,t-1}) L_{g,t-1} + P G_{t-1}}{P_{ghx,t} X_{g,t} + P_{fhx,t} X_{f,t} + T_t} \tag{5.40}$$

其中，分子部分表示地方政府当期债务还本付息额及其为国有房地产部门提供的隐性担保贷款，分母部分表示当期的土地出让收入和税收收入。

此外，本章在模型中嵌入地方债务置换政策因素，考察地方债务置换政策对债务期限错配风险的缓释作用和对其他主要经济变量的影响效果。本章引入变量 ζ_t 来衡量地方政府债务置换的程度：

$$\zeta_t = \frac{L_{g,t}}{L_{g,t-1}} \tag{5.41}$$

四　商业银行部门

商业银行持有三种资产，分别为对非国有房地产部门的抵押贷款、对国有房地产部门的抵押贷款以及对地方政府的债务支持，同时商业银行优先满足地方政府资金需求，地方政府贷款由商业银行基于自身资产负债表倒挤。商业银行吸收的家庭存款为上述三种资产的资金来源。因此，商业银行资产负债表约束为：

$$D_t = L_{gh,t} + L_{g,t} + L_{fh,t} \tag{5.42}$$

商业银行基于资产负债表在优先满足地方政府贷款需求的条件下追求自身利润最大化：

$$\text{Max } E_0 \sum_{t=0}^{\infty} (\beta_b)^t \Big[R_{fh,t-1} L_{fh,t-1} + R_{gh,t-1} L_{gh,t-1} + R_{d,t-1} L_{g,t-1} - R_{d,t-1} D_{t-1} -$$

$$\frac{\phi_l}{2} (\xi_t - \xi)^2 (L_{gh,t} + L_{fh,t}) \Big] \tag{5.43}$$

其中，β_b 为商业银行的贴现因子。此处假定商业银行不能完全无成本地调整对国有房地产部门贷款的比例，资产调整成本为 $\frac{\phi_l}{2}$ $(\xi_t - \xi)^2$ $(L_{gh,t} +$ $L_{fh,t})$。ϕ_l 为贷款组合调整成本系数（Chang et al.，2015），ξ_t 为国有房地产部门贷款占房地产部门总贷款的比例，即 $\frac{L_{gh,t}}{L_{gh,t}+L_{fh,t}}$。

整理得到如下优化条件：

$$\beta_b R_{gh,t} = \beta_b R_{d,t} + \phi_l (\xi_t - \xi) \left(1 - \frac{\xi_t + \xi}{2} \right) \tag{5.44}$$

$$\beta_b R_{fh,t} = \beta_b R_{d,t} - \frac{\phi_l}{2} (\xi_t - \xi)(\xi_t + \xi) \tag{5.45}$$

五　市场出清条件

在不考虑地方政府支出效率的情况下，名义产出由房地产部门收入、投资以及地方政府支出构成，市场出清条件为：

$$Y_t = P_{fh,t} [HE_{f,t} - (1 - \delta_h) HE_{f,t-1}] + P_{gh,t} [HE_{g,t} - (1 - \delta_h) HE_{g,t-1}] + I_{fh,t} + I_{gh,t} + RG_t + UG_t \tag{5.46}$$

房地产市场出清条件为：

$$H_{f,t} = HE_{f,t} - (1 - \delta_h) HE_{f,t-1} \tag{5.47}$$

$$H_{g,t} = HE_{g,t} - (1 - \delta_h) HE_{g,t-1} \tag{5.48}$$

劳动力市场、土地市场和商业银行信贷对应的市场出清条件分别为：

$$N_{f,t} + N_{g,t} = N_t \tag{5.49}$$

$$X_{g,t} + X_{f,t} = X_t \tag{5.50}$$

$$D_t = L_{gh,t} + L_{g,t} + L_{fh,t} \tag{5.51}$$

最后，本章共引入 4 个外生冲击，分别为非国有房地产部门的技术冲击 $A_{f,t}$，国有房地产部门的技术冲击 $A_{g,t}$，居民对非国有房地产部门的住房需求冲击 $j_{f,t}$，以及对国有房地产部门的住房需求冲击 $j_{g,t}$。此外，本章假设居民对国有房地产部门和非国有房地产部门的房屋完全替代，但需求冲击分别来自两个部门。所有冲击均服从如下 AR（1）过程：

$$\log A_{f,t} - \log A_f = \rho_f(\log A_{f,t-1} - \log A_f) + \varepsilon_{af,t} \tag{5.52}$$

$$\log A_{g,t} - \log A_g = \rho_g(\log A_{g,t-1} - \log A_g) + \varepsilon_{ag,t} \tag{5.53}$$

$$\log j_{f,t} - \log j_f = \rho_{jf}(\log j_{f,t-1} - \log j_f) + \varepsilon_{jf,t} \tag{5.54}$$

$$\log j_{g,t} - \log j_g = \rho_{jg}(\log j_{g,t-1} - \log j_g) + \varepsilon_{jg,t} \tag{5.55}$$

第四节　参数校准与估计

按照动态随机一般均衡模型求解的惯例，本章对概述模型平衡增长路径周围的方程进行了对数线性化，并对模型中涉及的参数进行了校准和估计。模型解采用计算似然函数的状态空间的模型形式，对于可以校准的参数，依据以往权威文献的相关研究结果以及宏观经济数据测算得出；对于无法进行校准的参数，采用贝叶斯方法进行估计，估计的过程包括将数据转换成适合计算似然函数的形式、参数先验分布的选择和后验分布的估计。

一　参数校准

本章需要校准的参数有 18 个，分别为家庭部门贴现因子 β、房地产部门贴现因子 β_h、商业银行贴现因子 β_b、地方政府部门贴现因子 β_g、劳动偏好系数 Ω、劳动供给弹性的倒数 φ、住房折旧 δ_h、资本品折旧 δ_k、资本产出弹性 α、土地产出弹性 ω、房价调整成本系数 ϕ_h、贷款抵押比率 μ_h、"预算软约束"贷款抵押比率 μ_g、地价优惠比率 γ、贷款组合调整成本系数 ϕ_l、短期土地供给稳态值$\overline{X}$、地方政府税率τ、政府支出效率κ。

参考 Iacoviello 和 Neri（2010）的研究，设置家庭部门贴现因子β为0.9925，β_h、β_b、β_g根据模型稳态分别校准为0.97、0.985、0.975。参考 Christian 和 Sweder（2014）的研究，设置Ω为3.409，φ为0.276。δ_h、δ_k依据 Iacoviello 和 Neri（2010）的研究分别校准为0.025、0.03。资本产出弹性α、土地产出弹性ω根据中国宏观经济数据测算结果，分别校准为0.2、0.11。房价调整成本系数ϕ_h根据李春吉等（2010）的研究校准为2.9183。参考 Liu 等（2013）的研究，贷款抵押比率μ_h应校准为0.6，但由于 Liu 等（2013）的研究中房地产部门抵押资产包括土地和资本品，而本章设置的抵押资产为房屋，据闫先东与张鹏辉（2019）的研究，按照抵押品的不同类型，资产抵押比率可在0.5~0.9取值，由于模型中房地产部门可抵押的资产只有房屋，因此贷款抵押比率调高至0.75。$\mu_g=1-\mu_h$，校准为0.25。参考 Chang 等（2015）的研究将ϕ_l校准为0.6。γ根据基准模型的设定校准为国有房地产部门土地拍卖价格的30%。$\overline{X}$根据近10年土地拍卖数据校准为19.2945。参考2019年《中国财政年鉴》统计数据，将τ校准为0.2。政府支出效率κ取值在0~1，为衡量不同投资有效度对主要经济变量的影响，在基准模型中分别将其取值为0.2、0.5、0.8。模型主要参数校准结果如表5.1所示。

表 5.1　模型主要参数校准结果

参数	参数说明	校准值
β	家庭部门贴现因子	0.9925
β_h	房地产部门贴现因子	0.97
β_b	商业银行贴现因子	0.985
β_g	地方政府部门贴现因子	0.975
Ω	劳动偏好系数	3.409
φ	劳动供给弹性的倒数	0.276
δ_h	住房折旧	0.025

续表

参数	参数说明	校准值
δ_k	资本品折旧	0.03
α	资本产出弹性	0.2
ω	土地产出弹性	0.11
ϕ_h	房价调整成本系数	2.9183
μ_h	贷款抵押比率	0.75
μ_g	"预算软约束"贷款抵押比率	0.25
γ	地价优惠比率	0.3
ϕ_l	贷款组合调整成本系数	0.6
$\overline{X}$	短期土地供给稳态值	19.2945
τ	地方政府税率	0.2
κ	政府支出效率	0.2、0.5、0.8

二 参数估计

对于模型中无法校准的参数，使用贝叶斯方法进行估计。基准模型需要估计的参数共 10 个，分别为政府支出冲击平滑系数 η、财政政策对产出缺口的反应系数 χ、非国有房地产商技术冲击平滑系数 ρ_{Af}、国有房地产商技术冲击平滑系数 ρ_{Ag}、非国有房产住房需求冲击平滑系数 ρ_{if}、国有房产住房需求冲击平滑系数 ρ_{jg}、非国有房地产商技术冲击标准差 e_{Af}、国有房地产商技术冲击标准差 e_{Ag}、非国有房产住房需求冲击标准差 e_{if}、国有房产住房需求冲击标准差 e_{jg}。选取的观测变量为实际产出、居民存款以及中央对地方的财政补贴，采用近 20 年的观测变量数据进行季度调整和 HP 滤波，以剔除时间趋势。先验分布的设置主要依据各参数的经济含义、取值范围以及相关研究结论，一般情况下，对于 0~1 范围内的参数，将先验分布设为 Beta 分布；对于取值始终大于零的参数，将先验分布设为 Gamma 分布；对于外生冲击的标准差，将先验分布设置为逆 Gamma 分布。贝叶斯估计结果如表 5.2 所示。

表 5.2　贝叶斯估计结果

参数	参数说明	先验分布			后验分布	
		分布类型	均值	标准差	均值	90% 置信区间
η	政府支出冲击平滑系数	Beta	0.6	0.1	0.1741	[0.1663, 0.1814]
χ	财政政策对产出缺口的反应系数	Beta	0.4	0.05	0.3131	[0.3077, 0.3180]
ρ_{Af}	非国有房地产商技术冲击平滑系数	Beta	0.9	0.1	0.9996	[0.9991, 1.0000]
ρ_{Ag}	国有房地产商技术冲击平滑系数	Beta	0.9	0.1	0.8530	[0.8471, 0.8571]
ρ_{if}	非国有房产住房需求冲击平滑系数	Beta	0.9	0.1	0.9999	[0.9998, 1.0000]
ρ_{jg}	国有房产住房需求冲击平滑系数	Beta	0.9	0.1	0.9280	[0.9122, 0.9413]
e_{Af}	非国有房地产商技术冲击标准差	InvGamma	0.1	inf	0.1822	[0.1546, 0.2103]
e_{Ag}	国有房地产商技术冲击标准差	InvGamma	0.1	inf	0.1362	[0.1318, 0.1392]
e_{if}	非国有房产住房需求冲击标准差	InvGamma	0.1	inf	0.4938	[0.3995, 0.5831]
e_{jg}	国有房产住房需求冲击标准差	InvGamma	0.1	inf	0.0686	[0.0238, 0.1196]

第五节　模型动态经济特征分析

一　脉冲响应分析

（一）房价波动影响地方政府债务稳定性的传导路径

明确房价波动的影响机制，首先需要解释为什么房地产需求冲击会推动房价上涨并进一步引起其他经济变量波动。假设家庭在消费和改善住房条件两方面具有线性效用，即 $U(C, H_h) = C + j H_h$，且房地产需求 j 是常数。住房需求函数意味着住房价格是消费和住房之间未来边际替代率的现值，此时边际替代率恒等于 j。由于稳态的利率水平恒定不变，因此除非 j 发生变化，否则房价 $q_{h,t} = j/(1-\beta)$ 同样恒定不变。由此，除了房地产需求冲击之外，房价没对任何其他冲击做出反应。进一步扩展到基准模型中，便可以用房地产需求冲击带来的影响近似代表房价波动的影响。在分析模型的动态经济特征时，本章以房地产需求外生冲击引起的房价波动为基准，探究房价波动对地方政府债务稳定性及其他经济变量的影响机制。[①] 本章所有脉冲响应图的横坐标均为季度，纵坐标均为变量相对于其均衡值的偏离程度。

图 5.3 显示了在分别考虑居民对国有房地产部门一个单位的正向住房需求冲击和居民对非国有房地产部门一个单位的正向住房需求冲击的情况下，主要经济变量的脉冲响应情况。从图 5.3 中可以看出，一个单位的正向住房需求冲击将直接增加房地产市场的需求，从而拉高房价。房价的上涨将导致房地产部门生产规模扩大，用地需求增加，市场对土地需求的增加将导致地价上涨。与此同时，土地出让的存在使得地方政府收入随土地价格的提升而增加，增加的收入不仅用于偿还地方政府的债务，还用于刺激地方政府支出，从而导致地方政府债务规模进一步扩张，地方政府负债率上升。此外，由于地方政府对国有企业存在预算软约束，国有房地产企业从商业银行获得抵押贷款的同时，还享受地方政府提供的软约束担保贷款，这意味着地方政府隐性负债率进一步提高，扩张后的债务继续用于政府公共支出，进而带动

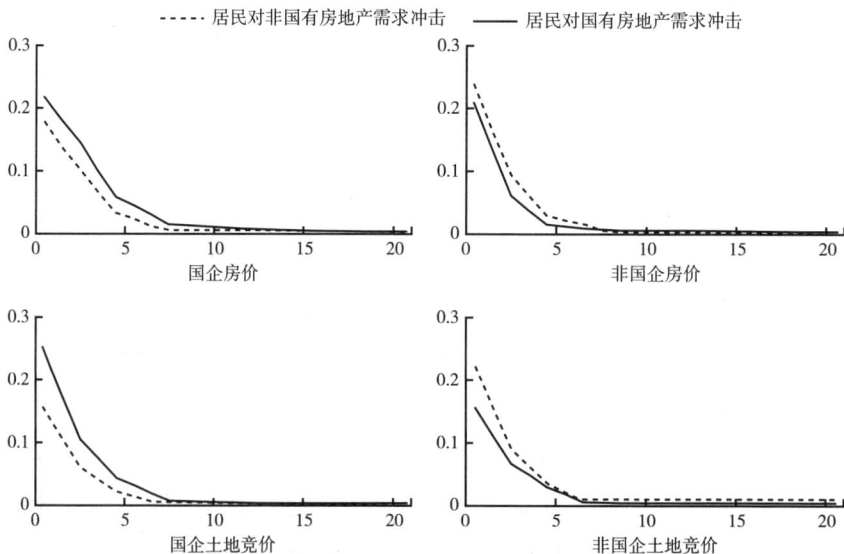

------

① 除住房需求冲击外，本章还研究了房地产企业生产技术冲击对主要经济变量的影响。

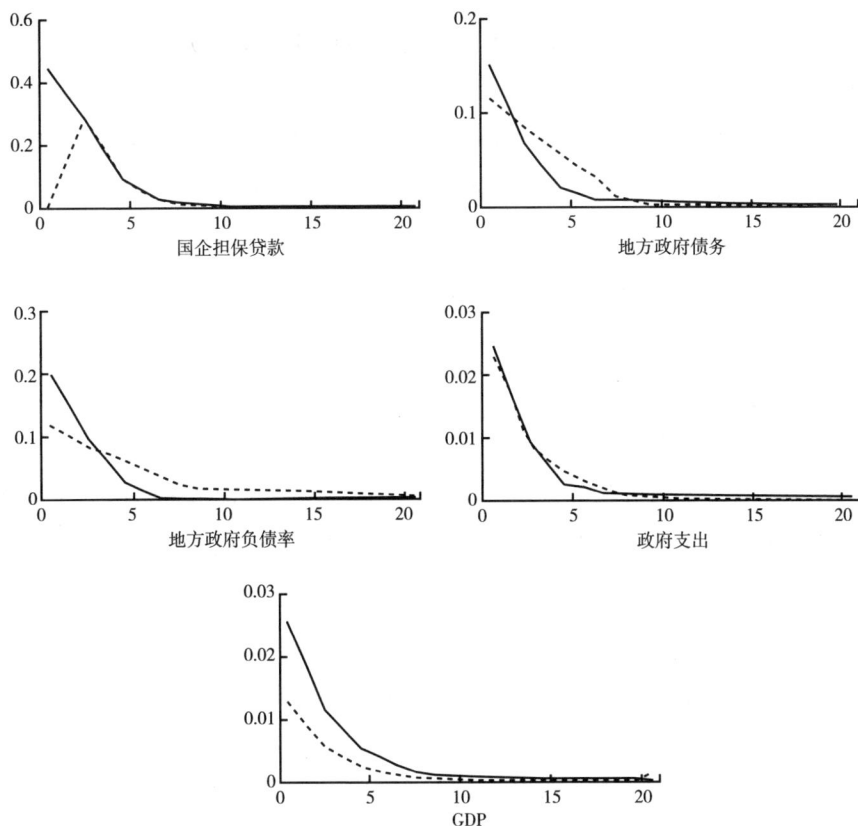

图 5.3　房价波动的传导途径

GDP① 增长。

　　如前所述，在房价波动向经济变量传导的过程中，地方政府的土地出让行为起着至关重要的作用。这主要是由于，受到正向需求冲击的房价上升推动了地价上涨，增加了地方政府的土地出让收入，进一步增加了地方政府的债务和支出。值得注意的是，由于地方政府对国有房地产部门在土地出让过程中存在预算软约束，大部分土地资源被国有房地产部门占用。同时，商业银行在信贷配置过程中存在体制性偏好，使得信贷资金被低效率、大规模地

――――――――

　　①　此处讨论的 GDP 是未考虑政府支出效率的名义产出水平。

配置到国有房地产部门，国有房地产部门的信贷严重挤占了非国有房地产部门的抵押贷款融资，而且国有房地产部门长期具备预算软约束，其主动负债动机较强，间接导致地方政府债务规模和负债率上升。因此，主要经济变量，如地方政府债务规模、地方政府负债率、政府支出以及 GDP，受国有房地产部门价格波动的影响大于非国有房地产部门。

（二）政府支出效率与地方政府债务稳定性

地方政府存在片面追求 GDP 增速而大规模举债，实行扩张性财政政策并使用融资资金进行大量低回报投资的现象，从而导致地方政府支出效率低下。同时，由于地方政府存在土地出让行为，政府支出效率低下问题与地方政府债务稳定性问题密切相关。图 5.4 分析和比较了地方政府支出效率分别为 0.2、0.5、0.8 的情况下，一个单位的正向住房需求冲击带来的房价波动对地方政府债务及其他主要经济变量的影响。从脉冲响应图中可以发现，随着地方政府支出效率的提高，房价波动对地方政府债务和地方政府负债率的影响有所下降，使得地方政府支出受土地出让的影响减弱，同时使得地方政府在信贷过程中对国有房地产部门隐性担保的情况有所缓解。此外，政府支出效率的提高直接带来实际产出水平的提高，从而使作为地方政府重要偿债来源的税收收入也更加充裕稳定，进一步维持了地方政府债务的稳定。以上分析表明，政府支出效率的提高可以在一定程度上提高地方政府债务稳定性并提振经济。

图 5.4 还考虑了在不同地方政府支出效率的情况下，国有和非国有房地产部门价格波动对地方政府债务及其他重要经济变量的影响。随着地方政府支出效率的提高，相较于非国有房地产部门，国有房地产部门价格波动能够在短期内更为明显地提升实际产出水平、拉动经济增长，这表明地方政府支出效率的低下在一定程度上也代表了国有房地产部门产出效率的低下。然而，由于地方政府对国有房地产部门长期具有预算软约束，即使在政府支出效率提高，隐性担保的状况得到缓解的情况下，地方政府债务稳定性受国有房地产部门价格波动的负面影响也没有得到更有效的缓解。

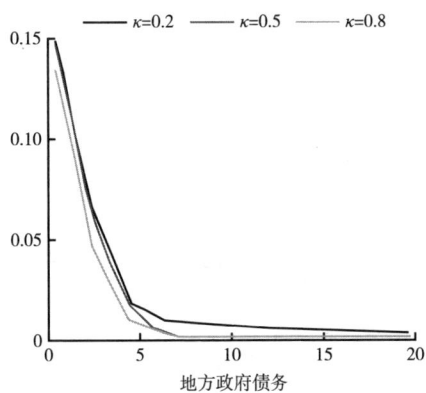

地方政府债务

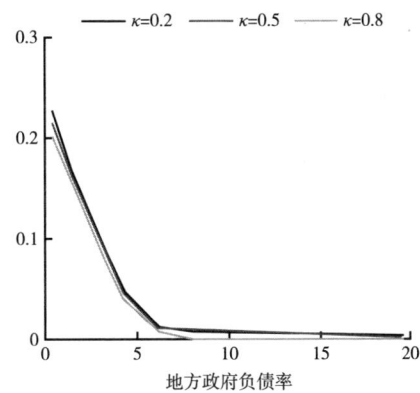

地方政府负债率

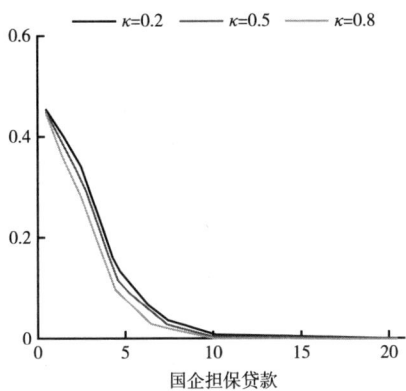

国企担保贷款

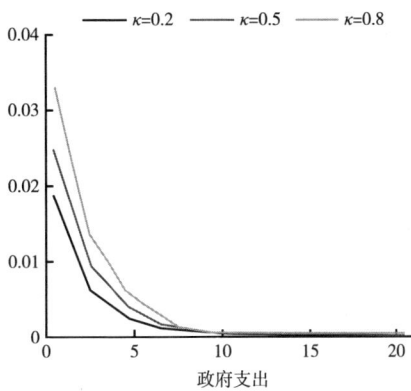

政府支出

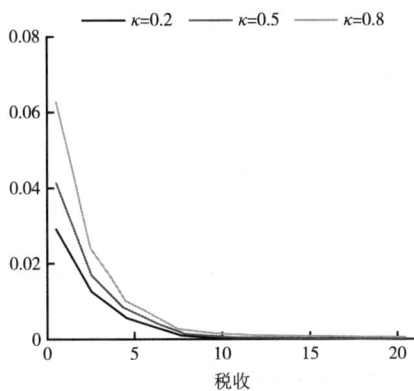

税收

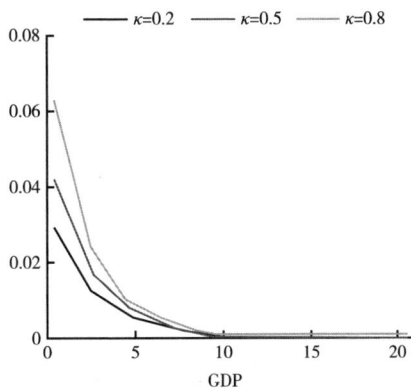

GDP

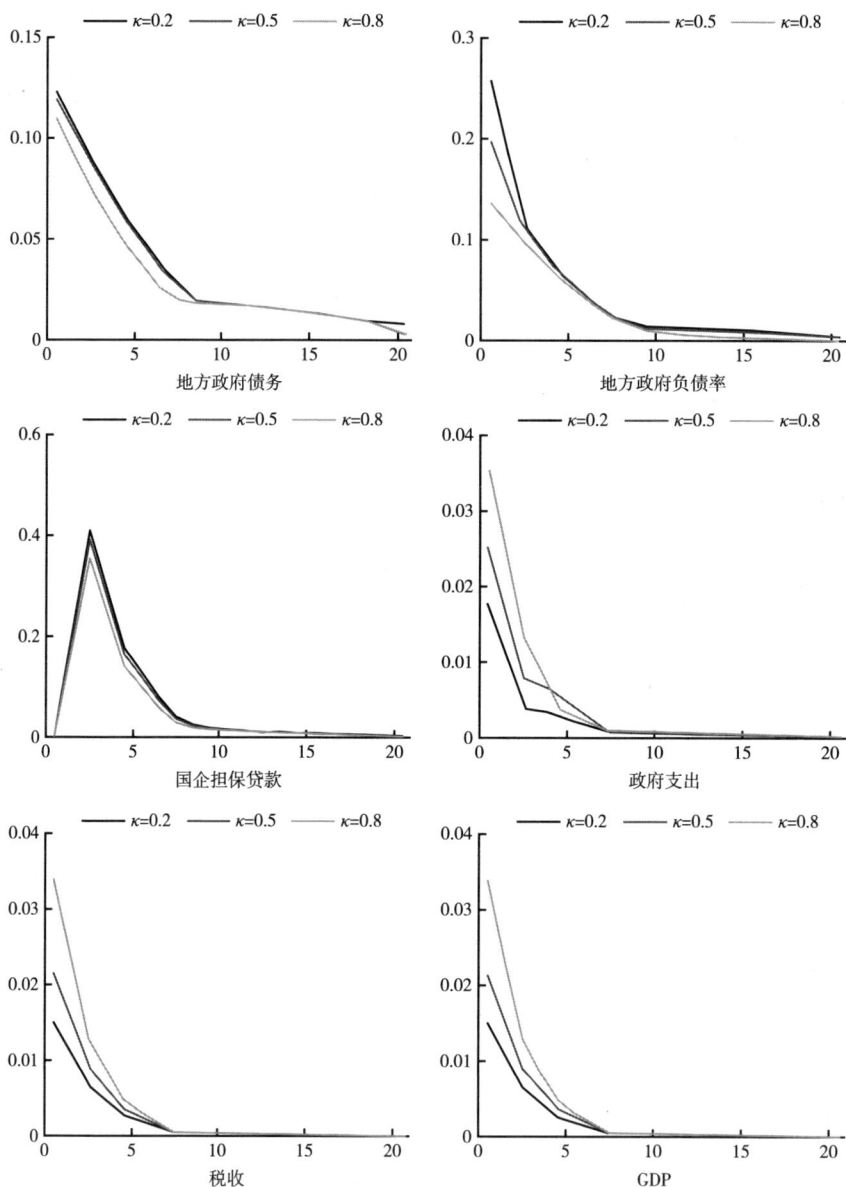

图 5.4 不同政府支出效率下房价波动对主要经济变量的影响

注：前 6 张图为居民对国有房地产需求冲击在不同的政府支出效率下对主要经济变量的影响；后 6 张图为居民对非国有房地产需求冲击在不同的政府支出效率下对主要经济变量的影响。

（三）地方政府债务置换对主要经济变量的影响

地方政府债务置换是指在财政部甄别存量债务的基础上，把地方政府原有的短期、高息债务（包括银行贷款、城投债、信托融资等）置换成中长期、低成本的地方政府债。由于置换后债务成本下降，置换政策在一定程度上释放了地方政府短期偿债压力，平滑了商业银行资金回笼周期，提升了商业银行收益率，进而防止了地方政府资金链断裂所导致的宏观经济波动。然而，由于房地产市场对地方政府土地出让的长期影响，以及地方政府债务的急剧扩张，置换政策的实施进度与地方债务融资容易出现期限错配，进而使得地方政府资金需求瓶颈收紧。而且，大规模低利率置换债券的发售会造成利率冲击，利率冲击会带来一段时间内的经济衰退以及使地方政府负债率高于稳态，从而加重地方政府债务负担。同时，地方政府为其置换的债券所做出的"政府担保"在法律上缺乏有效性，持有该类债券的商业银行存在债权悬空的风险。若经济体长期存在收支增长放缓、地方政府支出效率低下等情况，债务置换政策不仅无法避免全局性流动性风险的增加，还可能会随着置换数量的增加，对宏观经济变量造成更为严重的负面影响。

为评估债务置换政策能否提高地方政府债务稳定性，缓解实际产出波动，本章模拟了在不进行存量债务置换和进行存量债务置换的情况下，房价波动对主要经济变量的影响。由于主要经济变量受国有房地产部门价格变化的影响更大，因此本部分只对国有房地产部门价格展开研究。① 本部分首先考察了不同政府支出效率下，地方政府债务置换程度受房地产需求冲击后的变化情况，并根据期初经济变量的脉冲响应数据设置债务置换比例。从图5.5中可以发现，随着政府支出效率的提升，地方政府债务置换程度有所下降，这再次表明，政府支出效率的提高可在一定程度上缓解地方政府债务稳定性问题。

根据住房需求外生冲击下地方政府债务置换程度的脉冲响应数据，地方

---

① 本章同样考察了债务置换政策背景下非国有房地产部门价格变化对主要经济变量的影响，结果与国有房地产部门大致相同。

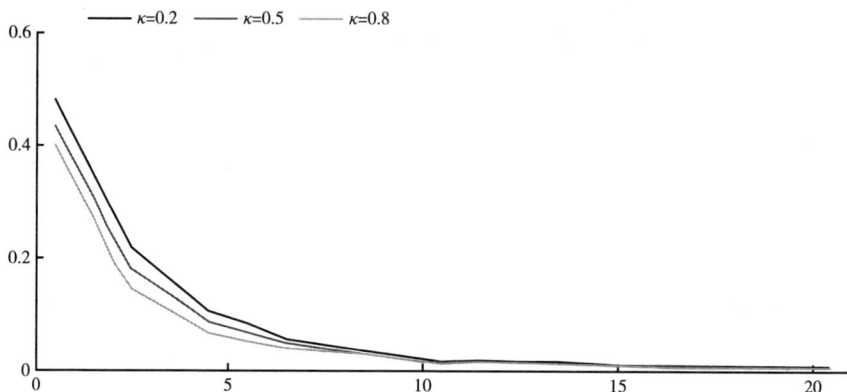

图 5.5　不同政府支出效率下房价波动对地方政府债务置换程度的影响

政府支出效率 κ 为 0.2 时，设置债务置换比例为 0.5；地方政府支出效率 κ 为 0.5 时，设置债务置换比例为 0.45；地方政府支出效率 κ 为 0.8 时，设置债务置换比例为 0.4。图 5.6 显示了不同地方政府支出效率情景下，有债务置换和无债务置换下主要经济变量对房地产需求冲击的脉冲响应比较。从图 5.6 中可以看出，由于地方政府债务置换后期限延长且成本降低，地方政府的偿债压力和债务负担有所减轻。此时，扩张性支出将在短期内带来更好的经济刺激效果。但随着地方政府支出刺激力度降低，中长期总产出将面临更大的下行压力。此外，由于债务置换具有低收益率的特性，商业银行难以根据经济波动情况迅速有效地调整对地方政府债务的利率，这加剧了其资产负债表的约束效应和预期收益效应，进一步加剧了信贷挤出效应，降低了政府债务回稳速度。

同时，地价下跌带来的土地出让收入的减少，也在一定程度上抵消了政府支出的刺激作用，削弱了债务置换维持地方政府债务稳定的作用，降低了中长期政府支出的有效性和持续性。可以看出，在地方政府支出效率较低的情况下，债务置换政策对经济变量的影响更大，短期扩张性政府支出刺激经济的作用也更为明显，但随着地方政府支出效率的提高，债务置换政策的短期有效性明显降低。

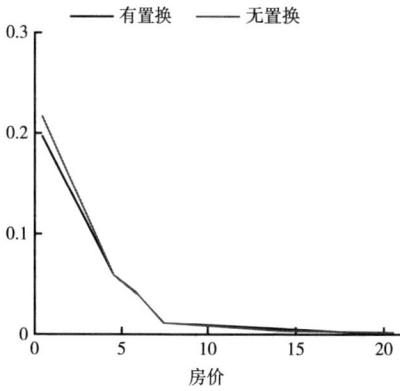

房价

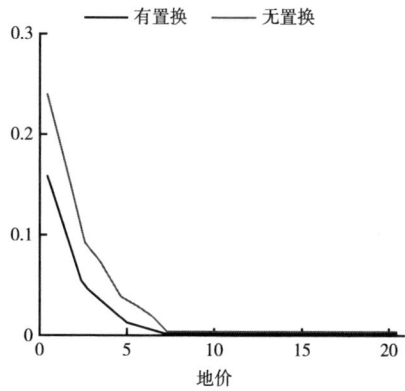

地价

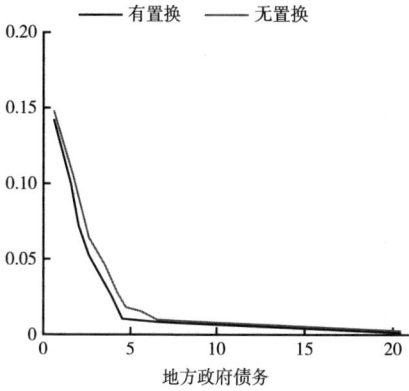

地方政府债务

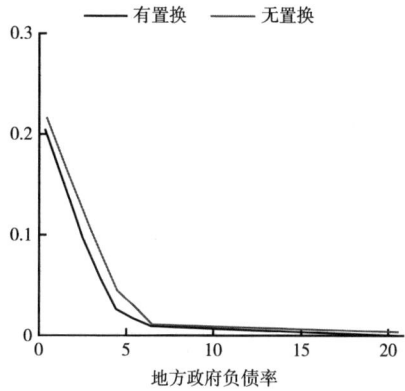

地方政府负债率

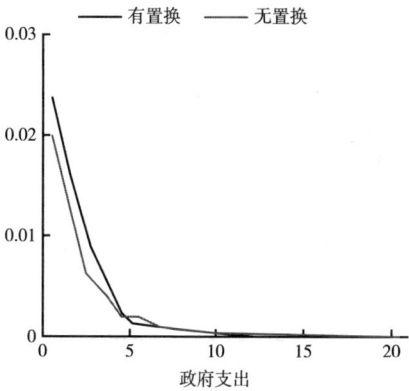

政府支出

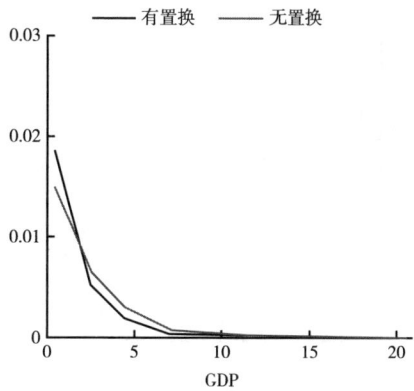

GDP

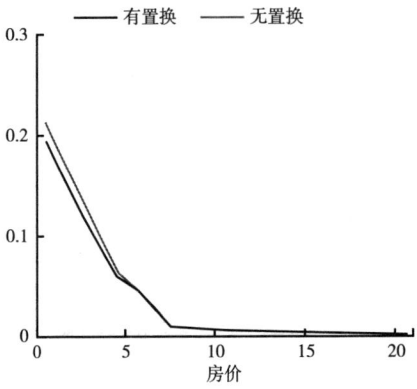

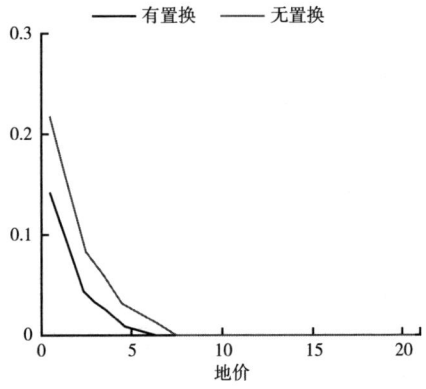

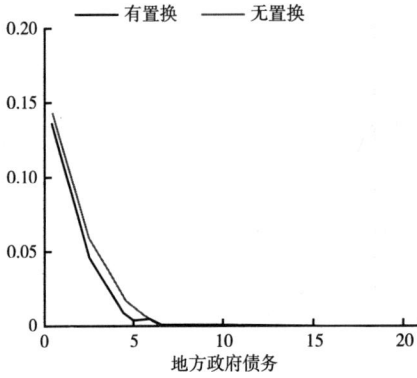

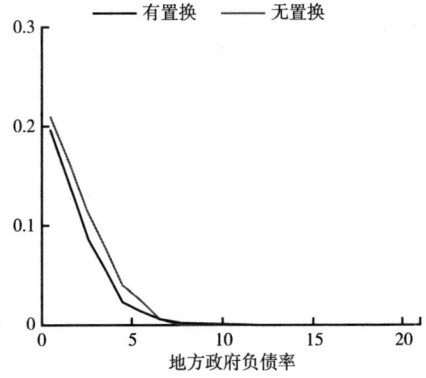

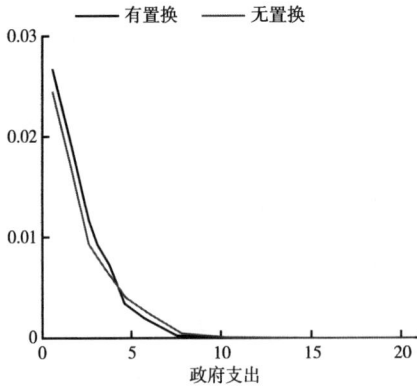

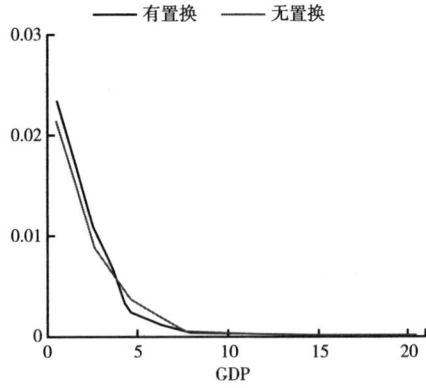

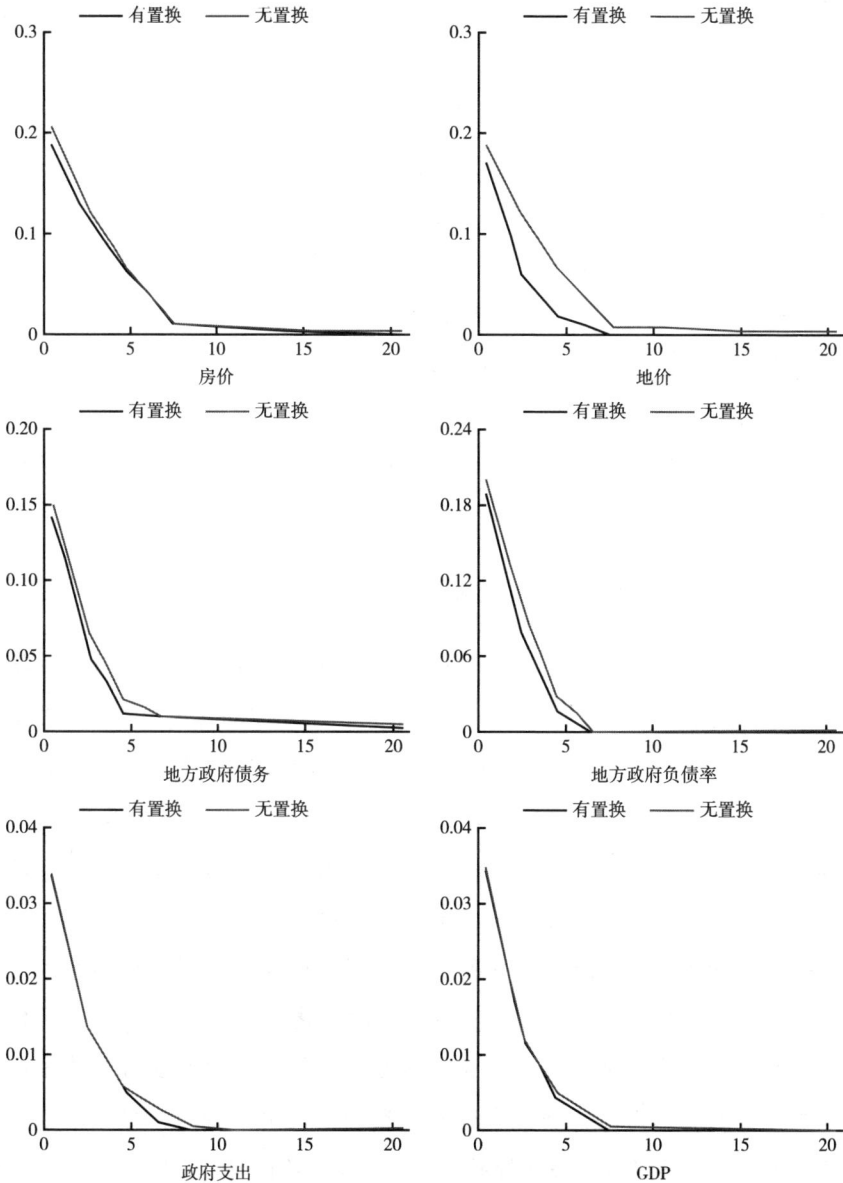

图 5.6 不同政府支出效率下进行债务置换后主要经济变量对房价波动的脉冲响应

注：前 6 张图为政府支出效率 κ 为 0.2 时，居民对国有房地产需求冲击在有无债务置换政策时对主要经济变量的影响；中间 6 张图为政府支出效率 κ 为 0.5 时，居民对国有房地产需求冲击在有无债务置换政策时对主要经济变量的影响；最后 6 张图为政府支出效率 κ 为 0.8 时，居民对国有房地产需求冲击在有无债务置换政策时对主要经济变量的影响。

综上所述，作为地方政府"第二财政"的土地出让联结了房价波动、地方政府债务稳定性以及实际产出波动。房地产市场和土地市场供求关系的变化引起地价的变化，从而导致土地出让收入的波动。由于地方政府依靠土地出让收入偿还存量债务，政府支出进一步扩张，地方政府债务规模在土地出让的作用下不断膨胀。与此同时，地方政府对国有房地产部门具有预算软约束，在政府支出效率较低的情况下，这些宏观因素共同作用，使得地方债务稳定性问题不断加剧。为解决地方政府债务稳定性问题，债务置换政策出台。但分析发现，债务置换政策短期有效、中长期无效，短期效应随着政府支出效率的提高而显著降低。因此，提高地方政府支出效率，消除土地出让、预算软约束等体制性因素，是经济发展新常态下保持地方政府债务稳定的关键。

二 主要经济变量的方差分解

结合上文对主要经济变量进行脉冲响应分析后的定性结论，表 5.3 给出了主要经济变量的方差分解结果。通过分析，房价波动的传导机制以及地方政府行为在上述过程中的作用得到了进一步的印证。从整体来看，居民对两房地产部门的住房需求冲击是经济变量波动的主要来源。就技术冲击而言，国有和非国有房地产部门的全要素生产率变化导致了 35% 左右的房价波动和地价波动，进而导致了约 36% 的地方政府债务、地方政府负债率的波动以及约 21% 的政府支出波动，最终带来约 40% 的 GDP 波动。就房地产需求冲击而言，居民对两房地产部门住房需求的变化导致了 65% 左右的房价波动和地价波动，进而导致了约 64% 的地方政府债务、地方政府负债率波动以及约 79% 的政府支出波动。通过地方政府土地出让行为，房地产市场的波动被传导到实体经济，最终导致了约 60% 的 GDP 波动。国有房地产部门价格波动对主要经济变量的影响更大，从地方政府债务以及地方政府负债率的方差分解结果可以看出，居民对国有房地产部门的住房需求冲击占比更大，体现了预算软约束行为对地方政府债务状况的影响，该影响也通过地方政府支出行为进一步传导至实际产出。综上所述，在本章的模型框架和传导路径下，住房需求冲击尤其是居民对国有房地产部门的住房需求冲击是影响地方政府债务稳定性和实体经济稳定性的主要因素，在解释地方政府债务稳定性以及产出的波动上发挥了重要作用。

表 5.3 主要经济变量的方差分解结果

单位：%

变量	非国企 TFP 冲击	国企 TFP 冲击	非国企住房 需求冲击	国企住房 需求冲击
非国企房价	19.14	16.29	36.43	28.14
非国企土地竞价	17.64	16.49	35.72	30.16
国企房价	16.11	20.51	23.82	39.56
国企土地竞价	13.42	20.71	26.84	39.03
地方政府债务	16.71	19.02	29.3	34.96
地方政府负债率	16.67	18.89	26.39	38.05
政府支出	9.47	11.59	38.21	40.74
GDP	13.39	27.10	22.69	36.82

第六节 小结

一 主要结论

长期以来，城市房价、地价飞涨以及地方政府债务稳定性问题备受关注，这二者背后的复杂关系更是不容忽视。为探究房价波动影响地方政府债务稳定性的传导机制，本章在厘清研究的事实背景、梳理主要经济变量的基础上，构建了动态随机一般均衡模型，并将土地出让、预算软约束、政府支出效率以及债务置换这些具有实际经济意义的因素嵌入模型。根据上文对模型动态经济特征的分析，本章得出以下主要结论。

第一，地方政府的土地出让是房价波动影响地方政府债务稳定性的关键环节。由于地方政府垄断了土地供给的权力，政府支出和偿债均高度依赖土地出让收入，土地出让收入直接受到地价的影响，而地价则随住房需求的冲击而波动。因此，住房需求冲击带来的房价波动，将通过土地出让转嫁到地方政府部门，进而影响地方政府债务稳定和地方政府支出行为。

第二，相较于非国有房地产企业，地方政府对国有房地产企业的各种预算软约束行为与土地出让的相互作用，使得国有房地产企业价格波动对地方政府债务稳定性和实际产出的影响更大。由于国有房地产部门的日常经营具有较大政策意义，地方政府为国有房地产部门提供了预算软约束、隐性担保、土地交易价格优惠等，同时商业银行对国有房地产部门存在信贷偏好，这使得国有房地产企业"大而不倒"，因而国有房地产部门价格的波动对主要经济变量的影响更为显著。

第三，地方政府支出效率的提高可以有效降低房价波动对地方政府债务稳定性的影响。由于晋升激励锦标赛普遍存在，地方政府容易采取扩张性财政政策，支出行为大多存在粗放、低效率等问题，进一步动摇了地方政府债务和实际产出的稳定性，地方政府支出效率与地方政府负债率负向关联。与此同时，政府支出效率的低下也在一定程度上代表了国有房地产部门产出效率的低下，即使随着政府支出效率的提高，地方政府对国有房地产部门的隐性担保情况有所缓解，国有房地产部门价格波动对地方政府债务和地方政府负债率的影响也没有得到更为有效的缓解。

第四，为化解地方政府存量债务风险，我国于 2015 年开始实施债务置换政策。通过上文对债务置换政策效力的分析可以发现，由于债务置换对债务期限结构产生影响，其可以在短期内降低由宏观因素导致的债务累积风险，提高地方政府债务稳定性，增强政府支出的经济激励效应。然而，受商业银行资产负债表约束效应与预期收益效应等各类因素的影响，中长期政府扩张性支出的积极作用弱化，政府支出的持续性与有效性显著降低，实际产出面临更大下行压力。此外，通过比较不同的政府支出效率可以发现，随着政府支出效率的提高，债务置换的短期有效性也在降低。

二 适用性建议

为维护地方政府债务稳定，根据结论，本章提出以下适用性建议。

　　一是要在稳定地方政府债务的基础上解决体制性问题，从制度上遏制地方政府的土地融资行为和对国有企业的隐性担保，建立稳定的地方财政收入来源，运用制度维护地方政府债务稳定。

　　二是要提高地方政府支出效率。各地方政府应因地制宜地调整支出结构，优化资源配置，及时削减或退出支出效率低下的项目，减少不必要的财政支出；提高各地方政府的支出透明程度，引导公众参与信息监督；不断提升自身的治理效能，开展预算绩效管理改革，引入中长期战略目标，及时调整短期绩效目标；针对市场失灵的领域，重点加大投资力度，有序推进 PPP 项目的落地实施，提高政府与民间资本合作效率，减轻地方政府债务负担。

　　三是要把握好债务置换政策的短期有效性，把扩大政府支出的重点放在拉动经济增长的关键领域，避免对产能过剩项目进行投资，注重发挥政府支出对短期经济发展的积极引导作用，进一步提高地方政府支出效率，从根本上解决地方政府债务稳定性问题，维护地方政府债务和实际产出的稳定。

第六章

影子银行风险

——房地产市场波动、宏观审慎监管与影子银行风险

第一节　研究背景

一　现实背景

长期以来，房地产市场波动不仅是社会关注的热点话题，也是学术界探讨宏观金融稳定时一个不可回避的命题。就中国而言，房价自 2003 年以来快速增长，商品房平均价格增长了 3 倍多，一线城市的住宅价格增长了 6 倍多。① 目前，我国房地产市场面临重大转型，坚持"房住不炒"基本定位，弱化房地产市场风险、防范房地产市场风险外溢是我国维护金融稳定的重要工作。随着全球房地产市场的扩张，影子银行的出现使得金融稳定问题更为复杂。根据金融稳定委员会（FSB）对影子银行的定义，影子银行系统是"涉及常规银行系统以外的实体和活动的信贷中介系统"。由于影子银行规模庞大，缺乏监管，其自身存在的问题也会对宏观经济金融稳定产生十分重大的影响。

基于房地产市场和信贷中介机构对金融稳定具有极大影响，2008 年国

---

① 数据来源于 CEIC 数据库。

际金融危机后，各界就金融监管展开了一系列实质性辩论。到目前为止，各国学者与决策者已经达成共识，认为除了监管单一金融机构外，监管框架还应考虑金融市场的宏观稳定。这种宏观审慎的金融监管应考虑到金融市场的系统发展，如信贷总额波动或金融市场波动，以及金融周期对商业周期变化的影响。目前在大多数发达经济体中，监管当局在宏观审慎监管方面做出重大调整，并成立专门机构，负责宏观审慎监管和政策工具的设计。然而，由于开展影子银行信贷业务的企业性质各不相同，很难实现一致、全面的监管。因此，目前的宏观审慎监管模式尚未将影子银行完全纳入。鉴于影子银行自身的风险及其与房地产市场之间的风险传染，迫切需要从理论层面深入研究将影子银行纳入宏观审慎监管框架的必要性。

为了分析房地产市场波动对影子银行的影响以及将影子银行纳入宏观审慎监管框架的政策效应，首先，本章在 Iacoviello（2005）以及 Gertler 和 Karadi（2011）研究的基础上引入房地产市场波动传导的抵押担保渠道，并区分金融中介的异质性，将其分为传统商业银行部门和影子银行部门，二者不仅对企业有信贷偏好，而且面临不对称监管。本章认为，影子银行是一个多元化的机构，在传统商业银行体系之外从事各种业务，但总体而言，影子银行以与传统商业银行类似的方式将资金从储户手中转移到借款人手中。其次，本章建立了包含影子银行在内的广义宏观审慎监管框架，并分析了不同宏观审慎监管框架的政策效应。最后，本章从存量规模和杠杆指标两个维度，动态分析了影子银行的风险来源，并对宏观审慎监管框架缓解影子银行风险的政策效果进行了分析。

本章后续内容的安排如下：第一节的第二部分为理论背景，即相关文献综述；第二节为来自 VAR 的经验证据；第三节为 DSGE 模型的构建，包括纳入房地产和异质性金融机构的基准模型以及两种不同的宏观审慎监管框架；第四节为模型参数的校准和估计，描述了模型的参数和数据特征；第五节为模型的动态经济特征分析，从房地产市场波动影响机制、宏观审慎监管框架的政策效果、影子银行风险三个视角剖析模型所具有的经济含义；第六节根据经济动态特征的分析结果给出结论以及相关适用性建议。

二 理论背景

（一）房地产市场与异质性金融中介

在房地产市场与影子银行各自危如累卵的同时，大量证据表明影子银行的相当一部分资金流入了房地产市场（张辉，2019）。因此，影子银行与房地产市场的波动密切相关。房地产是企业最重要的抵押资产之一，与机械设备相比，信贷中介对房地产资产的接受度更高（曾海舰，2012），由其他原因导致的房价上涨所带来的抵押物价值的提升，将使企业向商业银行申请更多贷款（祝继高等，2017）。因此，房地产市场波动将通过抵押担保渠道传导至信贷中介部门。然而，由于政府和监管部门出台了一系列信贷收紧措施，企业在向商业银行借款时面临信贷约束，被迫通过信托贷款、委托贷款等具有影子银行特征的渠道筹措资金，导致影子银行信贷规模扩大，影子银行风险增加（裘翔、周强龙，2014；王瑞，2021）。因此，一旦房地产市场发生波动，房地产企业的经营风险便转化为影子银行的金融风险，进而影响宏观经济及金融的稳定（魏燕子，2016）。为了更好地消除影子银行对金融稳定的影响，有必要深入挖掘房地产市场波动对影子银行和整个信贷中介部门的影响。

Ghiaie（2020）分析了住房、住房信贷市场以及影子银行之间的相互作用关系，并探讨了三者之间的关系是否会增加银行挤兑的可能性；其研究结果表明，住房渠道放大了全要素生产率的负向冲击，增加了影子银行破产的可能性，全面揭示了经济危机的后果，即房价暴跌、产出螺旋式下降以及漫长的经济复苏。Pool（2018）通过构建一般均衡模型研究发现，实际利率的外部下行压力扩大了抵押贷款规模，抵押贷款证券的银行间市场因此变得更具流动性，融资流动性的增加使得影子银行在抵押贷款供应方面相较于受监管的银行更具优势，促进了影子银行规模的扩张，同时增加了宏观经济风险释放的可能性。Pellegrini 等（2022）实证评估了影响中国异质性金融机构、房地产金融风险的因素；其研究表明，大型金融机构尤其是影子银行的扩张放大了系统性金融风险。

王若涵（2020）基于我国 2014～2018 年 31 个省份的面板数据，分析了货币政策和影子银行对我国房地产价格的联动作用；实证结果表明，影子银行作为传统融资工具的补充，为房地产企业提供了一条新的融资渠道，这在一定程度上导致了房价的提升并削弱了货币政策效果。任行伟等（2019）通过构建结构向量自回归模型研究发现，影子银行具有的流动性强、审批快、准入门槛低等特征使得越来越多的房地产开发商选择影子银行这一融资渠道，影子银行规模的扩大推高了房价。姜世超（2019）研究发现，影子银行规模会显著正向影响房价，而房价的提升会促使影子银行规模下降，但这种效应在 2008 年后基本消失。赵胜民和何玉洁（2018）采用带有随机波动率的 TVP-VAR 模型分析了影子银行对房价的影响，模型结果表明，信贷是房价上涨的主要动因，并且影子银行信贷相较于传统银行信贷对房价的影响更为强烈，与此同时房价上涨也会促进影子银行信贷规模扩张并挤出传统银行信贷，房价与影子银行之间存在内生推动机制。雷霖（2018）研究发现，影子银行规模、房价与金融稳定性之间的联系十分紧密，房价与影子银行规模的相互促进机制会给宏观金融稳定带来十分显著的负向影响。

（二）影子银行与宏观审慎监管

国内外学者均认为应协调宏观审慎监管与影子银行监管，但对于具体措施，国内外学者的看法存在一定分歧。Gebauer 和 Mazelis（2023）通过构建动态随机一般均衡模型，发现对传统商业银行提出较为严格的资本要求会使影子银行贷款规模扩大，可能会对金融稳定产生不利影响，而协调紧缩性的宏观审慎监管政策和宽松性的货币政策可以限制这种机制并降低总贷款价值的预期。Ouyang 和 Wang（2022）利用理财产品的非平衡面板数据考察了影子银行活动对传统商业银行稳定性的影响；其研究结果表明，中国的影子银行活动会降低传统商业银行的稳定性，而宏观审慎监管政策会缓解影子银行对传统商业银行稳定性的不利影响。Longworth（2012）认为，为了降低影子银行体系的挤兑风险，应将影子银行纳入更为审慎的监管体系，从而降低系统性金融风险和减轻未来的金融压力。

黄晓雯（2017）研究发现，影子银行的风险显著高于传统商业银行，并且二者之间具有风险传染效应，可能会对整个宏观经济产生风险溢出效应，因此必须基于宏观审慎监管视角看待影子银行监管。侯成琪和黄彤彤（2020）通过构建动态随机一般均衡模型探讨了影子银行的监管套利，以及宏观审慎监管框架的可能优化方案；模型的动态经济特征表明，影子银行存在的监管套利现象降低了仅针对商业银行监管的宏观审慎措施的有效性，若将影子银行纳入宏观审慎监管框架，可以有效限制影子银行的监管套利，并弱化影子银行的金融加速器效应。兰晓梅等（2020）探讨了货币政策和宏观审慎政策协调对影子银行的影响，模型动态结果表明，收紧的货币政策无法有效抑制影子银行的规模扩张，而过度严格的宏观审慎政策则会在大幅收缩影子银行规模的同时造成融资流动性风险，因此货币政策和宏观审慎政策的协调能够有效控制影子银行规模。胡利琴等（2018）通过动态随机一般均衡模型的脉冲响应函数和福利损失函数探讨了影子银行对宏观审慎监管政策效果的影响，研究发现，盯住信贷增速和资产价格的宏观审慎监管政策效果最优且带来的福利损失最少，而在盯住目标的同时纳入影子银行信贷规模则会导致过度监管以及福利损失。

（三）异质性金融中介与动态随机一般均衡模型

本部分主要围绕包含金融中介和金融摩擦的 DSGE 模型展开综述。Gertler 和 Karadi（2011）以及 Gertler 和 Kiyotaki（2010）的研究框架是金融危机后将金融中介纳入动态随机一般均衡（DSGE）模型的最早框架之一。Gertler 和 Karadi（2011）基于 Christiano 等（2005）、Smets 和 Wouters（2007）构建的货币 DSGE 模型，刻画了家庭与非金融企业之间通过金融中介进行资金融通的行为；他们将银行和家庭之间存在的代理问题（金融摩擦）纳入模型，允许银行将家庭资金从资产项目中转移出去牟取私利；鉴于家庭能够意识到潜在的不当行为，银行通过存款获取资金的能力有限；最后的研究表明，如果将金融中介领域的这种摩擦纳入模型，资本质量对产出下降的影响将更加明显，这为各国央行进行非常规信贷市场干预提供了空间。Gertler 和 Kiyotaki（2010）的模型通过添加流动性风险得到了进一步完善①；然而，与 Gertler 和 Karadi（2011）的模型相比，该模型没有纳入名义刚性，因为该模型更关注信贷市场摩擦和信贷政策的作用，而不是货币政策的效应。

与上述模型相比，另一种动态随机一般均衡模型考虑了借款人与金融中介之间的金融摩擦。此类模型强调借款人必须与贷款人建立抵押关系才能获得信贷资金。Guerrieri 和 Iacoviello（2017）、Iacoviello（2005）的研究将房地产资产作为抵押品，并将不耐烦企业的贷款金额与抵押品价值的变化联系起来；根据借款人面临的额外信贷约束，房地产市场的不利因素以及外生冲击下抵押比率的变化可能会限制企业贷款的数量，并影响经济中的消费和投资。除了引入代理问题和企业抵押率来衡量金融摩擦外，一些文献还提出了其他几种将金融摩擦纳入宏观模型的方法。Chen（2001）、Meh 和 Moran（2010）以及 Silvo（2019）都在 Holmstrom 和 Tirole（1997）的研究基础上，纳入了信贷中介市场中的代理问题。在这些文献中，信贷需求方面（银行和企业家之间）存在道德风险问题。企业家可以转移银行从投资活动中获得的资金，从而在银行面临的监管成本中获取私人利益。此外，信贷供给方面（银行和储户之间）存在另一种代理问题，使得家庭无法查明金融中介是否在有效监督企业的投资活动。

关于金融中介在宏观审慎调控中的作用，Angelini 等（2014）将抵押约束嵌入 NK 模型，并假设宏观审慎决策者根据简单规则调整资本要求。他们的研究发现，宏观审慎政策在金融危机时期尤其有效。Christensen 等（2011）发现，当经济面临银行业的冲击时，强有力的逆周期监管比时效性监管更能有效地维护金融稳定。Beau 等（2012）根据金融稳定是否反映货币政策的明确目标以及经济中是否存在单独的宏观审慎监管机构，定义了四种不同的政策体系；他们的研究发现，住房偏好冲击和信贷冲击是影响宏观审慎政策的最重要因素。然而，在上述所有宏观模型中，金融部门都被建模

---

① 与此一致的还有 Kiyotaki 和 Moore（1997）的研究。

为单一的中介机构。近年来，研究的重点逐渐转向金融中介的异质性。Gertler 等（2016）优化了 Gertler 和 Karadi（2011）构建的相对标准化框架，用批发银行和零售银行组成的两极银行体系取代了代表性金融机构。在 Gertler 等（2016）的研究中，代表影子银行的批发银行专门从事银行间借贷并为贷款提供资金，而零售银行则采用更传统的商业模式，收取家庭存款并向批发银行部门和非金融部门贷款[①]。Meeks 等（2017）通过构建基准模型，研究了影子银行和商业银行如何通过资产证券化影响整体信贷；其研究发现，证券化产品和影子银行部门的高杠杆结合可能会对宏观经济稳定产生非常不利的影响。Verona 等（2013）将影子银行设定为直接参与家庭和企业资金融通的中介，并假设影子银行在垄断竞争下运作，以及在贷款利率和无风险利率之间获得正利差[②]。他们的研究发现，合并影子银行将增强经济繁荣和增长的动力。

综上，关于影子银行与货币政策的研究已经十分丰富，但将异质性金融机构纳入宏观审慎监管框架，并将房地产市场波动与宏观审慎监管相结合的研究却屈指可数。因此，本章在阐明房地产市场波动如何传导至信贷中介部门的基础上，试图探讨宏观审慎监管是否能够缓解房地产市场波动对影子银行以及宏观金融稳定的影响。

本章可能的贡献如下：首先，本章将房地产市场波动纳入包含异质性金融机构的 DSGE 模型，分析房地产市场波动的影响机制，构建包含影子银行的广义宏观审慎监管框架，将房地产市场波动与信贷体系稳定性、宏观经济稳定性联系起来，拓展了当前学术界对房地产市场、影子银行与宏观金融稳定性的理论研究，也为未来应对政策的讨论搭建了基本框架；其次，基准模型的动态特征表明，房地产市场的波动通过抵押担保渠道传导至信贷中介部门，影响信贷中介部门和宏观经济的稳定，这为有效识别银行系统和宏观经

---

① Gertler 和 Karadi（2011）的研究已经对银行间借贷做出讨论，但研究中并没有对批发银行和零售银行做出明显的区分。

② 本章中影子银行存在正向利差的原因在于，与低风险的商业银行存款相比，家庭部门在影子银行储蓄资金会面临相对较高的违约风险。

济的风险来源提供了理论依据；最后，本章构建的包含影子银行的广义宏观
审慎监管框架能够有效缓解货币政策和监管变化带来的风险，而对于房地产
市场波动的影响，政策效果并不明显，这对于理解房地产行业在经济波动中
的作用以及规划未来的调控、监管政策具有重要意义。

　　综上所述，根据对过往文献的总结和归纳，可以初步梳理得到房地产市
场波动传导至传统金融中介部门和影子银行部门以及影响宏观金融稳定的渠
道（见图 6.1）。从左至右，受外生需求冲击影响，房地产市场会产生一系
列波动，例如房价上升以及房地产规模扩张。家庭部门通过持有房地产资产
改善住房条件，并将剩余收入分别存入商业银行和影子银行以获得保障性利
息收入。企业部门持有房地产资产作为生产性资产，并在借贷时将房地产资
产作为抵押品以获得贷款资金，由于房价和房地产规模的波动会影响企业抵
押资产的总价值，因而企业信贷规模也随之受到房地产市场波动的影响。除
此之外，由于企业在传统金融中介部门中的借贷受到抵押约束，企业纷纷转
向影子银行以谋求剩余的贷款资源，影子银行规模在房地产市场波动的影响
下发生变化。企业部门利用贷款资金以及既有资产生产中间产品，零售商将
其打包为最终产品，满足家庭部门的消费需求。中央银行仅对传统金融中介
部门实施一系列监管措施，暂未将影子银行纳入宏观审慎监管框架，在此背
景下探讨宏观审慎监管框架是否应该考虑影子银行贷款规模具有一定意义。

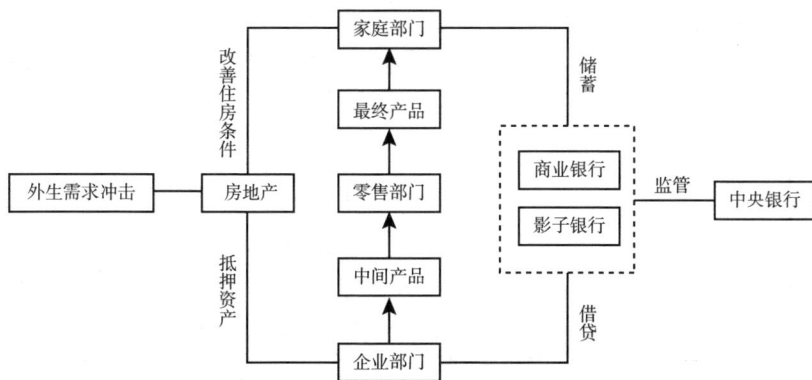

图 6.1　房地产市场波动的传导机制

第二节　房价波动与主要经济变量：
来自 VAR 的经验证据

在构建 DSGE 模型之前，本章通过构建 VAR 模型来明确房价波动与主要经济变量之间的关系。为增加观测样本的数量，本章选取房价、影子银行、消费和总产出的月度时间序列，样本时间为 2010 年 1 月至 2020 年 12 月。其中，房价由商品房销售额与商品房销售面积计算得到；由于国际上对影子银行的统计口径存在较大差异，本章从中国实际出发并考虑数据的可获得性，参考胡利琴等（2018）的研究，由社会融资规模中的委托存款、信托贷款及未贴现银行承兑汇票加总得到；消费采用社会消费品零售总额进行度量；总产出利用 Chow 和 Lin（1971）的方法转换为月度数据。之后，将所有数据通过 CPI 定基指数转换为实际值，采用 X-13 方法进行季节调整，并通过取自然对数来减缓数据波动以及消除时间序列中的异方差。

图 6.2 显示了在房价受到一个单位的正向冲击下，各经济变量的 VAR 脉冲反应，虚线表示 95% 的置信区间。从图 6.2 中可以看出，冲击导致房价与各经济变量产生了持续性上升。具体来看，房价受到一个单位的正向冲击以后，在第 1 期就对自身产生了最大的正向影响，此后在第 2 期下降并减小至 0；影子银行则在第 2 期才受到影响，该影响在第 6 期达到最大，之后缓慢降至 0，这表明房价冲击所导致的影子银行规模扩张存在一定的时滞效应且影响时间较长；消费与总产出的脉冲响应路径大致相同，均从第 1 期开始

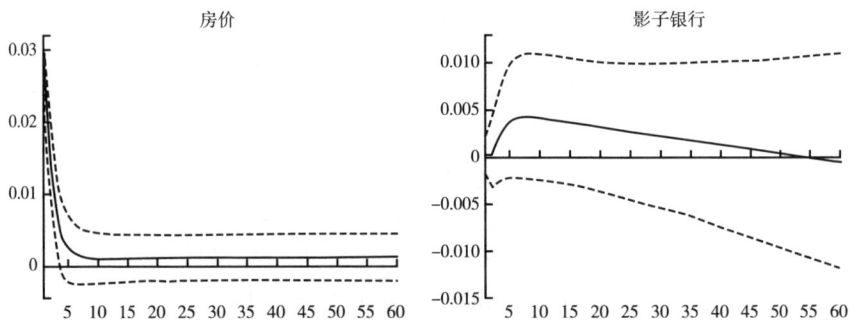

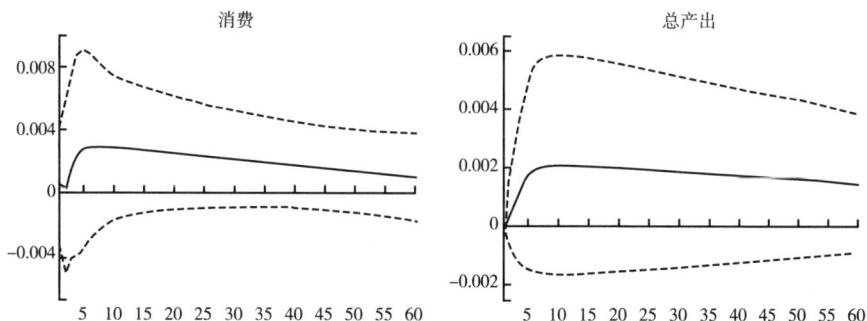

图 6.2　主要经济变量对房价波动的脉冲响应

波动并于第 6 期达到最大，之后缓慢下降。

在后续研究中，本章将通过理论模型对影响影子银行的风险冲击进行识别，分析房地产市场冲击影响影子银行的传导机制，进一步验证房地产市场与影子银行的密切关系。

第三节　DSGE 模型构建

一　基准模型

为了研究房地产市场对异质性金融中介的影响以及宏观审慎政策如何在监管中发挥作用，本部分基于 Iacoviello（2005）、Gertler 和 Karadi（2011）的研究进行模型构建。在模型中，家庭部门进行储蓄并充当信贷资金的贷方，而企业则是信贷资金的借方。然而，家庭部门并不直接向借款企业提供资金，而是在金融中介机构存款，然后金融中介将这些资金借给企业。家庭部门可以将储蓄分配给两个不同的金融中介：传统商业银行和影子银行。传统商业银行面临监管资本的要求，在调整存贷款利率的过程中受市场干预；影子银行的情况则完全相反，影子银行完全竞争，其自身经营既不受宏观审慎监管的约束，也不受政府的救助。因此，对于家庭而言，在影子银行进行储蓄的风险更大，这种隐性违约风险将使家庭在影子银行进行储蓄时要求更高的风险回报，导致影子银行与商业银行的信用利差为正。同时，为了描述影子银行对市场融资的高度依赖性，本章在影子银行部门引入一种激励约束机制（Gertler and Karadi，2011），即缺乏监管的影子银行可能会挪用部分借入资金，从而导致剩余部分实质性违约，并将投资损失留给储户。一旦家庭意识到这一风险，其将控制自己在影子银行中储蓄的份额，以激励影子银行继续经营，而不是发生实质性违约甚至退出市场。

在信贷市场中，本章假设只有商业银行会受到监管，企业在向商业银行进行借款时会面临一定的融资约束，即企业只能获得相当于抵押资产一部分价值的贷款，无法获得等同抵押资产价值的贷款。此外，为了将房地产市场与金融中介紧密联系起来，本章参照 Kiyotaki 和 Moore（1997）、Iacoviello（2005）的研究，将企业持有的抵押资产设定为房地产资产。当商业银行无法满足企业的借款需求时，企业可以利用房地产资产的剩余价值向影子银行借款。在劳动力市场上，家庭部门向企业提供劳动，获得的工资收入用于消费一般商品、改善住房条件和储蓄。企业利用劳动力和房地产资产生产中间产品，由零售商打包并在商品市场销售。最后，中央银行实施货币政策，并根据泰勒规则设定短期名义利率。

（一）家庭部门

代表性家庭通过消费一般商品、改善住房条件以及提供劳动实现自身效用的最大化：

$$\max_{C_t, H_t, N_t, D_t^c, D_t^s} E_0 \sum_{t=0}^{\infty} \beta^t \left(\ln C_t + j_t \ln H_t - \kappa \frac{N_t^{1+\varphi}}{1+\varphi} \right) \tag{6.1}$$

其中，C_t 为家庭部门的消费，H_t 为家庭部门购买的房地产资产[①]，N_t 为家庭部门提供的劳动量，D_t^c 为在商业银行的储蓄，D_t^s 为在影子银行的储蓄。β 为家庭部门贴现因子，κ 为劳动负效应系数，φ 为劳动供给弹性的倒数。j_t 为房地产需求冲击，是房地产市场价格波动的主要来源。鉴于房地产需求冲击在基准模型中发挥核心作用，因而讨论这一冲击可能代表的含义十分必

---

① 在模型中，家庭和企业持有的房屋或房地产资产分别表现为特殊的消费品和生产要素，这意味着房屋是内生决定变量。

要。Iacoviello 和 Neri（2010）认为房地产需求冲击只简单代表家庭对房屋品位的外生转变，本章假设房地产需求冲击如模型中的任何其他冲击一样，是摩擦或是标准化模型之外的一些"更深层次"的冲击的简化形式，其服从 AR（1）过程：

$$\ln j_t - \ln j = \rho^j (\ln j_{t-1} - \ln j) + \varepsilon_t^j \tag{6.2}$$

其中，j 为稳态时的房地产偏好系数，ρ^j 为房地产需求冲击的一阶自相关系数，ε_t^j 满足标准差为 σ^j 的独立同分布过程。

家庭部门的现金流满足如下预算约束：

$$C_t + q_t [H_t - (1 - \delta_h) H_{t-1}] + D_t^c + D_t^s \leq w_t N_t + D_{t-1}^c (1 + r_{t-1}^{dc}) + D_{t-1}^s (1 + r_{t-1}^{ds}) \tag{6.3}$$

其中，支出项包括消费 C_t、购买新的房地产资产的支出、在商业银行的储蓄 D_t^c 和在影子银行的储蓄 D_t^s。收入项包括劳动报酬 $w_t N_t$（w_t 为真实的工资水平），以及上一期储蓄带来的利息回报（r_{t-1}^{dc} 和 r_{t-1}^{ds} 分别为商业银行和影子银行的储蓄利率）。δ_h 为房屋折旧率。家庭部门在预算约束下追求效用最大化，得到消费的欧拉方程（6.4）、劳动供给方程（6.5）以及房地产需求方程（6.6）：

$$\beta E_t \frac{(1 + r_t^{dc})}{C_{t+1}} = \frac{1}{C_t} \tag{6.4}$$

$$\kappa N_t^{\varphi} = \frac{w_t}{C_t} \tag{6.5}$$

$$\frac{j_t}{H_t} + \frac{\beta E_t (1 - \delta_h) q_{t+1}}{C_{t+1}} = \frac{q_t}{C_t} \tag{6.6}$$

（二）企业

企业利用家庭部门提供的劳动和房地产资产生产中间产品，生产函数符合 Cobb-Douglas 形式：

$$Y_t = A_t (H_{t-1})^{\alpha} (N_t)^{1-\alpha} \tag{6.7}$$

其中，Y_t 为企业的产出，H_{t-1} 和 N_t 分别为企业投入的房地产资产和劳动力，α 为房地产资产的产出弹性，A_t 为技术冲击，服从 AR（1）过程：

$$\ln A_t - \ln A = \rho^a (\ln A_{t-1} - \ln A) + \varepsilon_t^a \tag{6.8}$$

其中，A 为稳态时的全要素生产率，ρ^a 为技术冲击的一阶自相关系数，ε_t^a 满足标准差为 σ^a 的独立同分布过程。

企业的效用函数如下：

$$\max_{C_t^h, N_t, B_t^c, B_t^s} E_0 \sum_{t=0}^{\infty} (\beta_h)^t \ln C_t^h \tag{6.9}$$

其中，β_h 为企业贴现因子，本章假设企业的耐心程度低于家庭部门，因此 $\beta_h < \beta$。企业的现金流满足如下约束：

$$C_t^h + w_t N_t + B_{t-1}^c (1 + r_{t-1}^{bc}) + B_{t-1}^s (1 + r_{t-1}^{bs}) + q_t H_t \leq \frac{Y_t}{x_t} + q_t (1 - \delta_h) H_{t-1} + B_t^c + B_t^s \tag{6.10}$$

就支出项而言，C_t^h 为企业消费，$w_t N_t$ 为企业支付的劳动力报酬，B_{t-1}^c（$1 + r_{t-1}^{bc}$）和 B_{t-1}^s（$1 + r_{t-1}^{bs}$）分别为企业上一期从商业银行和影子银行贷款产生的利息，$q_t H_t$ 为企业购买房地产资产支出。从收入项来看，Y_t / x_t 为企业出售中间产品的收入，定义 $x_t = P_t / P_t^*$，为最终产品对中间产品的价格加成系数，P_t、P_t^* 分别为最终产品和中间产品价格，δ_h 为房地产资产的折旧系数，B_t^c 和 B_t^s 分别为企业当期从商业银行和影子银行获得的贷款。

然而，企业从商业银行贷款面临一定的信贷约束（Iacoviello，2005），贷款金额取决于企业所持有抵押资产的价值。抵押资产的价值由企业持有的房地产资产的预期价值 $E_t [q_{t+1} (1 - \delta_h) H_t]$ 决定，m_t 为商业银行贷款的抵押率，用于衡量金融摩擦。影子银行的信贷过程不受抵押率的约束。由于商业银行和影子银行之间存在正向信用利差，企业的首选是从商业银行借款，只有达到抵押限额时，企业才会从影子银行贷款，而贷款额度是抵押资产价值的剩余部分。因此，企业面临以下信贷约束：

$$(1 + r_t^{bc}) B_t^c \leq m_t E_t [q_{t+1} (1 - \delta_h) H_t] \tag{6.11}$$

$$(1 + r_t^{bs}) B_t^s \leq (1 - m_t) E_t [q_{t+1}(1 - \delta_h) H_t] \qquad (6.12)$$

其中，商业银行贷款抵押率 m_t 由监管机构外生设定，并服从 AR（1）过程：

$$\ln m_t - \ln m = \rho^m (\ln m_{t-1} - \ln m) + \varepsilon_t^m \qquad (6.13)$$

其中，m 为稳态时的贷款抵押率，ρ^m 为贷款抵押率冲击的一阶自相关系数，ε_t^m 满足标准差为 σ^m 的独立同分布过程。

定义 λ_t 为 t 期信贷约束的影子价格①，企业追求效用最大化，得到消费的欧拉方程（6.14）、房地产需求方程（6.15）以及劳动需求方程（6.16）：

$$\frac{1}{C_t^h} = E_t \frac{\beta_h (1 + r_t^{bc})}{C_{t+1}^h} + \lambda_t (1 + r_t^{bc}) \qquad (6.14)$$

$$\frac{1}{C_t^h} q_t = E_t \left\{ \frac{\beta_h}{C_{t+1}^h} \left[\alpha \frac{Y_{t+1}}{H_t x_{t+1}} + q_{t+1}(1 - \delta_h) \right] + \lambda_t m_t^c q_{t+1}(1 - \delta_h) \right\} \qquad (6.15)$$

$$w_t = \frac{(1 - \alpha) Y_t}{N_t x_t} \qquad (6.16)$$

（三）金融中介

本章假设在家庭和企业之间存在两种金融中介，即传统的商业银行和影子银行。尽管二者以类似的方式进行信贷活动，但最大化自身效用的方式却截然不同。首先，本章假设商业银行受到监管约束，必须满足法定资本要求。其次，假定商业银行有资格获得中央银行或政府担保的流动性援助，其几乎没有破产风险，因此家庭和企业更倾向于在商业银行存款或贷款。相比之下，影子银行没有监管负担，也没有任何援助和担保，因此其经营在很大程度上取决于债权人的信任。然而，债权人的信任面临道德风险问题，即影子银行对债权人利益的侵害。道德风险在很大程度上支配着影子银行的杠杆指标。此外，商业银行获得的上级援助使其在流动性不足的情况下基本上可

① 正如 Iacoviello（2005）的研究，只要假设 $\beta_h < \beta$，则稳态时的 λ 恒大于 0，企业面临的信贷约束条件始终成立。

以免于违约，由于没有同等优待条件，影子银行在面临巨大的融资压力导致破产时，可能会立即退出市场。鉴于此，本章假设商业银行能够永续经营，影子银行能够频繁地进入和退出市场。

1. 商业银行

商业银行追求自身利润最大化，并受到资产负债表的约束：

$$B_t^c = NW_t^c + D_t^c \tag{6.17}$$

从资产端看，商业银行持有向企业提供的贷款 B_t^c。从负债端看，商业银行的资产包括家庭储蓄 D_t^c 和净资产 NW_t^c。因此，商业银行的利润函数由当期的贷款利息收入和储蓄利息支出决定：

$$\max_{B_t^c, D_t^c} r_t^{bc} B_t^c - r_t^{dc} D_t^c - \frac{Y}{2} \left(\frac{NW_t^c}{B_t^c} - V_t^c \right)^2 NW_t^c \tag{6.18}$$

同时，商业银行受到监管约束必须留存部分资本，脱离监管约束将给商业银行带来额外的成本，定义为 $\frac{Y}{2} \left(\frac{NW_t^c}{B_t^c} - V_t^c \right)^2 NW_t^c$，其中 Y 为监管成本参数，V_t^c 为资本充足率。

通过商业银行的利润最大化函数和资产负债表约束，可以得到商业银行的最优化条件：

$$r_t^{bc} = r_t^{dc} - Y \left(\frac{NW_t^c}{B_t^c} - V_t^c \right) \left(\frac{NW_t^c}{B_t^c} \right)^2 \tag{6.19}$$

此外，本章假设商业银行和影子银行的区别不仅在于监管层面，还在于它们能否获得上级的流动性援助。因此，假设商业银行的储蓄利率等于中央银行设定的无风险利率：

$$r_t^{dc} = r_t \tag{6.20}$$

商业银行的信用利差可以由方程（6.21）表示：

$$r_t^{bc} = r_t - Y \left(\frac{NW_t^c}{B_t^c} - V_t^c \right) \left(\frac{NW_t^c}{B_t^c} \right)^2 \tag{6.21}$$

方程（6.21）意味着商业银行贷款的边际收益等于借入资金的边际成本。当商业银行持有的净资产偏离监管要求时，二次成本将进一步增加。商业银行的净资产积累方程由方程（6.22）决定，其中I_t^c为商业银行的利润总额，δ_c为资本管理成本：

$$NW_t^c = (1 - \delta_c)\ NW_{t-1}^c + I_t^c \tag{6.22}$$

2. 影子银行

影子银行通常被认为由许多不同的业务部门组成，这些部门共同从事类似于商业银行业务的中介活动。鉴于影子银行系统的高度灵活性和复杂性，本章假设影子银行完全竞争。尽管影子银行的经营活动不受监管约束，但其受道德风险问题制约，道德风险将限制影子银行债权人提供资金的意愿。因此，为了避免影子银行股权的过度积累和影子银行通过自身股本而非债权进行过度融资，本章假设影子银行存续时间有限，影子银行在市场中存活下来的概率为γ。

影子银行的资产负债表由向企业提供的贷款B_t^s、家庭部门在影子银行的存款D_t^s以及影子银行净资产NW_t^s构成：

$$q_t B_t^s = D_t^s + NW_t^s \tag{6.23}$$

影子银行净资产的积累方程由影子银行资产端的收入和负债端的支出决定：

$$NW_{t+1}^s = (1 + r_t^{bs})\ q_t B_t^s - (1 + r_t^{ds})\ D_t^s \tag{6.24}$$

根据影子银行的资产负债表，将净资产的积累方程改写为如下形式：

$$NW_{t+1}^s = (r_t^{bs} - r_t^{ds})\ q_t B_t^s + (1 + r_t^{ds})\ NW_t^s \tag{6.25}$$

其中，r_t^{bs}为影子银行的贷款利率。对于影子银行来说，只要贷款的实际收益率（$r_t^{bs} - r_t^{ds}$）为正，那么在其退出市场之前，就能累积净资产。因此，影子银行的目标是在退出市场之前最大化自身预期价值V_t：

$$V_t = \max E_t \sum_{i=0}^{\infty} (1 - \gamma)\ \gamma^i\ (\beta_s)^{i+1}\ NW_{t+1+i}^s$$

$$= \max E_t \sum_{i=0}^{\infty} (1 - \gamma)\ \gamma^i\ (\beta_s)^{i+1} \left[(r_{t+i}^{bs} - r_{t+i}^{ds})\ q_{t+i} B_{t+i}^s + (1 + r_{t+i}^{ds})\ NW_{t+i}^s \right] \tag{6.26}$$

　　然而，由于影子银行存在道德风险，在每一期，影子银行都可能不遵守与家庭的储蓄合同，转移部分资产并直接退出市场，而家庭部门只能收回剩余的储蓄份额。挪用资金相当于宣布破产，因此只有当宣布破产的回报大于继续经营的未来回报贴现时，影子银行才会这样做。为了避免影子银行违约造成损失，有必要确保影子银行的预期净资产满足如下激励相容约束（Gertler and Karadi，2011）：

$$V_t \geqslant \omega \, q_t \, B_t^s \qquad (6.27)$$

　　其中，ω 为影子银行转移资金的概率。根据 Gertler 和 Karadi（2011）的研究，可以将方程（6.27）改写为如下形式：

$$V_t = v_t \, q_t \, B_t^s + \eta_t \, NW_t^s \qquad (6.28)$$

$$v_t = E_t \left[(1 - \gamma) \, \beta_s (r_t^{bs} - r_t^{ds}) + \gamma \, \beta_s \, \chi_{t,t+1} \, v_{t+1} \right] \qquad (6.29)$$

$$\eta_t = E_t \left[(1 - \gamma) + \beta_s \gamma \, z_{t,t+1} \, \eta_{t+1} \right] \qquad (6.30)$$

　　其中，$\chi_{t,t+i} = \dfrac{q_{t+i} B_{t+i}^s}{q_t B_t^s}$，为影子银行资产的增长率，$z_{t,t+i} = \dfrac{NW_{t+i}^s}{NW_t^s}$，为影子银行净资产的增长率。只有满足激励约束条件，即影子银行累积净资产大于可转移资产的价值时，影子银行才能继续经营：

$$v_t \, q_t \, B_t^s + \eta_t \, NW_t^s \geqslant \omega \, q_t \, B_t^s \qquad (6.31)$$

　　如果满足这一激励约束，那么影子银行能够获得的资产将正向依赖于其净资产：

$$q_t \, B_t^s = \frac{\eta_t}{\omega - v_t} \, NW_t^s \qquad (6.32)$$

　　其中，定义 $\varphi_t^s = \eta_t / (\omega - v_t)$，表示影子银行融资的杠杆比率，反映影子银行风险的大小。即使影子银行通过杠杆转移资金的热情日益高涨，方程（6.32）也将影子银行的杠杆比率限制在违约和收益相平衡的状态。因此，即使影子银行不面临限制其杠杆的外部资本要求，也会面临限制其提高杠杆能力的内生性资本约束。根据影子银行杠杆率的定义，影子银行净资产积累方程可以改写为：

$$NW_{t+1}^s = \left[(r_t^{bs} - r_t^{ds}) \varphi_t^s + (1 + r_t^{ds}) \right] NW_t^s \qquad (6.33)$$

$$z_{t,t+1} = (r_t^{bs} - r_t^{ds}) \varphi_t^s + (1 + r_t^{ds}) \qquad (6.34)$$

$$\chi_{t,t+1} = \frac{\varphi_{t+1}^s}{\varphi_t^s} z_{t,t+1} \qquad (6.35)$$

最后，参照 Gebauer 和 Mazelis（2023）的研究，本章假设影子银行储蓄利率和商业银行储蓄利率之间存在非负的利差[①]：

$$1 + r_t^{ds} = \frac{1 + r_t^{dc}}{1 - \mu^s \varepsilon_t^\mu} \qquad (6.36)$$

其中，μ^s 为影响影子银行利差的参数，表示影子银行的隐含违约率。引入 ε_t^μ 作为影响影子银行利差波动或违约概率的外生冲击，ε_t^μ 服从 AR（1）过程。

（四）零售商

本章按照 Calvo（1983）的定价模式在零售商部门引入价格黏性。假设单一零售商 z 在完全竞争市场以价格 P_t^w 购入中间产品，并且可以无成本地以价格 $P_t(z)$ 出售产品 $Y_t(z)$。最终产品由方程 $Y_t^f = \left[\int_0^1 Y_t(z)^{\frac{\varepsilon-1}{\varepsilon}} dz \right]^{\frac{\varepsilon}{\varepsilon-1}}$ 决定，其中 $\varepsilon > 1$，为替代弹性。给定此总产出函数，最终产品的定价为 $P_t = \left[\int_0^1 P_t(z)^{1-\varepsilon} dz \right]^{\frac{1}{1-\varepsilon}}$。因此，每个零售商都面临如下需求函数：

[①] 在 Gebauer 和 Mazelis（2023）的研究中，首先假设两种金融中介均不存在储蓄为负的情况，并且影子银行由于存在道德风险问题，储户要求的风险回报大于商业银行，即 $(1+r_t^{ds}) p \geq 1 + r_t^{dc}$，其中 p 为影子银行不发生违约的概率（No-default Probability），因此 $1+r_t^{ds} \geq \frac{1+r_t^{dc}}{p}$，改写成等号形式得到 $1+r_t^{ds} = \frac{1+r_t^{dc}}{p}$，定义 $\mu^s = 1-p$，表示影子银行发生违约的概率，便可以得到没有外生冲击情况下的方程（6.36）。

$$Y_t(z) = \left[\frac{P_t(z)}{P_t}\right]^{-\varepsilon} Y_t^f \tag{6.37}$$

所有零售商都以价格 P_t^w 购入中间产品，以价格 $P_t(z)$ 销售最终产品，并面临如上需求约束。零售商每期有 $(1-\theta)$ 的概率可以调整价格，定义 $P_t^*(z)$ 为调整后的价格，$Y_{t+k}^*(z) = [P_t^*(z)/P_t]^{-\varepsilon} Y_{t+k}^f$ 为调整后的需求函数。调整后的最优价格 $P_t(z)$ 需满足：

$$\sum_{k=0}^{\infty} \theta^k E_t \left\{ \Lambda_{t,k} \left[\frac{P_t^*(z)}{P_{t+k}} - \frac{x_t}{x_{t+k}} \right] Y_{t+k}^*(z) \right\} = 0 \tag{6.38}$$

其中，$\Lambda_{t,k} = \beta \dfrac{C_t}{C_{t+k}}$，为随机贴现因子，$x_t$ 为价格加成系数，稳态时等于 $\varepsilon/\varepsilon-1$。上述方程表明，零售商定价使得预期贴现收入等于预期贴现成本。最终产品的定价公式为：

$$P_t = \left[(1-\theta)(P_t^*)^{1-\varepsilon} + \theta P_{t-1}^{\varepsilon} \right]^{\frac{1}{1-\varepsilon}} \tag{6.39}$$

（五）货币政策

央行根据泰勒规则设置政策利率 r_t[①]：

$$\begin{aligned}
(1+r_t) &= (1-\varphi^r)(1+r) + \varphi^r(1+r_{t-1}) + \\
&\quad (1-\varphi^r)[\varphi^\pi(\pi_t-1) + \varphi^y(\ln Y_t - \ln Y_{t-1})] + \varepsilon_t^r
\end{aligned} \tag{6.40}$$

定义 $\pi_t = \dfrac{P_t}{P_{t-1}}$ 表示通胀率，φ^π 和 φ^y 为通胀与产出的泰勒规则反应系数，φ^r 为政策利率平滑系数，ε_t^r 为货币政策冲击。

（六）市场出清

市场出清条件受资源总量约束，由家庭部门的消费、企业的消费以及经济系统中所发生的各种成本构成：

$$Y_t = C_t + C_t^h + q_t[H_t - (1-\delta_h)H_{t-1}] + \delta_c NW_{t-1}^c + Y\left(\frac{NW_t^c}{B_t^c} - V_t^c\right)\left(\frac{NW_t^c}{B_t^c}\right)^2 + I_t^c \tag{6.41}$$

---

① 如前所述，此处设定的政策利率或无风险利率 r_t 等于商业银行部门存款利率。

二　宏观审慎监管框架

首先，本章的宏观审慎监管框架主要考虑了巴塞尔协议Ⅲ的核心要素，即针对宏观经济周期的波动，信贷中介机构需要在原有资本要求的基础上增加逆周期缓冲。根据巴塞尔协议Ⅲ的要求，本章将商业银行稳态资本要求设定为10.5%[①]，引入资本金要求的外生冲击来刻画逆周期缓冲监管政策，其他主要参数的校准和估计结果保持不变。根据巴塞尔协议Ⅲ，当银行业的信贷规模高于一定水平时，宏观审慎当局将提高资本金要求，以应对可能出现的宏观不稳定。虽然巴塞尔协议Ⅲ没有明确说明这一规定仅适用于商业银行，但大多数国家在实施这一政策时只关注商业银行。此外，由于影子银行和商业银行在结构和专业方面存在巨大差异，包含资本要求等通用工具的宏观审慎监管框架对影子银行来说可能并不适用。因此，本章建立两种不同的宏观审慎监管框架，即只考虑商业银行的监管框架与包含商业银行和影子银行的监管框架，并试图分析不同的监管框架下不同经济冲击对宏观经济变量的影响。

（一）狭义（适度）的宏观审慎监管框架

在狭义或适度的宏观审慎监管框架下，监管当局意识到了影子银行的存在，但在设定商业银行资本金要求时，只考虑商业银行的信贷规模。根据Angelini等（2014）的研究，此处将适度的宏观审慎监管框架下的商业银行资本要求设置为以下形式：

$$V_t^c = (1 - \rho^v)\, \overline{V^c} + (1 - \rho^v)\left[\chi_v\left(\frac{B_t^c}{Y_t} - \frac{\overline{B^c}}{\overline{Y}}\right)\right] + \rho^v\, V_{t-1}^c + \varepsilon_t^v \qquad (6.42)$$

监管部门需要根据商业银行信贷规模与产出之比偏离稳态值的程度来设定资本要求。其中，χ_v为资本变化响应系数，用于衡量监管政策的敏感性。

[①] 中国银监会于2011年4月发布《关于中国银行业实施新监管标准的指导意见》，指出正常条件下我国系统性重要银行最低总资本充足率为11.5%，非系统重要性银行为10.5%。模型结果表明，不同资本充足率对经济变量的影响趋势并没有太大差异，因此本章主要依据巴塞尔协议Ⅲ的要求将资本充足率要求设定为10.5%。

ε_t^v 为资本要求的外生冲击，服从 AR（1）过程，假设在资本要求调整过程中冲击逐渐变小并趋于平滑，ρ^v 是外生冲击对资本要求的平滑系数。适度的宏观审慎监管框架能够更好地刻画当前监管形势，即监管当局意识到并接受影子银行的存在，但在对商业银行进行监管时大多没有明确考虑影子银行的影响。

（二）广义的宏观审慎监管框架

广义的宏观审慎监管框架将影子银行纳入了商业银行资本要求的决策方程。宏观审慎当局在调整商业银行资本要求时，不仅要考虑商业银行的信贷规模，还要考虑影子银行的信贷规模，因此监管更为严格。广义的宏观审慎监管框架下，商业银行资本要求方程变为：

$$V_t^c = (1 - \rho^v)\,\overline{V^c} + (1 - \rho^v)\left[\chi_v\left(\frac{B_t^c + B_t^s}{Y_t} - \frac{\overline{B^c} + \overline{B^s}}{\overline{Y}}\right)\right] + \rho^v\,V_{t-1}^c + \varepsilon_t^v \quad (6.43)$$

第四节　参数校准与估计

按照动态随机一般均衡模型求解的惯例，本章对概述模型平衡增长路径周围的方程进行了对数线性化，并对模型中涉及的参数进行了校准和估计。对于可以校准的参数，依据以往权威文献的相关研究结果以及宏观经济数据测算得出；对于无法进行校准的参数，采用贝叶斯方法进行估计，估计的过程包括将数据转换成适合计算似然函数的形式、参数先验分布的选择和后验分布的估计。由于上述宏观审慎监管框架的设定主要基于 2008 年国际金融危机后形成的监管新格局，本章选取 2008 年国际金融危机后的宏观经济数据（数据范围覆盖巴塞尔协议 II 与巴塞尔协议 III 之间的过渡期），分析模型是否能够反映新监管措施实施前后的变化。本章选取的观测数据为国内生产总值、社会消费品零售总额以及通货膨胀率。所有数据均来自国家统计局，数据范围覆盖 2008 年第一季度至 2021 年第二季度。

一 参数校准

本章基于 Iacoviello（2005）、Gertler 和 Karadi（2011）的研究，对大部分参数进行了校准。根据中国宏观经济数据或政策规定，校准了一些具有明显区域差异的参数，如不同部门的贴现因子。为了反映家庭部门和企业之间的不同耐心程度，将家庭部门的贴现因子 β 校准为 0.9943，企业的贴现因子 β_h 校准为 0.975。根据 Iacoviello（2005）的研究，稳态时家庭部门的房地产偏好系数 j 被校准为 0.01。家庭部门劳动负效应系数 κ 和劳动供给弹性的倒数 φ 根据高然和龚六堂（2017）测算的均值分别校准为 1 和 0.7381。房屋折旧率 δ_h 根据 Iacoviello 和 Neri（2010）的研究校准为 0.01。根据 Iacoviello（2005）的研究，稳态时房地产部门的贷款抵押率 m 校准为 0.3，房地产资产产出弹性 α 校准为 0.03。稳态时企业的全要素生产率 A 按惯例校准为 1。根据 Gertler 和 Karadi（2011）的研究，影子银行存活的概率 γ 以及影子银行转移资金的概率 ω 分别为 0.9685 和 0.381。在本章中，影子银行从家庭部门挪用资金的概率降低了 1 个百分点[①]，校准为 0.281。商业银行监管成本参数 Y 参考 Gebauer 和 Mazelis（2023）的研究，校准为 10.05，商业银行资本管理成本 δ_c 校准为 0.1049。影子银行的隐含违约率 μ^s 约为每季度 5%，因此影子银行与商业银行存款利率之间的年化利差约为 2 个百分点。宏观审慎监管框架中涉及两个主要参数，即资本变化响应系 χ_v 和资本要求外生冲击平滑系数 ρ^v，参考 Angelini 等（2014）的研究，校准 χ_v 为 7，ρ^v 为 0.9。最后，将商品保持价格不变的概率 θ 校准为 0.75，不同商品之间的替代弹性 ε 校准为 1.3。主要参数的校准结果如表 6.1 所示。

---

① Gertler 和 Karadi（2011）使用了美元区宏观经济数据，直接应用于基准模型可能不太符合中国经济的现实特征。此处我们希望通过降低影子银行转移资金的概率，反映出中国在新的资产管理条例下对债权人更有力的保护和对影子银行更严格的监管。

表 6.1　参数校准结果

部门	参数	参数说明	校准值
家庭	β	家庭部门贴现因子	0.9943
	j	稳态时的房地产偏好系数	0.01
	κ	劳动负效应系数	1
	φ	劳动供给弹性的倒数	0.7381
	δ_h	房屋折旧率	0.01
企业	β_h	企业贴现因子	0.975
	A	稳态时的全要素生产率	1
	m	稳态时的贷款抵押率	0.3
	α	房地产资产产出弹性	0.03
商业银行	Y	监管成本参数	10.05
	V^c	资本充足率	10.5%
	δ_c	资本管理成本	0.1049
影子银行	γ	影子银行存活概率	0.9685
	ω	影子银行转移资金的概率	0.281
	μ^s	隐含违约率	5%
宏观审慎	χ_v	资本变化响应系数	7
	ρ^v	资本要求外生冲击平滑系数	0.9
零售商	θ	保持价格不变的概率	0.75
	ε	替代弹性	1.3

二　参数估计

本章所要估计的货币政策参数为通胀、产出的泰勒规则反应系数和政策利率平滑系数。一般情况下，对于 0~1 范围内的参数，先验分布设置为 Beta 分布；对于取值始终大于零的参数，先验分布设置为 Gamma 分布；对于外生冲击的标准差，先验分布设置为逆 Gamma 分布。本章选择略微收紧的先验分布来估计通胀的泰勒规则反应系数，产出反应系数的先验分布设置为 Gamma 分布，以确保参数不会为负。根据惯例，将政策利率平滑系数的先验分布设置为 Beta 分布。表 6.2 列出了参数估计的结果。

表 6.2　参数估计结果

参数	参数说明	先验分布			后验分布	
		分布类型	均值	标准差	均值	90%置信区间
货币政策参数						
φ^{π}	通胀的泰勒规则反应系数	Gamma	1.5	0.5	1.9617	$[1.9312,1.9978]$
φ^{y}	产出的泰勒规则反应系数	Gamma	0.2	0.05	0.2122	$[0.2058,0.2193]$
φ^{r}	政策利率平滑系数	Beta	0.75	0.1	0.7489	$[0.7142,0.7835]$
外生冲击(相关系数)						
ρ^{j}	房地产需求冲击	Beta	0.8	0.1	0.9996	$[0.9994,0.9998]$
ρ^{a}	技术冲击	Beta	0.8	0.1	0.9626	$[0.9614,0.9638]$
ρ^{m}	贷款抵押率冲击	Beta	0.8	0.1	0.9040	$[0.8996,0.9082]$
ρ^{μ}	影子银行违约冲击	Beta	0.8	0.1	0.8146	$[0.8055,0.8234]$
ρ^{r}	货币政策冲击	Beta	0.8	0.1	0.8817	$[0.8636,0.9001]$
外生冲击(标准差)						
σ^{j}	房地产需求冲击	InvGamma	0.01	0.05	0.0583	$[0.0561,0.0608]$
σ^{a}	技术冲击	InvGamma	0.01	0.05	0.0015	$[0.0012,0.0017]$
σ^{m}	贷款抵押率冲击	InvGamma	0.01	0.05	0.0042	$[0.0030,0.0049]$
σ^{μ}	影子银行违约冲击	InvGamma	0.01	0.05	0.0061	$[0.0021,0.0092]$
σ^{v}	资本金要求冲击	InvGamma	0.01	0.05	0.1051	$[0.1021,0.1082]$
σ^{r}	货币政策冲击	InvGamma	0.01	0.05	0.0046	$[0.0036,0.0055]$

第五节　模型动态经济特征分析

　　如 DSGE 模型构建部分所述，本章构建了联结房地产市场和金融中介的
DSGE 模型，并介绍了基于基准模型的宏观审慎监管框架。接下来，本章将
利用各经济变量的脉冲响应图来分析基准模型的动态经济特征。首先，本章
在房地产需求冲击的基础上，分析了其引起的价格波动对其他宏观经济变量
的影响，特别是影子银行；其次，本章将宏观审慎监管框架引入分析，考虑
不同的宏观审慎监管框架在房地产需求、货币政策和监管三大冲击下对宏观
经济变量的政策效应，并从影子银行信贷存量规模和影子银行杠杆指标两个
维度探讨哪些外生冲击对影子银行系统的影响更大，以及包含影子银行的广

义宏观审慎监管框架能否有效缓解影子银行风险和宏观金融的不稳定性。通过对上述问题的讨论，本章试图厘清房地产市场和影子银行之间的密切关系，探寻影子银行的风险来源，寻求控制影子银行风险和维护整个宏观经济稳定的途径。本章所有脉冲响应图的横坐标均为季度，纵坐标均为经济变量偏离稳态值的百分比。

一 房地产市场波动的影响机制①

如图 6.3 所示，以房地产需求冲击为基准，家庭部门对房地产一个单位的正向需求冲击必然导致整个房地产市场的需求上升，从而推高房价。明确房价波动的影响机制，首先需要解释为什么房地产需求冲击会推动房价上涨并进一步引起其他经济变量波动。假设家庭在消费和改善住房条件两方面具有线性效用，并假设房地产需求是常数，住房价格是消费和住房之间未来边际替代率的现值，此时边际替代率恒等于房地产需求。由于稳态时的利率水平恒定不变，因而除非房地产需求发生变化，否则房价同样恒定不变。因此，除了房地产需求冲击之外，房价没有对任何其他冲击做出反应。进一步扩展到基准模型中，便可以用房地产需求冲击带来的影响近似代表房价波动的影响。

为了吸收房地产市场的溢出需求、满足家庭部门改善住房条件的需求，随着需求冲击的持续，房地产市场的规模将进一步扩张并呈现上升趋势。由于企业信贷高度依赖房地产资产作为抵押，房价的上涨和房地产市场规模的扩大意味着企业的信贷抵押资产更为充足，企业贷款需求相应增加，导致商业银行信贷规模在需求冲击的影响下出现正向波动。因此，房地产市场的波动通过抵押担保渠道传递给信贷中介部门。然而，受监管政策的影响，企业在向商业银行贷款时面临一定程度的融资约束，为了最大化利用抵押资产价值，企业不得不转向影子银行贷款，使影子银行的信贷规模在需求冲击的影

---

① 此处的影响机制是在狭义宏观审慎监管框架下进行梳理的，且本章所讨论的房地产市场波动定义为房地产市场需求变化引起的价格波动、规模波动。因此，下文中的房地产需求冲击、房地产市场需求变化等术语均指房价波动和房地产市场规模波动。

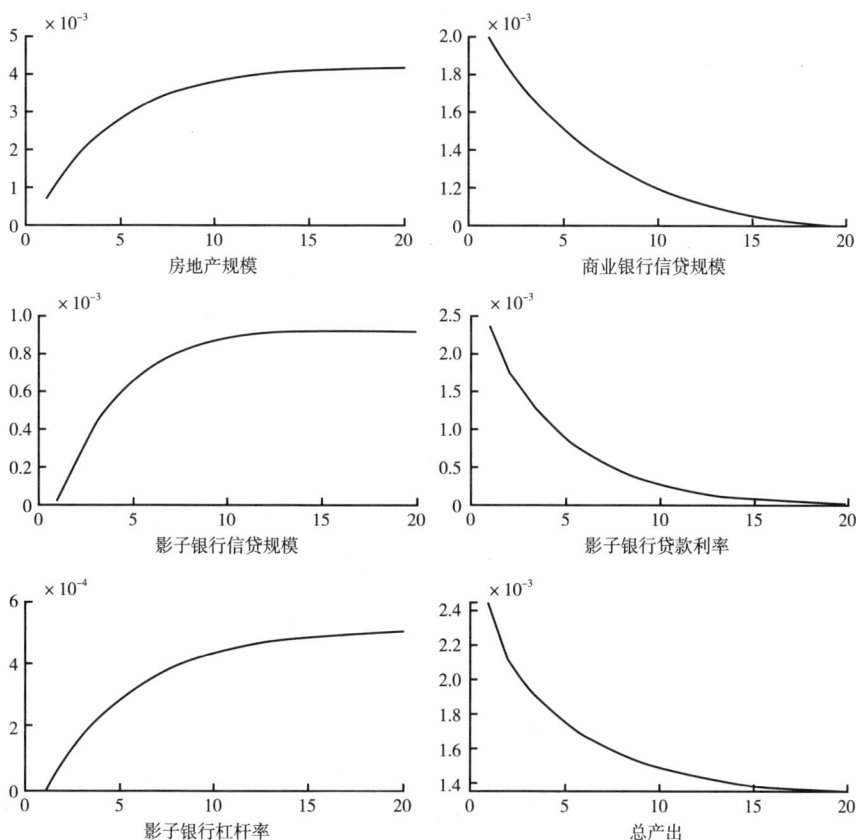

图 6.3 房地产需求冲击传导机制

响下也出现正向波动。同时，随着房地产需求冲击的持续，监管制约下商业银行信贷规模将逐渐缩小，而影子银行信贷规模则呈现扩大趋势。企业对影子银行贷款需求的增加，带来了影子银行贷款利率的正向波动。此外，随着房地产需求冲击的持续，衡量影子银行风险的杠杆指标正向波动更为显著，这意味着影子银行风险将在房地产市场波动的影响下增加。最后，房地产市场和信贷市场的高需求将进一步刺激经济，并带来总产出的正向波动。

综上所述，房地产市场需求变化引起的市场波动将通过抵押担保渠道传导至信贷中介部门，信贷规模的扩大将刺激经济，提高总产出水平。然而，在监管约束下，商业银行开展信贷活动的能力有限，这使得影子银行部门的经济变量在房地产需求冲击的影响下波动更为显著，从而加剧了影子银行风险。因此，房地产市场的波动将影响信贷中介部门和宏观经济的稳定。

二 宏观审慎监管框架的政策效果

本部分将从影子银行的存量规模和杠杆指标出发，比较两种不同的监管框架各自的政策效果。狭义宏观审慎监管框架只考虑商业银行的信贷规模，而广义宏观审慎监管框架将影子银行信贷规模纳入资本决策方程，考虑总体信贷规模。本章试图分析在不同的监管框架下，外生冲击对经济变量特别是影子银行的影响是否具有不同的政策含义。

首先，基于货币政策冲击的脉冲响应如图 6.4 所示，与大部分包含货币政策的 DSGE 模型的文献所得结论一致，在狭义宏观审慎监管框架下，正向的货币政策冲击意味着货币政策的收紧。此时，政策利率上升，消费和总产出将面临更大的下行压力。

利率上升和总需求恶化收紧了总体信贷规模，商业银行和影子银行的信贷规模都出现了负向波动①。影子银行信贷规模的收紧进一步降低了影子银行贷款利率，恶化了影子银行资产状况，最终推高了影子银行杠杆率。然而，紧缩性货币政策对商业银行的影响明显大于对影子银行的影响，这意味着货币政策调控对影子银行效力有限。根据本章资本逆周期调控的设置，商业银行的资本要求也因商业银行信贷规模和总产出规模的下降而放松。与狭义宏观审慎监管框架相比，当监管框架不仅关注商业银行，还关注影子银行时，整体信贷规模的波动会更小，影子银行杠杆率的增幅会下降，消费和总产出的下行压力将得到缓解。在初始阶段，随着商业银行和影子银行整体信贷规模的下降，资本金要求出现负向波动，逆周期调控适当放松。随着货币政策冲击的持续，广义宏观审慎监管框架下的资本要求将调整逆周期反应，

---

① 一些关于影子银行信贷溢出机制的文献认为，商业银行信贷规模的下降将导致大量信贷流入影子银行部门。然而，由于本章主要关注影子银行的风险以及宏观经济稳定，因此本章研究侧重于影子银行信贷规模的波动程度，而不仅仅是存量规模的增减。

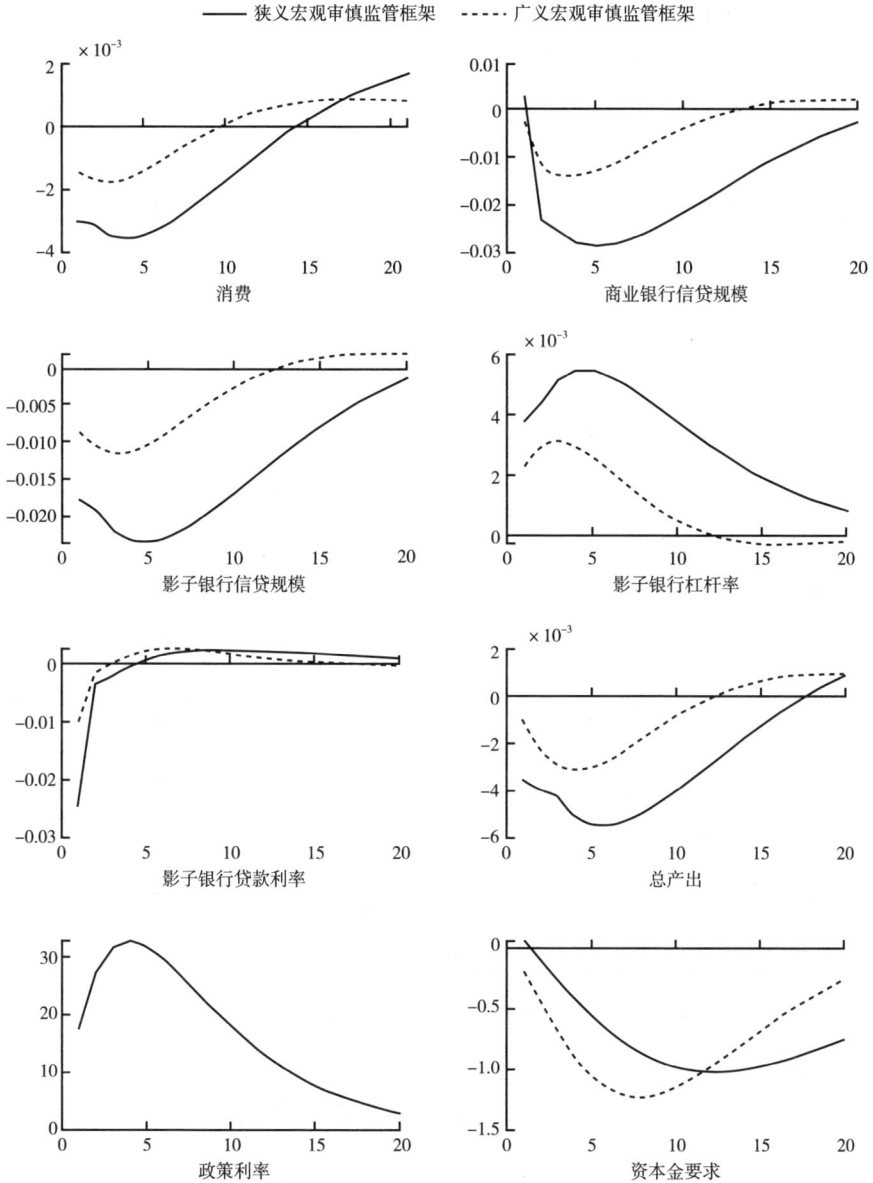

图 6.4　货币政策冲击

资本要求响应程度将超过狭义宏观审慎监管框架。因此，广义宏观审慎监管框架可以在一定程度上缓解货币政策影响造成的宏观经济波动，有利于维护经济系统的稳定。

其次，讨论两种监管框架在监管冲击下的政策效果。基于监管冲击的脉冲响应如图 6.5 所示，正向的监管冲击意味着宏观审慎监管的资本要求更加严格，在狭义和广义的宏观审慎监管框架下，资本要求都将显著提高。由于广义宏观审慎监管框架本身的资本设置比狭义宏观审慎监管框架更为严格，因此广义宏观审慎监管框架在期初的逆周期调控反应较小。从商业银行的信贷规模来看，狭义宏观审慎监管框架下的商业银行信贷规模在期初出现正向波动，其后骤降，并且波动明显，而广义宏观审慎监管框架下的商业银行信

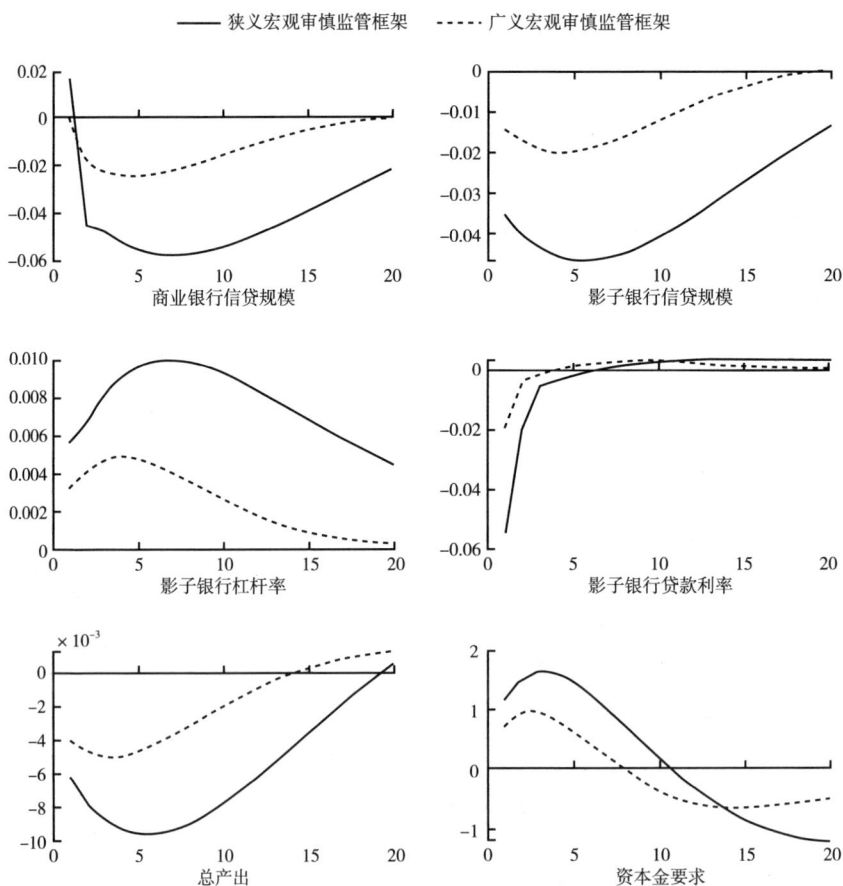

图 6.5　监管冲击

贷规模波动较小。与商业银行相比，影子银行信贷规模也有所缩小，但缩小幅度明显小于商业银行。此外，在信贷比例方面，监管的进一步收紧导致商业银行的部分信贷流向影子银行。尽管影子银行信贷规模随着资本要求的提高而缩小，但其杠杆率呈现正向波动。与狭义宏观审慎监管框架相比，广义宏观审慎监管框架能够有效缓解影子银行杠杆率的正向波动。随着商业银行资产端更加稳定，影子银行大幅调低利率以吸引投资的情况稍有缓解，影子银行风险在一定程度上也有所缓释。由于整体信贷规模收缩，市场需求受到抑制，总产出水平负向波动。与狭义宏观审慎监管框架相比，广义宏观审慎监管框架下产出水平波动较小，资本的逆周期调控更为有效。

综上，广义宏观审慎监管框架能够很好地缓解货币政策冲击和监管冲击下宏观经济变量的波动，接下来本章将讨论两种监管框架在房地产需求冲击下的政策效果。

如图 6.6 所示，在广义宏观审慎监管框架下，受房地产需求冲击影响，整体信贷规模的正向波动较为显著。一个合理的解释是，市场意识到存在更严格的监管，从而更能确保资金安全，信贷需求也更为膨胀。但是，在基准模型的设置下，广义宏观审慎监管框架显然无法有效缓解房地产市场波动对信贷中介部门存量规模稳定的影响。从影子银行杠杆指标来看，考虑影子银行信贷的广义宏观审慎监管框架可以在短期内有效降低房地产需求冲击对影子银行杠杆率的影响，但随着影响的持续，杠杆率仍将逐渐上升。因此，广义宏观审慎监管框架在控制影子银行杠杆率方面具有时效性。此外，在广义宏观审慎监管框架下，总产出水平的提升幅度更大，正向波动更加剧烈。随着总产出水平的提升，即使信贷规模扩大，期初广义宏观审慎监管框架下的逆周期调控的资本要求也会有所放松，但是在 7 期后资本要求提升，这意味着逆周期调控政策对房地产市场波动的反应相对滞后，宏观审慎调控不能很好地缓解房地产需求冲击对宏观经济变量的影响。

因此，对于影子银行的信贷规模而言，货币政策的收紧、监管的加强将使影子银行的信贷规模大幅缩减，而房地产需求增加引起的房地产市场波动

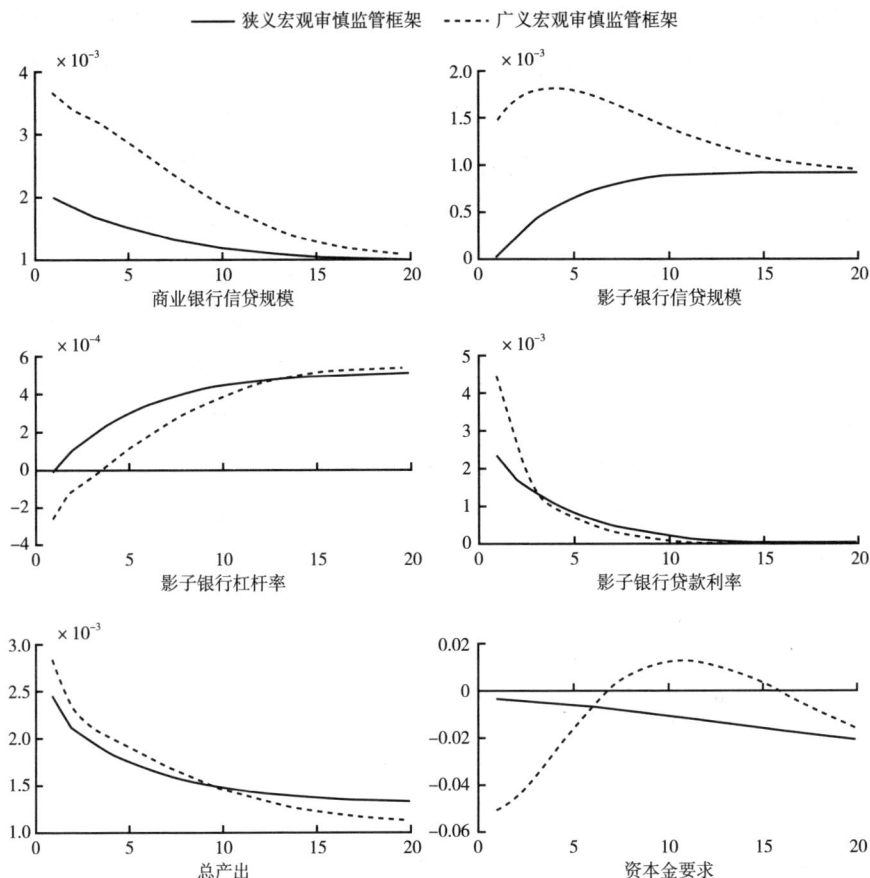

图 6.6 房地产需求冲击

将导致影子银行信贷规模进一步扩大。与狭义宏观审慎监管框架相比，广义宏观审慎监管框架能够有效缓解影子银行信贷规模在货币政策和监管影响下的波动，但纳入影子银行信贷的逆周期监管措施对房地产需求冲击的影响在短期内无效，在中长期与狭义宏观审慎监管框架并无二致。

至于影子银行的杠杆指标，在货币政策和监管冲击下，由于商业银行信贷规模相对缩小，企业被迫转向影子银行贷款，推高了影子银行的杠杆率。但影子银行杠杆率波动持续时间较短，逆周期调控在中长期起到抑制杠杆波动的作用。当房地产市场波动较大，影子银行违约风险上升时，影子银行的杠杆指标正向波动。然而，随着时间的延长，只有房地产市场波动对影子银行杠杆率的影响无法得到缓解。与狭义宏观审慎监管框架相比，广义宏观审慎监管框架能够有效缓解货币政策和监管政策变化对影子银行杠杆率的影响。但是，对房地产市场波动和影子银行违约风险上升带来的负面影响，广义的逆周期调控措施只在短期内有效。

三　影子银行稳定性分析

通过分析两种监管框架在四种不同冲击下的政策效果，本章发现广义宏观审慎监管框架只在特定情况下能够起到维护宏观经济稳定的作用。由于本章试图识别造成影子银行不稳定的因素，特别是房地产市场波动对影子银行以及宏观经济稳定性的影响，因此，本章单独从存量规模和杠杆指标两个维度分析影子银行稳定性受各种冲击的影响，以及将影子银行信贷考虑在内的广义宏观审慎监管框架是否能有效缓解不同冲击对影子银行稳定性的影响。

从影子银行信贷规模来看，如图 6.7 所示，在广义宏观审慎监管框架

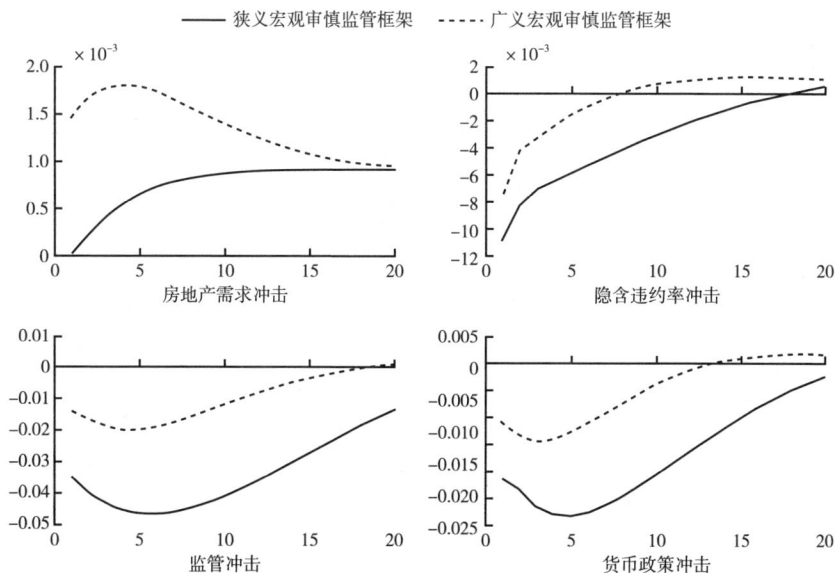

图 6.7　影子银行信贷规模

下，影子银行在隐含违约率冲击、监管冲击以及货币政策冲击下更加稳定，即当货币政策收紧、监管更加严格以及影子银行违约风险更加突出时，广义宏观审慎监管框架下的逆周期调控措施能够更为有效地维护影子银行部门的稳定，避免影子银行风险传染至整个信贷中介部门以及宏观经济系统。然而，在房地产需求冲击下，影子银行信贷规模期初波动更为剧烈，虽然波动幅度在中长期有所下降，但这同样意味着广义宏观审慎监管框架短期内并不能很好地平缓影子银行信贷规模的波动。因此，广义宏观审慎监管框架短期内无法有效缓解房地产波动带来的影子银行信贷规模的波动，而在中长期狭义和广义宏观审慎监管框架的政策效果并无太大差别。

分析影子银行的稳定性，仅从存量规模角度进行分析太过片面，因此下文将引入影子银行杠杆指标进行分析。如图 6.8 所示，货币政策收紧、监管更为严格、房地产市场波动以及影子银行违约风险上升都会使得短期内影子

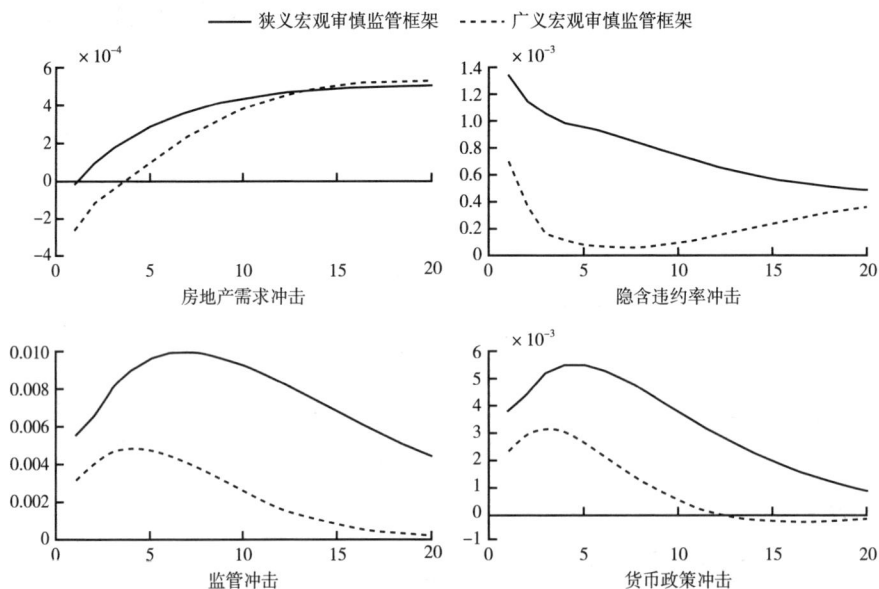

图 6.8　影子银行杠杆率

银行杠杆率上升。然而，随着冲击时间的持续，只有房地产市场波动对影子银行杠杆率的影响不会有所缓解，这意味着房地产市场波动对影子银行稳定性的影响更加深远。从监管框架的政策效果来看，对于货币政策冲击和监管冲击，广义宏观审慎监管框架在中长期依然有效，影子银行杠杆率波动在中长期逐渐平缓。而针对房地产市场的波动以及影子银行自身违约风险的波动，广义宏观审慎监管框架在中长期的政策效果与狭义宏观审慎监管框架无异。尤其对于房地产需求冲击而言，广义宏观审慎监管框架在中长期无法控制影子银行杠杆率，影子银行杠杆率依然存在正向波动。

综上，对于影子银行信贷规模而言，货币政策收紧、监管更为严格以及影子银行违约风险上升都会使得影子银行信贷规模大幅收缩，而房地产需求上升引发的房地产市场波动会导致影子银行信贷规模进一步扩张。相较于狭义宏观审慎监管框架，广义宏观审慎监管框架能够有效缓解货币政策冲击、监管冲击以及隐含违约率冲击下影子银行信贷规模的不稳定情况，但纳入影子银行信贷的逆周期调控措施对于房地产需求冲击带来的影响在短期内无效，在中长期与狭义宏观审慎监管框架并无二致。

对于影子银行杠杆指标而言，在货币政策以及监管收紧时，由于商业银行信贷规模相对缩减，企业被迫转向影子银行借贷，推高了影子银行杠杆率。不过，影子银行杠杆率的波动持续时间较短，逆周期调控在中长期发挥平抑经济波动的作用。在房地产市场波动明显和影子银行违约风险上升时，影子银行杠杆指标出现正向波动。然而，随着冲击时间的持续，只有房地产市场波动对影子银行杠杆率的影响没有得到缓解。相较于狭义宏观审慎监管框架，广义宏观审慎监管框架能够有效缓解货币政策和监管政策变化对影子银行杠杆率的影响，但对于房地产市场波动和影子银行违约风险上升带来的负面效应，广义宏观审慎监管框架只在短期内有效，在中长期与狭义宏观审慎监管框架无异。尤其对于房地产市场波动对影子银行稳定性的影响，只考虑资本金的宏观审慎监管措施在中长期依然无效。

第六节 小结

一 主要结论

本章在统一基准模型中嵌入了房地产市场波动和异质性金融中介，引入了宏观审慎监管框架，分析了房地产市场波动对宏观经济变量的影响机制，并从影子银行存量规模和杠杆指标两个维度动态分析了影子银行的风险来源，比较了两种宏观审慎监管框架的政策效果。通过对模型的动态经济特征分析，本章得出以下研究结论。

第一，房地产市场的波动将通过抵押担保渠道传导到金融中介部门，从而放大宏观经济波动。由于房地产资产是企业主要的贷款抵押品，房地产市场需求增加导致的房价上涨将进一步扩大房地产市场的规模，企业抵押品价值的上升将扩大整体信贷规模。然而，在商业银行信贷约束下，企业被迫转向影子银行贷款，影子银行信贷规模正向波动，杠杆率也因此上升。在房地产市场和信贷市场的需求驱动下，总产出水平波动较大，宏观经济稳定受到影响。

第二，在货币政策收紧、监管更加严格的情况下，包含影子银行的广义宏观审慎监管框架可以有效控制影子银行杠杆率，维护宏观经济稳定。此时，资本的逆周期调控更加有效。然而，广义宏观审慎监管框架并不能很好地缓解房地产市场波动对影子银行和宏观经济稳定的影响。

第三，关于影子银行风险，从影子银行的存量规模来看，只有房地产需求冲击会导致影子银行存量规模正向波动，广义宏观审慎监管框架也无法阻止房地产市场波动下影子银行存量规模的扩大。从影子银行的杠杆指标来看，货币政策的收紧、监管的收紧、房地产市场的波动、影子银行违约风险的上升都会推高影子银行的杠杆率，其中房地产市场的波动对影子银行风险的影响最为深远。在影子银行受到监管的情况下，宏观审慎监管框架能够有效缓解影子银行杠杆指标在货币政策、监管政策变化下的正向波动。然而，对于房地产市场的波动和影子银行风险的变化，宏观审慎监管框架只在短期内有效。

二　适用性建议

根据本章结论，提出以下适用性建议。

第一，在房价上涨不可逆转的情况下，继续实施房地产调控政策，坚持"房住不炒"的原则，综合运用多种手段完善住房制度，有效增加住房供给，合理释放房地产市场内需，防止房价过快上涨引起的宏观经济波动。

第二，将影子银行纳入宏观审慎监管框架，适当消除监管不对称，多渠道补充资本，提高抵御风险能力。制定广义宏观审慎监管政策，不仅要考虑商业银行的信贷规模，还要根据影子银行的信贷规模适当放宽资本要求，降低金融体系的顺周期性，以达到促进经济稳定增长的目的。

第三，动态评估影子银行风险，建立更加灵活、专业的影子银行监管规则。由于影子银行自身运作的复杂性和专业性，商业银行资本的逆周期监管只能在特定情况下缓解影子银行风险。因此，有必要识别影子银行背后的风险源，针对不同的风险源实施不同的监管政策，实现"一事一策"，而不是寻求"万全之策"。

第四，协调房地产市场调控政策、宏观审慎调控政策和货币政策。促进市场调控之间的信息共享、工具互补，提高危机应变能力，最大限度地发挥不同调控措施的跨市场效应，有效阻断不同市场之间的风险传染，维护金融和经济稳定。

第七章

房地产泡沫风险与企业债务违约风险

——房价泡沫、异质性企业与债务违约风险

第一节 研究背景

一 现实背景

21 世纪以来，房地产资产的金融属性显著提升，其价格波动对宏观金融稳定产生了极大影响。当前，世界经济的主要风险正从突发性公共卫生事件转向高通胀，全球房价波动明显。自 2003 年以来，中国的商品房平均价格增长了 3 倍多，一线城市的住宅价格增长了 6 倍多。[①] 2008 年国际金融危机爆发以后，各界广泛关注房价波动对宏观金融稳定的影响。房价上涨对宏观金融稳定性产生重大影响，房价下跌也会导致未来金融风险释放的可能性增加，即房价长期偏离均衡与经济泡沫及衰退密切相关，且可能推动未来金融危机的爆发。与此同时，中国的企业债务也呈现快速上涨的趋势，非金融企业部门债务占 GDP 比重从 2008 年的 95.2% 上涨至 2021 年的 154.8%（见图 7.1），涨幅高达 62.61%，不稳定的企业债务使金融稳定问题更为复杂。

房地产资产作为企业的重要资本，既可以用于生产经营又可以出租，其折

---

① 数据来源于 CEIC 数据库。

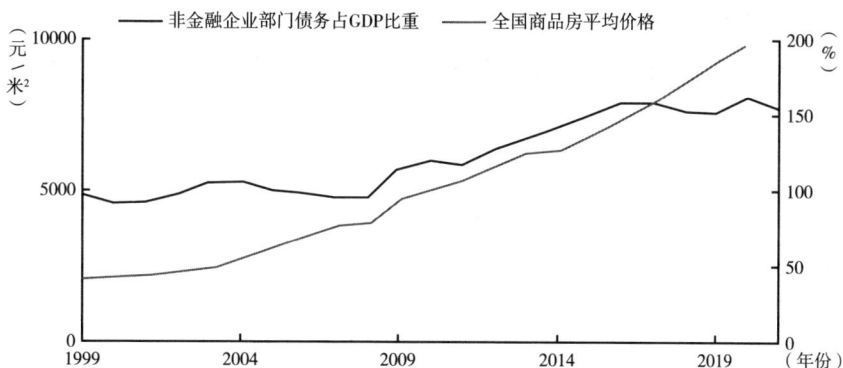

图 7.1　房价与非金融企业部门债务情况

资料来源：Wind 数据库。

旧在会计上可以为企业带来所得税税前扣除的好处。企业还可以通过持有房地产资产来获得更低成本的融资，且能在一定程度上降低企业现金流的不确定性。因此，企业债务在房价波动影响宏观金融稳定的过程中起到重要作用，资产价格具有的"金融加速器"效应进一步放大了房价波动对宏观金融稳定的影响。

2021 年下半年以来，我国房地产市场整体降温，房地产需求下降明显。然而，根据 2022 年 4 月的中共中央政治局会议以及 5 月的 LPR 超预期下调，可以看出目前相关政策以提振企业的融资需求以及满足居民合理购房需求为导向。在此背景下，一方面，银行让利实体经济、利润空间被压缩的客观事实，使其更倾向于向头部、国有企业配置信贷资源；另一方面，我国房地产市场回温是趋势所在，企业在经历了房价下跌引发的资产负债表恶化之后，又面临杠杆率升高的风险。因此，面对房价的先跌后涨，"金融加速器"效应将会放大房价波动对企业债务稳定的影响，从而对宏观金融稳定产生更大危害。为更好地缓解房价波动对宏观金融稳定的影响，有必要深入挖掘房地产市场波动对异质性企业的影响。

为了防范过度负债所带来的金融风险，我国自 2015 年以来一直积极实施去杠杆政策。就目前的情况来看，过度负债企业的去杠杆效果良好，但相较于民营企业，国有企业的表现相对较差，且存在将新增债务隐藏至权益端的行为，这种形式上的去杠杆可能会进一步加剧国有企业债务风险。与此同时，学术界对去杠杆政策对金融稳定的影响尚存争议：一方面，去杠杆所产生的资产流动性降低与信贷紧缩将对宏观金融稳定产生负向冲击；另一方面，去杠杆也会减少行业波动降低企业运营的不确定性，从而抑制系统性金融风险的发生。鉴于此，需要从理论层面深入研究去杠杆在房价波动通过异质性企业债务影响宏观金融稳定中的政策效应。

对于后续的内容，本章做如下安排：第一节第二部分为理论背景，该部分主要就房地产市场与企业债务、企业债务的结构性问题以及维护企业债务稳定性的政策效果三方面对相关文献展开综述，并在此基础上梳理房价波动的影响机制，提出本章的创新所在；第二节为来自 VAR 的经验证据；第三节为动态随机一般均衡模型的构建，该部分构建了包含家庭、异质性企业、银行、资本品生产商、零售商、政府、中央银行在内的 BGG 模型；第四节为参数校准，该部分依据模型的稳态方程和权威文献对模型中涉及的参数进行校准；第五节为模型的动态经济特征分析，该部分根据脉冲响应结果和主要变量的方差分解对各种冲击的传导机制进行了深入分析；第六节为小结，该部分提炼了主要的分析结论，并根据结论提出了相应的适用性建议。

二 理论背景

（一）房地产市场与企业债务

就房地产市场而言，其发展是一枚硬币的两面。房地产市场的繁荣的确能够强有力地促进经济增长（皮舜、武康平，2004），但也带来了一些不利影响。房价上涨在刺激经济的同时会加剧收入分配不均衡和贫富分化问题（原鹏飞、魏巍贤，2010），以及提升企业研发成本、抵制企业研发活动（李昊洋等，2018）、降低企业创新能力（Li and Wu，2014）、冲击企业投资活动（Chen et al.，2017）。更为重要的是，房地产市场的波动，尤其是房价波动，往往与企业信贷甚至宏观金融联系紧密（Gorton and Metrick，2012）。

国外大量学者就资产价格泡沫在信贷扩张和宏观经济危机中的作用做出了研究（Bernanke and Gertler，2001；Mian and Sufi，2009；Aliber and

Kindleberger，2015）。研究主要聚焦于资产价格波动的传导渠道以及波动的扩散效应。Chaney 等（2012）认为，房地产价值的冲击会通过抵押渠道影响企业投资，当房价上涨时，拥有房地产实业资产的企业抵押物价值升高，企业以此为依据向银行申请更多贷款增加投资。Flannery 和 Lin（2015）发现，房价波动会通过银行资产负债表渠道传导至企业，并且会对小型企业的就业产生积极影响。Liu 等（2013）构建了纳入土地价格波动的 DSGE 模型，发现房价、地价波动会通过企业融资约束渠道传导至信贷部门，从而进一步扩张至整个宏观经济。Herring 和 Wachter（1999）从两个角度对房价和债务进行了分析，首先，房地产价格上涨会降低银行对抵押贷款客户的筛选成本，放松信贷标准，引发企业债务规模扩张，进而产生银行信贷风险；其次，房价上涨带来的企业抵押品价值增加，会引发"灾难近视"问题，从而导致银行信贷风险增加。

国内学者的研究同样印证了房地产市场波动的影响机制。皮舜与武康平（2004）利用实证数据发现，房地产市场繁荣能够带动银行信贷繁荣，而银行信贷繁荣带来的企业杠杆率升高推动了房地产新一轮的膨胀。曾海舰（2012）的研究证明了房地产波动的抵押担保渠道效应在我国同样具有显著性，资产价格波动带来的抵押品价值波动会进一步影响企业的融资能力以及投资行为。谭政勋与王聪（2011）认为，房价波动、信贷波动以及两者相互驱动下的联合波动，最终造成了宏观经济波动。

（二）企业债务的结构性问题

通过房价波动与信贷扩张的双向引导机制（Collyns and Senhadji，2002），房地产市场泡沫会放松企业贷款的抵押约束，从而进一步放松信贷（Miao and Wang，2014）。随着时间的流逝，若泡沫持续，企业则要偿还更多的贷款（Martin et al.，2018）。由于企业抵押品价值对于企业偿债能力和投资能力具有重大影响（Gan，2007），企业资产升值会使得企业进一步加杠杆并增加投资，投资带来的经济扩张又反过来影响企业资产价值（Bernanke et al.，1991；Kiyotaki and Moore，1997）。这样的自我循环机制决定了企业杠杆会通过"金融加速器"机制放大并传导经济体中的不利冲击，加剧经济的脆弱性，进而影响宏观金融稳定（Bernanke et al.，1999）。

在企业杠杆问题亟待解决的同时，高杠杆暴露出的结构性问题也不容忽视。针对不同企业的杠杆问题，国外研究主要对僵尸企业和正常企业进行区分。僵尸企业的生产率低于正常企业，并且退出门槛也显著低于正常企业，扭曲了市场竞争，破坏了行业内部资源的再分配（Gouveia and Osterhold，2018），使资源错配情况加剧（McGowan et al.，2017），所以僵尸企业和正常企业的杠杆情况出现分化。因此，国外研究的贡献更多地体现在企业生产效率和资源配置方面。

我国经济体制与金融市场的特殊性使得国内学者更加关注企业杠杆率分化背后的财政、政策因素。谭小芬与张文婧（2021）发现，在财政分权背景下，地方政府的差异化行为是影响企业杠杆率的中间传导机制，分权程度与国有企业杠杆率同向变化。钟宁桦等（2016）认为，我国银行对低效国企存在信贷偏好的原因在于，国企通常拥有更多有形资产，如房地产资产，因此显著加杠杆的国企的负债率与其持有有形资产的比例正相关。蒋灵多与陆毅（2018）通过构建 DID 模型分析发现，银行对国有企业具有的预算软约束会推高国有企业杠杆率，保护低效国有企业不利于国有企业中僵尸企业的退出。所以，国有僵尸企业长期生存背后具有的"非市场化"制度性根源（王万珺、刘小玄，2018），使得国有僵尸企业由于政企合谋、信贷歧视等一系列原因依旧生命力顽强（聂辉华等，2012）。即便其各项盈利指标显著低于非国有企业，其也能以低成本占用大量银行信贷，造成信贷资源配置扭曲，从而挤出正常企业投资（谭语嫣等，2017）。

（三）维护企业债务稳定性的政策效果

企业杠杆率的提升与"繁荣—萧条"周期密切相关（Giroud and Mueller，2018），高杠杆在短期内可以促进就业，改善福利（Cecchetti et al.，2011），但过度加杠杆会显著降低企业全要素生产率（Coricelli et al.，2012），加剧企业债务脆弱性以及金融摩擦，最终削弱宏观经济的增长动能（Allen et al.，2002），威胁宏观金融稳定（Brunnermeier et al.，2012；苟文均等，2016）。因此，世界上大多数国家在特定的历史时期实行过去杠杆政策，国内外学者也从宏观经济和微观政策层面对不同国家的去杠杆行为进行了相关研究。Eggertsson 和 Krugman（2012）提出债务驱动衰退模式，即被迫采取降杠杆行为来抑制总需求，释放存量债务。Ruscher 和 Wolff（2012）认为，高杠杆与负向资产价格冲击导致宏观经济低迷，因而必须降低负债水平。Pesaran 和 Xu（2011）发现，信贷冲击比技术冲击的影响更为持久和深刻，与信贷冲击相关的衰退也更为严重。Mendoza 和 Terrones（2012）的研究强调了纠正性政策行动防止信贷繁荣的重要性。Gerlach 和 Peng（2005）研究发现，在房地产价格显著影响银行信贷的情况下，货币政策不能用来防范资产价格波动以及降低杠杆水平。因此，国际上大多数国家的去杠杆行为是经历金融危机后的被动去杠杆，由于不同国家的债务结构和经济体制差异较大，去杠杆路径往往也存在很大差异，因此国际经验对我国实施去杠杆政策的借鉴意义并不大。

就中国的去杠杆而言，众多学者对于去杠杆的研究也更多地聚焦于债务的结构化和政策不确定性。纪洋等（2018）认为，政府对国有企业的隐性担保使银行向国有企业贷款的风险在经济不确定性较高的时期低于非国有企业，不确定性的增加进一步扭曲了银行信贷资源配置，导致企业杠杆"国进民退"。张一林和蒲明（2018）从债务展期视角刻画了去杠杆的微观机制，其成果表明即使没有国企背后的种种体制性因素，如隐性担保、政府干预等，市场也可能出现坏杠杆留存、好杠杆退出的现象。由于政策不确定性会对企业债务水平造成显著影响（才国伟等，2018），一些学者对去杠杆的政策进行了分析。喻坤等（2014）研究发现，持续的货币政策冲击会进一步拉大异质性企业的融资约束差距以及加剧杠杆分化问题，使得国有企业不断获得"隐性担保"，从而挤占民营企业信贷资源。饶品贵与姜国华（2013）认为，相对于国有企业，非国有企业杠杆在货币政策紧缩时期受到的冲击更大，货币政策的信贷微观传导机制是存在的。刘莉亚等（2019）通过"信贷成本转嫁效应"分析了货币政策对于降低企业杠杆的有效性，当市场中存在大量僵尸企业时，实施紧缩性的货币政策能够增强转嫁效应，降低正常企业杠杆率。汪勇等（2018）通过构建动态随机一般均衡模型探讨了紧缩性货币政策对异质性企业杠杆率的影响，模型的动态经济特征表明，政策利率的提升有助于抑制国有企业杠杆率的进一步提升，但对于降低非国有企业杠杆率的效果有限；纵向产业联结度的下降会使整体杠杆率下降幅度增大，进一步降低民营企业杠杆率上升幅度，但对于增加社会福利效果不大。

（四）文献述评

综上所述，目前关于房价上涨与企业债务稳定性之间的关系存在两种不同的观点。一方面，部分学者认为信贷挤出效应更为明显，银行面对房价上涨选择将更多信贷资源配给房地产企业与家庭部门，导致实体企业所获信贷资源相对减少，而非实体企业在逐利的情况下对信贷的需求上涨，从而推升贷款利率，导致实体企业融资成本上升，提高了企业信贷被挤出的程度。另一方面，持有房产的企业在房价上涨时通常选择增加短期债务以进行投资。从企业所有制性质来看，国有企业与民营企业的债务波动又存在不同，主要可以分为抵押约束渠道与信贷配给渠道。抵押约束渠道方面，房价的持续走高会使抵押品价值上升，从而改变银行预期，使其放松对企业的融资约束，进一步使得高融资约束企业（民营企业）增加对房地产资产的支出，推高相关企业杠杆水平。信贷配给渠道方面，银行在面对房价上升时，会选择将自身的信贷资源更多地配置于房地产市场，使得非房地产企业的信贷被挤出，从而进一步推高高融资约束企业（民营企业）的融资成本。与此同时，房价波动影响异质性企业债务稳定性问题背后的体制性因素还在于国有企业"隐性担保"的存在，这一机制在为国有企业融资带来便利的同时，在静态视角下推高了国有企业的负债水平，但相较于拥有同等风险的民营企业，该机制又在动态视角下降低了其债务风险。

通过对国内外相关研究成果的收集和整理，本书发现，首先，现有研究主要集中在资产价格泡沫的传导机制研究和去杠杆研究上，将资产价格波动与企业债务联系起来的研究相对较少。也就是说，大多数研究致力于评估去杠杆政策对企业债务稳定性的直接效果，鲜有研究分析去杠杆政策是否能够有效识别和缓解企业债务背后的风险。其次，对于企业债务的结构性问题，大多数研究利用实证数据进行说明，而针对这一现象构建理论模型进行研究的文献很少，将资产价格与企业债务结构性问题纳入同一理论模型的文献也很少。最后，在去杠杆政策的研究中，大多数文献只研究了货币政策去杠杆的效果，并且研究结果存在一定差异，很少有文献探讨其他政策、体制性因素对企业债务的影响。

因此，本章致力于扩大当前研究的范围，从更全面、更具创新性的角度探讨资产价格波动与企业债务稳定性之间的相关性问题。本章研究具有如下创新点：首先，本章将房地产资产纳入资产的"金融加速器"分析中，探讨房地产资产具有的"金融加速器"效应，以及房地产资产与企业债务稳定性的联系，突出了房地产资产在宏观经济波动中具有的种种影响，更加符合现实经济特征；其次，为了更加深入地探讨异质性企业债务存在的分化现象，使得模型能够更好地反映企业债务稳定性背后的体制性因素，本章将企业划分为国有企业和民营企业，数值模拟结果表明，国有企业会显著挤出民营企业信贷，"隐性担保"的存在会削弱国有企业外部融资约束，促进国有企业信贷扩张；最后，由于企业债务扩张与宏观经济稳定性密切相关，本章探讨了财政政策与货币政策对异质性企业债务的影响，并发现财政政策与货币政策对企业债务的影响有所分化，体制性因素的存在会削弱财政政策和货币政策的效果。

根据对以往文献的归纳与总结，可以初步勾勒出房价波动对企业债务以及其他经济变量的作用机制。如图 7.2 所示，房地产市场波动或者说房价波动主要由外生需求冲击导致，家庭部门通过持有房地产资产改善住房条件，通过为异质性企业部门提供劳动获得劳动报酬，并将收入存入银行以获得利息收入。经济中存在两种企业，分别是国有企业和民营企业，两种企业持有房地产资产进行生产投资，因此房价波动会影响异质性企业的资产总额和净资产价值，由于企业利用借贷补足净资产与总资产之间的差额，因此房价波动会通过商业银行与企业之间的贷款合同影响异质性企业的债务情况以及经济中的信贷总额。异质性企业利用银行信贷进一步扩大生产，中间产品由零售商打包为最终产品提供给消费者，因而房价波动具有的种种影响通过"金融加速器"效应传导至整个宏观经济。国有企业通常受到地方政府的隐性庇护，导致商业银行对国有企业和民营企业有不同偏好，侧面解释了国有企业与民营企业债务情况常常出现分化的原因。至此，房价波动影响企业债务的中间环节梳理完毕，由房价波动引起的企业产出波动、居民消费波动以及地方政府公共支出波动共同作用，进而影响实体经济总产出水平。

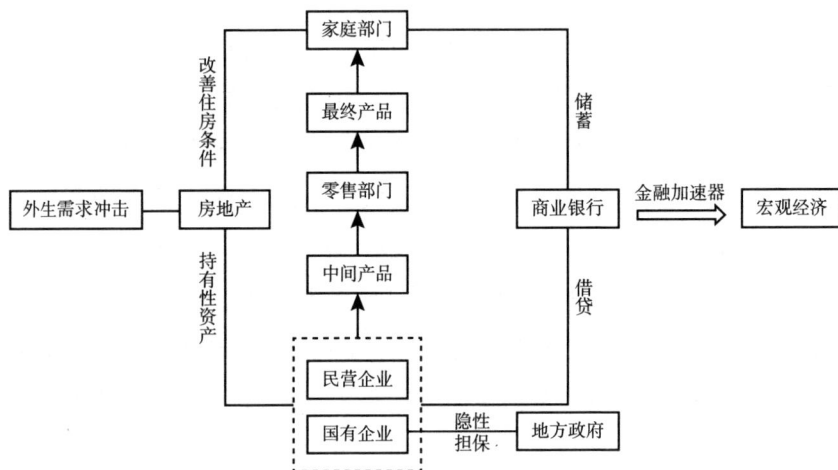

图 7.2 房价波动的影响机制

第二节 房价波动与主要经济变量：
来自 VAR 的经验证据

在构建 DSGE 模型之前，本章通过构建 VAR 模型来明确房价波动与主要经济变量之间的关系。为保证观测样本时间跨度的一致性，本章选取房价、非金融企业部门杠杆率、消费和总产出的季度时间序列，样本时间为 2006 年第一季度至 2022 年第一季度。其中，商品房销售额与商品房销售面积的季度数据由月度数据计算得出，并在此基础上得出房价；非金融企业部门杠杆率参考国际清算银行统计数据；消费由社会消费品零售总额的月度数据加总得出；总产出用国内生产总值表示。之后，将所有数据通过 CPI 定基指数转换为实际值，其中 CPI 定基指数的季度数据为月度平均值。最后，采用 X-13 方法进行季节调整，并通过取对数减缓数据波动以及消除时间序列中的异方差现象。

图 7.3 显示了在房价受到一个单位的正向冲击下，各经济变量的 VAR 脉冲反应，虚线表示 95% 的置信区间。当房价受到一个单位的正向冲击后，其对消费的影响于第 1 期显现，并于第 2 期达到最大，此后虽在第 4 期出现波动峰值，但随后缓慢下降；总产出在第 1 期受到影响之后，到第 6 期才达到最大，随后缓慢下降；对于非金融企业部门杠杆率而言，其受到的正向影响时间更长，在第 1 期出现正向波动后，直到第 16 期才达到最大，虽然之后缓慢下降，但下降速度明显慢于上升速度；房价受到一个单位的正向冲击以后，在第 1 期就对自身产生了最大的正向影响，此后快速下降至第 10 期，之后缓慢降至 0。

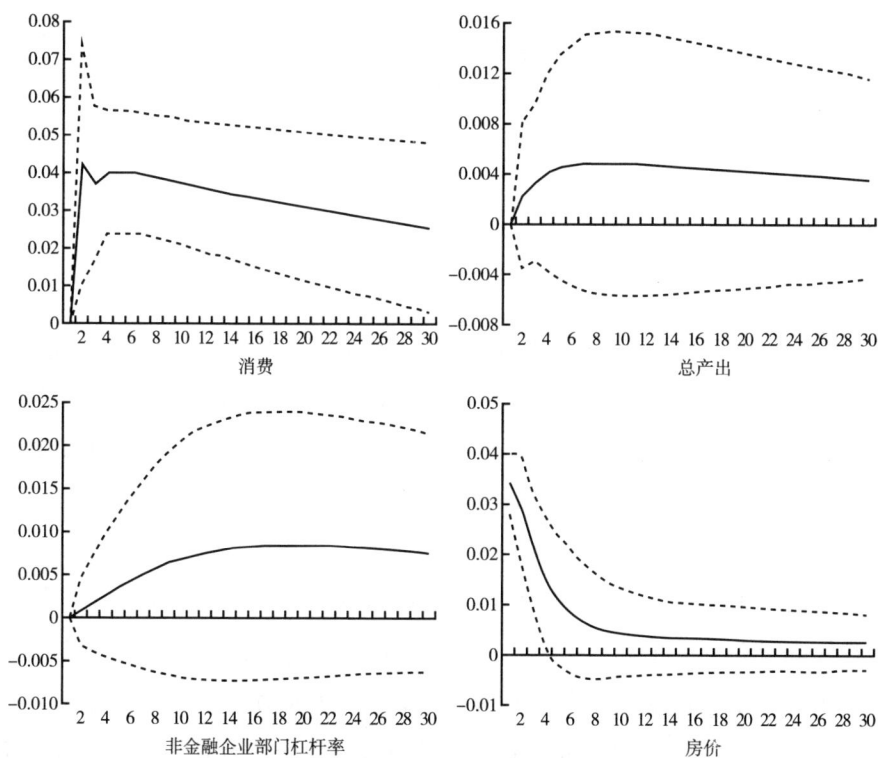

图 7.3　主要经济变量对房价波动的脉冲响应

从以上实证结果可以看出，当房价上升时，家庭部门的改善性住房需求会下降，导致消费端的支出增加，而储蓄量也在一定程度上有所上升，从而银行的信贷储备增加；而且由于房价上涨可以及时反映在市场当中，家庭部门会在当期做出反应。对于企业部门而言，房价上涨将使其抵押物价值上升，从而获得更多银行贷款进行生产，使总产出增加；但由于企业生产周期较长，所以房价上升对总产出的影响存在一定滞后效应，峰值在最初影响显现之后几期才出现。最后，虽然非金融企业部门杠杆率与总产出的走势大致相同，但在企业产出达到最大后，由于银行监管的时滞性与放贷的惯性，叠加非金融企业补充现金流的需要，银行对企业的放贷仍将持续，进而导致杠杆率的进一步攀升，且由于该现象的延续，杠杆率所受影响的下降速度十分缓慢。

在后续研究中，本章将通过理论模型对房价波动的冲击进行识别，分析冲击的传导机制，并将所建模型的脉冲反应与 VAR 结果进行比较，以验证模型的合理性。

第三节　DSGE 模型构建

本章模型是在 BGG 模型基础上扩展的。BGG 模型中共设置六个部门，分别是家庭部门、企业部门、银行、地方政府、零售商以及资本品生产商。与 BGG 模型不同的是，首先，本章在模型中引入了房地产资产，并在家庭部门设置了房地产需求冲击，以此判断房价对实体经济的影响是否具有"金融加速器"效应。其次，为使研究更加符合中国经济的现实特征，模型中设定的企业类型分别为国有企业和民营企业，国有企业和民营企业除了在生产效率和资本存量等方面存在一定差异外，更为关键的是国有企业在贷款过程中受到地方政府的"隐性担保"。种种事实表明，"预算软约束"和"隐性担保"的存在会降低银行信贷配给过程的公平性和有效性，削弱去杠杆和供给侧改革的政策效果，进而影响宏观经济金融稳定。因此，本章在模型中嵌入国有企业在信贷过程中享受的隐性担保，以此分析经济社会中存在的体制性问题是否会显著影响企业债务稳定性和企业风险承担能力，以及这种问题是否会进一步影响宏观金融稳定性。

一 家庭部门

代表性家庭通过消费一般商品、改善住房条件以及提供劳动实现自身效用的最大化：

$$\max E_0 \sum_{t=0}^{\infty} \beta^t [\ln(C_t) + j_t \ln(H_{h,t}) + \xi \ln(1 - N_t)] \tag{7.1}$$

其中，C_t为家庭部门对于一般商品的消费，$H_{h,t}$为家庭部门购买的用于改善住房条件的房地产资产①，N_t为家庭部门提供的劳动量，β为家庭部门贴现因子，ξ为劳动在家庭部门效用函数中的相对重要性系数。j_t为房地产需求冲击，是房地产市场价格波动的来源。鉴于房地产需求冲击在基准模型中发挥核心作用，因而讨论这一冲击可能代表的含义十分必要。本章认为房地产需求冲击如模型中的任何其他冲击一样，是摩擦或是标准化模型之外的一些"更深层次"的冲击的简化形式，其服从 AR（1）过程：

$$\log j_t - \log j = \rho_j (\log j_{t-1} - \log j) + \varepsilon_{j,t} \tag{7.2}$$

$$\varepsilon_{j,t} \sim N(0, \sigma_j^2)$$

其中，$j>0$，代表稳态时家庭部门对房地产的需求，ρ_j衡量了房地产需求冲击的持续性。家庭部门的现金流满足如下预算约束：

$$s.t. \ C_t + Q_{h,t}[H_{h,t+1} - (1 - \delta_h) H_{h,t}] + T_t + D_{t+1} \leqslant R_t D_t + W_t N_t \tag{7.3}$$

从收入端来看，家庭部门的收入来源主要由当期储蓄所带来的利息收入$R_t D_t$和提供劳动的工资收入$W_t N_t$构成。其中，R_t是储蓄利率或无风险利率，D_t是家庭部门现期拥有的储蓄资产，W_t是工资水平。从支出端来看，家庭部门的资金主要用于消费一般商品、购买房地产资产、上缴税款以及储蓄。其

---

① 基准模型中，家庭和企业持有的房屋或房地产资产分别表现为特殊的消费品和生产要素，这意味着房屋是内生决定变量。

中，$Q_{h,t}$ 是房价，$H_{h,t}$ 是家庭部门当期持有的房地产资产，δ_h 为房地产资产的折旧系数，T_t 为家庭部门上缴的税款，D_{t+1} 为家庭部门的储蓄。利用家庭部门的效用最大化函数以及预算约束条件，构建拉格朗日方程求解出家庭部门的一阶条件：

$$\frac{1}{C_t} = E_t \frac{\beta}{C_{t+1}} R_{t+1} \tag{7.4}$$

$$\frac{W_t}{C_t} = \frac{\xi}{1 - N_t} \tag{7.5}$$

$$\frac{Q_{h,t}}{C_t} = \beta E_t \left[\frac{j_{t+1}}{H_{h,t+1}} + \frac{1}{C_{t+1}} Q_{h,t+1}(1 - \delta_h) \right] \tag{7.6}$$

其中，方程（7.4）为家庭部门的消费储蓄欧拉方程，方程（7.5）为家庭部门的劳动供给方程，方程（7.6）为家庭部门的住房需求方程。

二 异质性企业部门与银行贷款合同

（一）民营企业部门

模型中的企业分为两种类型，分别是国有企业部门和民营企业部门。民营企业通过投入实物资本、房地产资产以及劳动力生产一般商品，生产函数以 Cobb-Douglas 形式呈现：

$$Y_{ns,t} = A_{ns,t} \left[(1 - a)(K_{ns,t})^{-v} + a(H_{ns,t})^{-v} \right]^{-\frac{\alpha}{v}} (N_{ns,t})^{1-\alpha} \tag{7.7}$$

其中，$Y_{ns,t}$ 代表民营企业的产出水平。$A_{ns,t}$ 为民营企业的全要素生产率，$K_{ns,t}$ 为民营企业生产活动中投入的实物资本，$H_{ns,t}$ 为民营企业从事生产所需的房地产资产，$N_{ns,t}$ 为民营企业部门所需的劳动力，$(1-\alpha)$ 为劳动产出弹性。$v=(1-\xi)/\xi$，ξ 是实物资本和房地产资产之间的替代弹性，a 体现了房地产资产对于企业生产经营的重要性。民营企业在 $t-1$ 期末购买实物资本进行生产，并在 t 期将未折旧的资产出售给资本品生产商，$Q_{h,t}H_{ns,t}$ 为民营企业购买的房地产资产，$W_{ns,t}N_{ns,t}$ 为民营企业支付给家庭部门的劳动报酬，民营企业的目标是最大化自身利润：

$$\max[\,Y_{ns,t} + (1 - \delta_k)\,Q_{k,t}\,K_{ns,t} - R_{ns,t}^{k}\,Q_{k,t-1}\,K_{ns,t} - Q_{h,t}\,H_{ns,t} - W_{ns,t}\,N_{ns,t}\,] \qquad (7.8)$$

其中，$Q_{k,t}$ 为实物资本的价格，δ_k 为实物资本的折旧系数。因此，民营企业持有实物资本的收益率的一阶条件为：

$$R_{ns,t}^{k} = \frac{\dfrac{\alpha(1 - a)\,(K_{ns,t})^{-v-1}\,Y_{ns,t}}{X_t[\,(1 - a)\,(K_{ns,t})^{-v} + a(H_{ns,t})^{-v}\,]} + (1 - \delta_k)\,Q_{k,t}}{Q_{k,t-1}}$$

$$(7.9)$$

与此同时，民营企业部门在 t 期购入新的房地产资产，并在 $t+1$ 期卖出。因此，民营企业持有房地产资产的收益率为：

$$E_t(R_{t+1}^{h}) = \frac{Q_{h,t+1}}{Q_{h,t}} + \Delta \qquad (7.10)$$

其中，Δ 表示稳态时企业持有房地产资产的净收益率。民营企业部门持有房地产资产的一阶条件为：

$$Q_{h,t} = a\alpha\,(H_{ns,t})^{-v-1}\,\frac{Y_{ns,t}}{X_t[\,(1 - a)\,(K_{ns,t})^{-v} + a(H_{ns,t})^{-v}\,]} \qquad (7.11)$$

民营企业持有资产的总收益由持有实物资本和房地产资产的收益率加权得到：

$$R_{ns,t+1} = \frac{Q_{k,t}\,K_{ns,t+1}}{Q_{k,t}K_{ns,t+1} + Q_{h,t}H_{ns,t}}\,R_{ns,t+1}^{k} + \frac{Q_{h,t}\,H_{ns,t}}{Q_{k,t}K_{ns,t+1} + Q_{h,t}H_{ns,t}}\,R_{t+1}^{h} \qquad (7.12)$$

每一期末，民营企业都会从金融中介贷款，加上自有资金 $Net_{ns,t+1}$，购买下一期所需的实物资本以及进行房地产投资。民营企业的贷款规模 $B_{ns,t+1}$ 为：

$$B_{ns,t+1} = Q_{k,t}\,K_{ns,t+1} + Q_{h,t}\,H_{ns,t} - Net_{ns,t+1} \qquad (7.13)$$

因此，民营企业的杠杆率为：

$$L_{ns,t} = \frac{Q_{k,t}\,K_{ns,t+1} + Q_{h,t}\,H_{ns,t}}{Net_{ns,t+1}} \qquad (7.14)$$

然而，民营企业的投资收益会受到外生的异质性冲击，该异质性冲击会直接导致企业的投资收益率发生波动，加剧企业的投资风险，使得企业的资产价值发生变化，进而威胁企业的偿债来源。因此，银行会根据民营企业的资产价值、自有资金以及上一期所受的异质性冲击设置贷款合同：

$$\bar{\omega}_{ns} R_{ns,t+1} (Q_{k,t} K_{ns,t+1} + Q_{h,t} H_{ns,t}) = Z_{ns,t+1} (Q_{k,t} K_{ns,t+1} + Q_{h,t} H_{ns,t} - Net_{ns,t+1})$$

$$(7.15)$$

其中，$\bar{\omega}_{ns}$ 为民营企业的破产阈值，服从对数正态分布，可理解为经济中的风险冲击。如果民营企业下一期受到的异质性冲击大于 $\bar{\omega}_{ns}$，则代表企业投资成功，在偿还贷款后，企业还可拿走投资的剩余部分；如果企业下一期受到的异质性冲击小于 $\bar{\omega}_{ns}$，则企业面临破产，陷入"资不抵债"的境地，企业贷款发生违约，银行会收回企业持有的资产。$Z_{ns,t+1}$ 为民营企业面临的贷款利率，可表示为：

$$Z_{ns,t+1} = \bar{\omega}_{ns} R_{ns,t+1} \frac{L_{ns,t}}{L_{ns,t} - 1}$$

$$(7.16)$$

式（7.16）说明，民营企业的外部融资成本与其受到的风险冲击以及其杠杆水平息息相关，破产阈值的整体提高说明企业违约的可能性增加，因此银行会收紧信贷，而企业创造杠杆意味着企业债务崩盘的可能性增加，从而迫使银行提高贷款利率，以降低企业违约带来的损失。给定贷款合同，民营企业的预期收益为：

$$E_{t+1} \left(\left\{ \int_{\bar{\omega}_{ns}}^{\infty} \omega_{ns} f(\omega_{ns}) \, d\omega_{ns} - [1 - F(\bar{\omega}_{ns})] \bar{\omega}_{ns} \right\} R_{ns,t+1} (Q_{k,t} K_{ns,t+1} + Q_{h,t} H_{ns,t}) \right)$$

$$(7.17)$$

其中，$f(\omega_{ns})$ 为 ω_{ns} 的概率密度函数，$F(\bar{\omega}_{ns})$ 为民营企业破产概率的稳态值。$\left\{ \int_{\bar{\omega}_{ns}}^{\infty} \omega_{ns} f(\omega_{ns}) \, d\omega_{ns} - [1 - F(\bar{\omega}_{ns})] \bar{\omega}_{ns} \right\}$ 为民营企业的收益份额，定义为 $\emptyset(\bar{\omega}_{ns})$。综上，民营企业利用净资产 $Net_{ns,t+1}$ 创造杠杆，总收益是比率形式，利用杠杆率表示民营企业的预期收益：

$$E_{t+1} [\emptyset (\bar{\omega}_{ns}) \, R_{ns,t+1} \, L_{ns,t}] \qquad (7.18)$$

与民营企业相反，银行持有贷款合同的预期收益由两部分构成，分别是企业破产时银行回收企业资产的收益以及企业持续经营时的贷款利息收入。值得注意的是，由于信息不对称的存在，银行并不能直接获知民营企业的经营情况以及破产的可能性，必须付出 μ 比例的监督成本才能观测到企业的资产回报情况，这个监督成本可以视为破产成本，从可回收的企业资产中扣除。因此，银行的预期收益可表示为：

$$\int_0^{\bar{\omega}_{ns}} \omega_{ns} (1 - \mu) \, R_{ns,t+1} (Q_{k,t} \, K_{ns,t+1} + Q_{h,t} \, H_{ns,t}) \, f(\omega_{ns}) \, \mathrm{d}\, \omega_{ns} +$$
$$[1 - F(\bar{\omega}_{ns})] \, \bar{\omega}_{ns} \, R_{ns,t+1} (Q_{k,t} \, K_{ns,t+1} + Q_{h,t} \, H_{ns,t}) \qquad (7.19)$$

化简得：

$$\left\{ (1 - \mu) \int_0^{\bar{\omega}_{ns}} \omega_{ns} f(\omega_{ns}) \, \mathrm{d}\, \omega_{ns} + [1 - F(\bar{\omega}_{ns})] \, \bar{\omega}_{ns} \right\} R_{ns,t+1} (Q_{k,t} \, K_{ns,t+1} + Q_{h,t} \, H_{ns,t})$$
$$(7.20)$$

其中，$\left\{ (1 - \mu) \int_0^{\bar{\omega}_{ns}} \omega_{ns} f(\omega_{ns}) \, \mathrm{d}\, \omega_{ns} + [1 - F(\bar{\omega}_{ns})] \, \bar{\omega}_{ns} \right\}$ 为银行的收益份额，定义为 $g(\bar{\omega}_{ns})$。因此，用企业杠杆率表示的银行收益为：

$$g(\bar{\omega}_{ns}) \, R_{ns,t+1} \frac{L_{ns,t}}{L_{ns,t} - 1} \qquad (7.21)$$

综上所述，贷款合同问题可以表述为，民营企业通过杠杆率 $L_{ns,t}$ 以及破产阈值 $\bar{\omega}_{ns}$ 最大化自身预期收益，并且受到贷款合同的约束。银行风险中性，机会成本为无风险利率 R_{t+1}，银行收益必须大于机会成本。因此，民营企业的效用函数可以表示为：

$$\max_{L_{ns,t}, \bar{\omega}_{ns}} E_{t+1} [\emptyset (\bar{\omega}_{ns}) \, R_{ns,t+1} \, L_{ns,t}] \qquad (7.22)$$

$$\mathrm{s.\,t.} \; g(\bar{\omega}_{ns}) \, R_{ns,t+1} \frac{L_{ns,t}}{L_{ns,t} - 1} \geqslant R_{t+1} \qquad (7.23)$$

定义 $\Lambda_{ns,t+1}$ 为拉格朗日乘子，通过构建拉格朗日方程得到民营企业贷款合同的一阶条件：

$$E_{t+1}[\varnothing'(\bar{\omega}_{ns})\,R_{ns,t+1}\,L_{ns,t} + \Lambda_{ns,t+1}g'(\bar{\omega}_{ns})\,R_{ns,t+1}\,L_{ns,t}] = 0 \qquad (7.24)$$

$$E_{t+1}\{\varnothing(\bar{\omega}_{ns})\,R_{ns,t+1} + \Lambda_{ns,t+1}[g(\bar{\omega}_{ns})\,R_{ns,t+1} - R_{t+1}]\} = 0 \qquad (7.25)$$

$$g(\bar{\omega}_{ns})\,R_{ns,t+1}\,L_{ns,t} - R_{t+1}(L_{ns,t} - 1) = 0 \qquad (7.26)$$

（二）国有企业部门

国有企业通过投入实物资本、房地产资产以及劳动力生产一般商品，生产函数以 Cobb-Douglas 形式呈现：

$$Y_{s,t} = A_{s,t}[(1-a)(K_{s,t})^{-v} + a(H_{s,t})^{-v}]^{-\frac{\alpha}{v}}(N_{s,t})^{1-\alpha} \qquad (7.27)$$

其中，$Y_{s,t}$ 代表国有企业的产出水平。$A_{s,t}$ 为国有企业的全要素生产率，由于国有企业在市场上通常被认为是产能过剩企业，效率更低（Brandt et al.，2020），因此本章假设稳定状态下国有企业的全要素生产率低于民营企业。一般而言，企业在稳定状态下的全要素生产率设定为 1，但为了突出国有企业与民营企业全要素生产率之间的分化情况，本章根据稳态模型设置国有企业全要素生产率 $A_{s,t}$ 为 0.8。$K_{s,t}$ 为国有企业生产活动中投入的实物资本，$H_{s,t}$ 为国有企业从事生产所需的房地产资产，$N_{s,t}$ 为国有企业部门所需的劳动力。$v=(1-\xi)/\xi$，ξ 是实物资本和房地产资产之间的替代弹性，a 体现了房地产资产对于企业生产经营的重要性。国有企业在 $t-1$ 期末购买实物资本进行生产，并在 t 期将未折旧的资产出售给资本品生产商，$Q_h,H_{s,t}$ 为国有企业购买的房地产资产，$W_{s,t}N_{s,t}$ 为国有企业支付给家庭部门的劳动报酬，国有企业的目标是最大化自身利润：

$$\max[Y_{s,t} + (1-\delta_k)\,Q_{k,t}\,K_{s,t} - R_{s,t}^{k}\,Q_{k,t-1}\,K_{s,t} - Q_{h,t}\,H_{s,t} - W_{s,t}\,N_{s,t}] \qquad (7.28)$$

其中，$Q_{k,t}$ 为实物资本的价格，δ_k 为实物资本的折旧系数。因此，国有企业持有实物资本的收益率的一阶条件为：

$$R^k_{s,t} = \frac{\alpha(1-a)(K_{s,t})^{-v-1}\dfrac{Y_{s,t}}{X_t[(1-a)(K_{s,t})^{-v} + a(H_{s,t})^{-v}]} + (1-\delta_k)Q_{k,t}}{Q_{k,t-1}}$$

$$(7.29)$$

与此同时，国有企业部门在 t 期购入新的房地产资产，并在 $t+1$ 期卖出。因此，国有企业持有房地产资产的收益率为：

$$E_t(R^h_{t+1}) = \frac{Q_{h,t+1}}{Q_{h,t}} + \Delta \qquad (7.30)$$

国有企业持有房地产资产的一阶条件为：

$$Q_{h,t} = a\alpha(H_{s,t})^{-v-1}\frac{Y_{s,t}}{X_t[(1-a)(K_{s,t})^{-v} + a(H_{s,t})^{-v}]} \qquad (7.31)$$

国有企业持有资产的总收益由持有实物资本和房地产资产的收益率加权得到：

$$R_{s,t+1} = \frac{Q_{k,t}K_{s,t+1}}{Q_{k,t}K_{s,t+1} + Q_{h,t}H_{s,t}}R^k_{s,t+1} + \frac{Q_{h,t}H_{s,t}}{Q_{k,t}K_{s,t+1} + Q_{h,t}H_{s,t}}R^h_{t+1} \qquad (7.32)$$

每一期末，国有企业都会从金融中介贷款，加上自有资金 $Net_{s,t+1}$，购买下一期所需的实物资本以及进行房地产投资。国有企业的贷款规模 $B_{s,t+1}$ 为：

$$B_{s,t+1} = Q_{k,t}K_{s,t+1} + Q_{h,t}H_{s,t} - Net_{s,t+1} \qquad (7.33)$$

因此，国有企业的杠杆率为：

$$L_{s,t} = \frac{Q_{k,t}K_{s,t+1} + Q_{h,t}H_{s,t}}{Net_{s,t+1}} \qquad (7.34)$$

银行会根据国有企业的资产价值、自有资金以及上一期所受的异质性冲击设置贷款合同：

$$\bar{\omega}_s R_{s,t+1}(Q_{k,t}K_{s,t+1} + Q_{h,t}H_{s,t}) = Z_{s,t+1}(Q_{k,t}K_{s,t+1} + Q_{h,t}H_{s,t} - Net_{s,t+1}) \qquad (7.35)$$

其中，$\bar{\omega}_s$ 为国有企业的破产阈值，服从对数正态分布，可理解为经济中的风险冲击。如果国有企业下一期受到的异质性冲击大于 $\bar{\omega}_s$，则代表企业投资成功，在偿还贷款后，企业还可拿走投资的剩余部分；如果企业下一期受到的异质性冲击小于 $\bar{\omega}_s$，则企业面临破产，银行会收回企业持有的资产。$Z_{s,t+1}$ 为国有企业面临的贷款利率，可表示为：

$$Z_{s,t+1} = \bar{\omega}_s \, R_{s,t+1} \frac{L_{s,t}}{L_{s,t} - 1} \tag{7.36}$$

国有企业与民营企业贷款合同问题的最大不同便是国有企业的贷款有政府部门的"隐性担保"，即国有企业面临破产、资不抵债时，政府会为国有企业兜底。给定贷款合同，国有企业的预期收益为：

$$E_{t+1}\left\{\left\{\int_{\bar{\omega}_s}^{\infty} \omega_s f(\omega_s) \, \mathrm{d}\omega_s \left[R_{s,t+1}(Q_{k,t} K_{s,t+1} + Q_{h,t} H_{s,t})\right] - \right.\right.$$
$$\left.\left. \left[1 - F(\bar{\omega}_s)\right] \bar{\omega}_s R_{s,t+1}(Q_{k,t} K_{s,t+1} + Q_{h,t} H_{s,t}) - F(\bar{\omega}_s) S_{t+1}\right\} \tag{7.37}\right.$$

定义 $b_{t+1} = \dfrac{S_{t+1}}{R_{s,t+1}(Q_{k,t} K_{s,t+1} + Q_{h,t} H_{s,t})}$ 为隐性担保比例，是担保金额（S_{t+1}）与国有企业资产收益的比率，衡量政府对国有企业债务的担保程度。因此，式（7.37）可化简为：

$$E_{t+1}\left(\left\{\int_{\bar{\omega}_s}^{\infty} \omega_s f(\omega_s) \, \mathrm{d}\omega_s - \left[1 - F(\bar{\omega}_s)\right] \bar{\omega}_s - b_{t+1}\right\} R_{s,t+1}(Q_{k,t} K_{s,t+1} + Q_{h,t} H_{s,t})\right)$$
$$\tag{7.38}$$

定义 $\emptyset(\bar{\omega}_s) = \left\{\int_{\bar{\omega}_s}^{\infty} \omega_s f(\omega_s) \, \mathrm{d}\omega_s - \left[1 - F(\bar{\omega}_s)\right] \bar{\omega}_s - b_{t+1}\right\}$ 为国有企业的收益份额。综上，国有企业利用净资产 $Net_{s,t+1}$ 创造杠杆，预期收益表示为：

$$E_{t+1}\left[\emptyset(\bar{\omega}_s) - b_{t+1}\right] R_{s,t+1} L_{s,t} \tag{7.39}$$

银行的预期收益同样由两部分构成。当国有企业受到的异质性冲击小于破产阈值 $\bar{\omega}_s$ 时，国有企业上缴资产，政府为其提供的担保金额用于偿还债务，避免国有企业破产；当国有企业受到的异质性冲击大于破产阈值 $\bar{\omega}_s$ 时，银行获得贷款收入。银行的预期收益可表示为：

$$\int_0^{\bar{\omega}_s}\left[b_{t+1} + \omega_s(1 - \mu)\right] R_{s,t+1}(Q_{k,t} K_{s,t+1} + Q_{h,t} H_{s,t}) f(\omega_s) \, \mathrm{d}\omega_s +$$

$$[1 - F(\bar{\omega}_s)] (b_{t+1} + \bar{\omega}_s) R_{s,t+1}(Q_{k,t} K_{s,t+1} + Q_{h,t} H_{s,t}) \tag{7.40}$$

化简得：

$$\left\{ b_{t+1} + (1-\mu) \int_0^{\bar{\omega}_s} \omega_s f(\omega_s) \, d\omega_s + [1 - F(\bar{\omega}_s)] \bar{\omega}_s \right\} R_{s,t+1}(Q_{k,t} K_{s,t+1} + Q_{h,t} H_{s,t}) \tag{7.41}$$

定义 $g(\bar{\omega}_s) = (1-\mu) \int_0^{\bar{\omega}_s} \omega_s f(\omega_s) \, d\omega_s + [1-F(\bar{\omega}_s)] \bar{\omega}_s$ 为银行的收益份额，因此银行预期收益率为：

$$\frac{[g(\bar{\omega}_s) + b_{t+1}] R_{s,t+1} L_{s,t}}{L_{s,t} - 1} \tag{7.42}$$

综上所述，贷款合同问题可以表述为，国有企业通过杠杆率 $L_{s,t}$、隐性担保比例 b_{t+1} 以及破产阈值 $\bar{\omega}_s$ 最大化自身预期收益，并且受到贷款合同的约束。银行风险中性，机会成本为无风险利率 R_{t+1}，银行收益必须大于机会成本。因此，国有企业的效用函数可以表示为：

$$\max_{\bar{\omega}_s, L_{s,t}} E_{t+1}[\emptyset(\bar{\omega}_s) - b_{t+1}] R_{s,t+1} L_{s,t} \tag{7.43}$$

$$\text{s.t.} \frac{[g(\bar{\omega}_s) + b_{t+1}] R_{s,t+1} L_{s,t}}{L_{s,t} - 1} \geqslant R_{t+1} \tag{7.44}$$

通过构建拉格朗日方程得到如下一阶条件：

$$E_{t+1}[\emptyset'(\bar{\omega}_s) R_{s,t+1} L_{s,t} + \Lambda_{s,t+1} g'(\bar{\omega}_s) R_{s,t+1} L_{s,t}] = 0 \tag{7.45}$$

$$E_{t+1}([\emptyset(\bar{\omega}_s) - b_{t+1}] R_{s,t+1} + \Lambda_{s,t+1}\{[g(\bar{\omega}_s) + b_{t+1}] R_{s,t+1} - R_{t+1}\}) = 0 \tag{7.46}$$

$$[g(\bar{\omega}_s) + b_{t+1}] R_{s,t+1} L_{s,t} - R_{t+1}(L_{s,t} - 1) = 0 \tag{7.47}$$

根据方程（7.26）和方程（7.47），可以探讨地方政府为国有企业提供隐性担保的一系列影响。首先，分别将民营企业和国有企业的外部融资溢价改写为：

$$\frac{E_t R_{ns,t+1}}{R_{t+1}} = \left(1 - \frac{1}{L_{ns,t}} \right) \frac{1}{g(\bar{\omega}_{ns})} \tag{7.48}$$

$$\frac{E_t R_{s,t+1}}{R_{t+1}} = \left(1 - \frac{1}{L_{s,t}} \right) \frac{1}{g(\bar{\omega}_s) + b_{t+1}} \tag{7.49}$$

可以发现，相较于民营企业，国有企业的外部融资溢价在分母处多出了地方政府为其提供的隐性担保比例 b_{t+1}，其与外部融资溢价呈负相关关系。而外部融资溢价又与企业杠杆率呈正相关关系，说明隐性担保使得国有企业外部融资溢价对于自身杠杆的敏感性低于民营企业，隐性担保的预算软约束削弱了国有企业外部融资约束。

与此同时，异质性企业的杠杆率可表示为：

$$L_{ns,t} = \frac{1}{1 - \dfrac{R_{ns,t+1}}{R_{t+1}} g(\bar{\omega}_{ns})} \tag{7.50}$$

$$L_{s,t} = \frac{1}{1 - \dfrac{R_{s,t+1}}{R_{t+1}} [g(\bar{\omega}_s) + b_{t+1}]} \tag{7.51}$$

可以发现，相较于民营企业，国有企业的杠杆率在分母处多出隐性担保比例 b_{t+1}，其与杠杆率正向相关，使得国有企业杠杆率高于民营企业。

最后，定义 $V_{i,t}$ 为异质性企业的创业资本，企业在 t 期的净资产由方程（7.52）给定：

$$Net_{i,t+1} = \gamma_i V_{i,t} \tag{7.52}$$

其中，$i = \{ns, s\}$，γ_i 为异质性企业的存活率，$\gamma_i V_{i,t}$ 是仍然继续经营的企业的股本，在 t 期经营失败的企业将消费创业资本的残值：

$$C_{i,t}^e = (1 - \gamma_i) V_{i,t} \tag{7.53}$$

企业净资产的积累方程为：

$$\begin{aligned} Net_{i,t+1} = \gamma_{ns} [&(R_{i,t} - R_t) (Q_{k,t-1} K_{i,t} + Q_{h,t-1} H_{i,t-1}) + \\ & \iota_{i,t} (Q_{k,t-1} K_{i,t} + Q_{h,t-1} H_{i,t-1} - Net_{i,t}) + R_t Net_{i,t}] \end{aligned} \tag{7.54}$$

其中 $\iota_{i,t}=\mu\int_0^{\bar{\omega}_i}\omega_i f(\omega_i)\,R_{i,t}(Q_{k,t-1}K_{i,t}+Q_{h,t-1}H_{i,t-1})\,\mathrm{d}\omega_i$，代表异质性企业的破产成本。

三　政府部门

政府部门支出的资金来源于家庭部门上缴的税收，满足如下预算约束：

$$G_t = T_t \tag{7.55}$$

其中，政府支出 G_t 设置为模型中的外生冲击变量，服从 AR（1）过程：

$$\log G_t - \log G = \rho_g(\log G_{t-1} - \log G) + \varepsilon_{g,t} \tag{7.56}$$

$$\varepsilon_{g,t} \sim \mathrm{N}(0,\sigma_g^2)$$

四　货币当局

货币当局根据泰勒规则设置政策利率 R_t^n：

$$\frac{R_t^n}{\bar{R}^n} = \left(\frac{R_{t-1}^n}{\bar{R}^n}\right)^{\rho_n}\left[\left(\frac{Y_t}{\bar{Y}}\right)^{v_y}\left(\frac{E_t P_{t+1}}{\bar{P}}\right)^{v_\pi}\right]^{1-\rho_n}\exp(\varepsilon_{n,t}) \tag{7.57}$$

$$\varepsilon_{n,t} \sim \mathrm{N}(0,\sigma_n^2)$$

$\bar{R}^n$、$\bar{Y}$、$\bar{P}$ 分别为稳态时的名义利率、总产出和价格，定义 $\pi_t=\dfrac{P_t}{P_{t-1}}$ 表示通胀率，v_π 和 v_y 为通胀与总产出的泰勒规则反应系数，ρ_n 为利率平滑系数，$\varepsilon_{n,t}$ 为货币政策冲击。

五　资本品生产商

资本品生产商分别生产房地产资产和实物资本两种资本品，在 t 期末从企业部门购买折旧后的资产，并增加投资生产出可供下一期使用的资本品。生产函数为：

$$K_{t+1} = \emptyset\left(\frac{I_{k,t}}{K_t}\right) K_t + (1 - \delta_k) K_t \qquad (7.58)$$

$$H_{t+1} = \emptyset\left(\frac{I_{h,t}}{H_t}\right) H_t + (1 - \delta_h) H_t \qquad (7.59)$$

其中，$\emptyset$（·）为投资调整成本。

六 零售商部门

本章按照 Calvo（1983）的定价模式在零售商部门引入价格黏性。假设单一零售商 z 在完全竞争市场以价格P_t^w购入中间产品，并且可以无成本地以价格P_t（z）出售产品Y_t（z）。最终产品由方程$Y_t^f = \left[\int_0^1 Y_t (z)^{\frac{\varepsilon-1}{\varepsilon}} \mathrm{d}z\right]^{\frac{\varepsilon}{\varepsilon-1}}$决定，其中 $\varepsilon > 1$，为替代弹性。给定此总产出函数，最终产品的定价为$P_t = \left[\int_0^1 P_t (z)^{1-\varepsilon} \mathrm{d}z\right]^{\frac{1}{1-\varepsilon}}$。因此，每个零售商都面临如下需求函数：

$$Y_t(z) = \left[\frac{P_t(z)}{P_t}\right]^{-\varepsilon} Y_t^f \qquad (7.60)$$

所有零售商都以价格P_t^w购入中间产品，以价格P_t（z）销售最终产品，并面临如上需求约束。零售商每期有($1-\theta$) 的概率可以调整价格，定义P_t^*（z）为调整后的价格，$Y_{t+k}^*(z) = [P_t^*$（z）$/P_t]^{-\varepsilon} Y_{t+k}^f$为调整后的需求函数。调整后的最优价格$P_t$（$z$）需满足：

$$\sum_{k=0}^{\infty} \theta^k E_t \left\{ \Lambda_{t,k} \left[\frac{P_t^*(z)}{P_{t+k}} - \frac{x_t}{x_{t+k}} \right] Y_{t+k}^*(z) \right\} = 0 \qquad (7.61)$$

其中$\Lambda_{t,k} = \beta \dfrac{C_t}{C_{t+k}}$，为随机贴现因子，$x_t$为价格加成系数，稳态时等于$\dfrac{\varepsilon}{\varepsilon-1}$。上述方程表明，零售商定价使得预期贴现收入等于预期贴现成本。最终产品的定价公式为：

$$P_t = \left[(1 - \theta)(P_t^*)^{1-\varepsilon} + \theta P_{t-1}^{\varepsilon} \right]^{\frac{1}{1-\varepsilon}} \tag{7.62}$$

七　出清条件

供给侧总产出由异质性企业的产出加总得到：

$$Y_t = \left[P_s Y_{s,t}^{\lambda} + (1 - P_s) Y_{ns,t}^{\lambda} \right]^{\frac{1}{\lambda}} \tag{7.63}$$

其中，P_s 为国有企业的占比，λ 为异质性企业产出的替代弹性。实物资本和房地产资产的和为：

$$K_t = P_s K_{s,t} + (1 - P_s) K_{ns,t} \tag{7.64}$$

$$H_t = H_{h,t} + P_s H_{s,t} + (1 - P_s) H_{ns,t} \tag{7.65}$$

劳动力市场上，假设国有企业和民营企业的劳动供给并无差异：

$$N_{s,t} = N_{ns,t} = N_t \tag{7.66}$$

实际工资水平由异质性企业各自的实际工资加权决定：

$$W_t = P_s W_{s,t} + (1 - P_s) W_{ns,t} \tag{7.67}$$

其中，$W_{i,t} = \dfrac{(1-\alpha) Y_{i,t}}{X_t N_{i,t}}$，为异质性企业部门各自的实际工资水平。

最后，总产出根据支出法核算得到：

$$Y_t = C_t + I_{k,t} + I_{h,t} + C_{ns,t}^e + C_{s,t}^e + G_{t+1} \tag{7.68}$$

第四节　参数校准

按照动态随机一般均衡模型求解的惯例，本章对概述模型平衡增长路径周围的方程进行了对数线性化，并对模型中涉及的参数进行了校准。对于参数的校准，一部分参数依据真实宏观经济数据和模型稳态进行推算，使模型中变量的稳态值与实际经济数据相匹配，另一部分参数依据权威文献进行校准。

首先，家庭部门贴现因子 β，根据无风险利率和模型稳态校准得出。由方程（7.4）可知，稳态情况下：

$$\beta = 1/R$$

其中，无风险利率 R 根据 1 年期国债到期收益率均值校准为 2.5398%，时间为 2002 年 1 月 4 日至 2021 年 12 月 31 日。由于模型中的时间刻度为季度，而实际的利率数据为年化收益率，因此需要通过 1/4 次方得到季度收益率。因此 β 的取值为：

$$\beta = \frac{1}{(1 + 2.5398\%)^{\frac{1}{4}}} \approx 0.993$$

总产出根据支出法进行核算。由于本章模型并未涉及经济开放，因此本章在总产出数据中扣除净出口总额贡献的部分，以确保参数校准更加符合模型设置。本章模型涉及两种资产，分别是房地产资产 H 和实物资本 K，根据历年的 GDP 数据以及资本形成总额中的存货变动与固定资本形成总额，将实物资本投资占总产出的比重 $\frac{I_k}{Y}$ 校准为 0.25；根据总产出数据和房地产开发投资数据，将房地产投资占总产出的比重 $\frac{I_h}{Y}$ 校准为 0.1；政府支出占总产出的比重 $\frac{G}{Y}$ 校准为 0.15。

由方程（7.6）可知，稳态情况下：

$$\frac{1}{C} = \beta\left[\frac{j}{H_h} + \frac{1}{C}(1 - \delta_h)\right]$$

稳态时的房地产需求冲击 j 参考何青等（2015）的研究校准为 0.2，家庭持有房地产资产占总产出的比重 H_h/Y 参照 Jin 等（2012）的研究设置为 1.11，经扣除净出口总额的总产出调整后校准为 1.125。房地产资产折旧系数 δ_h 根据 Iacoviello（2005）的研究校准为 0.01。居民消费与家庭持有房屋

数额的比值 C/H_h 根据稳态方程校准为 0.32，因此，可以推出扣除企业消费的居民消费占总产出的比重 C/Y 为 0.36。根据宏观经济数据，居民最终消费占总产出的比重约为 0.5，分别校准民营企业消费占总产出的比重 C_{ns}^e/Y 和国有企业消费占总产出的比重 C_s^e/Y，两者均为 0.07，企业消费占总产出的比重为 0.14。

由方程（7.10）可知，稳态情况下持有或投资房地产资产的收益率为：

$$R^h = 1 + \Delta$$

选取 2008~2021 年的房价数据计算平均收益率，并将 Δ 校准为 0.02。

对于异质性企业的贷款加权利率，由于近年数据缺失，本章根据中国财政科学研究院"降成本"课题组等（2017）的调查结果，设置国有企业的年化贷款加权利率为 5.77%，将国有企业外部融资成本的稳态值 R_s 校准为 $(1+5.77\%)^{1/4}$；设置民营企业的年化贷款加权利率为 7.28%，将民营企业外部融资成本的稳态值 R_{ns} 校准为 $(1+7.28\%)^{1/4}$。

根据公式（7.29）和公式（7.32），稳态情况下国有企业持有资产的收益率的稳态值满足如下条件：

$$R_s^k - (1-\delta_k) = \frac{\alpha}{X}\frac{Y_s}{K_s}\frac{1}{1+\frac{a}{1-a}\left(\frac{K_s}{H_s}\right)^{-v}}$$

$$R_s = \frac{K_s}{K_s+H_s}R_s^k + \frac{H_s}{K_s+H_s}R^h$$

参考中国人民银行营业管理部课题组等（2017）的研究，将劳动产出弹性 $1-\alpha$ 校准为 0.45，可得 α 为 0.55；实物资本折旧系数 δ_k 的季度数据按照研究惯例校准为 0.025；房地产资产对于企业生产经营的重要性 a 校准为 0.7；房地产资产与实物资本的替代弹性复合参数 v 校准为 0.7；Y_s/K_s 校准为 1/4，即国有企业的资本产出比为 4。联立上面二式可以解出，国有企业持有实物资本的收益率的稳态值 R_s^k 为 1.0061，房地产资产与实物资本比值 H_s/K_s 校准为 1.315。参照国有企业，民营企业持有实物资本收益率的稳态值 R_{ns}^k 校准为 1.0152，持有房地产资产和实物资本的比值 H_{ns}/K_{ns} 校准为 1.3964。

对于企业和银行贷款合同中涉及的参数，本章主要利用 Matlab 求解得出。将商业银行的监督成本比例 μ 校准为 0.21。民营企业破产概率的稳态值 $F(\bar{\omega}_{ns})$ 校准为 0.01，国有企业破产概率的稳态值 $F(\bar{\omega}_s)$ 校准为 0.007。民营企业的破产阈值 ω_{ns} 校准为 0.5193，国有企业的破产阈值 $\bar{\omega}_s$ 校准为 0.4947。在民营企业与商业银行的贷款合同中，民营企业的收益份额 $\emptyset(\bar{\omega}_{ns})$ 校准为 0.4811，商业银行贷款给民营企业的收益份额 $g(\bar{\omega}_{ns})$ 校准为 0.5121；在国有企业与商业银行的贷款合同中，国有企业的收益份额 $\emptyset(\bar{\omega}_s)$ 校准为 0.5035，商业银行贷款给国有企业的收益份额 $g(\bar{\omega}_s)$ 校准为 0.4920。参考中国人民银行营业管理部课题组等（2017）的研究，将国有企业存活概率 γ_s 校准为 0.98，民营企业存活概率 γ_{ns} 校准为 0.97。

参照 Jin 等（2012）的研究，校准实物资本投资的调整成本系数 φ_k 为 0.5，校准房地产投资的调整成本系数 φ_h 为 0.3，这意味着经济周期中的房地产投资较实物资本投资更加不稳定。将经济中国有企业的占比 P_s 设置为 0.5，异质性企业产出的替代弹性 λ 设置为 1.5。稳态时的劳动时间 N，参照文献的标准处理，设置时间禀赋为 1，采取 8 小时工作制，将其校准为 1/3。模型涉及的参数校准如表 7.1 所示。

表 7.1　参数校准

参数	参数含义	校准值
β	家庭部门贴现因子	0.993
j	稳态时的房地产需求冲击	0.2
H_h/Y	家庭持有房地产资产占总产出的比重	1.125
I_k/Y	实物资本投资占总产出的比重	0.25
I_h/Y	房地产投资占总产出的比重	0.1
G/Y	政府支出占总产出的比重	0.15
C/Y	居民消费占总产出的比重	0.36
C^e/Y	企业消费占总产出的比重	0.14
δ_h	房地产资产折旧系数	0.01
γ_{ns}	民营企业存活率	0.97
γ_s	国有企业存活率	0.98
Δ	稳态时企业持有房地产资产的净收益率	0.02

续表

参数	参数含义	校准值
δ_k	实物资本折旧系数	0.025
v	房地产资产与实物资本的替代弹性复合参数	0.7
$1-\alpha$	劳动产出弹性	0.45
a	房地产资产对于企业生产经营的重要性	0.7
Y_s/K_s	国有企业资本产出比的倒数	1/4
Y_{ns}/K_{ns}	民营企业资本产出比的倒数	1/3
μ	商业银行的监督成本比例	0.21
$F(\bar{\omega}_{ns})$	民营企业破产概率的稳态值	0.01
$F(\bar{\omega}_s)$	国有企业破产概率的稳态值	0.007
$\bar{\omega}_{ns}$	民营企业的破产阈值	0.5193
$\bar{\omega}_s$	国有企业的破产阈值	0.4947
$\varnothing(\bar{\omega}_{ns})$	民营企业的收益份额	0.4811
$g(\bar{\omega}_{ns})$	商业银行贷款给民营企业的收益份额	0.5121
$\varnothing(\bar{\omega}_s)$	国有企业的收益份额	0.5035
$g(\bar{\omega}_s)$	商业银行贷款给国有企业的收益份额	0.4920
φ_k	实物资本投资的调整成本系数	0.5
φ_h	房地产投资的调整成本系数	0.3
P_s	国有企业的占比	0.5
λ	异质性企业产出的替代弹性	1.5
N	稳态时的劳动时间	1/3
v_y	总产出的泰勒规则反应系数	0.78
v_π	通胀的泰勒规则反应系数	1.1

第五节　模型动态经济特征分析

一　脉冲响应分析

（一）房价波动对主要经济变量的影响

明确房价波动的影响机制，首先需要解释为什么房地产需求冲击会推动房价上涨并进一步引起其他经济变量波动。假设家庭部门在消费和改善住房条件两方面具有线性效用，即 $U(C, H_h) = C + j H_h$，且房地产需求 j 是常数。住房需求函数意味着住房价格是消费和住房之间未来边际替代率的现值，此时边际替代率恒等于 j。由于稳态时的利率水平恒定不变，因此除非 j 发生变化，否则房价 $Q_{h,t}=j/(1-\beta)$ 同样恒定不变。由此，除了房地产需求冲击之外，房价不会对任何其他冲击做出反应。进一步扩展到基准模型中，便可以用房地产需求冲击带来的影响近似代表房价波动的影响。在分析模型的动态经济特征时，本章以房地产需求冲击引起的房价波动为基准，探究房价波动影响企业债务稳定性及其他经济变量的传导机制。本章所有脉冲响应图的横坐标均为季度，纵坐标均为偏离稳态值的百分比。

图 7.4 显示了家庭部门一个单位的正向房地产需求冲击下，主要经济变量的脉冲响应情况。从图 7.4 可以看出，家庭部门一个单位的正向房地产需求冲击将通过增加房地产市场的需求拉高房价，进一步促进市场对房地产资产的投资。由于本章假设房地产资产在企业生产经营中占据较大比重，因而房地产投资在初期会挤压实物资本投资。

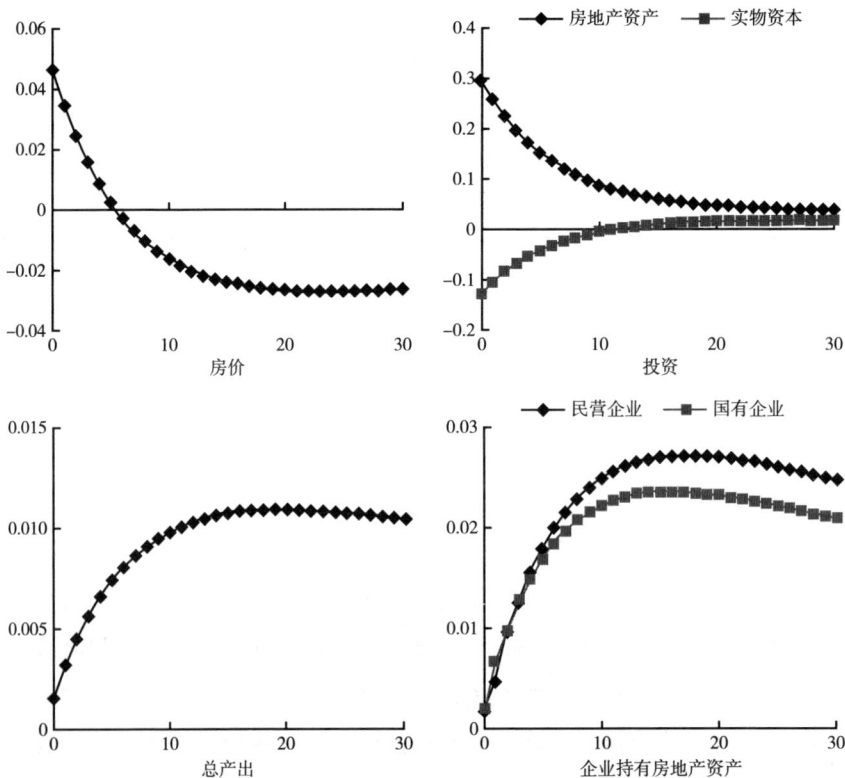

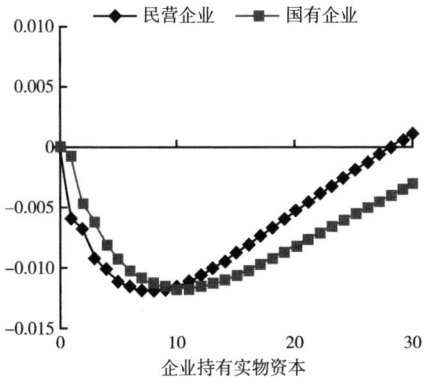

企业持有实物资本

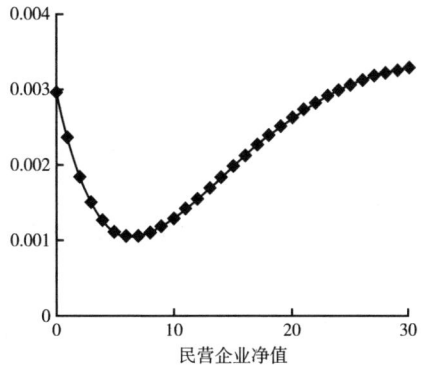

民营企业净值

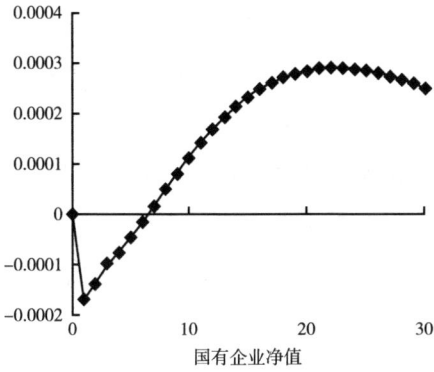

国有企业净值

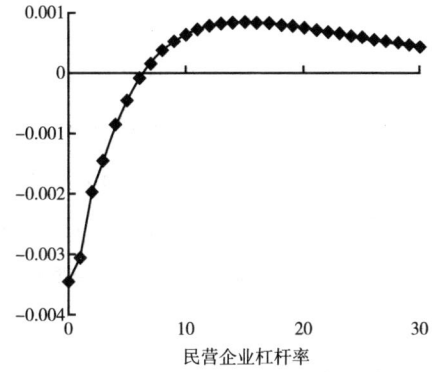

民营企业杠杆率

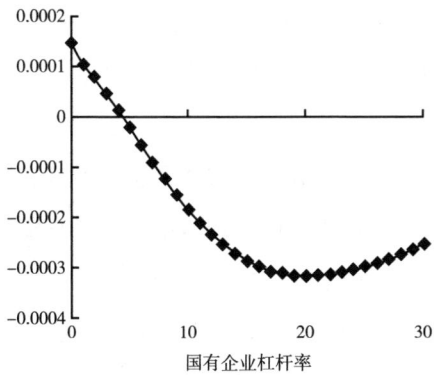

国有企业杠杆率

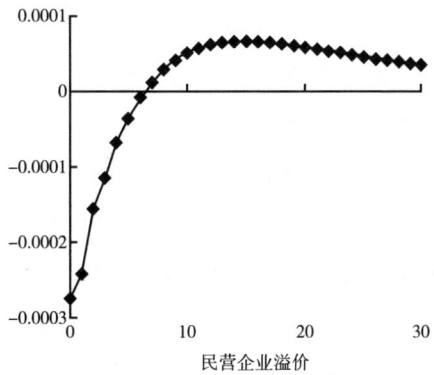

民营企业溢价

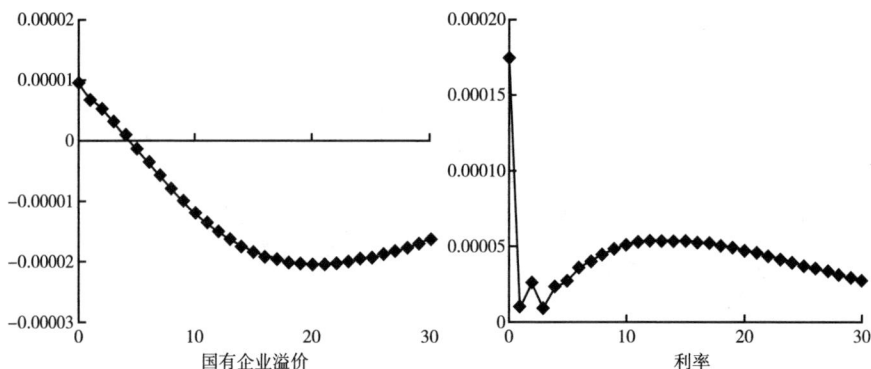

图 7.4　房地产需求冲击

　　具体来看，房地产需求冲击下异质性企业对于两种不同资产的持有行为有差异。由于当前房地产需求旺盛，短期内异质性企业会大量增持房地产资产，减持实物资本。根据模型设定和现实经济特征，国有企业持有的各项资产均多于民营企业，因此短期内国有企业持有房地产资产的增加幅度要大于民营企业，而国有企业持有实物资本的减少幅度要小于民营企业。由于房价上涨以及企业持有房地产资产增加，民营企业净值增长显著，而国有企业净值在短期内有所下降。国有企业持有的实物资本规模较大，实物资本价格下降带来的价值缩水严重，使得企业净值受到一定影响；然而在中长期，实物资本价格不再明显受到房价挤压，因而国有企业净值逐渐增加。

　　房价波动对于异质性企业杠杆率的影响有所分化。就民营企业而言，由于其资产规模并不大，因此房价上涨带来的企业净值增加速度超过了总资产的增加速度，短期内杠杆率下降，受企业杠杆率影响的民营企业外部融资溢价也会有所减少，此时民营企业信贷需求增加，会选择进一步扩大债务规模，中长期民营企业的杠杆水平受债务规模推动进一步提升。就国有企业而言，由于其本身资产规模十分庞大，因此短期内房价上涨带来的企业总资产价值的增长速度快于净值的增长速度，企业杠杆水平在短期内有所提升，企业外部融资溢价在杠杆水平的作用下有所增加；随着房地产需求冲击的持续，国有企业净值会逐渐增加，使得银行放松对国有企业的信贷约束，国有企业的信贷需求也会进一步膨胀。从图7.4中还可以看出，受房地产需求冲击影响，异质性企业外部融资约束的下降幅度要显著大于上升幅度，因此就整个企业部门而言，无论是短期还是长期，更加放松的外部融资约束都会带来信贷市场需求的膨胀。

房价上涨会进一步刺激经济中的投资以及使资产价格上升，总产出增加显著，经济进入繁荣周期，这就是房价具有的"金融加速器"效应。一旦房价泡沫破裂，企业资产净值便会急速缩水，如果资产价值不足以偿还银行贷款，企业则面临破产。经济体中的企业大规模破产，不仅会导致家庭部门的大量失业，也会导致金融行业受到较大冲击，"金融加速器"机制的存在最终会使得产出因受资产价格影响而遭受严峻打击。因此，房价的波动会显著影响企业债务，并会进一步传导至宏观经济金融体系，由于"金融加速器"机制的存在，房价波动产生的各种影响会在传导至宏观经济体系时进一步放大，导致企业债务稳定性在房价的作用下与经济"繁荣—萧条"周期息息相关。

最后，由于总需求膨胀，央行会采取紧缩性的货币政策抑制需求，避免经济过热带来的一系列问题，最终导致利率水平上升。同时，决策者采取的一系列与房价相关的调控政策，相当于对房地产需求的负向冲击，能有效降低房地产需求，避免由房价过快增长带来的经济泡沫风险，但同时也会使得企业净值缩水，使企业债务稳定性受到影响，并降低全社会的产出水平。因此，在经济萧条时期实行严格的房价调控政策可能会进一步加剧实体经济面临的困境。

（二）企业债务稳定性背后的体制性因素

根据模型构建和房地产需求冲击下经济变量的脉冲响应分析，可以发现国有企业和民营企业的债务情况存在明显分化。民营企业和国有企业的差异往往体现在生产效率上，国有企业通常被认为经营效率低下且存在产能过剩。从图7.5可以看出，一单位民营企业全要素生产率的正向冲击对总产出水平的贡献要显著高于国有企业，说明国有企业的低效问题有碍于经济增长。

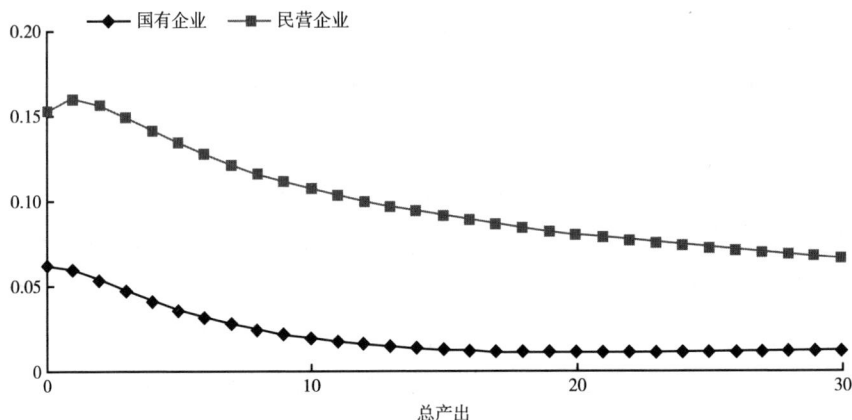

图 7.5　异质性企业对总产出的贡献

　　然而，由于市场上的各类资源是相对有限的，因此国有企业和民营企业在资源分配的过程中存在一定竞争。对于信贷市场而言，金融中介往往对国有企业具有一定偏好，因此相较于民营企业，国有企业在吸收信贷资源方面具有较大优势，国有企业信贷对于民营企业信贷具有挤出效应。从图 7.6 可以看出，当一单位正向的国有企业全要素生产率冲击来临时，国有企业会扩大生产规模，并增加对房地产资产的投资，带动国有企业总产出规模的进一步扩张。由于国有企业的规模扩张需要，国有企业的信贷需求会有所增加，债务规模会进一步膨胀，从而使得信贷资源大幅流向国有企业，民营企业信贷资源被挤出。由于民营企业信贷资源被挤占，其投资受到限制，民营企业持有房地产资产减少，最终导致民营企业产出水平下降，并且使民营企业陷入"资不抵债"困境的可能性增加，民营企业债务风险增大。

　　相反，从图 7.7 可以看出，当一单位正向的民营企业全要素生产率冲击来临时，得益于技术进步，民营企业会增加对房地产资产的投资，民营企

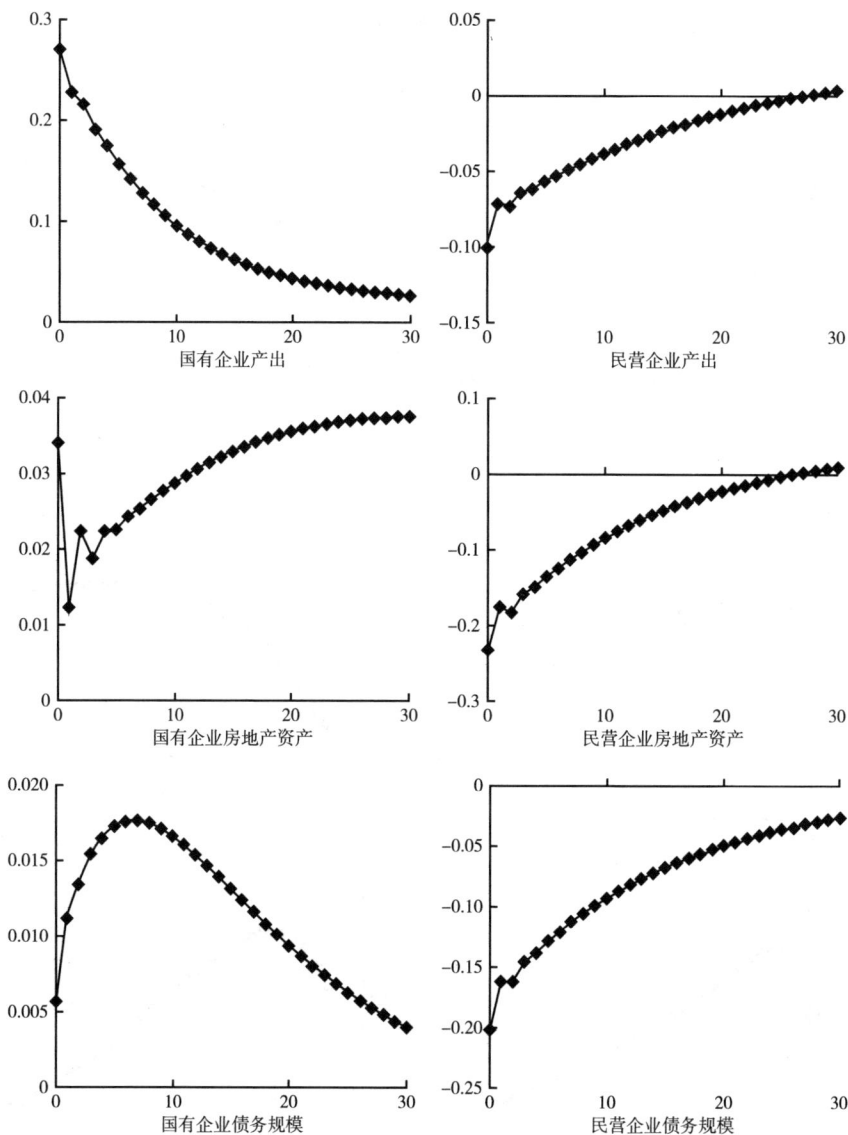

图 7.6　国有企业全要素生产率冲击

业的产出水平也会有较为明显的提升。信贷市场上，由于民营企业的规模扩张需要，信贷资源会更多地流向民营企业，然而民营企业对国有企业并不存在信贷挤出效应，国有企业的信贷规模仍会维持增长的态势。民营企业对国有企业持有房地产资产和产出的挤出效应也只会在短期内出现，中长期内并不存在民营企业对国有企业的挤出。

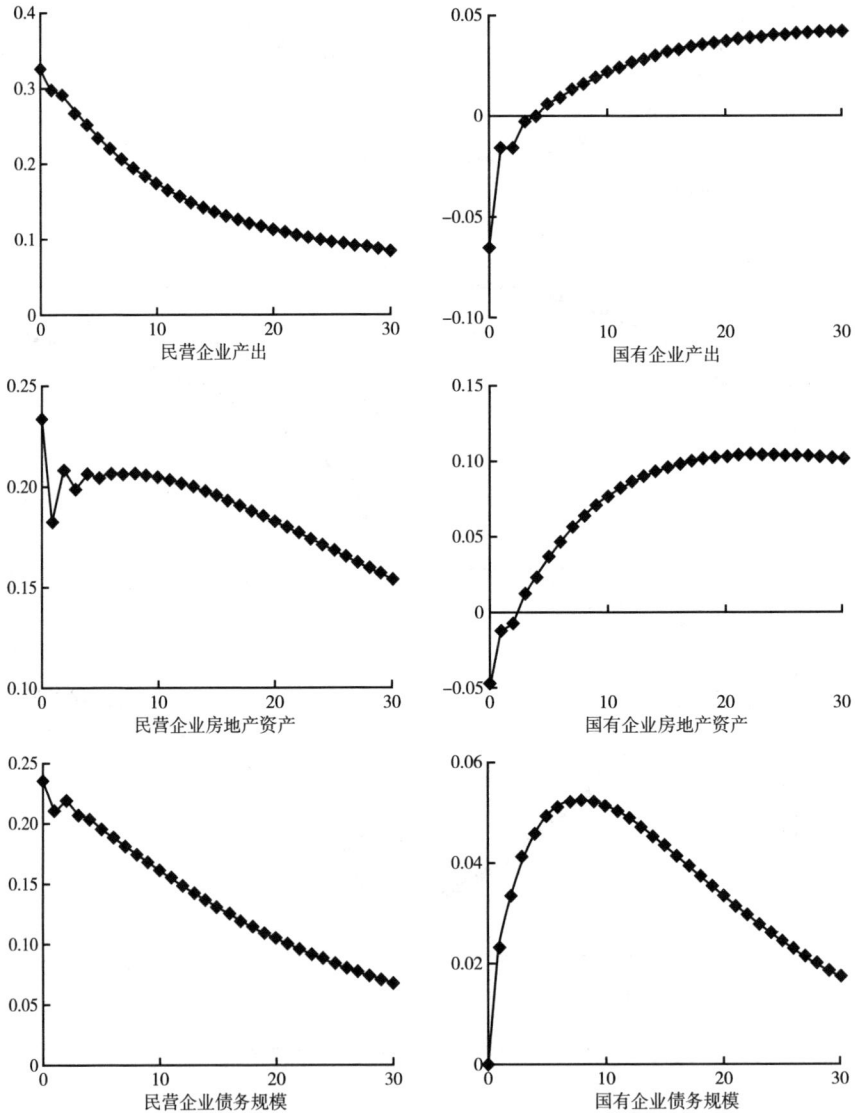

图 7.7　民营企业全要素生产率冲击

结合图 7.5~7.7 可以发现，国有企业和民营企业全要素生产率提高带来的经济增长效应并不完全相同，民营企业效率提高和技术进步对于总产出的贡献更大。然而，国有企业全要素生产率提高时，对民营企业有显著的挤出效应。虽然国有企业效率提高对于总产出的贡献不如民营企业大，但由于银行对国有企业存在偏好，国有企业会严重挤占民营企业的信贷资源，并进一步挤占民营企业的投资和产出，而且这种挤占效应是长期存在的，这意味着效率高、贡献大的民营企业会被迫退出市场，经济体中的国有企业占比越高，这种挤占效应便会越显著。

反观民营企业，其全要素生产率水平的提高会带来更大幅度的产出增长。虽然信贷资源会在一开始更多地流向民营企业，但民营企业并不会对国有企业的信贷产生挤出效应，银行仍会选择不断地向国有企业放贷。由于国有企业信贷不会受到明显挤出，因此国有企业的生产和投资也不会受到较大影响，即使短期内民营企业的投资和生产会挤出国有企业的投资和生产，但这种挤出效应微乎其微，并且不会在中长期持续。因此，只有优化纵向产业结构，降低经济中的僵尸企业占比，持续提高高效率企业占比，才能够有效提高企业部门的整体全要素生产率，促进总产出的进一步增长，实现经济高效、健康、可持续发展。在当前原有的改革红利释放完毕、人口红利逐渐消失、劳动力成本大幅上升、资源约束逐步增强等因素导致经济增长中枢下移的背景下，继续深化改革、优化经济结构、增强经济的内生增长动力刻不容缓。与国有企业相比，民营企业产能利用率较高，生产过程更加高效，因此必须提高民营企业在经济中的占比，以促进纵向产业结构的优化升级，释放供给侧过剩产能，激发实体经济自身动能，推动经济社会高质量发展。

国有企业对民营企业信贷的挤出效应、商业银行对国有企业的信贷偏好以及民营企业"融资难、融资贵"问题，与政府为国有企业提供的隐性担保息息相关。根据模型构建，国有企业隐性担保比例的增加会削弱国有企业外部融资溢价对杠杆水平的敏感性，即隐性担保比例的增加会降低外部融资溢价随国有企业杠杆增加而增加的幅度。与此同时，国有企业隐性担保比例的增加会增强国有企业创造杠杆的意愿。

　　图 7.8 为一单位国有企业隐性担保比例的正向冲击下，异质性企业债务水平的脉冲响应情况。从图 7.8 中可以看出，随着国有企业隐性担保比例的增加，国有企业杠杆率的提升幅度大于民营企业杠杆率的提升幅度，受杠杆率影响，国有企业外部融资溢价增加幅度小于民营企业外部融资溢价的增加幅度，说明隐性担保的存在会削弱外部融资约束，抵消"金融加速器"效应。由于隐性担保比例的增加削弱了国有企业外部融资溢价对杠杆水平的敏感性，国有企业的债务规模会随隐性担保比例的增加而进一步扩大，并不会受到外部融资溢价的明显约束。相反，民营企业由于外部融资溢价约束收紧，债务规模会在短期内显著下降，民营企业陷入"融资难、融资贵"的境地。因此，隐性担保比例的增加会阻碍信贷资源的有效配置，加剧民营企业融资困难的现状。若要维持企业债务稳定，必须遏制甚至消除政府对国有企业的隐性担保，使得信贷资源能够最大限度地发挥对实体经济的正向作用，避免由于体制性因素导致经济体中的企业债务结构畸形，从而进一步影响宏观经济金融的稳定。

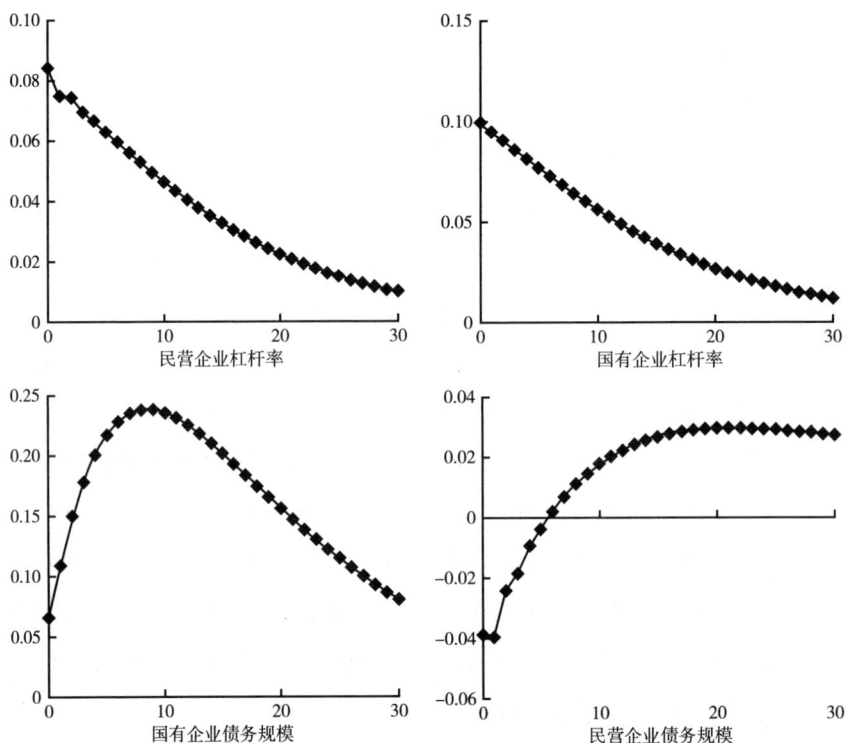

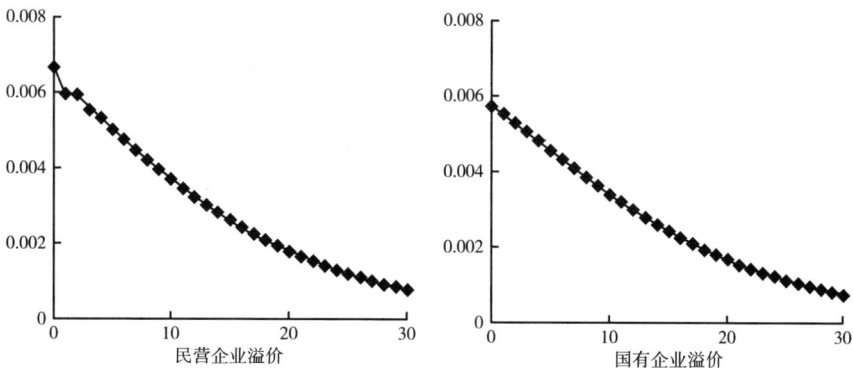

图 7.8 国有企业隐性担保比例冲击

（三）政府政策与企业债务稳定性

由于企业债务稳定与实体经济稳定关系密切，近年来决策机构采取了多项举措应对企业债务稳定问题，其中便包括财政政策和货币政策。这些协调性政策不仅会对企业债务产生直接影响，还会间接影响实体经济，而房地产资产作为社会中的重要资产，可能会在政策传导过程中产生一系列影响。图7.9 为受到一单位政府支出正向冲击后，企业债务相关变量与实体经济变量的变化情况。首先，政府支出冲击会直接带来当期政府支出的增加，通常而言，增加政府支出属于扩张性的财政政策，因此总需求有所增加，资产价格受到需求的推动进一步提升。资产价格中，房价提升显著，说明房价受需求端的影响更大，并且实物资本价格在短期内并没有受房价挤压，两种资产价格均有所提升。由于资产价格上升明显，异质性企业的净值也随之显著提升，并且短期内净值提升的速度超过了资产规模扩张的速度，因此异质性企业的杠杆水平有所下降。由于企业外部融资溢价由杠杆率推动，杠杆率的下降使得企业受到的外部融资约束有所放松，异质性企业债务规模均呈现扩张态势，说明扩张性的财政政策所带来的需求增加会使得全社会的信贷需求增加。然而，就异质性企业而言，政府支出的增加会使得国有企业债务规模在短期和中期持续扩张，而民营企业债务规模只在短期内有所增长，中长期中依然存在国有企业对民营企业的信贷挤出效应。结合模型构建部分政府为国有企业提供的隐性担保，可以认为政府与国有企业之间的利益相关性会使国有企业债务稳定性受财政政策的影响更大。

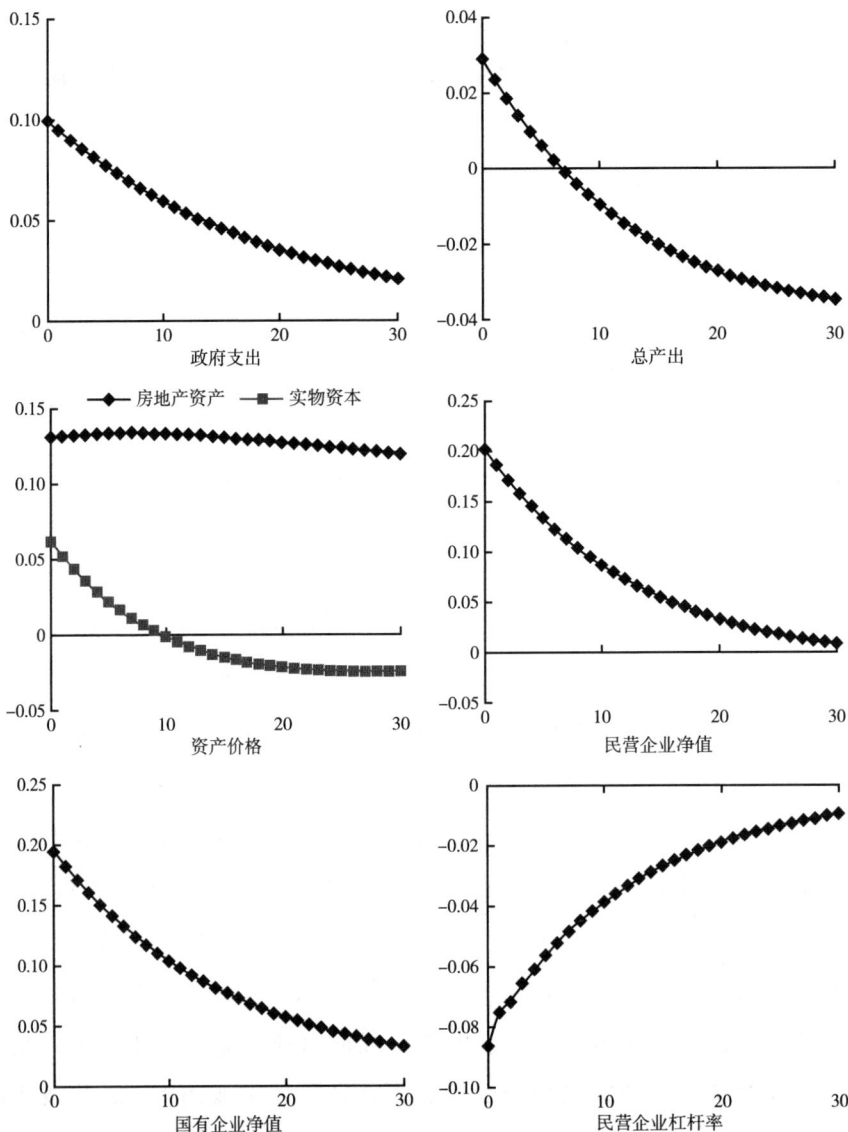

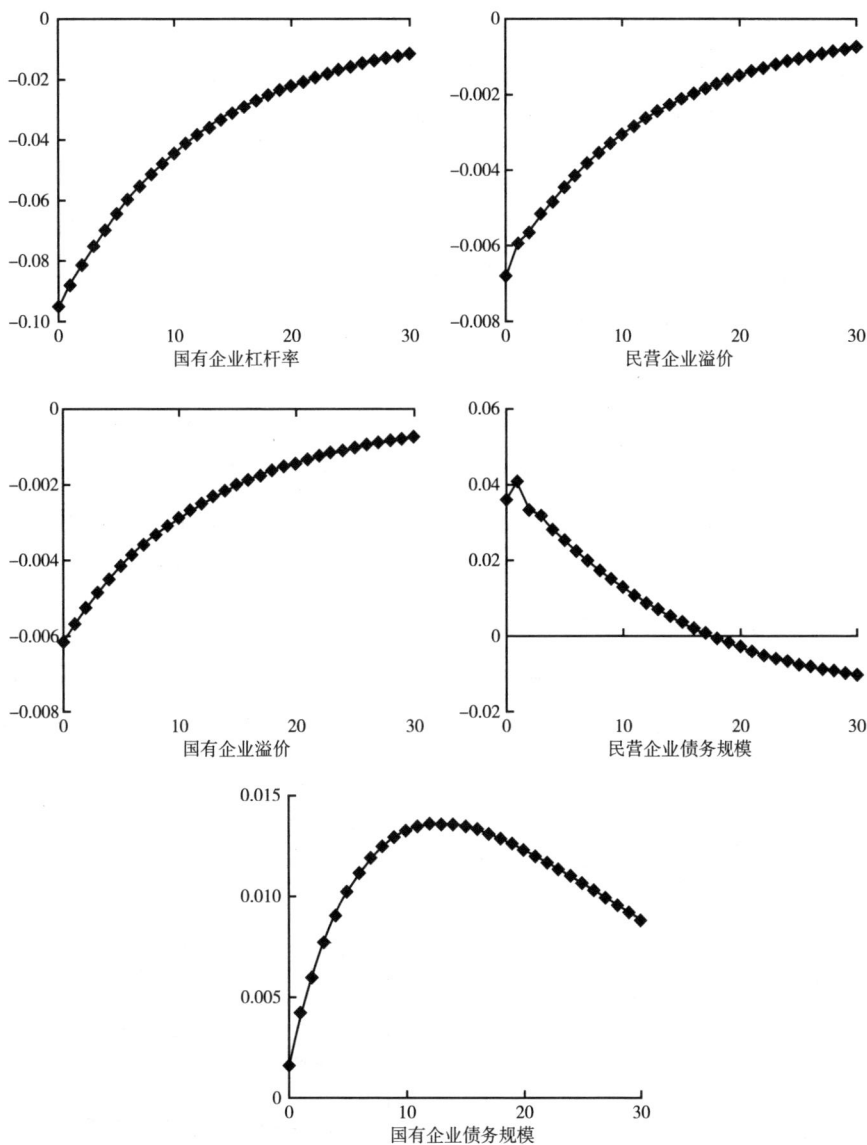

图 7.9　政府支出冲击

综上，政府支出的增加会带来总需求的增加，总产出也相应增长，资产价格在需求的推动下上升，其中房价上涨显著。受资产价格推动，异质性企业净值增加，杠杆水平随之下降，由杠杆水平决定的异质性企业外部融资约束有所放松，企业债务规模进一步扩张。政府支出的增加会通过由需求推动的资产价格上涨带来信贷膨胀，政府对国有企业隐性担保的存在使得国有企业信贷在中长期挤出民营企业信贷，国有企业信贷受约束较小。

就货币政策而言，本章主要对紧缩性货币政策即政策利率上升的政策传导机制做出模拟。图 7.10 为受到一个单位的政策利率正向冲击后，企业债务相关变量与实体经济变量的变化情况。首先，利率水平上升，社会投资需求下降，对房地产资产和实物资本的投资均有所下降；然而，房地产资产的下降程度要大于实物资本，房地产资产投资受利率冲击更加明显。由于需求下降、投资下降，总产出随之下降，异质性企业净值受资产价格和需求收缩的影响贬值明显。由于企业净值下降速度超过总资产贬值速度，异质性企业杠杆率有所上升，受杠杆和利率推动的企业外部融资约束进一步收紧。民营企业外部融资约束收紧，债务规模有所下降，货币政策对于民营企业的债务规模具有缩减效应，有利于控制民营企业债务规模。反观国有企业，虽然国有企业受到的外部融资约束同样有所收紧，但国有企业信贷内嵌的隐性担保会削弱外部融资约束，国有企业债务规模并不受货币政策冲击的影响而发生收缩，反而会进一步扩张，异质性企业的信贷挤出效应也更加明显。

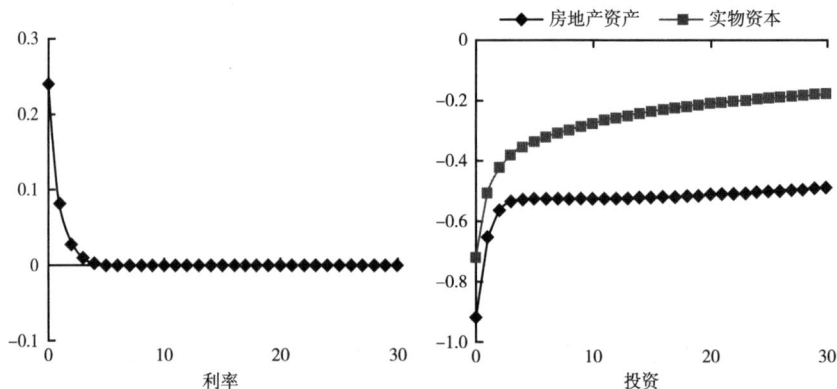

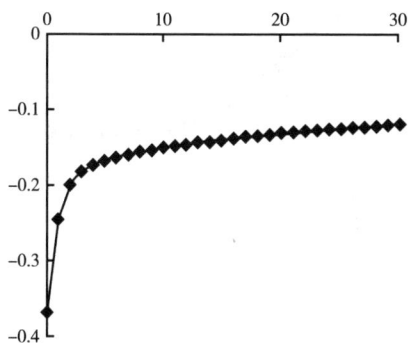

总产出

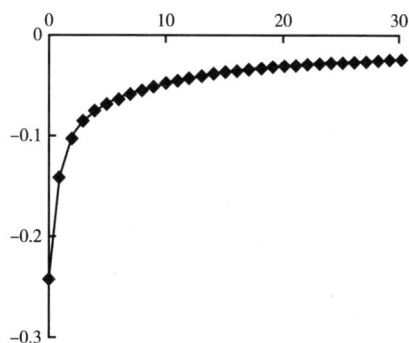

民营企业净值

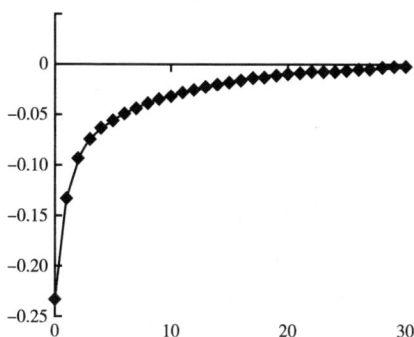

国有企业净值

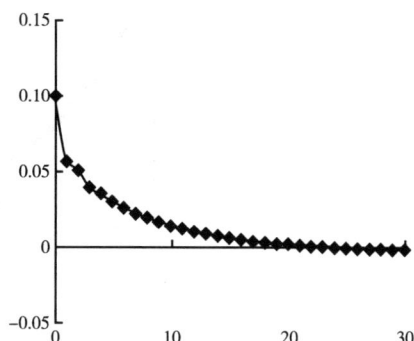

民营企业杠杆率

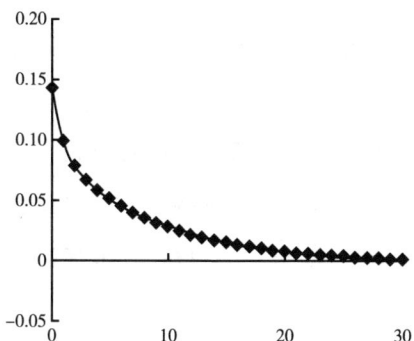

国有企业杠杆率

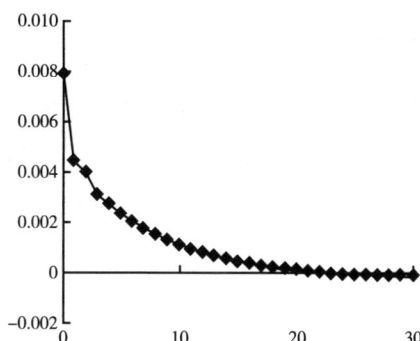

民营企业溢价

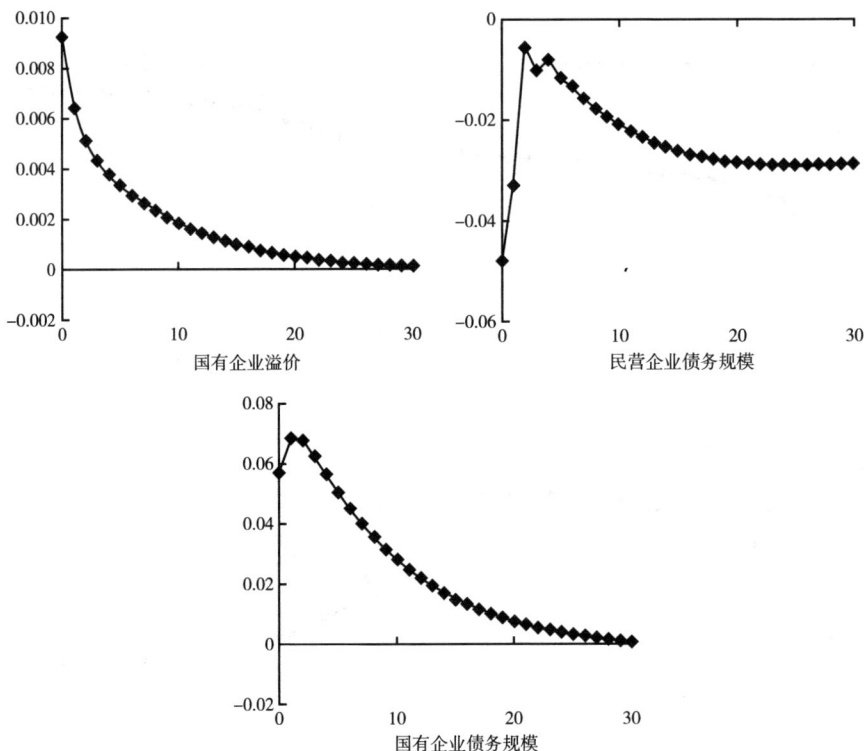

图 7.10　货币政策冲击

　　综上，紧缩性货币政策使得社会需求收缩，投资和产出随之下降，其中房地产资产投资下降更为明显。异质性企业净值缩水，导致企业杠杆率上升，外部融资约束进一步收紧。在更加收紧的融资约束下，民营企业信贷规模收缩，国有企业由于隐性担保的存在，信贷规模对外部融资约束的收紧并不敏感，国有企业信贷对民营企业信贷具有严重的挤出效应，货币政策维护企业债务稳定性的效果有所分化。

二　主要经济变量的方差分解

　　结合上文对主要经济变量的脉冲响应分析的定性结论，表 7.2 给出了主要经济变量的方差分解结果。通过对方差分解结果的分析，房价波动在上述

过程中的作用得到了进一步的印证。首先，房地产需求冲击可以解释房价
72.45%的波动，进一步说明了房地产资产价格的波动更多地受到需求推动。
房地产需求冲击能够解释 56.96%的房地产资产投资波动，房地产资产投资波
动的另一主要冲击来源是全要素生产率。由于房地产资产投资对于实物资本
投资具有挤出效应，因此房地产需求冲击可以解释 21.35%的实物资本投资波
动，全要素生产率冲击解释了实物资本投资 49.38%的波动，说明全要素生产
率的提高以及企业生产规模扩张的需要会进一步刺激企业增加投资。

表 7.2　主要经济变量的方差分解

单位：%

经济变量	房地产需求冲击	全要素生产率冲击	货币政策冲击	政府支出冲击
房价	72.45	23.41	4.07	0.07
房地产资产投资	56.96	36.76	6.15	0.12
实物资本投资	21.35	49.38	19.23	10.04
国有企业杠杆率	21.10	14.51	34.36	30.03
民营企业杠杆率	23.73	13.84	42.40	20.03
民营企业溢价	19.26	13.99	51.70	15.05
国有企业溢价	18.23	14.27	52.46	15.04
总产出	14.61	26.55	30.83	28.01

　　其次，由于房地产资产对企业的总资产和净值来说相对重要，因此房地
产需求冲击可以解释超过 20%的异质性企业杠杆率变化，房地产需求冲击
对于民营企业杠杆率的影响更大。影响企业杠杆率的其他主要冲击是货币政
策冲击和政府支出冲击。无论是何种类型的企业，杠杆率都会明显受到货币
政策冲击的影响，因为货币政策可以通过对利率的直接调控，影响企业外部
融资机会成本。然而，政府支出冲击对国有企业杠杆率的影响大于对民营企
业杠杆率的影响，原因在于政府对国有企业存在的隐性担保实质上属于政府
支出的一部分，国有企业和政府利益高度相关。影响异质性企业外部融资溢
价的冲击主要是货币政策冲击，同样地，房地产需求冲击对民营企业外部融
资溢价的影响大于国有企业。

最后，由于房地产需求冲击刺激社会总需求、拉动投资，最终可以解释总产出 14.61% 的波动。全要素生产率冲击可以解释 26.55% 的总产出波动，货币政策冲击可以解释 30.83% 的总产出波动，政府支出冲击可以解释 28.01% 的总产出波动。

第六节　小结

一　主要结论

本章通过构建包含房地产资产与异质性企业部门的 BGG 模型，探讨了房地产价格波动对异质性企业债务稳定性以及宏观经济的影响。根据模型的动态经济模拟结果，本章的主要结论如下。

首先，房地产需求冲击是房价波动的主要冲击来源。需求端带来的房价波动会刺激房地产资产投资，总产出受需求推动有所增加。对于异质性企业而言，企业会选择持有更多房地产资产，企业净值增长显著。受到房地产需求冲击后，异质性企业外部融资约束的下降幅度要显著大于上升幅度，因此就整个企业部门而言，无论是在短期还是在长期，更加放松的外部融资约束都会带来信贷市场需求的膨胀。房价上涨会进一步刺激经济中的投资并推动资产价格的上升，总产出增加显著，经济进入繁荣周期，这就是房价具有的"金融加速器"效应。一旦房价泡沫破裂，企业资产净值便会急速缩水，如果资产价值不足以偿还银行贷款，企业则面临破产。因此，房价的波动会显著影响企业债务，并会进一步传导至宏观经济金融体系，由于"金融加速器"机制的存在，房价波动的各种影响在传导至宏观经济体系时会被进一步放大，导致企业债务稳定性在房价的作用下与经济"繁荣—萧条"周期息息相关。

其次，异质性企业债务稳定性背后受到体制性因素的影响。由于政府为国有企业提供隐性担保，因此商业银行对国有企业存在偏好，国有企业会严重挤占民营企业的信贷资源，从而进一步挤占民营企业的投资和产出，并且这种挤占效应是长期存在的，这意味着效率高、贡献大的民营企业会被迫退出市场，经济体中的国有企业占比越高，这种挤占效应便会越严重。隐性担保的存在会削弱外部融资约束，抵消"金融加速器"效应，削弱国有企业外部融资溢价对杠杆水平的敏感性，国有企业的债务规模会随隐性担保比例的提升进一步扩大，并且不会受到外部融资溢价的明显约束。民营企业由于外部融资溢价约束增加，债务规模会在短期内显著下降，民营企业陷入"融资难、融资贵"的境地。因此，隐性担保比例的提升会阻碍信贷资源的有效配置，加剧民营企业融资困难的现状。若要维护企业债务稳定，必须遏制甚至消除政府对国有企业的隐性担保，使信贷资源能够最大限度地发挥对实体经济的正向作用，避免由于体制性因素导致经济体中的企业债务结构畸形，从而进一步影响宏观经济金融稳定。

最后，财政政策和货币政策对企业债务稳定性的影响有所分化。以政府支出增加为主的财政政策会带来总需求的增加，总产出也相应增长，并会通过由需求推动的资产价格上涨带来信贷膨胀。然而，政府对国有企业隐性担保的存在使得国有企业信贷在中长期挤出民营企业信贷，国有企业信贷受约束较小。紧缩性货币政策使得社会需求收缩，投资和产出随之下降，其中房地产资产投资下降更加显著。异质性企业净值缩水，导致企业杠杆率上升，外部融资约束进一步收紧。在更加收紧的融资约束下，民营企业信贷规模收缩，国有企业由于隐性担保的存在，信贷规模对外部融资约束并不敏感，国有企业信贷对民营企业信贷具有严重的挤出效应。

二　适用性建议

根据以上主要结论，本章提出如下适用性建议。

首先，由于房价受需求推动增长显著，一方面，应从供给端出发，加大住房供应力度，改善居民住房条件，释放全社会剩余房地产需求；另一方面，要避免需求端推动房价过度上涨，抑制投机性购房、炒房。与此同时，房价的上升会带来企业债务规模扩张和总产出的提升，因而在经济下行时期，实施刚性的房价调控政策可能会加速经济进入衰退周期。因此，必须梳理房价波动的传导机制，协同房价调控政策与企业债务稳定政策，结合房价调控与宏观经济波动周期，实施逆周期性的资产价格调控政策，避免房价调控政策带来的放大效应。

其次，必须消除异质性企业债务稳定性背后的体制性因素。由于低效率的国有企业在产出和信贷方面会显著挤压民营企业，因此必须降低经济体中的国有企业占比，提高民营企业占比，有效释放过剩产能，优化经济结构和市场机制，进一步深化供给侧结构性改革。不仅如此，国有企业受到的隐性担保会促进国有企业信贷扩张，加剧民营企业面临的"融资难、融资贵"问题，削弱紧缩性货币政策具有的提高债务稳定性的效果，因而必须从根本上消除政府对国有企业具有的预算软约束，切断国有企业与政府之间的利益关联，完善市场体制，优化商业银行信贷渠道，改善资源错配情况，提高经济生产效率和总产出水平。

最后，要控制政府支出规模，避免支出规模的盲目扩张带来企业信贷需求的过度膨胀，削弱国有企业与政府之间的利益关联。应从收入端实行积极的财政政策，通过减税增加企业收入，提高企业运营能力，维护企业债务稳定，避免企业陷入"融资难、融资贵"困境。与此同时，应当实施逆周期性的紧缩性货币政策，收缩企业信贷，避免企业债务过度膨胀。财政政策和货币政策的实施必须与消除体制性因素同时进行，避免体制性因素影响政策实施的效果，从而避免实体经济出现结构性矛盾。

第三部分 | 房地产价格波动对中国金融
稳定影响的实证研究

在第一部分，本书以八大金融风险领域（不良资产风险、流动性风险、债券违约风险、影子银行风险、外部冲击风险、房地产泡沫风险、地方政府债务风险、互联网金融风险）作为构建框架，选取多项基础指标，分别采用 TVP-FAVAR 模型、熵值法构建了宏观层面和省域层面的金融稳定指数，并在省域金融稳定指数的基础上采用加权平均法构建了区域（东部、中部、西部、东北）金融稳定指数。第一部分多层次金融稳定指数的构建对金融稳定进行了有效的量化，并为第三部分提供了关键变量的数据。

在第二部分，本书选取了 DSGE 模型就主要风险领域（地方政府债务风险、影子银行风险、房地产泡沫风险和企业债务风险）构建房价等资产价格波动影响金融稳定的理论模型，明确了房价等资产价格如何影响地方政府债务稳定性、影子银行、房地产泡沫以及企业债务违约等主要金融风险，进而影响宏观、省域、区域的金融稳定。第二部分理论模型的构建为第三部分房地产价格波动对中国金融稳定影响的实证研究奠定了一定的理论基础。

第三部分对房价、地价波动对不同层面（宏观、省域和区域）金融稳定的影响进行深入的理论分析和规范的实证研究，并分别运用 TVP-SV-VAR 模型、GMM 法、空间杜宾模型、面板联立方程模型、空间面板联立方程模型等进行实证分析。本部分通过研究发现，第一，房价和地价上涨从长期来看不利于宏观金融稳定。第二，房价和地价波动对省域金融稳定具有不可忽视的对称性与非对称性的影响，且相邻省域之间的金融稳定存在空间异质性和空间传染性。第三，房价波动和地价波动均不利于区域金融稳定，且这一效应存在显著的区域异质性；房价波动、地价波动间存在显著的正相关关系，房价、地价任何一方的波动都会通过使另一方波动间接影响金融稳定；各区域的金融稳定存在显著为正的空间效应。

第八章

房地产价格波动对中国宏观
金融稳定的影响

——基于 TVP-SV-VAR 模型的时变特征分析

第一节　研究背景

一　现实背景

1998 年的住房制度改革促使我国房地产行业进入蓬勃发展阶段，此后，房地产行业成为拉动经济增长的重要驱动力（张晓晶、孙涛，2006）。我国房地产投资总额在 GDP 中所占比重于 2000 年的 3% 左右升至 2014 年的峰值14.8%，在 2021 年底为 12.9%。在重大金融风险事件中，房地产市场几乎都扮演着重要角色，如日本"土地神话"破灭的直接诱因就是房地产行业泡沫的破裂；2008 年的国际金融危机最初的诱因也是房价的下跌（蔡真，2018）。我国经济发展步入新常态，宏观经济由高速发展转向高质量发展，但在转变过程中出现了经济疲软、增速明显下降等现象，而住房价格却不降反增，房地产泡沫积累，这让房价波动与金融稳定之间的关系再次受到多方关注。

此外，1994 年分税制改革后，地方政府可支配的财政收入大大减少，不得不寻找新的资金来源进行经济建设，土地出让收入就是新的收入来源之一。土地出让收入于 2001 年开始激增，在 2003 年占到了地方政府公共财政收入的一半以上。国际金融危机之后，在财政和信贷政策的双重刺激之下，土地出让收入又创新高。尽管土地出让为地方政府提供了可观的收入，但对于飞速的工业化和城市化进程来说仍然不够，为了解决这个问题，"土地金融"出现。自此，地方政府高度依赖土地出让收入，导致地方政府债务风险快速累积，以及我国潜在的金融风险激增。

在此背景下，中央自 2005 年起不断出台各种宏观调控政策来抑制房价的过快上涨，加强对地方政府投融资平台的监管，防止房地产泡沫风险和地方政府债务风险造成金融体系不稳定，如 2006 年出台的"国六条"、2009 年出台的"国四条"和 2010 年出台的"国十一条"等。随后，2016 年中央经济工作会议首次提出"房子是用来住的，不是用来炒的"基本定位；2017 年，党的十九大报告明确提出"防范化解系统性金融风险和维护金融稳定"这一重要方针，同年的中央经济工作会议又进一步指出防范化解重大风险是未来三年需重点抓好的"三大攻坚战"之首，而防控金融风险，促进形成金融和实体经济、金融和房地产以及金融体系内部的良性循环是重中之重；2021 年，《国务院关于进一步深化预算管理制度改革的意见》把防范化解地方政府隐性债务风险作为重要的政治纪律和政治规矩；党的二十大报告及 2023 年中央金融工作会议多次重申坚持"房住不炒"这一基本定位。这些政策措施涵盖财政政策、货币政策等多个方面，非市场化的限购政策也有所涉及。但是，房价和地价并没有在政策出台后呈现下降趋势，甚至存在部分城市的房价和地价增速越来越快的现象。房价和地价的快速增长往往是系统性金融风险最集中的表现，迅速上涨的价格推动了大量购房者通过商业银行贷款购房，同时又导致商业银行和中介机构向房地产开发商和个人注入巨大的信贷资金，而房地产开发商融资增长的同时也推动了地价的上升，建立起了房价增长、地价增长和银行信贷扩张之间的加速器关系。房价和地价上涨导致的信贷扩张进一步导致了风险积累，从而威胁宏观金融稳定。

与此同时，我国已将房地产金融纳入宏观审慎管理体系当中，地方政府债务和房地产行业"灰犀牛"两大风险成为各界关注的核心风险。因此，再次研究房价和地价波动对金融稳定的影响，对于防范化解重大金融风险、守住不发生系统性金融风险底线具有重要的现实意义。基于此，本章首先对房价波动和地价波动对金融稳定影响的理论机制进行梳理总结，并提出研究假说，其次构建 TVP-SV-VAR 模型进行实证分析，最后总结本章结论并提出相关政策建议。

二　理论背景

（一）房价与地价的联动机制

不同的研究对房价和地价之间的关系持有不同的观点（叶贵等，2016；赵凯、刘成坤，2018）。在房价推动地价角度，土地是房地产行业的重要生产要素，房价的上涨扩大了房企对土地的需求进而推高了地价（O'Sullivan，2002；况伟大、李涛，2012）；Ooi 和 Lee（2004）基于新加坡数据研究得出，房价是地价上涨的原因，但地价不是房价上升的原因；与之类似，王学龙和杨文（2012）通过比较国际数据指出，房价决定地价而非地价决定房价。在地价推动房价角度，已有研究表明地价是房价最重要的组成部分，地价波动驱动房价波动（Davis and Heathcote，2007）；邵新建等（2012）以及 Huang 等（2015）从成本角度出发，研究了土地价格对房价的拉升机制；地价变动导致房产价值变动，并影响经济波动（闫先东、张鹏辉，2019）。严金海（2006）和温海珍等（2010）则赞成房价和地价之间是相互拉动的关系；叶贵等（2016）认为房价和地价互为致因；梅冬州等（2021）同样指出房价和地价高度相关，二者相互推升；同时温海珍等（2010）进一步认为房价对地价的作用明显大于地价对房价的影响；Evans（2004）则认为房价对地价上涨确实存在推动作用，但地价并非完全取决于房价。Ott（2014）、陈斌开和杨汝岱（2013）则对以上观点持否定态度，他们认为房价和地价之间不存在相互关系，彼此独立。

（二）房价波动和地价波动对金融稳定的影响研究

1. 房价波动对金融稳定的影响方面

2008 年国际金融危机爆发后，我国政府实施一揽子计划，推动房价快速上涨，我国房地产市场逐步进入繁荣时期。尽管依靠房地产市场在短期内确实刺激了经济发展，但也带来了诸多负面影响（郑思齐等，2014；马理、范伟，2021），房地产市场风险已成为我国当前系统性金融风险的主要来源（魏伟等，2018）。

在资产价格与金融稳定的关系研究中，早期分析多集中于探讨资产价格波动通过信贷渠道引发系统性金融风险（Allen and Gale，2000；Gerlach and Peng，2005）。Fisher（1933）提出的"债务-紧缩"理论是较早探讨资产价格膨胀造成过度信贷以及金融风险的理论。Mishkin（1999）在其理论的基础上强调了资产的作用，信息不对称等问题加剧了资产价格波动，同时造成资产的解困出售，使资产价值降低，形成债务人实际负债增加、出售更多资产的恶性循环，从而影响金融稳定。不仅如此，信息不对称等问题引发的风险转移机制助推了资产价格泡沫的产生，而资产价格泡沫的破裂则会恶化金融稳定状况（Allen and Gale，2000）。

关于房价波动对金融稳定的冲击的研究在国际金融危机爆发后大量涌现。目前国内学术界关于房价波动与宏观金融稳定的研究主要形成了以下四种观点：第一种观点认为，宏观金融稳定受多方面因素影响，房价波动只是其中一种关系紧密的指标，因此，宏观金融稳定始终被控制在一定范围内，房价波动不会导致金融稳定性产生剧烈变化；第二种观点认为，房价上涨本身并不是房地产部门面临的风险，在房价波动导致清偿力不足时才会产生信用风险进而影响金融稳定（宋凌峰、叶永刚，2010）；第三种观点认为，房价波动不仅是影响宏观金融稳定的经济指标，而且还会通过作为抵押贷款中心的银行等金融中介经常使用的抵押资产来间接影响信贷；第四种观点则认为，我国特有的土地公有制度使得房价波动与土地出让密切相关，而土地出让又关系到地方政府的偿债能力（蔡真，2018），从而增加了地方政府债务风险。

在具体研究方面，张晓晶和孙涛（2006）通过研究房地产周期对金融稳定的影响发现，房地产周期通过房地产行业的信贷风险、政府担保风险和资金期限结构错配风险影响金融稳定；谭政勋和王聪（2011）指出，影响我国金融稳定的因素不仅仅是房价波动和信贷波动，两者的联合波动也是重要影响因素；Paligorova 和 Santos（2017）指出，金融稳定程度对房价波动具有高敏感性；Pouvelle（2012）基于法国研究数据得出，房地产的周期性或房价波动与银行体系的稳健及金融稳定密切相关；Andrés 和 Arce（2012）通过模拟高度竞争化的银行环境发现，房价波动对金融稳定的短期冲击效应显著强于长期；何淑兰（2013）从热钱的角度，通过 SVAR 模型得出热钱、房价波动和银行信贷三者间存在的互馈机制会造成金融体系的不稳定；Pan 和 Wang（2013）、沈悦和郭培利（2015）、贾庆英和高蕊（2020）通过实证研究发现，房价波动对金融稳定的影响存在门槛效应；Miao 等（2015）和陈斌开等（2015）都认为，房地产价格上涨增加了企业投资，同时也导致了投资效率下降、社会资源错配，从而造成了全要素生产率降低的不良后果；司登奎等（2019）利用动态随机一般均衡模型分析了异质性冲击下房价波动对金融稳定的影响，认为金融摩擦在房价波动向金融市场动态传导的过程中起到了放大作用；李程和赵艳婷（2021）则通过 T-SVAR 模型分别刻画了在高、低两个房价区制下杠杆率和金融风险的相互影响。值得注意的是，地方政府偿债能力与房价波动之间存在高度相关性，房价调控力度不当极易引发地方政府债务风险（毛捷、曹婧，2019；梅冬州等，2021），进而导致银行杠杆率上升以及信贷紧缩，影响宏观金融稳定。

2. 地价波动对金融稳定的影响方面

为了化解国际金融危机对我国的不利影响，中央银行与原银保监会共同提出"支持有条件的地方政府组建投融资平台，发行企业债、中期票据等融资工具"。地方政府融资的主要渠道是银行贷款，银行等金融中介也大量认购城投债和地方债，因此金融中介成为地方政府债务风险的主要载体（周学东等，2014；蔡真，2018；梅冬州等，2021），当政府债务面临较高违约风险时，风险极易传导至金融体系，不利于金融稳定（吴盼文等，2013），这也是国内学者普遍赞成的地价波动影响金融稳定的作用渠道。

（三）研究方法

在影响机制方面，相当一部分研究者将不同的影响因素引入动态随机一般均衡模型，以分析不同因素对金融稳定的影响。不过，由于该模型使用难度较大、科学性较低、预测结果的稳健性也亟待提升，一定程度上影响了该模型的普遍应用（胡毅等，2019；刘超等，2022）。另外，也有学者对 VAR 模型加以扩展并进行实证研究，其中的随机波动时变参数向量自回归模型（TVP-SV-VAR）能够有效提取经济变量间的非线性关系以及经济系统中的结构性特征，在研究经济变量之间的时变特征时具有显著的优势。

通过对现有文献整理发现，随机波动时变参数向量自回归模型在汇率、资产价格、金融周期、金融风险、金融稳定等宏观层面都有应用。汇率方面，吴丽华和傅广敏（2014）首次通过建立 TVP-SV-VAR 模型实证分析了人民币汇率、短期资本流动与股价之间的动态联系；随后，潘长春（2017）也通过该模型实证研究了人民币汇率变动的价格传递效应；朱孟楠等（2017）和江春等（2022）进一步研究了汇率与资产价格等的动态关系。资产价格方面，李菁和王冠英（2015）通过构建随机波动时变参数向量自回归模型检验了我国货币政策影响对股票市场泡沫的时变特征；方先明和权威（2017）对我国信贷型影子银行顺周期行为进行了检验；董凯等（2021）对金融杠杆、房产价格与消费支出的动态关联性进行了研究。金融周期方面，钱宗鑫等（2021）运用该模型围绕金融周期对我国房地产价格的影响进行了实证研究。在金融风险方面，逯进和王金涛（2020）研究了经济政策不确定性、金融稳定与波动的动态关联；戴淑庚和余博（2020）同样选择构建随机波动时变参数向量自回归模型实证分析资本账户开放对系统性金融风险的动态影响；欧阳资生和徐彦欣（2021）则在新冠疫情发生后运用随机波动时变参数向量自回归模型研究了突发公共卫生事件与系统性金融风险之间的关系；刘超等（2022）研究了金融风险与宏观经济风险的交互行为。在金融稳定方面，雷霖（2018）通过实证分析，探究了影子银行规模与房价对金融稳定性的影响机制。

通过对相关文献进行整理分析后不难发现，随着越来越多的经济变量之间可能存在的非线性、时变性等复杂性质逐渐得到证实，运用诸如随机波动时变参数向量自回归模型等复杂模型分析变量间的相互关系，已成为有关实证研究的主要方法。

（四）文献述评

现有文献从多个角度剖析了房价波动、地价波动和金融稳定三者之间的关系，但也存在以下不足：第一，鲜有文献在统一框架下分析房价、地价以及宏观金融风险三者之间的动态关系，同时考虑时变性特征的研究几乎没有；第二，目前关于房价波动、地价波动与金融稳定关系的实证研究大多采用面板回归模型，然而面板回归模型假设变量间是线性相关的，但从实际情况来看，变量之间的关系十分复杂，并不是完全的线性关系，线性模型存在误差较大、需要额外调整等缺点。基于上述不足，本章选取 2008～2022 年的月度数据，基于现有的文献基础，在传统理论分析框架下，建立 TVP-SV-VAR 模型，探究房价波动、地价波动与宏观金融稳定之间关系的时变特征，并进一步分析其内在传导机制，最后提出相应的政策建议。

总体而言，本章的研究不仅为进一步厘清房价波动、地价波动与宏观金融稳定三者之间的相互关系提供了新的思路，也为调节房价和地价、防范金融风险提供了新的可行的解决思路，同时也为规范我国土地出让制度和推进财税体制改革提供了重要参考。

基于此，本章的边际贡献可能在于：第一，经济结构等因素会随着时间的推移不断变化，但许多文献没有将这种时变性纳入研究，导致研究结论的准确性受到影响，本章则采取 TVP-SV-VAR 模型探究房价波动、地价波动与宏观金融稳定之间相关关系的时变性特征，并进一步分析其内在的传导机制，然后提出相应的政策建议；第二，之前大部分研究验证地价作为房价影响某个变量的媒介时，所采用的方法都是格兰杰因果检验方法，本章则通过时变参数的变化验证这一假设。

第二节　典型事实、理论分析与研究假说

一　典型事实

土地作为房地产行业必不可少的生产要素，在房价影响宏观金融稳定中

发挥的作用受到越来越多研究者的关注。在我国，土地既是重要的生产要素，也是地方政府的主要收入来源，房地产市场的繁荣推高了作为主要"成本"的地价。在以 GDP 为主的绩效考核的刺激下，地方政府有维持高房价的动机，这又进一步刺激了地价上涨。2023 年中央金融工作会议再次强调，关于调控房地产行业的政策依旧要"稳"字当头，继续坚持"房住不炒、因城施策"的政策主基调，更好地落实稳地价、稳房价、稳预期的长期调控目标，"稳地价"作为"三个稳定"之首，强调了地价在维稳房价中的重要作用。此外，房价的波动同样会影响到房地产商投资拿地的策略和节奏，进而影响地价。

基于对文献及典型事实的梳理分析，本章提出以下研究假说。

假说 1：房价波动、地价波动和金融稳定三者之间的关系受到诸如外界冲击、国家政策等的影响，存在明显的时变性特征。

假说 2：房价与地价之间存在相互推动的作用机理。

二 房价波动对金融稳定的影响机制

（一）投机机制

房地产作为商品，不仅具有消费属性，还具有投资属性。房地产行业繁荣时，吸引了大量本该流向实体产业的资金，对国家产业结构升级带来不利影响，导致经济体系脆弱性加剧，从而危害金融体系的稳定（徐荣等，2017）。一方面，房价的持续上涨使投机者对房价持乐观态度，激发其融资炒房的冲动，同时其贷款需求增大（何淑兰，2013），进而扩大了利差，增强了银行增加杠杆的动机（司登奎等，2019），银行体系潜在的系统性风险进一步积聚（李程、赵艳婷，2021），对金融的稳定运行造成冲击。另一方面，房地产商有加大金融杠杆、增加新房地产项目投资的内在动机，为获得更多利润，房地产商会通过各种手段炒房以促进房价上涨，使房地产泡沫变大。一旦经济基本面出现问题，房地产泡沫破裂（刘晓欣、雷霖，2017），债务违约、固定资产无法快速变现等问题往往会导致房价下跌，房价下跌反过来会造成购房者投资、投机和需求变动（沈悦、郭培利，2015），从而影响房地产商销售利润，进而影响其还债能力。此外，前期房地产所积累的风险暴露会直接影响金融体系的稳定性。

（二）抵押品机制

银行等金融中介机构大多要求贷款人提供抵押物，并且根据抵押物价值决定贷款金额。由于商品房按揭贷款往往数额较大，银行要求购房者将所购房屋抵押给银行。房价上涨拉升抵押物价值，购房者的借款约束得到释放，住房贷款数量增加，一方面进一步刺激住房需求从而助推房价上涨（谭政勋、陈铭，2012），另一方面也提升了贷款人的负债率。房地产价格下跌，抵押物价值下降，首先，已购房者资产净值会下降，使得"断供"风险升高，银行对抵押房屋进行拍卖只能弥补部分亏损，从而直接导致银行预期利润减少，甚至出现流动性压力；其次，不良贷款率的上升恶化了银行贷款环境（沈悦、郭培利，2015），银行对房地产行业按揭贷款的供给规模紧缩。由此可见，房价波动通过抵押品渠道对银行信贷的规模和质量产生的影响不可忽视。

大部分企业会将房地产作为抵押品进行借贷融资，房价上涨提高了企业抵押资产的价值，企业能够以此获得更多信贷资金用于投资生产，虽然企业的经营规模扩大，但企业整体债务规模的上升也增加了银行信贷风险。当房价下跌时，企业抵押资产贬值，资产负债表情况恶化，变相收紧企业融资规模、增加筹资成本，企业债务违约风险上升，从而造成银行杠杆率上升以及信贷紧缩，进而影响宏观金融稳定（蔡真，2018）。此外，企业融资长期受限会削弱企业生产动力，不利于实体经济健康长远发展（余泳泽、张少辉，2017；陈斌开等，2018；马理、范伟，2021）。

（三）财富效应机制

房地产的财富效应是指：房地产持有者往往会认为其所拥有的财富会随房价波动发生变化，这样的心理又会影响其消费偏好，消费偏好的改变又会对社会的总产出水平和宏观经济产生影响，从而影响金融稳定（徐荣等，2017）。具体而言，房价上涨，住房持有者产生增加消费的倾向，增加消费需求，使得企业扩大产能的积极性大大增加，提高了经济产出，促进了金融稳定；房价下跌，导致住房持有者当期财富减少，消费呈现出下降的趋势，消费需求的减少导致总产出下降，且对于一般企业而言，通胀下降会造成实际利率水平上升，提高企业实际融资成本（闫先东、张鹏辉，2019），同时一般企业当期抵押价值下降会使投资下降，进一步降低社会总产出，影响系统性金融风险，不利于金融稳定。

（四）资本金机制

房地产业是资金密集型行业，住房资产价格对商业银行资本金价值变动具有显著影响。房价上涨，商业银行所持有的房屋抵押品价值上升，在负债不变的情况下，银行的账面净资产增加，这意味着银行资本金增加，在追求盈利的驱使下，银行降低信用审核门槛以进一步增加住房抵押贷款发放量，进而再次推高房价，形成房地产泡沫累积循环过程，加大房地产行业风险。如若房价下跌，投资及刚需会锐减，导致烂尾楼数量增加或空置率提高，若因降价而增加的居民购房需求无法弥补其流动性缺口，则会造成房地产企业资金链紧张从而加大房企债务违约风险（朱鸿鸣、薄岩，2016；何德旭、张斌彬，2021），进而直接造成银行出现大量的呆坏账。即便是一般企业，在房地产价格下跌时，也会面临资产负债状况恶化、投资能力下降等情况（贾庆英、高蕊，2020）。当贷款违约损失触及资本充足率监管红线时，为满足监管的资本充足率要求，银行不得不折价出售资产（白鹤祥等，2020），进一步导致抵押物价值缩水，加剧流动性风险。除此之外，银行在下一期会采取减少信贷供给和提高利率的措施，又将导致房地产价格再次下跌，该过程在循环中相互强化，宏观金融风险不断蔓延。

三 房价波动通过地价对金融稳定产生影响的机制

中国房地产市场制度环境存在一个显著特征——土地国有和集体所有（王祖山、何立华，2015）。此外，土地还是房地产部门不可或缺的生产要素。因此，土地在房价波动影响宏观金融稳定中发挥的"桥梁"作用成为研究重点之一（Kiyotaki et al.，2011；梅冬州等，2018）。根据我国现实状况不难得出以下经验性结论：房地产行业的繁荣推动地价上涨，地方政府通过土地出让，在增加土地出让收入的同时还加大了土地抵押贷款等土地融资的力度（徐军伟等，2020），地方政府债务规模在依赖土地出让的情况下不断扩张，造成土地出让风险与地方债务风险相互交织，从而导致地方政府债务调控难度增加（何杨、满燕云，2012）。若地方政府债务发生违约，该风险存在直接传递到金融部门的可能，进而威胁宏观金融稳定。

具体而言，受到房价调控政策影响，家庭部门降低了住房消费需求，房价下跌。消费需求的降低和房价的下跌共同作用，使房地产商对房地产行业的投资力度减小，从而减少了其对土地的需求，引发地价下跌。而土地出让和土地抵押贷款是地方财政收入的主要来源（梅冬州等，2021），一方面地价下跌直接导致地方政府土地出让收入减少；另一方面由于地价下跌，其作为抵押物的价值降低，地方政府以此获得的贷款也减少。地价下跌通过上述两个方面影响地方政府可支配收入，当地方债务规模超过地方政府偿还能力时，债务违约风险爆发，地方政府由于违约而信用受损，无法再通过土地从金融中介机构获得贷款，进一步影响地方政府财政收入，投向基建部门的资金会大幅减少，进而使基建部门产出和经济总产出下降。对于银行体系来说，地方政府债务融资资金以银行贷款为主，而且地方融资平台发行的地方债和城投债主要被国有银行认购，由于我国国有银行属于系统性金融机构，处于资金净融出地位，其资产份额占整个金融体系的比例超过50%，因此一旦地方政府债务违约导致其面临风险，将对整个金融体系产生无法估计的负向影响（蔡真，2018）。

综上所述，不难发现抵押约束效应和土地出让是房价波动影响宏观金融稳定的重要机制。一方面，正向冲击在推高房价的同时拉动地价提升，通过抵押机制影响宏观经济稳定，而地方政府过度依赖土地出让的行为放大了该机制对宏观经济的影响；另一方面，当地方政府通过土地出让积累的负债增加时，金融加速器效应会将房价波动通过财政收支影响实体经济的机制进一步放大（梅冬州等，2018）。房价波动对金融稳定的影响机制见图8.1。

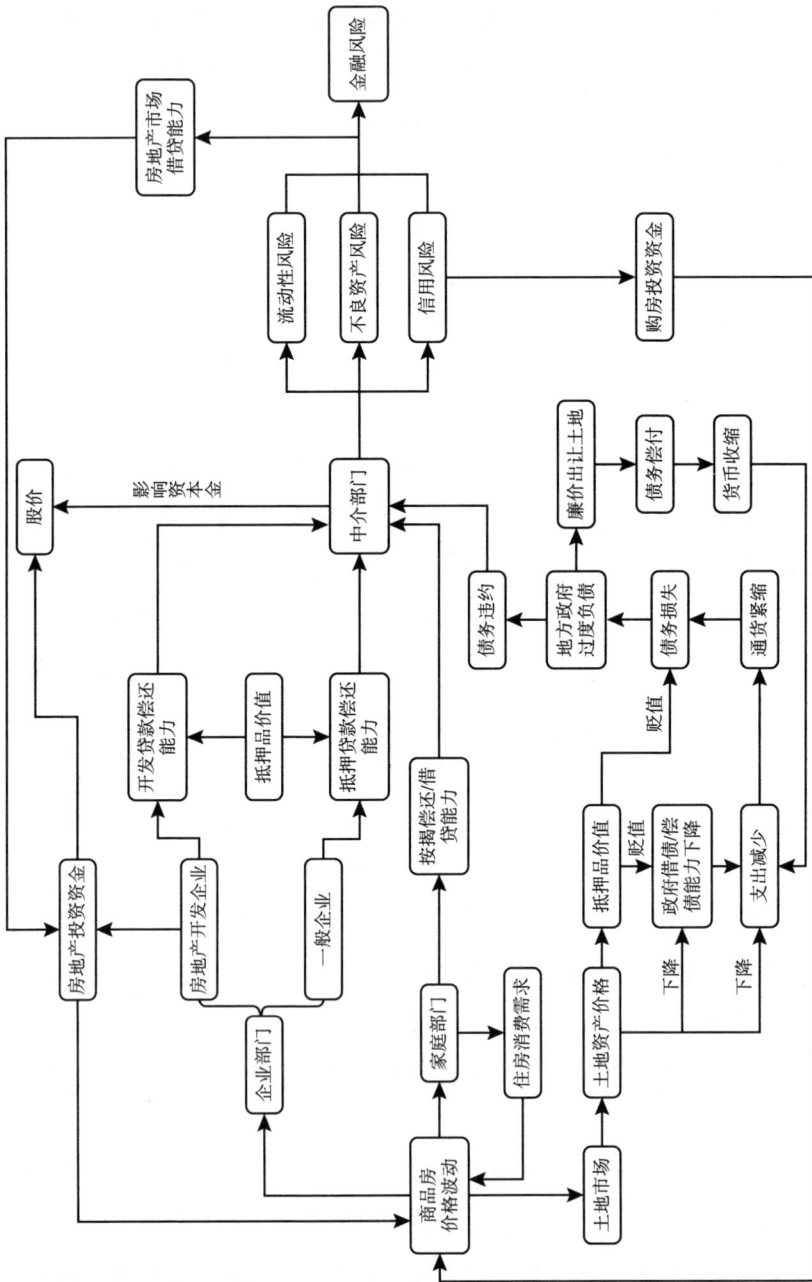

图 8.1 房价波动对金融稳定的影响机制

基于以上分析，本章提出以下研究假说。

假说3：房价波动会通过企业抵押贷款渠道和住房部门个人按揭贷款渠道将积累的信贷风险传递至金融体系，并通过影响土地出让收入形成联动机制叠加影响金融稳定；房价波动的冲击越大，对地价的影响越大，对宏观金融系统稳定的威胁也越大。

四 地价波动对金融稳定的影响机制

受我国土地所有制和分税制改革的双重影响，通过土地出让获得的土地出让收入、土地融资资金和土地及房地产业的相关税收成为地方政府财政收入的重要来源。在我国，土地既是重要的生产要素，也是地方政府的主要收入来源，国际金融危机发生前，地方政府债务融资渠道受中央政策限制。为了化解国际金融危机对我国的不利影响，中央银行与原银保监会共同提出"支持有条件的地方政府组建投融资平台，发行企业债、中期票据等融资工具"，此后全国各地加速组建地方政府投融资平台（宫汝凯，2015；闫先东、张鹏辉，2019），促进了地方政府融资渠道的多样化。

土地出让和地方政府投融资平台的组建同样助推了地方政府过度举债。一方面，地方政府低价征用农耕地，并通过"招拍挂"模式将之作为商住用地高价出让，以充盈财政收入（范剑勇、莫家伟，2014）。另一方面，地方政府通过投融资平台将土地作为抵押品向银行等金融中介机构贷款融资（徐军伟等，2020；梅冬州等，2021）。在中央为应对金融危机而放松对地方政府的融资约束的情况下，地方政府通过建立的投融资平台将土地作为抵押品从银行等金融机构贷款。值得注意的是，土地除了作为获得银行贷款的抵押物、地方政府融资的重要杠杆外，更是地方政府投融资平台发行城投债与地方债的重要担保（蔡真，2018；梅冬州、温兴春，2020）。因此，地价波动对地方政府财政收入有着较强影响，地方政府债务在土地资源的支撑下急速攀升，以土地资源为基础的土地出让不仅助推了地方政府债务的膨胀，更成为当下地方政府债务风险最主要的来源。

五 地价波动通过房价波动对金融稳定产生影响的机制

分税制改革使得地方政府有权力低价征收耕地，然后通过"招拍挂"方式将其作为商住用地高价卖出，从而获得土地出让收入，而且土地出让收入属于预算外的基金收入，地方政府可自由支配。此外，我国地方政府自主支配的财力中有很大一部分来自房地产行业的税费贡献，因此地方政府为了弥补分税制改革后出现的财政缺口，需要维持高房价和地价，存在保证房地产行业繁荣的较强动机（白文周，2012；王祖山、何立华，2015；赵凯、刘成坤，2018；唐云锋、刘清杰，2020；赵扶扬等，2021）。房价下跌在对房地产企业经营造成不利影响的同时，还会抑制房地产企业买地投资的需求，从而减少了地方政府的土地出让收入，地方政府债务违约风险增加，并通过信贷渠道影响金融稳定。

目前，地方政府财政运行体系对房地产行业的依赖性极高，这种依赖性使房地产信贷对地方政府收入形成了超过两倍的拉动效应（李兰英、李伟，2012）。与此同时，由于地方政府融资主要依靠将土地作为抵押品，地价和房价直接影响抵押品价值，因此，为了缓解自身债务风险，地方政府形成了通过土地出让助推房价上涨从而获得更多房地产行业相关税收收入的强烈动机。

在我国将 GDP 增长、财政收入等经济指标作为绩效考核核心指标的官员晋升考核机制下，地方政府倾向于低价出让工业用地进行招商引资，高价出让住宅和商服用地获得土地出让收入。由于土地资源稀缺，并且大多采用"招拍挂"方式出售，地方政府选择将资源投向工业部门，将更多土地资源用于招商引资，吸引企业入驻，这一倾向减少了住宅用地供给，供给端的减少拉动了地价，对土地储备的估计价值产生正向影响，地方政府出现将更多土地用于抵押的倾向（唐云锋、刘清杰，2020），这意味着地方政府债务融资能力得到大幅提升，给地方政府带来了更多的财政收入。

这一机制会对金融稳定产生正负两个方面的影响。有利的一面在于，由于土地出让收入和土地融资资金属于预算外的基金收入，地方政府对其拥有自由支配权（闫先东、张鹏辉，2019）。在"晋升激励"下，地方官员将土地出让收入投向城市基础设施建设（宫汝凯，2015；梅冬州等，2018），城市基础设施水平和居民居住、工作环境舒适度的提高吸引了更多人口流入，住房的刚性需求也因此增加，一定程度上又助推了房价和地价上涨，进一步增加土地出让收入。同时，更多融资资金将被投入城市基础设施建设，形成正反馈循环（赵扶扬等，2021）。不利的一面在于，这种高度依赖土地出让的循环模式在推动房价持续上涨之余，还增强了地方政府举债融资的意愿，导致近年来地方政府债务规模迅速扩张，从而引发地方债务风险（Reinhart and Rogoff，2011；李玉龙，2019）。与此同时，地方政府债务信息的不透明使得债务问题带来的财政风险以及银行信贷风险可能直接转化为系统性金融风险，从而影响宏观金融稳定。地价波动对金融稳定的影响机制见图 8.2。

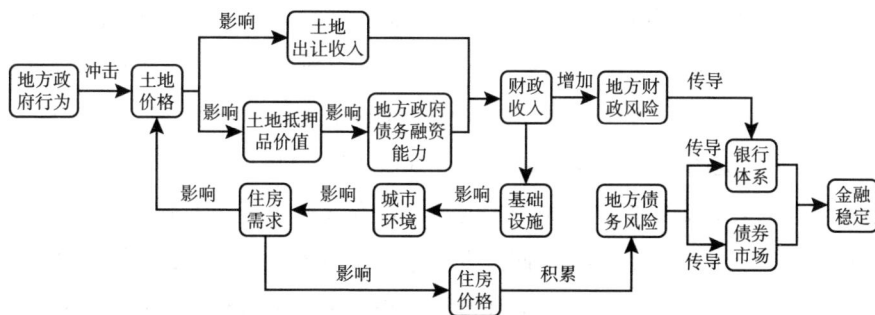

图 8.2 地价波动对金融稳定的影响机制

基于以上分析，本章提出以下研究假说。

假说 4：一方面，地价波动可以通过影响房价间接导致地方债务高企，造成潜在的信贷风险；另一方面，地方政府高度依赖土地出让的发展模式导致地价波动直接影响地方政府偿债能力，累积金融风险，并通过该机制的运作放大金融风险，进而威胁宏观金融系统的平稳运行。

第三节 TVP-SV-VAR 模型设定与数据选取

我们观察到如下经验事实：自 1998 年我国进行住房市场化改革以来，房价高企与土地出让规模的逐年扩张联系紧密，同时土地出让规模与地方政府面临的财政缺口密切相关（宫汝凯，2015）。那么，其背后的机理是什么，对宏观金融稳定又会造成什么影响？而且，在经历国际金融危机之后，我国原本处于初步发展阶段的房地产市场发生了剧烈波动，由于房地产行业对我国经济发展具有重要意义，为应对当期房价波动，中央和地方在不同时期出台了一系列具有针对性的调控政策来维稳房价、地价。房价和地价的这种特性意味着其对金融稳定的影响可能存在时变性特征，金融体系自身存在的周期性也意味着宏观金融稳定本身呈现出时变特征。

基于以上经验事实，同时在考虑房价波动、地价波动和宏观金融稳定三者之间关系潜在的时变性和宏观金融稳定自身潜在的时变性基础上，本章决定采用能够刻画这种潜在时变性的分析框架进行研究。传统的诸如 VAR、SVAR 等模型更适合对保持稳定关系的变量进行研究，若用这种模型研究附带时变性特征的变量，很可能导致关键的时变性特征出现遗漏（钱宗鑫等，2021）。在研究方法上，本章通过构建 TVP-SV-VAR 模型，证明房价波动、地价波动对宏观金融稳定影响的时变特征的存在性，更加准确地刻画了三个变量之间的关系，并为时间层面的变化过程提供参考。同时，房价和地价之间存在互动，不同时期的经济大环境、信贷政策等因素均会影响房价和地价之间的关系。在衡量房价和地价之间的关系时，以往的研究通常构建以一个常量作为参数的模型，但是固定参数模型并不能刻画出两者在不同时期相关程度的变化情况。因此，相较于以往研究通过难以考察阶段性因果特征的格兰杰因果检验验证房价波动通过地价影响金融稳定，本章则通过时变参数的变化验证了地价作为"桥梁"这一假设。

一 模型设定

TVP-SV-VAR 模型是通过将时变性加入向量自回归模型（VAR）得到

的。VAR 模型只能刻画变量间的线性关系，且估计参数为常数，Primiceri（2005）通过把 VAR 模型拓展为非线性且参数随时间变动的 TVP-VAR 模型弥补了这一缺陷，该模型能准确描述变量之间的非线性关系及时变性特征。Nakajima（2011）在 TVP-VAR 模型中加入了随机波动率来研究日本宏观经济变量之间的动态关系，发现 TVP-VAR 模型的估计精度在纳入随机波动率之后得到有效提高。

TVP-SV-VAR 模型最主要的特点在于，系数和方差-协方差能够随时间的改变而变化，这样的时变性特点使其能精准刻画变量间的非线性结构变动。因此，本章运用 TVP-SV-VAR 模型来研究房价波动、地价波动和宏观金融稳定三者之间关系的时变性，对时变参数的处理参考 Nakajima（2011）的方法。

基础 VAR 模型设定如下：

$$A y_t = F_1 y_{t-1} + \cdots + F_s y_{t-s} + \mu_t \tag{8.1}$$

其中，y_t 是可观测变量的 $k\times1$ 向量，F_i、μ_t 分别是关于系数的 $k\times k$ 矩阵和 $k\times1$ 的结构冲击，其中假设矩阵 A 为下三角矩阵。本章设定模型有三个变量，即 $k=3$，分别为地价、房价和宏观金融稳定指数。将式（8.1）改写成：

$$y_t = B_1 y_{t-1} + \cdots + B_s y_{t-s} + A^{-1} \sum \varepsilon_t, \varepsilon_t \sim \mathrm{N}(0, I_K)$$

其中，$B_i = A^{-1} F_i$，同时：

$$\sum = \begin{bmatrix} \sigma_1 & 0 & \cdots & 0 \\ 0 & \sigma_2 & \cdots & 0 \\ \vdots & \vdots & & \vdots \\ 0 & 0 & \cdots & \sigma_k \end{bmatrix}$$

因此，模型可以简化为：

$$y_t = X_t\beta + A^{-1} \sum \varepsilon_t, X_t = I_K \otimes (y'_{t-1}, \cdots, y'_{t-s}), t = s+1, \cdots, n \tag{8.2}$$

由于式（8.2）中的模型参数依旧是固定的，为了准确体现内生变量之间关系的时变性特征，去除掉式（8.2）中的固定参数，从而得到以下

TVP-SV-VAR 模型：

$$y_t = X_t \beta_t + A^{-1} \sum {}_t \varepsilon_t \tag{8.3}$$

其中，β_t、A_t 和 $\sum_t$ 均随时间变化。借鉴 Primiceri（2005）的思路，令 α_t 表示 A_t 中下三角元素的堆积向量；$h_t = (h_{1t}, h_{2t}, \cdots, h_{kt})'$，$h_{jt} = \ln(\sigma_{jt}^2)$，$j = 1$, 2, $\cdots$, k。假设 TVP-SV-VAR 模型中所有参数均服从一阶随机游走，则：

$$\begin{aligned} \beta_{t+1} &= \beta_t + \mu_{\beta t} \\ \alpha_{t+1} &= \alpha_t + \mu_{\alpha t}, \\ h_{t+1} &= h_t + \mu_{ht} \end{aligned} \begin{bmatrix} \varepsilon_t \\ \mu_{\beta t} \\ \mu_{\alpha t} \\ \mu_{ht} \end{bmatrix} \sim N \left(0, \begin{bmatrix} 1 & 0 & 0 & 0 \\ 0 & \sum_\beta & 0 & 0 \\ 0 & 0 & \sum_\alpha & 0 \\ 0 & 0 & 0 & \sum_h \end{bmatrix} \right) \tag{8.4}$$

$$\beta_{s+1} \sim N(\mu_{\beta 0}, \sum {}_{\beta 0}), \alpha_{s+1} \sim N(\mu_{\alpha 0}, \sum {}_{\alpha 0}), h_{s+1} \sim N(\mu_{h0}, \sum {}_{h0})$$

假定 $\sum_\beta$、$\sum_\alpha$、$\sum_h$ 均为对角矩阵，式（8.3）中所有参数均服从一阶随机游走，则参数可以暂时性或永久性随时间变动，从而能够捕获经济结构中潜在的突变性或渐变性特征。由于增加了随机波动性，该模型在参数估计上比传统 VAR 模型难度更大，Nakajima（2011）提出采用蒙特卡洛-马尔可夫链（MCMC）方法进行参数估计更加精确。

二　数据选取

本章选取地价波动率（*RL*）、房价波动率（*RH*）以及第二章构建的宏观金融稳定指数（*FSI*）来构建三变量 TVP-SV-VAR 模型。房价波动率借鉴 Andersen 等（2001）的研究，采用实际波动率来衡量，即房价的月度波动率用周度变化平方的加总计算，具体方法如下：

$$rv_y(P_m) = \sum {}_{m=1}^{Ym} P_m^2 = \sum {}_{m=1}^{Ym} \left(\frac{p_m - p_{m-1}}{p_{m-1}} \right)^2 \tag{8.5}$$

其中，$rv(P)$ 表示房价月度实际波动率，p_m 为第 m 个周的价格。由于实际波动率计算过程包含相邻两期的价格变化信息，能够较好地体现价格波动的情况和趋势，同时为确保计算方法的一致性，地价波动率计算也采用实际波动率方法。

由于构建 VAR 模型的内生变量必须保持平稳，因此借助 Stata 16.0 软件对三个变量进行 ADF 检验。对地价波动率、房价波动率、宏观金融稳定指数进行一阶差分处理，处理后分别表示为 rl、rh、fs，表 8.1 的检验结果说明在 1% 的显著水平下，三个变量均平稳。

表 8.1　ADF 检验结果

变量	检验类型(C,T,N)	Z 统计量	p 值	检验结果
RH	(C,T,4)	−3.157	0.0226 **	平稳
rh	(C,T,4)	−6.319	0.0000 ***	一阶平稳
RL	(0,0,2)	−4.417	0.0003 ***	平稳
rl	(C,T,0)	−18.117	0.0000 ***	一阶平稳
FSI	(C,0,1)	−0.907	0.7855	不平稳
fs	(0,0,0)	−7.371	0.0000 ***	一阶平稳

注：*** 、** 分别表示在 1%、5% 的水平下显著。

VAR 模型中的变量排序会影响实证结果，因此根据前文的理论分析和本章的研究目的，本章建立两个实证模型，分别按照房价波动率、地价波动率、宏观金融稳定指数以及地价波动率、房价波动率、宏观金融稳定指数的顺序对模型中的三个变量进行排序，因而 y_t 的构成为 $y_t = (rh, rl, fs)$ 和 $y_t = (rl, rh, fs)$。

第四节　实证过程与分析

一　参数估计结果分析

从时变视角考察房价波动、地价波动和宏观金融稳定在不同时期和不同时间点的联动效应。首先，部分参数的估计难以给出确切的表达式，在这种情况下传统的似然函数估计方法并不适用，所以本章利用 Nakajima（2011）提出的方法，在贝叶斯框架下运用蒙特卡洛－马尔可夫链方法（MCMC）进行 10000 次抽样，对参数进行估计，结果如图 8.3 所示。本章参照固定系

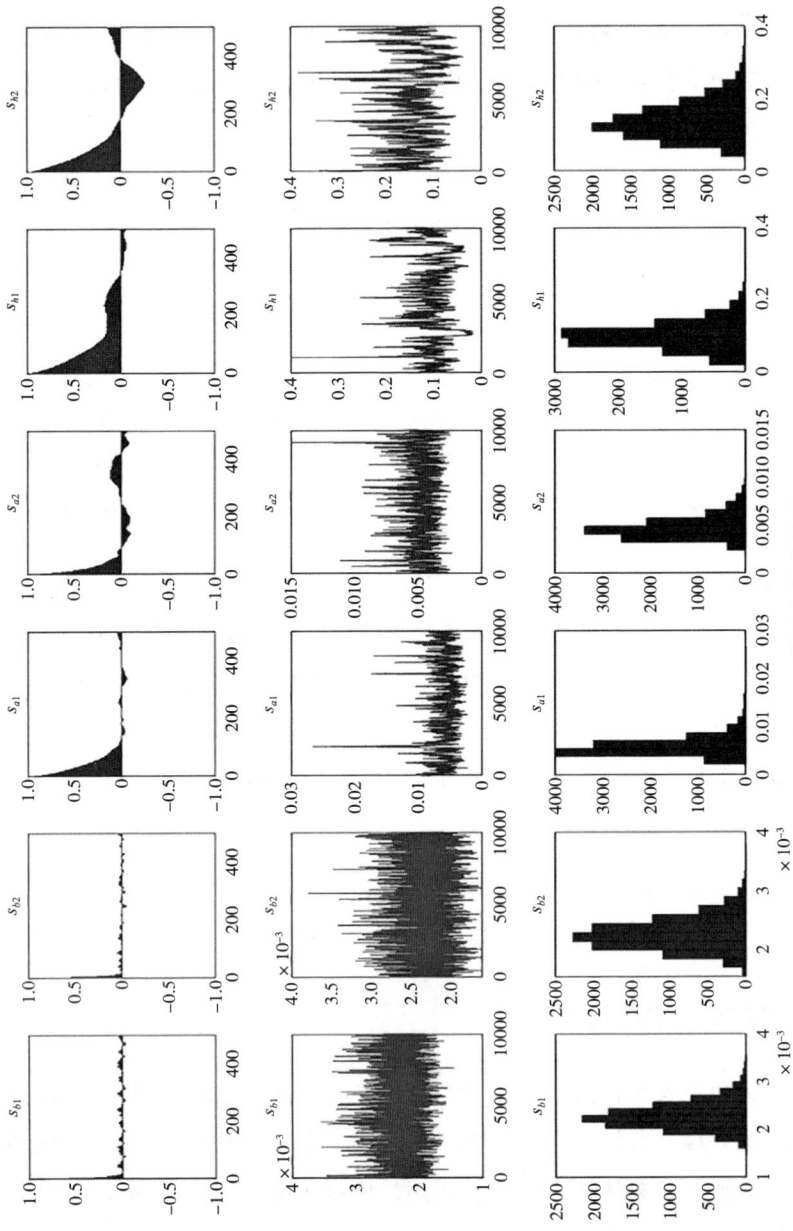

图 8.3 模型参数估计结果

注：S_{b1}、S_{b2} 分别为参数 β 的先验均值和方差，S_{a1}、S_{a2} 分别为参数 α 的先验均值和方差，S_{h1}、S_{h2} 分别为参数 h 的先验均值和方差；第一行至第三行分别代表样本自相关函数、样本取值路径、后验分布的密度函数。

数模型的 SIC 准则选定模型的滞后阶数为 2。由于 TVP-SV-VAR 模型中加入了时变参数，即每个参数的估计值都会随着时间的变化而变化，图 8.3 中的样本自相关函数、样本取值路径与后验分布的密度函数均表现为一条与时间有关的走势线。其次，舍去前 1000 次样本值，降低样本自相关平稳水平，保证样本取值方法能产生有效的不相关样本。计算由软件 Matlab R2022a 实现，结果如表 8.2 所示，在 5%的显著水平下，CD 统计量不能拒绝趋于后验分布的原假设，表明马尔可夫链趋于集中；无效因子用于测量模型模拟所产生的不相关样本的个数，表 8.2 中无效因子都低于 100，说明三个模型参数都产生了有效的样本，表明抽样结果是有效且稳健的，可以进行有效的后验估计。

表 8.2　参数估计结果

参数	均值	标准差	95%置信区间	CD 统计量	无效因子
S_{b1}	0.0023	0.0003	[0.0018, 0.0029]	0.775	13.75
S_{b2}	0.0023	0.0003	[0.0018, 0.0029]	0.555	9.32
S_{a1}	0.0059	0.0018	[0.0036, 0.0105]	0.758	70.16
S_{a2}	0.0049	0.0012	[0.0032, 0.0078]	0.880	38.69
S_{h1}	0.0068	0.0036	[0.0036, 0.0177]	0.092	96.22
S_{h2}	0.1430	0.0517	[0.0647, 0.2588]	0.430	90.70

注：S_b 与 S_a 的估计量都乘 100。

二　时变参数特征分析

图 8.4 体现了房价波动率、地价波动率和宏观金融稳定指数三个变量之间的同期关系特征。从图 8.4（a）的第一个子图可以看出，房价波动率对地价波动率的影响（$rh \rightarrow rl$）系数是一个持续增长的正值，数值由期初的 0.43 逐渐增长至 0.49，表明房价波动对地价波动存在较为明显的正向影响，且这一影响逐渐增大；同时图 8.4（a）的第二个子图说明，房价波动率对金融稳定指数的影响（$rh \rightarrow fs$）系数在 180 期内均显著为负，即房价波动对金融稳定的负面影响在所有时期均显著存在。此外，参照吴丽华和傅广敏（2014）的研究结果，结合 $rh \rightarrow fs$ 和 $rl \rightarrow fs$ 的两个系数相似的变化趋势和 $rh \rightarrow rl$ 的系数的正

负方向维持不变这一实证结果，证实了房价波动通过影响地价间接作用于金融稳定这一传导机制，即可初步判断地价是房价波动、地价波动与宏观金融稳定三者之间关系的"桥梁"，这与本章的研究假说 3 中的猜想一致。从图 8.4（b）的第一个子图可以看出，地价波动率对房价波动率的影响（$rl \rightarrow rh$）系数在 0~180 期[1]逐渐下降，数值保持在 0.9~1.1，表明地价波动对房价波动的影响存在较为明显的时变性特征。综上所述，结合图 8.4（a）、（b）中的第一个子图的实证结果可知，房价波动与地价波动之间存在显著的相互作用关系，房价波动对地价波动影响的时变性较低，同时还是一个稳定的正向作用；地价波动对房价波动影响的时变性显著强于房价波动对地价波动影响的时变性。

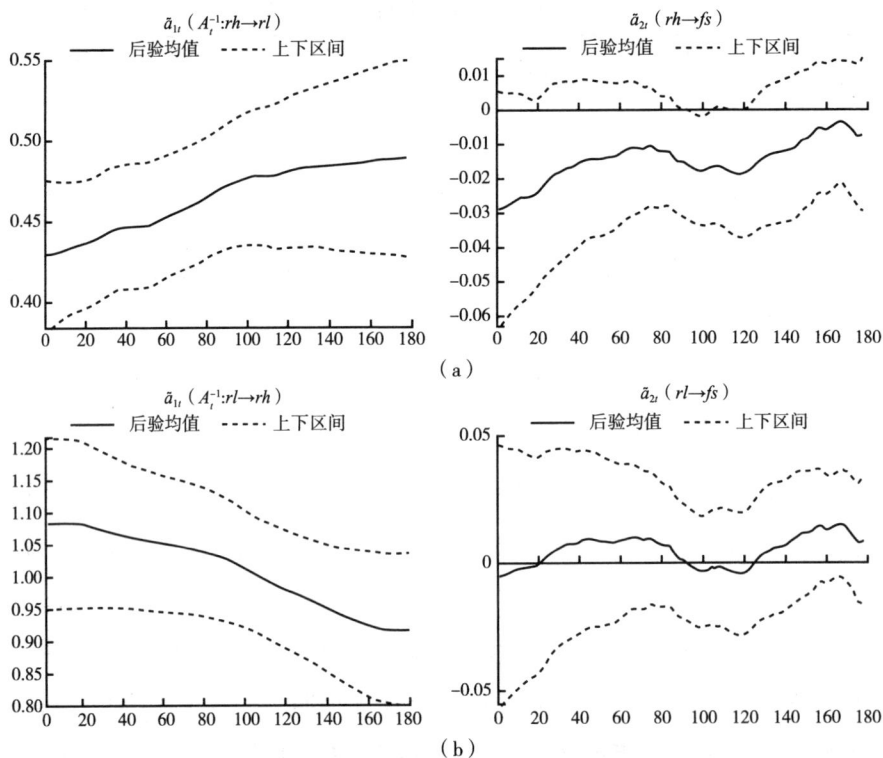

图 8.4 变量同期关系时变特征

① 0~180 期对应 2008 年 1 月到 2022 年 12 月。

图 8.5 反映变量的随机波动率时变特征。从第一个子图中可以看到，房价的随机波动率在 0~20 期（2008 年 1 月~2009 年 8 月）处于较高水平，并在随后的 160 期（2009 年 9 月~2022 年 12 月）总体呈现下降趋势，且在 80 期（2014 年 8 月）和 170 期（2022 年 2 月）出现两个波峰。房价波动率呈现以上表现的原因可能在于：2008 年国际金融危机后我国房价急剧攀升；而 2010 年开始，我国房地产策略已由此前的支持转向按捺投契，中央通过出台诸如"国十一条""国八条"等一系列房地产政策遏制房价过快攀升、维持房价稳定；房地产行业在国家的宏观政策调控下于 2010 年后整体处于平稳运行态势，中途 2015 年前后房市迎来一波上涨并在 2021 年末受疫情影响波动率提高。

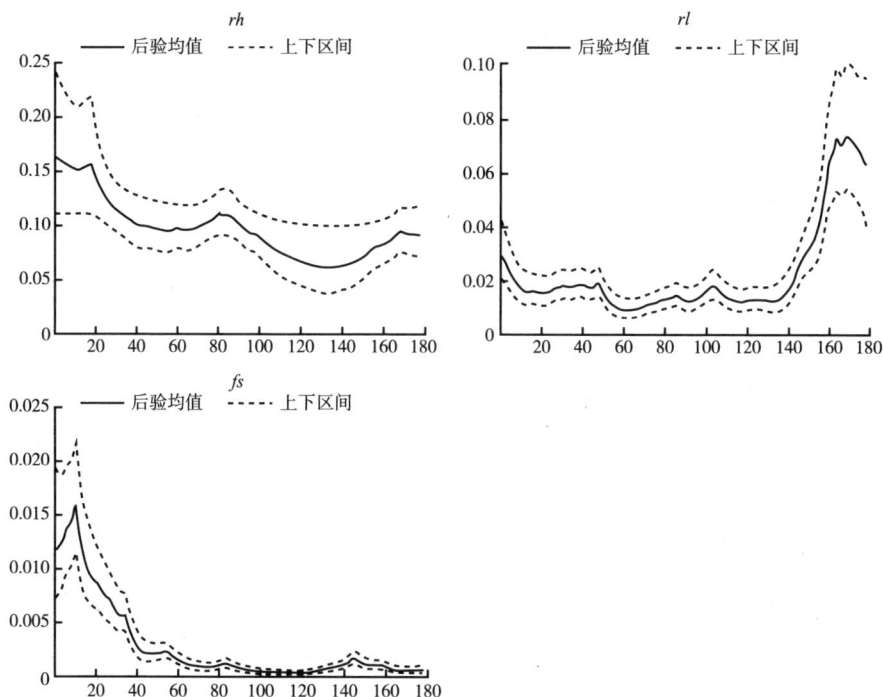

图 8.5　随机波动率时变特征

从第二个子图中不难看出，地价的随机波动率在 2009 年后处于较低水平，且一直处于局部震荡状态，于 2018 年后逐渐上升并出现峰值，这种情况很可能与 2018 年国家对房地产行业的严格调控有关，大部分房企在面对历史上最密集的调控政策潮时，对土地市场的热度逐渐降低，购地积极性被削弱，导致地价出现明显的波动。

宏观金融稳定指数 40 期之后的随机波动率几乎没有发生变化且接近于 0，只是受到国际金融危机的影响于 2008~2009 年急剧上升；随着金融危机影响消退，宏观金融稳定指数的随机波动率下降；在新冠疫情的影响下，宏观金融稳定指数的随机波动率于 145 期出现小高峰。整体而言，该模型中三个变量的随机波动率变化情况基本符合我国的实际经济状况。

三 等时间间隔时变脉冲响应分析

选取滞后 4 期、8 期与 12 期，分别用于衡量短期、中期以及长期的时间约束，从而得到不同时期的等时间间隔脉冲响应函数趋势（见图 8.6），横坐标表示的是样本时间点，纵坐标表示的是脉冲响应数值。由图 8.6 可知，三个不同滞后期冲击形成的脉冲响应的变化趋势相对一致，但是变化程度和方向有所差异。

第一，观察房价波动对地价波动的冲击效应（$\varepsilon_{rh} \uparrow \rightarrow rl$）可以发现，房价波动对地价波动的冲击效应存在显著的时变性。具体来讲，房价波动对地价波动的冲击在短期体现为负向冲击，而在中期和长期体现为正向冲击。自 2014 年起，我国经济发展进入新常态，投资对宏观经济的提振作用再一次凸显，房价整体表现出上涨的态势，投资者对于商品住宅市场持续上涨的良好预期使得短期内大量资金投入商品住宅领域，由于投资资金有限，就形成了对土地市场的投资挤出效应，减少了投入土地市场的资金流，导致短期内房价的上涨反而抑制了地价；但随着时间推移，住房需求的持续上升将刺激房企产生大量购地的行为以获取更多收益，从而推动地价的上涨，因此房价波动对地价波动的冲击在中长期体现为正向冲击。

第二，从地价波动对房价波动的冲击效应（$\varepsilon_{rl} \uparrow \rightarrow rh$）来看，地价波动对房价波动的冲击亦存在显著的时变性。具体来讲，在短期，地价波动对房价波动的冲击是负向的，在中期，这一冲击的大小趋近于 0，而在长期，地价

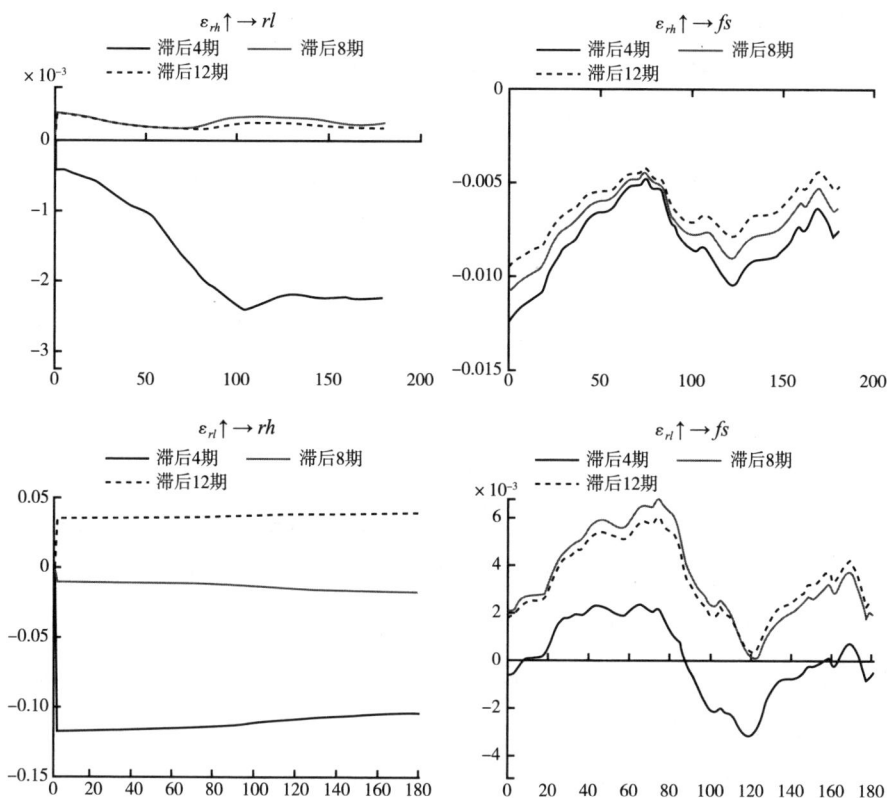

图 8.6　等时间间隔脉冲响应函数

波动会导致房价波动，正向冲击为 0.03 左右，即中短期内地价波动不会引起房价波动，只有在长期地价波动才会导致房价波动。土地是房地产开发商重要的成本之一，当地价上涨时，房地产开发商为了保持原有的利润水平，通常会选择拉高房价将成本转移至购房者，但价格的调整通常存在黏性，地价变动初期，仅有部分房地产开发商收到地价变动消息，或者存在部分房地产开发商，即使知道地价变动这一消息，但由于近期并无购买土地的需求也就没有转移成本的动机，使得房价相对于地价的调整存在滞后；而在长期，所有的房地产开发商均已收到地价变动的消息或者明确该如何根据地价变动更改房价，使得长期内地价波动引发房价波动。

综上所述，房价波动和地价波动之间存在显著的相互推升的作用，这种作用同样有着很强的时变特征。具体来讲，房价波动、地价波动在短期内对另一方的影响均不显著，但长期有着明显的推动作用。

第三，从房价波动对宏观金融稳定的冲击效应（$\varepsilon_{rh} \uparrow \rightarrow fs$）来看，无论是短期、中期还是长期，房价波动对宏观金融稳定的影响均显著为负，即房价波动不利于宏观金融稳定，且脉冲响应函数的趋势总体上保持一致。具体来讲，在 0~80 期（2008 年 1 月~2014 年 8 月），房价波动对宏观金融稳定的负向效应呈下降趋势，在 81~120 期（2014 年 9 月~2017 年 12 月）负向效应呈上升趋势，在 121~180 期（2018 年 1 月~2022 年 12 月）负向效应又呈下降趋势。房价波动主要通过抵押贷款和土地出让两个渠道对金融体系稳定性产生冲击，房价波动直接造成地价波动，二者通过抵押贷款渠道共同作用于地方政府债务，一方面通过影响基础设施建设影响经济产出，另一方面通过"债务风险—银行体系风险"的渠道影响宏观金融稳定。2008 年，国际金融危机爆发，为稳定经济增长，中央政策开始转向刺激房地产行业发展，推出信贷支持和税收减免等一系列住房政策，房价快速上涨。与此同时，我国正处于经济高速发展阶段，房价起到拉动经济的作用，经济发展在一定程度上有利于我国金融系统的稳定。因此，在这一阶段房价波动对金融稳定的负向影响有所下降。2010~2013 年，在中央和地方持续趋严的房地产行业调控政策影响下，房价有所回落，降低了潜在的金融风险，对金融稳定的负向影响持续降低。在我国经济步入新常态背景下，大量信贷资金向房地产行业聚集，住房投资增速回升推动房价快速上涨，在我国经济从高速增长转变为中高速增长的情况下，房地产行业的繁荣在一定程度上缓解了经济下滑压力，对短时间内的经济稳定起到正向作用（黄志刚、许伟，2017），即在 2014 年初期，房价波动对金融稳定的负向影响仍在下降。但在此期间，房价的上涨持续推动居民杠杆率快速提升和房地产泡沫变大，增加了信贷风险。因此，在经过 2014 年初期短暂的利好之后，房价波动对金融稳定的负向影响逐渐增大，与前文的理论分析（房地产行业过度波动并不利于经济持续健康发展）相符合。而随着 2017 年加强风险管控，房价波动对金融稳定的负向冲击也逐渐减弱。值得一提的是，房价波动对金融稳定的影响总体上体现为短期最大、中期次之、长期最小，存在显著的时变性特征。

第四，观察地价波动对宏观金融稳定的冲击效应（$\varepsilon_{rl}\uparrow\rightarrow fs$），发现在滞后 4 期的 90 期内，地价波动对宏观金融稳定主要为正向冲击，而在 90 期之后，地价波动对宏观金融稳定主要体现为负向冲击；而滞后 8 期和滞后 12 期时，地价波动对宏观金融稳定均体现为正向冲击。可见，在短期，地价波动对宏观金融稳定在 2015 年以前不会产生不利影响，在 2015 年以后才会产生不利影响；在中长期，地价波动对宏观金融稳定不会产生不利影响。这是因为，在期初（2008 年）时，土地价格处于合理区间，地价的正常波动并不会引发政府收入和土地抵押价值的大幅度变化，且地价主要呈现上涨的波动趋势，反而有利于地方政府收入提高、抵押物价值增加、金融风险下降；而从 2016 年起，地方政府通过土地出让收入举债而不断滋长地方债务风险，中央相继出台《关于规范土地储备和资金管理等相关问题的通知》《土地储备管理办法》《土地储备资金财务管理办法》等文件对土地出让进行规范管理。但是，在经济增长放缓的情况下，调控政策的出台极易造成短期内地价的剧烈波动，进而导致地方政府土地出让收入减少，土地抵押价值缩水，融资减少，从而阻碍"以地融资"模式的正常运转，导致金融风险增加。而在中长期，随着地方严格按照中央出台的政策进行改革，土地出让积累的信贷风险有所缓解，说明了土地出让改革的必要性和正确性。

综上所述，房价波动在短期对宏观金融稳定的影响最大，中长期的房价波动对宏观金融稳定的影响变小，即房价波动对宏观金融稳定的影响存在时变性，房价过度波动不利于经济持续健康发展。地价波动对宏观金融稳定的影响在不同条件下差异显著，即有着极强的时变性，但总体而言，地价波动不利于我国金融体系的稳定。

四　特定时点时变脉冲响应分析

图 8.7 和图 8.8 表示的是给定一个特定时点的变量一单位标准差的冲击，另一个变量未来 12 期的变动情况，反映了两个变量之间的脉冲影响。横坐标

为期数，纵坐标为脉冲值。

（一）发生重大外部冲击的时点响应

本章选取 2008 年国际金融危机、2017 年党的十九大加强金融风险管控和 2020 年新冠疫情暴发，分析在这三个对金融稳定造成巨大影响的事件的时间点，房价波动、地价波动和宏观金融稳定三者之间的脉冲响应（见图 8.7）。

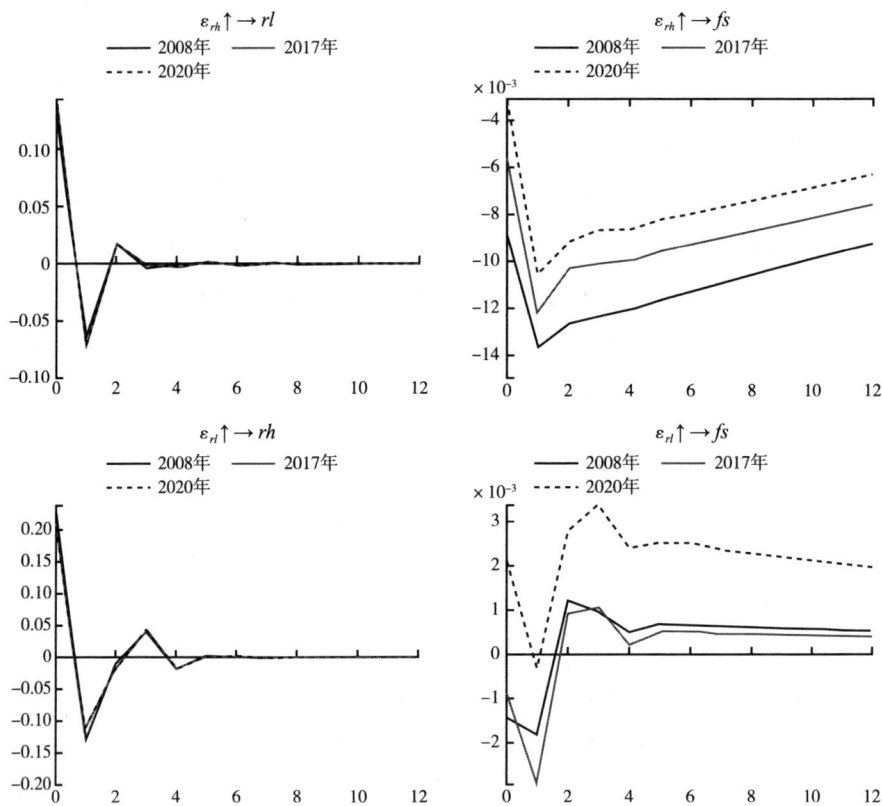

图 8.7 特定时点脉冲响应函数（冲击）

第一，从房价波动对地价波动的冲击效应（$\varepsilon_{rh}\uparrow\rightarrow rl$）来看，房价波动对地价波动影响的时变性相对较弱，在不同时点给予房价波动一单位正向冲击，三个时间点冲击对地价波动的影响几乎相同，均在当期就对地价波动产生了明显的正向影响，在 0.13 左右，随后在 1 期内迅速衰减至 0，并逐渐形成 0.05 左右大小的负向冲击，在 2 期后又一次迅速衰减至 0，并在接下来的 9 期内保持整体平稳。总体来看，房价波动对地价波动的冲击为正向冲击，即房价波动使地价波动增大，但同时这一冲击的影响存在一定的弹性，当期迅速引起波动，并在随后 1 期波动率变得比之前更小，最终趋于平稳。

第二，观察地价波动对房价波动的冲击效应（$\varepsilon_{rl}\uparrow\to rh$）可以发现，不同时点地价波动对房价波动的冲击效应同样相差不大，时变性较弱。与房价波动对地价波动的冲击效应不同的是，地价波动在期初对房价波动的正向冲击为 0.20 左右，显著高于房价波动对地价波动的正向冲击，在 1 期内形成 0.10 左右的负向冲击，亦低于房价波动对地价波动冲击的最低值，即地价波动对房价波动的冲击在 0~1 期更强。而不同的是，房价波动对地价波动的冲击在第 3 期衰减至 0，地价波动对房价波动的冲击在第 5 期才完全衰减至 0，证明其后续影响时间更长。

第三，从房价波动对宏观金融稳定的冲击效应（$\varepsilon_{rh}\uparrow\to fs$）来看，房价波动对宏观金融稳定的冲击在 2008 年、2017 年和 2020 年均显著为负，且都呈现出先增大后减小的趋势。不同的是，相比于加强金融风险管控和疫情暴发时期，国际金融危机时期房价波动对宏观金融稳定的负向冲击明显更大。这意味着，随着金融市场的不断发展和金融监管体系的不断健全，金融风险管理的能力也在不断提升，有效防范、化解了房价波动引发的宏观金融风险。

第四，观察地价波动对宏观金融稳定的冲击效应（$\varepsilon_{rl}\uparrow\to fs$）可以发现，三个时间点的脉冲响应函数的形态存在显著的差异。具体来讲，2017年地价波动对宏观金融稳定的负向冲击最大，持续时间最长，2008 年次之，2020 年几乎不存在负向影响。这意味着地价波动对宏观金融稳定的冲击存在强烈的政策导向，政策对风险管控的加强引发的土地出让困难会在短时间内迅速反映在地价波动中，并通过政府收入渠道和银行信贷渠道迅速对宏观金融稳定产生较大影响，而外部输入性金融风险和突发公共卫生事件的影响就不那么显著。

综上所述，一方面，宏观金融稳定对地价波动和房价波动冲击的响应均十分迅速，同时表现出极强的时变性；另一方面，房价波动对地价波动的影响与地价波动对房价波动的影响的时变性特征相对较弱，且地价波动产生的冲击效应显著大于房价波动产生的冲击效应。这一实证结果进一步证明了本章的研究假说 2。

（二）重要房地产调控的时点响应

2009 年 12 月国务院常务会议提出"国四条"；2016 年 12 月中央经济工作会议将"促进房地产市场平稳健康发展"作为 2017 年的重点任务之一，并首次明确了"房子是用来住的，不是用来炒的"定位；2020 年 8 月，住建部、人民银行制定了"三条红线"，明确了重点房地产企业资金监测和融资管理规则。由此，本章选取这三个时间点，分析在这三个重要房地产调控政策颁布的时间点，房价波动、地价波动和宏观金融稳定三者之间的脉冲响应（见图 8.8）。

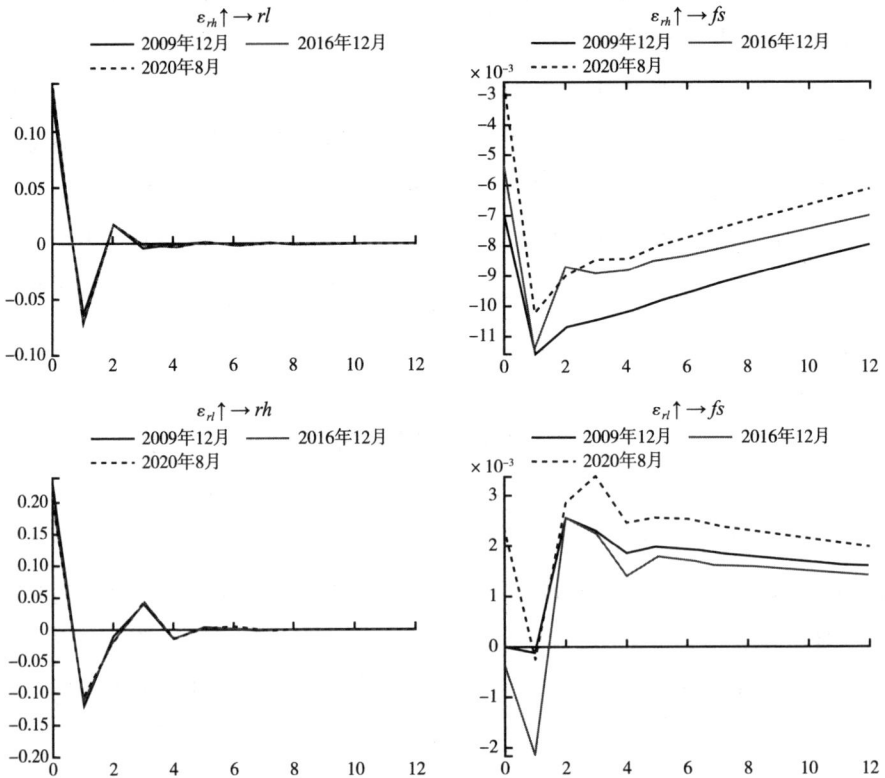

图 8.8 特定时点脉冲响应函数（政策）

首先，从房价波动对地价波动的冲击效应（$\varepsilon_{rh}\uparrow \to rl$）来看，与外部重大冲击时点结果类似，房价波动对地价波动影响的时变性相对较弱，在不同时点给予房价波动一单位正向冲击，三个时间点的冲击均在当期就对地价波动产生了明显的正向影响，只是影响相对较小，仅有 0.13 左右，在 0.5 期时，这一冲击逐渐降至 0，并在 0.5~1 期这个时段内出现负向冲击，1~2 期内又由负向 0.05 左右大小的冲击逐渐衰减至 0，并于 3~12 期内在 0 左右保持平衡，冲击的影响逐渐消失。总体来看，房价波动对地价波动的冲击受外部重大冲击和政策调控的影响相对较小，更多的是受内部价格运行规律驱动。

其次，观察地价波动对房价波动的冲击效应（$\varepsilon_{rl}\uparrow \to rh$）可以发现，同样与外部重大冲击时点结果类似，地价波动对房价波动的冲击在期初达到正向的最大值，并逐渐衰减至 0，在达到 0 点时，由于价格弹性，这一影响逐渐转为负向，在 1 期时负向影响达到最大，在随后的 1~2 期内，负向影响也逐渐衰减，并在 2 期末又一次达到 0 点，后续经过一次正向冲击转向负向冲击，最终在第 5 期时，第 4 次达到 0 点并稳定在 0 点直到第 12 期。可以发现，不管是房价波动还是地价波动，都存在一定的价格弹性，在持续一段时间的价格波动后会在后续较短的时间内达到小于受到冲击之前的波动大小，且受外部冲击和政策调控的影响较弱。因此，可以初步判断，无论是地价对房价的成本推动效应，还是房价对地价的需求拉动效应，更多的都是受市场规律的影响而不是宏观调控。

再次，从房价波动对宏观金融稳定的冲击效应（$\varepsilon_{rh}\uparrow \to fs$）来看，不管是 2009 年 12 月提出的"国四条"、2016 年 12 月提出的"房住不炒"，还是 2020 年 8 月制定的"三条红线"，在政策提出初期，房价波动对宏观金融稳定的负向冲击均快速上涨，即房价波动对宏观金融稳定的负向影响增大。一方面，近年来房地产市场调控政策存在一定的不确定性，频繁变换的政策方针会放大房地产市场对宏观金融稳定的不利影响，且政策调控通常存在一定的滞后性，在当期提出的政策并不会马上作用在经济中，而是随着政策被逐渐接受和实施才逐渐发挥功效。可以看到，在经历 0~1 期负向冲击变大这一过程后，后续的 1~12 期这一负向冲击呈下降趋势，部分政策在制定一年后已经能够使房价波动对宏观金融稳定的冲击小于期初政策制定前的水平。另一方面，相关调控政策意味着中央银行加强了对信贷资金流入房地产市场的监管，在短期内房价的波动释放了房地产行业风险，从而导致房价波动对宏观金融稳定的影响增大，随后受到持续稳定的紧缩政策信号的影响，商品住宅销售面积增速明显下降，房价波动对宏观金融稳定的影响也随之有所缓和。

最后，从地价波动对宏观金融稳定的冲击效应（$\varepsilon_{rl}\uparrow\rightarrow fs$）来看，三个时间点的脉冲响应函数的形态基本一致。2016 年 12 月"房住不炒"的提出在 0~2 期时，主要为先增大后减小的负向冲击，2~10 期内，三个时间点地价波动对宏观金融稳定的正向冲击都表现为快速增大并在达到峰值时减小并趋近于 0。2020 年 8 月的脉冲峰值最大，2016 年 12 月次之，2009 年 12 月最小，这意味着 2009 年 12 月地价波动对宏观金融稳定的冲击较弱，相比之下，2020 年 8 月地价波动对宏观金融稳定的冲击的强度和波动均更大。可能的原因是，在 2020 年初暴发的新冠疫情影响下，国内经济受到巨大冲击，为了缓解经济下行压力、刺激经济恢复，房地产调控边际放松，促使房地产市场迅速恢复，2020 年 7 月国房景气指数达到 100.09，并继续上升，地价也随之攀升，地价对宏观金融稳定的影响增大；2020 年下半年开始，为了弥补政策漏洞、抑制投机，中央从土地市场和租赁住房市场两方面发力，加大住宅用地供应，为了稳定土地供应充足预期，多地完善土地竞拍规则来维稳地价，降低地价波动对宏观金融稳定的影响。而 2016 年 12 月"房住不炒"政策的提出之所以会在短期内迅速增大地价波动对宏观金融稳定的负向冲击，是因为"房住不炒"政策作为后续房地产市场发展的定位，极大地打击了房产的投资，而这意味着土地出让往后的限制力度会逐渐加大。土地出让收入是政府的重要收入来源，土地出让的逐渐低迷势必会影响政府后续的收入和偿债能力，政府债务风险上升，对宏观金融稳定的负向冲击进一步增大。

综上所述，无论是重大外部冲击还是重要政策文件的出台，都对房价波动、地价波动和宏观金融稳定三者之间的脉冲响应函数产生显著且符合实际的影响。实证结果再次证明了三者之间存在的时变性特征，也为影响宏观金融稳定的因素研究提供了实证参考。

第五节　小结

本章利用 TVP-SV-VAR 模型，在第二章所构建的宏观金融稳定指数的基础上，实证探究了房地产价格波动对我国宏观金融稳定的时变性影响，对已有文献做出了重要补充及拓展。

第一，通过分析，我们发现房价波动、地价波动与宏观金融稳定之间的关系不是唯一的，在不同条件下有着不同的表现，证实了本章的研究假说1。而之前学者的研究重点几乎没有放在该方面。

第二，通过 TVP-SV-VAR 模型分析发现，房价和地价之间存在显著的相互拉动作用，且房价波动对地价波动的影响、地价波动对房价波动的影响均存在一定的滞后性，即在短期内房价波动、地价波动不会导致另一方出现大幅波动，而是存在显著的长期影响，这与已有相关文献得出的研究结果以及现实情况相符，证实了本章的研究假说2。

第三，房价波动会通过企业抵押贷款渠道和住房部门个人按揭贷款渠道将积累的信贷风险传递至金融体系，并通过影响土地出让收入形成联动机制叠加影响宏观金融稳定。房价波动与地价波动形成的这种联动，对宏观金融稳定的不利冲击是持久且显著的，对金融体系的冲击也比单纯的地价波动的冲击更为严重。该模型的时变参数特征也证实了在房价波动影响宏观金融稳定这一传导途径中地价是"桥梁"。证实了本章的研究假说3。

第四，地方政府高度依赖土地出让的发展模式导致地价波动通过影响地方政府偿债能力累积金融风险，并通过该机制的运作放大金融风险，进而威胁宏观金融系统的平稳运行。基于理论分析，同时结合时变脉冲函数分析发现，地价波动在短期内对宏观金融稳定有显著的负向影响，且随着时间推移，负向影响持续增大。出现这种现象的原因很有可能是：地价波动在地方政府对土地出让高度依赖的情况下，通过影响地方政府财政收入，导致财政风险和债务风险相互交织，冲击金融体系平稳运行。证实了研究假说 4。

根据以上研究结论，本章提出以下相关政策建议。

从中央提出的"坚持稳地价、稳房价、稳预期"将"稳地价"摆在首位可以看出，控制地价波动是维稳房价的重要措施之一。此外，由于土地本身是不可再生资源，地方政府依靠土地出让获取财政收入并非长久之计，而且土地出让推升房价对整个社会的平稳发展有着巨大的负面影响。因此，要想使房价调控政策得以有效实施，破解土地出让难题势在必行。第一，推进财税体制改革，减轻地方政府的财政压力。为了从根本上解决地方政府高度依赖土地出让收入的问题，房价调控政策在地方上有效展开。首先，需要赋予地方政府更多的财政自主权，缓解地方政府自分税制改革以来长期的财权事权分离问题；其次，需提高地方政府在税收分享中的占比，扩大其财政收入来源缓解偿债压力；最后，尽快健全地方税收体系，加快消费税、个人所得税改革进程等完善地方税收体系必不可少的环节。第二，加快完善土地出让收入监管体制的同时规范土地出让。土地出让收入的监管力度不足使得地方政府拥有高度的对土地出让金自由支配的权力。在我国已将土地出让涉及的所有收支都纳入基金管理的情况下，由于"思维惯性"，相当多的地方政府并没有按照监管要求管理土地出让金。因此，加快完善土地出让收入的监管体制势在必行。土地出让自身存在较强的不确定性，容易导致系统性金融风险的发生，规范土地出让迫在眉睫。可以从土地抵押出发，通过增加、规范风险评估程序，降低土地抵押预期价值，减少存量贷款以对土地出让进行规范化处理。

由实证结果可知，地价的异常变动将增加地方政府债务违约可能性，从而危害宏观经济金融稳定，故防止地方政府债务的大幅违约是维护宏观经济金融稳定的关键手段之一。因此，进一步加强地方政府债务治理，以提高地方政府债务融资制度的科学性和透明度刻不容缓。除此之外，地方政府在通过债务置换防止债务违约时，可以考虑运用财政资金增补银行的资本金或降低银行准备金率，从而降低银行借贷的存贷溢价，以便在防止地方债务违约的同时降低全社会的融资成本，使地价调整制度对宏观经济的影响最小化。

综上所述，面对繁荣的房地产行业，中央需要警惕房地产泡沫可能带来的风险，通过完善房地产行业长效发展机制、坚持"住房不炒"基本定位维持市场稳定；同时改革并完善土地供给制度，因地制宜增加土地供给量，加快财税体制改革，改变地方政府过度依赖土地出让的现状，化解"土地出让难题"，维护宏观金融稳定，守住不发生系统性金融风险的底线。

第九章

房地产价格波动对中国省域金融稳定的影响

——影响测度与空间模型检验

第一节　研究背景

一　现实背景

在我国持续推动城镇化的过程中，省份间的联结也逐步强化，城市与城市之间的有机联系与相互配合越来越紧密。这种空间联结的加强也进一步提高了省份之间经济与金融的相关程度。然而，在经济与金融相互渗透的过程中，金融风险的传播速度也在不断加快，一旦突破原有的风险防控体系，将会造成跨省域的风险集中释放，会极大影响宏观金融稳定。不同省域之间的产业结构与经济发展水平存在差异，会积累特征不一的金融风险，同时也会增加"一城一策"的风险识别难度。

党的十九届四中全会把全国一盘棋、实现区域经济与金融相互协调配合作为经济高质量发展的目标，使之与实现治理体系和治理能力现代化相互协调配合。党的十九届五中全会要求健全区域协调发展体系，提高区域应对突发风险的联动协同能力，而房地产领域作为现阶段我国的一个重大风险领域，应该得到高度重视和有效监管。党的十九届六中全会则进一步提出，地域性的经济与金融壁垒亟待破除，需要把构建新发展格局同区域协调发展战略有机衔接起来，激活地区发展要素的同时积极防范地域性突发风险，密切关注房价波动这一区域金融风险。鉴于金融风险防范需要在一定区域内进行，以及为了实现金融有效支持我国实体经济走向高质量发展，省域金融体系必须贯彻落实中央经济工作会议精神，加强统筹协调，防范化解重大金融风险，以确保对资金的精准、有效配置。这对地方建立区域性金融长效监督体系和切实提高维护金融稳定的能力提出了更高的要求，也增加了对不同区域间金融风险传播机制和风险防控能力研究的新需求。

同时，土地是经济社会发展中十分重要的生产要素。从住房市场的角度来看，土地要素是住房建造的基石，土地价格直接构成了住房建造的成本。而不同区域土地价格的差异，同样也影响着住房价格的走势。在住房商业化的过程中，我国逐渐形成了一套颇具区域特色的土地制度安排，有力地助推了城市化进程和宏观经济增长。就土地供给制度来讲，地方政府从土地的规划、征收、一级开发、供地到最终出让都具有较强的控制权。这样的一种带有垄断性质的供地制度不仅使土地要素作为一种传统意义上的生产要素而存在，而且使土地要素的价值在区域层面上被重新定义和解读，异化出了财政功能、抵押融资功能、空间政策及产业政策功能，具体表现为不同用途建设用地、不同区域之间土地价格的巨大差异性，由此也给金融稳定带来了一定直接以及具有空间差异性的影响。

因此，本章参考第三章基于我国主要金融风险领域，利用熵值法构建的2015～2022 年31 个省（自治区、直辖市）季度频率的省域金融稳定指数，从房价、地价对省域金融稳定的直接影响和空间效应两个层面对上述问题进行研究，以揭示房价、地价与省域金融稳定之间的联系，也为后续提出的政策建议提供实证基础。

二　理论背景

首先，房价波动会通过多种渠道影响金融稳定。一方面，房价波动会通过债务渠道影响金融稳定。孟宪春和张屹山（2021）提出，房地产价格在上升过程中会螺旋式影响居民债务，且形成的家庭债务会进一步通过挤出效应影响经济波动；梅冬州等（2021）通过分析地方政府出让土地的行为发现，在地方政府债务违约的情况下，房价下跌会使当地的信贷紧缩，增加各部门的融资成本。另一方面，房价波动会通过信贷渠道影响金融稳定。Palley（2008）、Renaud（1995）发现，房地产价格一旦出现下跌的趋势便会影响银行业的信贷，进而影响金融稳定；Andrés 和 Arce（2012）研究发现，房地产价格的上涨往往伴随着家庭住房贷款以及企业信贷的增加，并且房地产价格不正常的上涨最终会以房价泡沫破裂而告终；房地产价格具有很强的预期效应，长时间的房价上涨会让人们形成不理性的预期（王频、侯成琪，2017），不理性的房价预期会影响实际的信贷投向，最终影响证券市场的正常运行（谭政勋、王聪，2011）。影响金融稳定的因素，不仅有房价波动和信贷波动，还有它们的联合波动。洪祥骏和宫蕾（2021）发现，在政府降低社会融资成本时，房地产市场的金融加速器效应会被削弱，从而造成房价的不理性上涨与信贷的非有效配置。

房价波动还会影响多个市场参与部门的市场行为。在对家庭住房需求的影响方面，为了使有限的购买力能够跟上不断上涨的房价，家庭部门往往会采取加杠杆的方式去解决这个问题，而这会放大对经济波动的影响（孟宪春、张屹山，2021；周广肃、王雅琦，2019）。房价在持续上涨的时候，会形成资产泡沫，吸引人力资本与金融资本，从而阻碍其他企业的正常发展（陈勇兵等，2021；段忠东，2012）；企业管理层为了避险，又会把资金配置到相对安全且有超额收益的房地产行业，进一步成为房价上涨的推手（刘行等，2016）。房价的上涨，会使商业银行因为潜在风险上升而提取更多的贷款损失准备（祝继高等，2017），也会因房产投资占固定资产投资最优比例的偏离而使所在地区的金融效率降低（彭俞超等，2018a）。

其次，土地价格波动也会影响我国的经济发展与金融稳定。土地不仅仅作为一种生产要素而存在，其也是一种重要的资产，在我国独特的土地制度安排下，土地要素的价值被充分挖掘，异化出了财政功能、抵押融资功能，深刻影响了我国的财政制度安排和宏观经济运行。范剑勇和莫家伟（2014）论述了商住用地和工业用地的价格差异如何形成地方政府债务和促进地方的工业经济增长，并指出土地资源不应被过度用于债务融资以支撑工业发展，这种做法长久来看不仅不可持续，还会对宏观经济产生冲击。中国经济增长前沿课题组等（2011）则具体分析了土地价格的变化在低价工业化和高价城市化阶段对经济增长的不同影响效应。赵燕菁（2014）全面分析了土地出让的历史由来和政策选择，既肯定了土地出让为城市化积累原始资本的积极作用，也指出了土地出让拉大贫富差距、积累金融风险的弊端。张莉等（2018）基于土地出让在举债融资模式中的担保和偿还双重作用，实证分析了土地出让收入的融资放大效应，并指出了房地产市场下行时这种放大效应会引发地方政府的债务偿付风险。闫先东和张鹏辉（2019）将土地出让以及地方政府的隐性担保机制引入 DSGE 模型中，分析了土地出让制度下土地价格的波动特征及其对宏观经济冲击的放大效应。

再次，不同地域的金融稳定指数之间存在空间相关性。李林等（2011）通过计算中国金融业的莫兰指数，确定了中国金融业存在空间聚集现象。任英华等（2010）发现金融聚集在各省份之间存在空间相关性。因此，从提升省域金融资源配置的有效性出发，有必要研究不同省域、不同城市之间金融发展的空间地理环境、空间相关性以及总体空间分布格局。田霖（2007）通过主成分分析法构建出我国金融风险空间差异的排序选择模型。陈俊等（2013）、钱明辉和胡日东（2014）讨论了不同省域的金融发展水平对其他地区的辐射作用。从金融发展格局的省域差异看，我国形成了三大金融聚集中心，分别是北京、上海与广州-深圳，且金融聚集中心对周边地区的虹吸效应有增强的趋势，不同区位的房价对经济的影响程度也有所不同。

房价波动会受到区域因素的影响。Fan 等（2019）运用小波分析法将房价分解为趋势和周期两部分，对比分析了中国五个一线城市（北京、上海、广州、深圳、天津）房价波动的联动关系和领先滞后关系。梁云芳和高铁梅（2007）通过构建面板数据模型具体讨论了中国东部、中部、西部地区房地产价格波动存在的区域差异性。张凌等（2011）采用 1995～2008 年中国 35 个大中城市的住房价格进行实证研究，发现中国沿海和内陆城市房价波动特点存在明显差异，沿海城市的房价变化具有显著的自相关特点。王鹤（2012）利用全局空间自相关指标（Moran's I 统计量）和局部空间自相关指标（LISA 指标）检验发现，我国房价存在空间自相关，指出我国东部、中部、西部各区域房价的影响因素不尽相同。马勇和吴雪妍（2018）基于中国 30 个省份 2003～2016 年的面板数据，运用门槛面板回归模型进行实证研究，指出各省份在制定房地产调控措施时应充分考虑各自的区域差异性。陈琳等（2018）运用固定效应模型探讨了房价波动的影响因素、房价涨势的区域异质性及时期差异性，并通过回归结果计算了各因素对房价波动的驱动力。

最后，地价同样会受到空间因素的影响。刘晓宇和辛良杰（2022）以地级行政区为研究对象，系统分析了 2007～2019 年中国 332 个城市不同性质用地价格的演变特征及驱动因素，发现地价水平在空间上呈现东南高、西北低的格局。刘亚静和李胜男（2022）以 2010～2019 年唐山市土地出让成交均价为基础数据，运用多尺度地理加权回归模型分析测算唐山市住宅用地地价的驱动因素，结果表明唐山市住宅用地地价呈东低西高、南低北高的格局，且具有显著的空间集聚特征。赵江萌等（2022）研究发现郑州市住宅地价具有明显的空间分异特征。黄忠华等（2022）基于 2008～2019 年长三角城市的地价数据，实证分析了地价增长及空间分异格局和机制，研究发现长三角城市间地价差异整体变小，并且呈现出一定的空间依赖性。郭爱请等（2021）研究表明，环首都区域住宅地价水平在空间上具有显著相关性，绝大部分县（市、区）住宅地价与其周边地价存在局部自相关，但随时间不同，空间集聚程度存在一定差异性。

以上相关文献研究了房价、地价对金融稳定的影响以及金融发展、房价、地价所具有的空间效应。但是，很多研究仍然停留在选取代表性的单因素或将研究范畴限定为全国，并没有深入细化到省域层面，且较少文献从省域之间空间相关性的角度去研究这类问题，因而也无法给出更有针对性的政策措施。从空间角度研究房价、地价与金融稳定之间关系的文献也较少。所以，本章将创新性地从省域角度探索房价、地价对省域金融稳定的影响及其空间效应。

第二节 理论分析、研究假说与空间权重矩阵构建

一 房价、地价对金融稳定的影响机制

（一）房价对金融稳定的影响机制

近年来，我国中央经济工作会议不断强调，保持金融系统的稳定运行以及经济的平稳发展尤为重要。虽然房地产行业的发展曾经对支撑我国经济发展起到了很大的作用，但随着增发的货币、增加的信贷不断地集中到房地产市场，房地产市场逐渐成为经济高速发展的引擎，潜在的风险也随之而生，靠信贷驱动房地产市场繁荣的可持续性也让人存疑，这无疑会给金融系统的可持续发展与金融市场的平稳运行带来威胁。

房价波动对金融稳定的影响主要通过以下作用机制进行传导。

机制一：财富效应机制。房产作为居民所拥有的一种重要的资产，其总值在居民所拥有资产总值中占有不可忽视的份额，这表明房价的波动会极大地影响居民对自身拥有资产价值的感知。当房价上涨时，居民会对账面资产的增值产生乐观心理，从而会增加其他物品的消费或继续对房产进行投资；而当房价下跌时，居民会因资产总值下降而减少消费，同时也会减少对房产等资产的投资，从而使金融市场进入收缩的趋势，进而对宏观经济的平稳发展与金融市场的正常运行造成负面影响。

机制二：投资效应机制。房产既拥有居住属性，也拥有投资属性，所以企业往往也会持有房产，并将其作为多元化投资的渠道之一。在房价上涨时，一方面，企业的总资产与净资产的价值也会增加，使企业报表得到改善，保证了总体经济的平稳运行与金融市场的借贷循环；另一方面，房产是企业的抵押物之一，企业从银行获得的贷款额度增加，融资成本也会相应下

降，促进了企业报表的优化，有利于宏观经济的发展，抵押物价值的增加也可以降低抵押物价格波动所带来的风险，从而对金融稳定产生了正向影响。

机制三：信贷效应机制。当房价上涨时，房产作为金融系统的重要抵押物，会使抵押金额增加，减小了抵押人追加抵押金的风险以及金融机构所面临的道德风险。但是，当房价进一步上涨到达泡沫阶段时，金融机构面对外部冲击以及资本市场内在不稳定的风险急剧上升，抵押人违约的风险加大，会导致金融机构资本金减少，信贷规模收缩，从而对金融市场造成负向冲击。

基于以上对传导机制的梳理，本章提出以下研究假说。

假说 1：房价的上涨会增加省域金融风险，且房价对金融稳定的影响程度受到所处金融环境的影响。

（二）地价对金融稳定的影响机制

地价自身具有的资产价值属性决定了其会对金融稳定产生直接影响。具体来看，土地的资产属性决定了土地价格也是一种重要的资产价格，土地价格的波动会通过不同的传导渠道影响金融体系的稳定性。本章认为，地价主要通过以下作用机制影响金融稳定。

机制一：土地稀缺机制。城市化发展进程的加快是过去十几年间城市土地需求猛增的重要驱动力。不同类型的客观用地需求，成为我国城市土地出让价格，尤其是商业和居住用地出让价格不断走高的主要推动力。而在城市土地资源本身较为有限的背景下，我国的土地所有制度和使用制度又为中央及地方政府对城市土地的分配和供给的管制操作提供了便利条件，既造成了土地价格的地区分化，也造成了城市内部供地结构的严重失衡，进而对土地价格的变动产生了重要的影响。因此，土地供给的有限性与需求的突发性，造成了土地相对稀缺的现状，推动了土地价格的上涨，从而使地价具备了金融属性，影响到我国的省域金融稳定。

机制二：土地融资机制。当房价持续上涨时，对土地的需求旺盛，土地市场行情看好，土地抵押价值上涨、土地出让收入增加，土地融资模式运转良好。一旦房地产市场受到宏观经济运行的负向冲击，或者是受到中央政府的政策干预（限购政策），城市土地市场中的需求就会迅速疲软，导致土地出让收入下滑，土地抵押贷款和"城投债"的按期偿还就会遭受巨大的威胁，由此将债务风险传递至商业银行和债券市场，再进一步传递至金融体系，从而威胁本地区的金融稳定。当土地出让收入减少导致政府收入也同样减少与地方政府的抵押贷款规模和其财政收入能力不相匹配同时出现时，会进一步加剧土地融资模式对地方金融体系稳定的威胁。

基于以上对传导机制的梳理，本章提出以下研究假说。

假说 2：地价的上涨会增加省域金融风险，且相较于经济层面的影响，地价在社会层面的影响下对省域金融风险的作用会更加显著。

二　房价、地价对省域金融稳定的空间效应研究

（一）房价对省域金融稳定的空间效应研究

克里斯塔勒于 1933 年建立中心地理论，中心地理论可以解释为人口处于交通网络中的重要位置，且此位置可以进行广泛的商品与服务的供给以满足需求。在这种有区位差别的位置中，房产的价格也会因为所能接触的商品与服务的不同而产生区位差别，获取商品和服务所需要的距离成本也会相应地计入房价之中，使得房价与其对应的位置有关联。

由此，本章提出如下假说。

假说 3：房价上涨既会增加省域金融风险，也会对相邻省域的金融风险产生正向作用。

（二）地价对省域金融稳定的空间效应研究

增长极理论在地价具有空间效应中体现为：创新企业或重要企业容易在人为规定的区域内或者产业圈内发生集聚，而这些重要企业所处的位置，同样会带来上下游企业以及相关配套设施的集聚。上下游企业、配套设施与重要企业的距离，将会极大地决定其商品或服务的成本，并对其竞争力产生较大影响，所以它们会尽可能地靠近所服务的重要企业，造成重要企业所在位置周边的土地稀缺性上升，其价值也随之增加。同时，上下游企业与配套设施的集聚也会造成人才的集聚，在交通成本、时间成本的影响下，所带来的

购买力变化又会对周边土地的价格产生差异化的影响。

由此，本章提出如下假说。

假说 4：地价上涨既会增加省域金融风险，也会对相邻省域的金融风险产生正向作用。

三　空间权重矩阵构建

（一）权重矩阵设定

目前空间权重矩阵的设定主要有三种方法：一是通过判断不同地理区域间距关系设定矩阵；二是通过判断不同地理区域相对位置关系设定矩阵；三是通过判断不同地理区域受其他因素的影响而综合设定矩阵。

（二）权重矩阵的一般定义

空间权重矩阵主要用来表示空间地理单元中所研究的个体区域或者经济变量之间的相互依赖关系，并且这种相互依赖关系能够用数据的形式直接表示出来，通常用 W_{ij} 表示，具体形式如下：

$$W = \begin{bmatrix} 0 & W_{12} & \cdots & W_{1n} \\ W_{21} & 0 & \cdots & W_{2n} \\ \vdots & \vdots & & \vdots \\ W_{n1} & W_{n2} & \cdots & 0 \end{bmatrix} \tag{9.1}$$

其中，W_{ij} 表示的是个体之间的相互依赖关系。根据实际情况，空间权重矩阵一般是对称形式的，并且主对角线上的元素都为 0，这是由于同一个体区域不会与自身发生相互依赖关系。为了减少经济变量之间不可观测的影响，还要对空间权重矩阵进行相关处理，也就是进行行标准化，主要表示的是某一区域与其他区域的空间影响关系之和为 1，只反映空间相关关系。经过行标准化之后的矩阵表现形式为：

$$W = \begin{bmatrix} 0 & W_{12}' & \cdots & W_{1n}' \\ W_{21}' & 0 & \cdots & W_{2n}' \\ \vdots & \vdots & & \vdots \\ W_{n1}' & W_{n2}' & \cdots & 0 \end{bmatrix} \tag{9.2}$$

其中，W_{ij}' 表示经过行标准化之后的空间相关关系。

随着空间计量的发展，空间权重矩阵也与具体研究相结合，衍生出了各种各样的空间权重矩阵。本章分别选用了邻接空间权重矩阵、地理距离空间权重矩阵、对称经济距离空间权重矩阵、非对称经济距离空间权重矩阵、对称社融距离空间权重矩阵与非对称社融距离空间权重矩阵衡量房价波动、地价波动对省域金融稳定的影响。下面是对不同空间权重矩阵的介绍。

1. 邻接空间权重矩阵

该空间权重矩阵是通过判断空间单元的相互位置关系得出的，可以根据地图上所需要研究区域所在的相对位置来决定相邻关系，为了直观地表达"相邻"关系，一般采用数字"0"和"1"来表示。其中，"0"表示地理区域之间在空间上不相邻，"1"表示地理区域之间在空间上相邻，地理区域不与自身相邻。依照此原则构建矩阵，0-1 权重矩阵是最经典也是最简单的一种邻接空间权重矩阵，其设定方法为：

$$W_{ij} = \begin{cases} 1, 当区域\ i\ 与区域\ j\ 相邻时 \\ 0, 当区域\ i\ 与区域\ j\ 不相邻时 \end{cases} \tag{9.3}$$

2. 地理距离空间权重矩阵

这是用个体区域之间的地理距离来构建权重系数的方法，即通过设定不同个体区域之间的地理距离来构建空间权重矩阵，能够准确地反映出观测区域之间的距离大小对空间相关关系的影响程度。地理距离空间权重矩阵的设定形式为：

$$W_{ij} = \begin{cases} d_{ij}^{-2}, 当\ i\ 不等于\ j\ 时 \\ 0, 当\ i\ 等于\ j\ 时 \end{cases} \tag{9.4}$$

其中，d_{ij} 代表两个观测区域的实际地理距离，主要采用各地区的经纬度数据来计算两个区域之间的实际距离。从式（9.4）中可以看出，两个个体区域之间的距离越远，权重就越小，即两个区域之间的空间溢出效应随着距离的增加而递减。

3. 对称经济距离空间权重矩阵

在构建对称经济距离空间权重矩阵时，不仅要考虑地理距离，还要考虑各区域的经济发展水平，两个区域的经济发展水平不一样，空间溢出效应也会存在差别。大部分学者基于对称经济距离构建空间权重矩阵时，通常是取各区域的某一经济指标的平均值之差的绝对值，并取倒数，然后与地理距离权重矩阵相乘。具体形式如下：

$$W_{ij} = \begin{cases} W_d \times \dfrac{1}{|\bar{y_i} - \bar{y_j}|}, & \text{当 } i \text{ 不等于 } j \text{ 时} \\ 0, & \text{当 } i \text{ 等于 } j \text{ 时} \end{cases} \tag{9.5}$$

4. 非对称经济距离空间权重矩阵

基于 Shao 等（2020）的研究，在对称空间权重矩阵的基础上衍生出了非对称空间权重矩阵。非对称经济距离空间权重矩阵权重系数的大小不仅取决于地理距离，也取决于各区域的经济发展相对水平的高低。两个区域的经济发展水平不同会导致空间权重矩阵斜对角的不对称，故一个区域对另外一个区域产生的空间交互效应也不一致，这是非对称经济距离空间权重矩阵与对称经济距离空间权重矩阵的差别。基于非对称经济距离构建空间权重矩阵时，通常是取两区域的某一经济指标之比的绝对值，并取倒数，然后与地理距离权重矩阵相乘。具体形式如下：

$$W_{ij} = \begin{cases} W_d \times \dfrac{|\bar{\bar{y_j}}|}{|\bar{y_i}|}, & \text{当 } i \text{ 不等于 } j \text{ 时} \\ 0, & \text{当 } i \text{ 等于 } j \text{ 时} \end{cases} \tag{9.6}$$

5. 对称社融距离空间权重矩阵与非对称社融距离空间权重矩阵

对称社融距离空间权重矩阵与非对称社融距离空间权重矩阵分别是在对称经济距离空间权重矩阵与非对称经济距离空间权重矩阵的基础上，使用某一社融指标代替经济指标，并进行相应的矩阵运算得到的。对称社融距离空间权重矩阵与非对称社融距离空间权重矩阵的运算逻辑分别与对称经济距离空间权重矩阵与非对称经济距离空间权重矩阵相对应，也同样会由于区域间社融发展不一致而产生有差别的空间溢出效应，以及一个区域对另外一个区域产生的空间交互效应不一致的现象。

第三节 房价、地价波动对省域金融稳定影响测度

一 模型设定

本章构建如下计量模型，以实证检验房价波动对省域金融稳定的影响程度。

$$fs_{it} = a_0 + \beta_1\, rh_{it} + \beta_2\, cpi_{it} + \beta_3\, czh_{it} + \beta_4\, czs_{it} + \beta_5\, gyz_{it} + \beta_6\, rk_{it} + \mu_t + \gamma_i + \varepsilon_{it} \quad (9.7)$$

同时，本章构建如下计量模型，以实证检验地价波动对省域金融稳定的影响程度。

$$fs_{it} = a_0 + \beta_1\, rl_{it} + \beta_2\, cpi_{it} + \beta_3\, czh_{it} + \beta_4\, czs_{it} + \beta_5\, gyz_{it} + \beta_6\, rk_{it} + \mu_t + \gamma_i + \varepsilon_{it} \quad (9.8)$$

二 变量说明

模型中 i 和 t 分别表示第 i 个省（自治区、直辖市）和第 t 年。fs_{it} 是被解释变量，表示各省（自治区、直辖市）的金融稳定指数，该指数由第三章根据熵值法计算得来。rh_{it} 是核心解释变量，表示各省（自治区、直辖市）的房价波动率，采用实际波动率（RV）计算得来。rl_{it} 是另一个核心解释变量，表示各省（自治区、直辖市）的地价波动率。具体而言，为了控制不同省（自治区、直辖市）在经济与社会方面的差异，参考过往文献（陈雨露等，2015），本章选取了如下控制变量。

经济层面：cpi_{it} 代表各省（自治区、直辖市）在一个季度内消费者物价的同比增长率，表示物价涨跌程度对金融稳定也有一定的影响；gyz_{it} 为工业发展速度，一个省（自治区、直辖市）的工业发展水平会带动相应地区的经济与金融的发展，所以使用各省（自治区、直辖市）在一个季度内工业增加值的增长率来代表工业发展速度。

社会层面：czh_{it} 为城镇化程度，基础设施的建设会使经济与金融更高效地运转，本章使用各省（自治区、直辖市）季度城镇化率来表示；czs_{it} 为未

利用人力资源，失业的人口占比较大会影响经济与金融的正常运转，所以使用季度性失业率来表示；rk_{it} 为地区吸引力，一个地区的吸引力上升会吸引人口在此地区常住，所以使用各省（自治区、直辖市）在一个季度内常住人口的变化率来代表。μ_t 为时间固定效应，γ_i 是个体固定效应，ε_{it} 是误差项。

变量的描述性统计见表 9.1。由于西藏的部分数据存在缺失值，在实证分析时剔除西藏数据。

表 9.1　变量描述性统计

变量	变量说明	样本量	平均数	标准差	最小值	最大值
fs	金融稳定指数	960	0.6312074	0.1061505	0.2311176	0.8578106
rh	房价波动率	960	0.0042355	0.0133031	7.37E-07	0.2276888
rl	地价波动率	960	11.62071	89.11123	0.0008563	2097.958
cpi	物价指数	960	1.867083	1.010838	-1.6	6.5
czh	城镇化率	960	62.21559	10.86679	40.92	89.33
czs	失业率	960	0.6885549	0.3495628	0.2004841	2.687826
gyz	工业增加值增长率	960	6.117292	6.63274	-46.9	90.3
rk	地区常住人口变化率	960	0.0564788	0.2116528	-0.7857698	0.6451613

三　实证分析

严谨地考虑，金融稳定与房价波动之间可能存在一定内生性问题。一方面，一个地区的经济发展良好会导致该地区的房产价格上涨，但是该地区金融风险可能依然可控，进而给房价上涨留下了空间；另一方面，可能存在研究未考虑的变量，导致模型出现内生性问题。尽管本章在回归中控制了一些变量的影响，如物价指数、工业增加值增长率等，但是依然无法保证没有其他变量对金融稳定产生显著性的影响。而由于房价波动与金融稳定之间存在内生性问题，导致普通的 OLS 估计不再是无偏统计，所以需要寻找新的估计方法以及工具变量来探究它们之间的关系。

为了解决内生性问题，第三章在构建省域金融稳定指数指标体系时未考虑"房地产泡沫"这一风险领域，在探究房价对省域金融稳定影响的研究中，本章选择 GMM 法进行估计。GMM 法包括差分 GMM 与系统 GMM。在样本量有限的情况下，差分 GMM 的工具变量会出现信息丢失的问题，所以本章采用系统 GMM 对变量进行回归。在检验工具变量是否存在过度识别问题时，本章采用 Hansen test of overid 来进行判断。在检验工具变量是否存在弱工具变量问题时，本章采用 Hansen tests of exogeneity 来进行判断。在工具变量的选择上，前一期的房价波动往往不会影响当期的金融稳定，所以本章选择房价波动的滞后一期作为房价波动的工具变量。在工具变量滞后阶数的选择是否满足外生性假设的问题上，本章采用 AR 检验进行判断。回归结果如表 9.2 所示。

表 9.2　房价波动对省域金融稳定影响的 GMM 模型检验结果

变量	模型 1	模型 2	模型 3	模型 4
rh	-21.3747***	-18.8755***	-15.6315***	-13.7856***
	(-4.21)	(-4.18)	(-4.43)	(-5.26)
czh		-0.0048		-0.0005
		(-0.87)		(-0.16)
czs		0.0523		-0.0189
		(0.45)		(-0.31)
rk		-0.2959		-0.2045
		(-1.33)		(-1.61)
cpi			-0.0566**	-0.0498***
			(-2.09)	(-5.05)
gyz			0.0160**	0.0043
			(2.50)	(1.11)
常数项	0.5625***	0.9925***	0.6193***	0.7926
	(8.13)	(2.81)	(6.62)	(3.27)
p[AR(1)]	0.041	0.049	0.010	0.024
p[AR(2)]	0.755	0.757	0.522	0.255
Hansen test of overid	0.976	0.500	0.951	0.997
Hansen tests of exogeneity	0.974	0.183	0.930	0.990
时间固定效应	控制	控制	控制	控制
个体固定效应	控制	控制	控制	控制
样本量	930	930	930	930
id 数	30	30	30	30

注：***、** 分别表示在 1%、5% 的显著性水平下显著，括号内为各统计量的 z 值。

模型 1~4 的回归结果均表明，Hansen test of overid 以及 Hansen tests of exogeneity 的统计量均大于 0.1，说明工具变量的选择是有效的，模型不存在过度识别以及弱工具变量的问题。模型 1~4 的 AR（1）的 p 值均小于 0.1，说明房价波动率存在一阶序列相关，模型 1~4 的 AR（2）的 p 值均大于 0.1，说明房价波动率不存在二阶序列相关，模型设定可取。

模型 1 单独研究省域金融稳定与房价波动之间的关系。从模型 1 的回归结果来看，房价波动率对省域金融稳定指数的参数估计结果在 1% 的水平下显著为负，当房价波动率增加 1 个单位时，省域金融稳定指数下降 21.3747 个单位。模型 2、模型 3、模型 4 分别是引入不同控制变量进行回归的结果，当房价波动率增加 1 个单位时，省域金融稳定指数分别下降 18.8755、15.6315、13.7856 个单位，说明房价波动会导致省域金融稳定程度降低，金融风险增加。

模型 2 和模型 3 分别引入了社会层面与经济层面的控制变量。从模型 2 和模型 3 的回归结果来看，相对于加入经济层面的控制变量，房价波动对省域金融稳定的影响在社会层面的控制变量加入后更大。这说明，相比于货币发行量与经济发展，社会基本面在房价波动影响金融稳定的过程中起到了越来越显著的作用，所在地区的城镇化程度、常住人口以及居民就业与金融稳定亦有着密切的联系。房价对金融稳定的影响受社会基本层面的影响越显著，说明房产的商品属性相比金融属性越突出，这也和我国近年来一直强调的"房住不炒"的基本定位，以及相关部门抑制投机性房产购买有着一定的关系。

模型 4 同时控制了经济层面和社会层面的变量。从模型 4 的回归结果来看，除 cpi 外其他控制变量系数的显著程度并不高，而房价波动率的系数显著性较高，这说明省域金融稳定在很大程度上是与房价相关的，房地产市场风险是我国的重要风险。

表 9.3 是地价波动对省域金融稳定影响的 GMM 模型检验结果。

表 9.3　地价波动对省域金融稳定影响的 GMM 模型检验结果

变量	模型 1	模型 2	模型 3	模型 4
rl	-0.0280 **	-0.0507 **	-0.0100	-0.0266 *
	(-2.04)	(-1.83)	(-0.79)	(-1.79)
czh			-0.0102 **	0.0022
			(-2.30)	(0.46)
czs			0.1819 **	-0.0444
			(2.02)	(-0.29)
rk			0.0550	0.1851
			(0.37)	(1.11)
cpi		-0.0275		-0.0560 ***
		(-1.58)		(-8.51)
gyz		0.0307		0.0040
		(1.25)		(0.93)
常数项	0.6338 ***	0.4828 ***	1.2077 ***	0.4037
	(12.57)	(2.65)	(3.90)	(1.05)
时间固定效应	控制	控制	控制	控制
个体固定效应	控制	控制	控制	控制
样本量	960	960	960	960
id 数	30	30	30	30

注：*、**、*** 分别表示在 10%、5%、1% 的显著性水平下显著，括号内为各统计量的 z 值。

　　模型 1 单独研究省域金融稳定与地价波动之间的关系。从模型 1 的回归结果来看，地价波动对省域金融稳定影响的参数估计结果在 5% 的水平下显著为负，当地价波动率增加 1 个单位时，省域金融稳定指数下降 0.0280 个单位。模型 2、模型 3、模型 4 分别是引入不同控制变量进行回归的结果，当地价波动率增加 1 个单位时，省域金融稳定指数分别下降 0.0507、0.0100、0.0266 个单位，说明地价波动会导致金融风险增加，地产领域的泡沫会在地价持续上涨过程中不断变大。

　　模型 2、模型 3 和模型 4 分别引入了经济层面控制变量、社会层面控制变量和全部的控制变量。横向对比模型 2、模型 3 和模型 4 的回归结果，可以发现，模型 2 和模型 4 中地价波动对省域金融稳定影响的参数估计结果通过了显著性检验，而模型 3 的回归结果未能通过显著性检验。这表明，地价波动与省域金融稳定之间的关系受经济层面控制变量影响显著，仅考虑控制城镇化率、失业率等社会层面控制变量易导致结果失准。

四 稳健性检验

在上文中，选取了房价波动的滞后一阶作为当期房价波动的工具变量，但是依然有可能出现上一期房价波动的滞后影响会对本期的金融稳定造成一定程度内生性的问题，所以需要寻找另外一种更加具有外生性的工具变量。从房子的供需角度来看，房价的一个重要影响因素为承载房子的土地。在土地供应缩减时，由于供给的刚性，在需求不变时土地的价格会产生较大幅度的上涨，而土地的价格是房子的成本，进而房价也随之上涨。由于各省（自治区、直辖市）的土地出让面积是由年度计划来决定的，而且决策受到中央用地计划的指导以及政府政绩激励等外生因素的影响，所以从工具变量外生性的角度考虑，滞后一期的土地出让面积可以充当房价波动的工具变量，同时又对房价波动有着较大的影响。回归结果如表 9.4 所示。

表 9.4　房价波动对省域金融稳定影响的稳健性检验结果

变量	模型 1	模型 2	模型 3	模型 4
rh	-0.2892*** (-3.39)	-0.5269** (-2.54)	-0.3811*** (-2.61)	-0.5530*** (-3.28)
czh		0.136 (1.54)		0.0179** (2.43)
czs		1.1719 (1.16)		-0.0344 (-0.19)
rk		0.2226 (0.79)		0.1036 (1.53)
cpi			-0.0191*** (-2.85)	-0.0366*** (-6.69)
gyz			0.0067 (1.60)	0.0058 (1.56)
常数项	3.3106*** (4.14)	4.4344*** (2.99)	4.1421*** (3.09)	4.5545 (3.26)

续表

变量	模型 1	模型 2	模型 3	模型 4
p[AR(1)]	0.000	0.000	0.000	0.000
p[AR(2)]	0.296	0.702	0.734	0.735
Hansen test of overid	0.973	0.968	1.000	0.999
Hansen tests of exogeneity	0.952	0.812	0.988	0.875
时间固定效应	控制	控制	控制	控制
个体固定效应	控制	控制	控制	控制
样本量	960	960	960	960
id 数	30	30	30	30

注：** 、*** 分别表示在 5%、1%的显著性水平下显著，括号内为各统计量的 z 值。

模型 1~4 的回归结果均表明，Hansen test of overid 以及 Hansen tests of exogeneity 的统计量均大于 0.1，说明工具变量的选择是有效的，模型不存在过度识别以及弱工具变量的问题。模型 1~4 中 AR（1）的 p 值均小于 0.1，说明房价波动率存在一阶序列相关，模型 1~4 中 AR（2）的 p 值均大于 0.1，说明房价波动率不存在二阶序列相关，模型设定可取。

模型 1 单独研究省域金融稳定与房价波动之间的关系。从模型 1 的回归结果来看，房价波动率对省域金融稳定指数的参数估计结果在 1%的水平下显著为负，当房价波动率增加 1 个单位时，省域金融稳定指数下降 0.2892 个单位。模型 2、模型 3、模型 4 分别是引入不同控制变量进行回归的结果，当房价波动率增加 1 个单位时，省域金融稳定指数分别下降 0.5269、0.3811、0.5530 个单位，说明房价波动会导致金融风险增加，房地产领域的泡沫会在房价持续上涨过程中不断变大。

模型 2 和模型 3 分别引入了社会层面与经济层面的控制变量。从引入社会层面控制变量与经济层面控制变量的结果来看，经济层面的控制变量对房价波动影响省域金融稳定的显著性产生了较大的正向作用。从模型 4 的回归结果来看，各控制变量对省域金融稳定的影响大多不显著，这说明省域金融稳定在很大程度上是与房价波动高度相关的。

表 9.4 中的数据显示，使用滞后一期的土地出让面积作为房价波动的工

具变量后，在上述四个模型中，房价波动依然对金融稳定有着显著的负向效应，证明基准回归结果是稳健的，具有一定的可信度。

表 9.5 为地价波动对省域金融稳定影响的稳健性检验结果。

表 9.5　地价波动对省域金融稳定影响的稳健性检验结果

变量	模型 1	模型 2	模型 3	模型 4
rl	−0.0334 **	−0.0626 **	−0.0055	−0.0210 *
	(−2.35)	(−2.06)	(−0.28)	(−1.74)
czh			−0.0101 **	−0.0064
			(−2.13)	(−1.31)
czs			0.1916 **	0.1085
			(2.10)	(0.69)
rk			0.0800	0.0278
			(0.47)	(0.16)
cpi		−0.0487 **		−0.0354 ***
		(−2.23)		(−3.80)
gyz		0.0390		0.0106
		(1.34)		(1.20)
常数项	0.2728	0.5179 **	1.1840 ***	0.9810 ***
	(0.39)	(2.40)	(3.51)	(3.15)
p[AR(1)]	0.000	0.066	0.000	0.000
p[AR(2)]	0.105	0.483	0.518	0.407
Hansen test of overid	1.000	0.608	1.000	1.000
Hansen tests of exogeneity	0.961	0.470	0.995	0.999
时间固定效应	控制	控制	控制	控制
个体固定效应	控制	控制	控制	控制
样本量	930	930	930	930
id 数	30	30	30	30

注：*、**、*** 分别表示在 10%、5%、1%的显著性水平下显著，括号内为各统计量的 z 值。

模型 1~4 的回归结果均表明，Hansen test of overid 以及 Hansen tests of exogeneity 的统计量均大于 0.1，说明工具变量的选择是有效的，模型不存在过度识别以及弱工具变量的问题。模型 1~4 的 AR（1）的 p 值均小于

0.1，说明地价波动率存在一阶序列相关，模型 1~4 中 AR（2）的 p 值均大于 0.1，说明地价波动率不存在二阶序列相关，模型设定可取。

模型 1 单独研究省域金融稳定与地价波动之间的关系。从模型 1 的回归结果来看，地价波动率对省域金融稳定指数的参数估计结果在 5% 的水平下显著为负，当地价波动率增加 1 个单位时，省域金融稳定指数下降 0.0334 个单位。模型 2、模型 3、模型 4 分别是引入不同控制变量进行回归的结果，参数估计结果均为负数，说明地价波动会导致金融风险增加，地产领域的泡沫会在地价持续上涨过程中不断变大。

模型 2 和模型 3 分别引入了经济层面与社会层面的控制变量。与基准回归结果保持一致，引入经济层面控制变量后地价波动率系数显著性不变，而引入社会层面控制变量后地价波动率系数不显著。这表明，地价波动与省域金融稳定之间的关系受经济层面控制变量影响显著。模型 4 同时控制了经济层面和社会层面的变量。从模型 4 的回归结果来看，除了物价指数之外，其他控制变量对省域金融稳定的影响并不显著，这说明省域金融稳定在很大程度上是与地价、物价水平相关的。

表 9.5 中的数据显示，使用滞后一期的土地出让面积作为当期地价的工具变量后，在三个模型中，地价波动依然对金融稳定有着显著的负向冲击，与基准回归结果保持一致，稳健性检验通过。

第四节　空间模型计量检验与结果分析

一　房价波动对省域金融稳定空间效应检验与分析

由于不同的空间关系可能会对房价波动与金融稳定之间的关系产生不同的影响，所以本章在回归中加入不同的空间矩阵，以空间视角来观察房价波动对本地区与周边地区金融稳定的影响。首先应从总体上查看各种空间关系是否存在于房价波动与金融稳定之间，空间关系是否存在应该使用总体莫兰指数来检验。根据空间矩阵作用于不同变量的区别，空间矩阵模型包括空间误差模型（SEM）、空间自相关模型（SAR）与空间杜宾模型（SDM）三种模型，在最优模型的选择上需要进行 LR 与 Wald 检验。同时，在固定效应模型的选择上，也需要通过 LR 检验来判断选择何种固定效应模型可以使回归的整体拟合程度最高。

（一）房价波动对省域金融稳定的0-1空间效应检验与测度研究

从表9.6看，莫兰指数（I）在所有时间段中的 p 值均小于 0.1，这表明省域金融稳定指数在 0-1 矩阵中存在显著的空间相关关系。

表 9.6 省域金融稳定 0-1 矩阵莫兰指数

时间	I	E(I)	SD(I)	z 值	p 值
2015 年第一季度	0.1662	−0.0345	0.0647	3.1005	0.0019
2015 年第二季度	0.167	−0.0345	0.0648	3.1111	0.0019
2015 年第三季度	0.1678	−0.0345	0.0648	3.1214	0.0018
2015 年第四季度	0.1685	−0.0345	0.0648	3.1315	0.0017
2016 年第一季度	0.1681	−0.0345	0.0648	3.1253	0.0018
2016 年第二季度	0.1676	−0.0345	0.0648	3.1167	0.0018
2016 年第三季度	0.167	−0.0345	0.0648	3.1077	0.0019
2016 年第四季度	0.1664	−0.0345	0.0648	3.0983	0.0019
2017 年第一季度	0.1656	−0.0345	0.0648	3.0864	0.002
2017 年第二季度	0.1646	−0.0345	0.0648	3.0705	0.0021
2017 年第三季度	0.1636	−0.0345	0.0649	3.0542	0.0023
2017 年第四季度	0.1625	−0.0345	0.0649	3.0374	0.0024
2018 年第一季度	0.1616	−0.0345	0.0649	3.023	0.0025
2018 年第二季度	0.1605	−0.0345	0.0649	3.005	0.0027
2018 年第三季度	0.1594	−0.0345	0.0649	2.9865	0.0028
2018 年第四季度	0.1582	−0.0345	0.0649	2.9676	0.003
2019 年第一季度	0.1579	−0.0345	0.0649	2.9621	0.0031
2019 年第二季度	0.1576	−0.0345	0.065	2.9559	0.0031
2019 年第三季度	0.1572	−0.0345	0.065	2.9491	0.0032
2019 年第四季度	0.1568	−0.0345	0.065	2.9416	0.0033
2020 年第一季度	0.1564	−0.0345	0.065	2.9337	0.0033
2020 年第二季度	0.1557	−0.0345	0.0651	2.9227	0.0035
2020 年第三季度	0.155	−0.0345	0.0651	2.9113	0.0036

续表

时间	I	E(I)	SD(I)	z 值	p 值
2020 年第四季度	0.1543	−0.0345	0.0651	2.8996	0.0037
2021 年第一季度	0.1546	−0.0345	0.0651	2.9033	0.0037
2021 年第二季度	0.1546	−0.0345	0.0651	2.9019	0.0037
2021 年第三季度	0.1545	−0.0345	0.0652	2.9003	0.0037
2021 年第四季度	0.1544	−0.0345	0.0652	2.8987	0.0037
2022 年第一季度	0.1553	−0.0345	0.0652	2.9115	0.0036
2022 年第二季度	0.1556	−0.0345	0.0652	2.9159	0.0035
2022 年第三季度	0.1559	−0.0345	0.0652	2.9202	0.0035
2022 年第四季度	0.1562	−0.0345	0.0652	2.9246	0.0034

　　从表 9.7 看，莫兰指数在大部分时间段中的 p 值小于 0.1，这表明房价波动率在 0-1 矩阵中存在显著的空间相关关系，可通过做进一步的空间模型检验来判断选择何种空间模型以及固定效应模型。

表 9.7　房价波动 0-1 矩阵莫兰指数

时间	I	E(I)	SD(I)	z 值	p 值
2015 年第一季度	0.1683	−0.0345	0.0624	3.2494	0.0012
2015 年第二季度	0.1709	−0.0345	0.0621	3.3077	0.0009
2015 年第三季度	0.1729	−0.0345	0.0618	3.3567	0.0008
2015 年第四季度	0.1745	−0.0345	0.0615	3.3971	0.0007
2016 年第一季度	0.1754	−0.0345	0.0615	3.4135	0.0006
2016 年第二季度	0.1762	−0.0345	0.0615	3.4269	0.0006
2016 年第三季度	0.1769	−0.0345	0.0615	3.4374	0.0006
2016 年第四季度	0.1773	−0.0345	0.0615	3.4452	0.0006
2017 年第一季度	0.1755	−0.0345	0.0613	3.4276	0.0006
2017 年第二季度	0.1733	−0.0345	0.0611	3.4032	0.0007
2017 年第三季度	0.1707	−0.0345	0.0609	3.372	0.0007
2017 年第四季度	0.1678	−0.0345	0.0607	3.3345	0.0009
2018 年第一季度	0.1713	−0.0345	0.0606	3.3974	0.0007

续表

时间	I	E(I)	SD(I)	z 值	p 值
2018 年第二季度	0.1744	−0.0345	0.0605	3.4533	0.0006
2018 年第三季度	0.1771	−0.0345	0.0604	3.5016	0.0005
2018 年第四季度	0.1795	−0.0345	0.0604	3.5424	0.0004
2019 年第一季度	0.1809	−0.0345	0.0597	3.6051	0.0003
2019 年第二季度	0.181	−0.0345	0.0591	3.6428	0.0003
2019 年第三季度	0.1797	−0.0345	0.0586	3.6518	0.0003
2019 年第四季度	0.177	−0.0345	0.0583	3.6295	0.0003
2020 年第一季度	0.1762	−0.0345	0.0574	3.67	0.0002
2020 年第二季度	0.1633	−0.0345	0.0578	3.4223	0.0006
2020 年第三季度	0.1396	−0.0345	0.0593	2.9382	0.0033
2020 年第四季度	0.1097	−0.0345	0.061	2.3625	0.0182
2021 年第一季度	0.1122	−0.0345	0.0622	2.3572	0.0184
2021 年第二季度	0.0981	−0.0345	0.0631	2.1025	0.0355
2021 年第三季度	0.0781	−0.0345	0.0619	1.8203	0.0687
2021 年第四季度	0.0593	−0.0345	0.0592	1.5828	0.1135
2022 年第一季度	0.0681	−0.0345	0.0628	1.6339	0.1023
2022 年第二季度	0.0726	−0.0345	0.0644	1.6639	0.0961
2022 年第三季度	0.0683	−0.0345	0.0642	1.6001	0.1096
2022 年第四季度	0.0548	−0.0345	0.0643	1.3879	0.1652

从表 9.8 看，在样本区间内，判断 SDM 模型是否与 SAR 模型、SEM 模型有区别的 Likelihood-ratio 检验结果表明，SDM 模型与 SAR 模型、SEM 模型有显著的区别，即房价波动对省域金融稳定影响的 0-1 矩阵 SDM 模型不能退化为 SAR 模型与 SEM 模型，应选择 SDM 模型进行回归分析。Wald 检验的检验结果同样支持了这一结论，即房价波动对省域金融稳定影响的 0-1 矩阵模型应选择 SDM 模型而不是 SAR 模型或 SEM 模型。从房价波动率系数以及显著性来看，SDM 模型、SAR 模型与 SEM 模型中，房价波动对省域金融稳定有着相近的影响系数，显著性也相同，这说明房价波动对省域金融稳定有着显著的空间影响且这种影响较为稳健。

表 9.8　房价波动对省域金融稳定影响的 0-1 矩阵空间模型选择

变量	SDM	SAR	SEM
主要效应			
rh	-0.0400 ***	-0.0344 ***	-0.0451 ***
	(-5.47)	(-5.74)	(-6.21)
cpi	-0.00152	-0.00051	-0.00133
	(-1.31)	(-0.77)	(-1.12)
czh	0.000693	0.000393	0.000451
	(-1.26)	(-1.18)	(-0.8)
czs	0.0280 ***	0.0207 ***	0.0308 ***
	(7.21)	(5.34)	(7.83)
gyz	0.0000734	0.000153	0.000117
	(0.75)	(1.52)	(1.21)
rk	-0.0396 ***	-0.0446 ***	-0.0456 ***
	(-6.72)	(-7.51)	(-7.80)
空间自回归项			
rh	0.0229		
	(1.75)		
cpi	-0.00214		
	(-1.56)		
czh	0.00104		
	(1.13)		
czs	-0.0894 ***		
	(-8.36)		
gyz	-0.000139		
	(-0.71)		
rk	0.0359		
	(1.92)		
空间特征			
rho	0.963 ***	0.957 ***	
	(202.53)	(186.2)	
lambda			0.962 ***
			(206.94)

续表

变量	SDM	SAR	SEM
方差			
lgt_theta	-2.258*** (-13.18)	-2.241*** (-15.16)	
sigma2_e	0.000323*** (21.03)	0.000361*** (21.2)	0.000340*** (21.04)
ln_phi			1.347*** (4.15)
N	960	960	960

Likelihood-ratio test(Assumption：SAR nested in SDM)：

LR chi2(6) = 94.57	Prob>chi2 = 0.0000

Likelihood-ratio test(Assumption：SEM nested in SDM)：

LR chi2(6) = 45.16	Prob>chi2 = 0.0000

Wald test for SAR：

chi2(6) = 100.34	Prob>chi2 = 0.0000

Wald test for SEM：

chi2(6) = 43.34	Prob>chi2 = 0.0000

注：***表示在1%的水平下显著，括号内为各统计量的 t 值。

从表9.9看，在样本区间内，判断双固定效应模型（both）是否与时间固定效应模型（time）、个体固定效应模型（ind）有区别的 Likelihood-ratio 检验结果显示，双固定效应模型与时间固定效应模型有区别且区别明显，双固定效应模型与个体固定效应模型有区别但区别不大，结合 rho 系数的显著性判断，房价波动对省域金融稳定影响的0-1矩阵模型选择双固定效应模型为最佳。从表9.9看，房价波动对所在省域金融稳定指数0-1矩阵的主要影响系数是负数，这说明房价的上涨会降低所在省域的金融稳定指数，即增加所在省域的金融风险，这与前面的理论分析也是一致的。考虑到房价波动对所在省域金融稳定具有空间效应，那么房价波动对所在省域金融稳定的0-1矩阵系数也应该是显著的，这同样可以从表9.9中观察到。

表 9.9　房价波动对省域金融稳定影响的 0-1 矩阵固定效应选择

变量	both	time	ind
主要效应			
rh	-0.0400***	-0.0515***	-0.0244***
	(-5.47)	(-12.39)	(-3.08)
cpi	-0.00152	0.00248	-0.00221
	(-1.31)	(1.26)	(-1.93)
czh	0.000693	-0.000812***	0.00302***
	(1.26)	(-3.79)	(4.13)
czs	0.0280***	0.0475***	0.0329***
	(7.21)	(11.83)	(8.14)
gyz	0.0000734	-0.000202	0.0000600
	(0.75)	(-1.16)	(0.62)
rk	-0.0396***	0.0247***	-0.0380***
	(-6.72)	(3.34)	(-6.51)
空间自回归项			
rh	0.0229	0.0942***	0.00952
	(1.75)	(4.88)	(0.72)
cpi	-0.00214	-0.0152**	-0.00159
	(-1.56)	(-2.59)	(-1.18)
czh	0.00104	-0.00430***	-0.00122
	(1.13)	(-4.25)	(-1.17)
czs	-0.0894***	-0.0931***	-0.0950***
	(-8.36)	(-4.81)	(-8.97)
gyz	-0.000139	-0.000909	-0.000165
	(-0.71)	(-1.85)	(-0.87)
rk	0.0359	-0.143***	0.0399*
	(1.92)	(-4.95)	(2.16)
空间特征			
rho	0.963***	0.0998	0.964***
	(202.53)	(1.32)	(207.44)
方差			
lgt_theta	-2.258***		
	(-13.18)		
sigma2_e	0.000323***	0.00100***	0.000308***
	(21.03)	(21.90)	(21.51)

续表

变量	both	time	ind
N	960	960	960

Likelihood-ratio test(Assumption:ind nested in both):	
LR chi2(16) = 239. 75	Prob>chi2 = 0. 0000
Likelihood-ratio test(Assumption:time nested in both):	
LR chi2(16) = 1169. 78	Prob>chi2 = 0. 0000

注：*、**、*** 分别表示在 10%、5%、1% 的水平下显著，括号内为各统计量的 t 值。

　　房价波动对省域金融稳定 0-1 矩阵的空间影响还可以细分为直接效应与间接效应。如表 9.10 所示，在房价波动对省域金融稳定的双固定效应中，房价波动率对本省金融稳定指数直接影响效应的系数为负数且显著性较高，说明房价波动在 0-1 矩阵的作用下会使本省的金融稳定指数降低，即房价波动会增加本省的金融风险。房价波动率对本省金融稳定指数间接影响效应的系数为负数但不显著，说明房价波动在 0-1 矩阵的作用下不会显著降低直接相邻省域的金融稳定指数，即房价波动并不会增加直接相邻省域的金融风险。房价波动率对本省金融稳定指数总影响效应的系数为负数且显著，说明直接相邻省份的金融稳定指数的提升在 0-1 矩阵的作用下会降低本省金融稳定指数，即直接相邻省域的金融稳定程度提高会对本省的金融稳定程度起到一定负向作用。

表 9.10　房价波动对省域金融稳定影响的 0-1 矩阵空间效应及其分解

变量	both	time	ind
直接效应			
rh	-0.0548 ***	-0.0506 ***	-0.0373 **
	(-4.31)	(-11.79)	(-2.54)
cpi	-0.00493 ***	0.00226	-0.00583 ***
	(-3.61)	(1.19)	(-4.34)
czh	0.00239 ***	-0.000842 ***	0.00475 ***
	(2.92)	(-3.89)	(4.92)

续表

变量	both	time	ind
czs	-0.0316 **	0.0464 ***	-0.0278 *
	(-2.12)	(12.29)	(-1.86)
gyz	0.0000265	-0.000208	-0.0000501
	(0.11)	(-1.22)	(-0.23)
rk	-0.0419 **	0.0235 ***	-0.0325 *
	(-2.11)	(3.27)	(-1.60)
间接效应			
rh	-0.421	0.0987 ***	-0.370
	(-1.42)	(4.26)	(-1.16)
cpi	-0.0941 ***	-0.0169 ***	-0.100 ***
	(-4.08)	(-2.67)	(-4.48)
czh	0.0459 **	-0.00480 ***	0.0461 **
	(2.49)	(-4.33)	(2.22)
czs	-1.672 ***	-0.0986 ***	-1.703 ***
	(-4.28)	(-4.24)	(-4.32)
gyz	-0.00132	-0.00104 *	-0.00309
	(-0.24)	(-1.96)	(-0.62)
rk	-0.0723	-0.155 ***	0.147
	(-0.14)	(-4.37)	(0.29)
总效应			
rh	-0.475 *	0.0481 **	-0.407
	(-1.95)	(1.99)	(-1.23)
cpi	-0.0990 ***	-0.0146 **	-0.106 ***
	(-4.15)	(-2.23)	(-4.58)
czh	0.0483 **	-0.00565 ***	0.0509 **
	(2.53)	(-5.03)	(2.37)
czs	-1.704 ***	-0.0522 **	-1.731 ***
	(-4.20)	(-2.17)	(-4.23)
gyz	-0.00130	-0.00125 **	-0.00314
	(-0.22)	(-2.14)	(-0.60)
rk	-0.114	-0.131 ***	0.114
	(-0.22)	(-3.61)	(0.22)
N	960	960	960

注：＊、＊＊、＊＊＊分别表示在10%、5%、1%的水平下显著，括号内为各统计量的t值。

为了避免重复性表述与节约篇幅，本书在研究房价波动对省域金融稳定的地理距离、对称经济距离、非对称经济距离、对称社融距离、非对称社融距离空间效应时，已将相关变量的莫兰指数度量、空间模型选择、固定效应模型选择的结果在书外备好以供查阅，而在接下来的正文中，将重点阐述房价波动对省域金融稳定影响的地理距离、对称经济距离、非对称经济距离、对称社融距离、非对称社融距离空间效应。

（二）房价波动对省域金融稳定的地理距离空间效应检验与测度研究

房价波动对省域金融稳定地理距离矩阵的空间影响还可以细分为直接效应与间接效应。如表 9.11 所示，在房价波动对省域金融稳定的双固定效应、时间固定效应、个体固定效应中，房价波动率对本省金融稳定指数直接影响效应的系数为负数且显著性较高，说明房价波动在地理距离矩阵的作用下会降低本省的金融稳定指数，即房价波动会增加本省的金融风险。在控制了时间固定效应后，房价波动率对本省金融稳定指数间接影响效应的系数为正数且显著性较高，说明房价波动在地理距离矩阵的作用下会提高地理距离相邻省域的金融稳定指数，即本地区房价的波动在地理距离上会间接影响相邻区域的金融稳定。在双固定效应下，房价波动率对本省金融稳定指数总影响效应的系数为负且有一定的显著性，说明地理距离相邻省域金融稳定指数的提升在地理距离矩阵的作用下会降低本省的金融稳定指数，即地理距离相邻省域的金融稳定程度提升会对本省的金融稳定程度起到一定负向作用。

表 9.11 房价波动对省域金融稳定影响的地理距离矩阵空间效应及其分解

变量	both	time	ind
直接效应			
rh	-0.0555^{***}	-0.0512^{***}	-0.0381^{**}
	(-4.21)	(-11.70)	(-2.52)
cpi	-0.00509^{***}	0.00214	-0.00603^{***}
	(-3.74)	(1.11)	(-4.50)
czh	0.00271^{***}	-0.000836^{***}	0.00517^{***}
	(3.13)	(-3.78)	(5.15)

续表

变量	both	time	ind
czs	-0.0275	0.0495 ***	-0.0226
	(-1.81)	(12.74)	(-1.50)
gyz	-0.000111	-0.000238	-0.000188
	(-0.43)	(-1.36)	(-0.79)
rk	-0.0365	0.0271 ***	-0.0267
	(-1.81)	(3.72)	(-1.30)
间接效应			
rh	-0.508	0.0896 ***	-0.458
	(-1.62)	(3.98)	(-1.37)
cpi	-0.0974 ***	-0.0165 ***	-0.103 ***
	(-4.09)	(-2.71)	(-4.48)
czh	0.0537 ***	-0.00450 ***	0.0540 **
	(2.71)	(-4.18)	(2.43)
czs	-1.610 ***	-0.0861 ***	-1.632 ***
	(-4.06)	(-3.85)	(-4.10)
gyz	-0.00491	-0.00114 **	-0.00666
	(-0.80)	(-2.05)	(-1.21)
rk	0.0572	-0.135 ***	0.284
	(0.11)	(-3.97)	(0.55)
总效应			
rh	-0.564 *	0.0384	-0.496
	(-1.94)	(1.63)	(-1.43)
cpi	-0.103 ***	-0.0143 **	-0.109 ***
	(-4.16)	(-2.28)	(-4.58)
czh	0.0564 ***	-0.00534 ***	0.0592 ***
	(2.75)	(-4.91)	(2.57)
czs	-1.637 ***	-0.0366	-1.655 ***
	(-3.98)	(-1.58)	(-4.01)
gyz	-0.00502	-0.00138 **	-0.00685
	(-0.79)	(-2.26)	(-1.20)
rk	0.0207	-0.108 ***	0.257
	(0.04)	(-3.09)	(0.48)
N	960	960	960

注：*、**、***分别表示在10%、5%、1%的水平下显著，括号内为各统计量的 t 值。

（三）房价波动对省域金融稳定的对称经济距离空间效应检验与测度研究

房价波动对省域金融稳定对称经济距离矩阵的空间影响还可以细分为直接效应与间接效应。如表 9.12 所示，在房价波动对省域金融稳定的双固定效应中，房价波动率对本省金融稳定指数直接影响效应的系数为负数且显著性较高，说明房价波动在对称经济距离矩阵的作用下会降低本省的金融稳定指数，即房价波动会增加本省的金融风险。房价波动率对本省金融稳定指数间接影响效应的系数为负数且显著性较高，说明房价波动在对称经济距离矩阵的作用下会使对称经济距离相邻省域的金融稳定指数显著降低，即使相邻省份的金融风险水平提高。

表 9.12　房价波动对省域金融稳定影响的对称经济距离矩阵空间效应及其分解

变量	both	time	ind
直接效应			
rh	-0.0495^{***}	-0.0517^{***}	-0.0314^{*}
	(-3.49)	(-11.49)	(-1.94)
cpi	-0.00553^{***}	0.00202	-0.00648^{***}
	(-4.01)	(1.04)	(-4.81)
czh	0.00253^{***}	-0.000837^{***}	0.00495^{***}
	(2.78)	(-3.70)	(4.77)
czs	-0.0210	0.0522^{***}	-0.0160
	(-1.38)	(13.08)	(-1.07)
gyz	-0.000116	-0.000291^{*}	-0.000205
	(-0.44)	(-1.62)	(-0.84)
rk	-0.0308	0.0303^{***}	-0.0206
	(-1.50)	(4.10)	(-0.97)
间接效应			
rh	-0.412^{**}	0.0805^{***}	-0.341
	(-2.21)	(3.64)	(-0.94)
cpi	-0.0964^{***}	-0.0161^{***}	-0.103^{***}
	(-3.89)	(-2.73)	(-4.33)
czh	0.0479^{**}	-0.00417^{***}	0.0469^{**}
	(2.27)	(-3.94)	(1.98)

续表

变量	both	time	ind
czs	−1.457 ***	−0.0758 ***	−1.480 ***
	(−3.69)	(−3.51)	(−3.75)
gyz	−0.00678	−0.00110 **	−0.00882
	(−1.07)	(−2.02)	(−1.55)
rk	0.246	−0.118 ***	0.482
	(0.47)	(−3.61)	(0.90)
总效应			
rh	−0.462	0.0289	−0.372
	(−1.31)	(1.25)	(−0.98)
cpi	−0.102 ***	−0.0141 **	−0.110 ***
	(−3.97)	(−2.32)	(−4.44)
czh	0.0504 **	−0.00500 ***	0.0519 **
	(2.31)	(−4.71)	(2.12)
czs	−1.478 ***	−0.0236	−1.496 ***
	(−3.61)	(−1.06)	(−3.66)
gyz	−0.00690	−0.00139 **	−0.00903
	(−1.05)	(−2.35)	(−1.52)
rk	0.215	−0.0875 ***	0.462
	(0.40)	(−2.62)	(0.83)
N	960	960	960

注：* 、** 、*** 分别表示在10%、5%、1%的水平下显著，括号内为各统计量的 t 值。

（四）房价波动对省域金融稳定的非对称经济距离空间效应检验与测度研究

房价波动对省域金融稳定非对称经济距离矩阵的空间影响还可以细分为直接效应与间接效应。如表9.13所示，在房价波动对省域金融稳定的双固定效应中，房价波动率对本省金融稳定指数直接影响效应的系数为负数且显著性较高，说明房价波动在非对称经济距离矩阵的作用下会降低本省的金融稳定指数，即房价波动会增加本省的金融风险。在考虑时间固定效应后，房价波动率对本省金融稳定指数间接影响效应的系数为正数且显著性较高，说明房价波动会提高非对称经济距离相邻省域的金融稳定性。房价波动率对本省金融稳定指数总影响效应的系数为负数且不显著，无法说明非对称经济距离相邻省域金融稳定指数的提升在非对称经济距离矩阵的作用下会降低本省的金融稳定指数。

表 9.13 房价波动对省域金融稳定影响的非对称经济距离矩阵空间效应及其分解

变量	both	time	ind
直接效应			
rh	−0.0520***	−0.0516***	−0.0346**
	(−3.50)	(−11.11)	(−2.03)
cpi	−0.00464***	0.00224	−0.00559***
	(−3.37)	(1.14)	(−4.16)
czh	0.00266***	−0.000852***	0.00492***
	(2.86)	(−3.66)	(4.65)
czs	−0.0126	0.0548***	−0.00837
	(−0.84)	(13.31)	(−0.56)
gyz	0.00000577	−0.000296*	−0.0000792
	(0.02)	(−1.61)	(−0.33)
rk	−0.0308	0.0329***	−0.0215
	(−1.51)	(4.39)	(−1.02)
间接效应			
rh	−0.564	0.0712***	−0.496
	(−1.57)	(3.24)	(−1.28)
cpi	−0.0835***	−0.0155***	−0.0910***
	(−3.38)	(−2.70)	(−3.79)
czh	0.0546**	−0.00384***	0.0536**
	(2.50)	(−3.66)	(2.18)
czs	−1.200***	−0.0669***	−1.237***
	(−3.10)	(−3.14)	(−3.16)
gyz	−0.00665	−0.000997*	−0.00869
	(−1.07)	(−1.84)	(−1.53)
rk	0.286	−0.104***	0.505
	(0.56)	(−3.28)	(0.95)

续表

变量	both	time	ind
总效应			
rh	−0.616	0.0196	−0.530
	(−1.66)	(0.86)	(−1.32)
cpi	−0.0881***	−0.0132**	−0.0966***
	(−3.44)	(−2.26)	(−3.88)
czh	0.0573**	−0.00469***	0.0586**
	(2.53)	(−4.46)	(2.30)
czs	−1.213***	−0.0121	−1.246***
	(−3.02)	(−0.55)	(−3.07)
gyz	−0.00665	−0.00129**	−0.00877
	(−1.03)	(−2.21)	(−1.49)
rk	0.255	−0.0709**	0.483
	(0.48)	(−2.20)	(0.88)
N	960	960	960

注：*、**、***分别表示在10%、5%、1%的水平下显著，括号内为各统计量的 t 值。

（五）房价波动对省域金融稳定的对称社融距离空间效应检验与测度研究

房价波动对省域金融稳定对称社融距离矩阵的空间影响还可以细分为直接效应与间接效应。如表9.14所示，在房价波动对省域金融稳定的双固定效应和时间固定效应中，房价波动率对本省金融稳定指数直接影响效应的系数为负数且显著性较高，说明房价波动在对称社融距离矩阵的作用下会降低本省的金融稳定指数，即房价波动会增加本省的金融风险。考虑时间固定效应后，房价波动率对本省金融稳定指数间接影响效应的系数为正数且显著性较高，说明房价波动在对称社融距离矩阵的作用下会使对称社融距离相邻省域的金融稳定指数提高，即房价波动会降低对称社融距离相邻省域的金融风险。这可能是因为本省房地产市场发展拉动了相应的产业发展，从而对对称社融距离相邻省域的经济与金融发展起到了支撑作用。房价波动率对本省金融稳定指数总影响效应的参数估计结果存在较大偏差，且不显著，说明对称社融距离相邻省域金融稳定指数的提高在对称社融距离矩阵的作用下对本省金融稳定的影响还需要进一步判断。

表 9.14　房价波动对省域金融稳定影响的对称社融距离矩阵空间效应及其分解

变量	both	time	ind
直接效应			
rh	−0.0471***	−0.0508***	−0.0300
	(−2.77)	(−10.62)	(−1.53)
cpi	−0.00358***	0.00288	−0.00451***
	(−2.58)	(1.44)	(−3.33)
czh	0.00228**	−0.000903***	0.00434***
	(2.23)	(−3.76)	(3.72)
czs	−0.00997	0.0587***	−0.00699
	(−0.64)	(13.73)	(−0.45)
gyz	0.0000131	−0.000355*	−0.0000647
	(0.05)	(−1.85)	(−0.25)
rk	−0.0266	0.0365***	−0.0176
	(−1.25)	(4.83)	(−0.79)
间接效应			
rh	−0.468	0.0629***	−0.393
	(−1.11)	(2.89)	(−0.85)
cpi	−0.0834***	−0.0132**	−0.0913***
	(−3.25)	(−2.34)	(−3.66)
czh	0.0483*	−0.00360***	0.0471
	(1.92)	(−3.45)	(1.65)
czs	−1.123***	−0.0548***	−1.181***
	(−2.77)	(−2.61)	(−2.87)
gyz	−0.00727	−0.00146**	−0.00910
	(−1.07)	(−2.43)	(−1.46)
rk	0.379	−0.0833***	0.595
	(0.70)	(−2.73)	(1.06)
总效应			
rh	−0.515	0.0120	−0.423
	(−1.17)	(0.53)	(−0.88)

变量	both	time	ind
cpi	−0.0870 ***	−0.0103 *	−0.0958 ***
	(−3.27)	(−1.81)	(−3.71)
czh	0.0506 *	−0.00450 ***	0.0515 *
	(1.95)	(−4.33)	(1.74)
czs	−1.133 ***	0.00389	−1.188 ***
	(−2.69)	(0.18)	(−2.78)
gyz	−0.00726	−0.00181 ***	−0.00917
	(−1.03)	(−2.82)	(−1.42)
rk	0.352	−0.0467	0.577
	(0.63)	(−1.51)	(0.99)
N	960	960	960

注：*、**、*** 分别表示在 10%、5%、1% 的水平下显著，括号内为各统计量的 t 值。

（六）房价波动对省域金融稳定的非对称社融距离空间效应检验与测度研究

房价波动对省域金融稳定非对称社融距离矩阵的空间影响还可以细分为直接效应与间接效应。如表 9.15 所示，在房价波动对省域金融稳定的双固定效应、时间固定效应中，房价波动率对本省金融稳定指数直接影响效应的系数为负数且显著性较高，说明房价波动在非对称社融距离矩阵的作用下会降低本省的金融稳定指数，即房价波动会增加本省的金融风险。在双固定效应下，房价波动率对本省金融稳定指数间接影响效应的系数为负数且显著性较高，说明房价波动在非对称社融距离矩阵的作用下会使非对称社融距离相邻省域的金融稳定指数下降，即房价波动会降低非对称社融距离相邻省域的金融风险。房价波动率对本省金融稳定指数总影响效应的系数为负数且显著性较高，说明非对称社融距离相邻省域金融稳定指数的提升在非对称社融距离矩阵的作用下会降低本省的金融稳定指数，即非对称社融距离相邻省域的金融稳定程度提升会对本省域的金融稳定程度起到一定负向作用。

表 9.15　房价波动对省域金融稳定影响的非对称社融距离矩阵空间效应及其分解

变量	both	time	ind
直接效应			
rh	-0.0438**	-0.0496***	-0.0267
	(-2.43)	(-10.10)	(-1.28)
cpi	-0.00302**	0.00364*	-0.00394***
	(-2.18)	(1.81)	(-2.91)
czh	0.00221**	-0.000993***	0.00407***
	(2.05)	(-4.04)	(3.34)
czs	-0.0139	0.0650***	-0.0117
	(-0.74)	(14.39)	(-0.63)
gyz	-0.00000256	-0.000385**	-0.0000824
	(-0.01)	(-2.00)	(-0.31)
rk	-0.0268	0.0416***	-0.0184
	(-1.19)	(5.43)	(-0.79)
间接效应			
rh	-0.507**	0.0488**	-0.410
	(-2.11)	(2.31)	(-0.82)
cpi	-0.0890***	-0.00999*	-0.0976***
	(-3.25)	(-1.85)	(-3.66)
czh	0.0500	-0.00302***	0.0475
	(1.84)	(-2.98)	(1.54)
czs	-1.298**	-0.0515**	-1.374***
	(-2.64)	(-2.42)	(-2.76)
gyz	-0.00822	-0.00150**	-0.0101
	(-1.16)	(-2.60)	(-1.55)
rk	0.319	-0.0698**	0.522
	(0.55)	(-2.36)	(0.87)
总效应			
rh	-0.551**	-0.000811	-0.437
	(-2.16)	(-0.04)	(-0.84)
cpi	-0.0920***	-0.00636	-0.102***
	(-3.24)	(-1.17)	(-3.67)
czh	0.0522*	-0.00401***	0.0515
	(1.86)	(-3.98)	(1.62)

变量	both	time	ind
czs	−1.312**	0.0135	−1.386***
	(−2.57)	(0.62)	(−2.69)
gyz	−0.00823	−0.00189***	−0.0102
	(−1.12)	(−3.07)	(−1.50)
rk	0.292	−0.0283	0.503
	(0.49)	(−0.94)	(0.81)
N	960	960	960

注：*、**、*** 分别表示在 10%、5%、1% 的水平下显著，括号内为各统计量的 t 值。

二　地价波动对省域金融稳定空间效应检验与分析

由于不同的空间关系可能也会对地价波动与金融稳定之间的关系产生不同的影响，所以本章在回归中加入不同的空间矩阵，以空间视角来观察地价波动对本地区与周边地区金融稳定的影响。首先应从总体上查看各种空间关系是否存在于地价波动与金融稳定之间，空间关系是否存在应该使用总体莫兰指数来检验。根据空间矩阵作用于不同变量的区别，空间矩阵模型包括空间误差模型（SEM）、空间自相关模型（SAR）与空间杜宾模型（SDM）三种模型，在最优模型的选择上需要进行 LR 与 Wald 检验。同时，在固定效应模型的选择上，也需要通过 LR 检验来判断选择何种固定效应模型可以使回归的整体拟合程度最高。

（一）地价波动对省域金融稳定的 0-1 空间效应检验与测度研究

从表 9.16 看，莫兰指数（I）在所有时间段中的 p 值均小于 0.1，这表明地价波动率在 0-1 矩阵中存在显著的空间相关关系。

表 9.16　地价波动 0-1 矩阵莫兰指数

时间	I	E(I)	SD(I)	z 值	p 值
2015 年第一季度	0.1869	−0.0345	0.0631	3.5055	0.0005
2015 年第二季度	0.1884	−0.0345	0.0631	3.5315	0.0004
2015 年第三季度	0.1899	−0.0345	0.0631	3.5574	0.0004

续表

时间	I	$E(I)$	$SD(I)$	z 值	p 值
2015 年第四季度	0.1914	−0.0345	0.0630	3.5834	0.0003
2016 年第一季度	0.3375	−0.0345	0.0637	5.8418	0.0000
2016 年第二季度	0.3385	−0.0345	0.0636	5.8626	0.0000
2016 年第三季度	0.3396	−0.0345	0.0636	5.8833	0.0000
2016 年第四季度	0.3406	−0.0345	0.0635	5.9041	0.0000
2017 年第一季度	0.2987	−0.0345	0.0645	5.1662	0.0000
2017 年第二季度	0.2991	−0.0345	0.0644	5.1765	0.0000
2017 年第三季度	0.2996	−0.0345	0.0644	5.1865	0.0000
2017 年第四季度	0.3000	−0.0345	0.0644	5.1964	0.0000
2018 年第一季度	0.2920	−0.0345	0.0643	5.0742	0.0000
2018 年第二季度	0.2928	−0.0345	0.0643	5.0885	0.0000
2018 年第三季度	0.2935	−0.0345	0.0643	5.1028	0.0000
2018 年第四季度	0.2943	−0.0345	0.0643	5.1169	0.0000
2019 年第一季度	0.3186	−0.0345	0.0625	5.6529	0.0000
2019 年第二季度	0.3195	−0.0345	0.0624	5.6732	0.0000
2019 年第三季度	0.3204	−0.0345	0.0623	5.6934	0.0000
2019 年第四季度	0.3213	−0.0345	0.0623	5.7135	0.0000
2020 年第一季度	0.1685	−0.0345	0.0623	3.2580	0.0011
2020 年第二季度	0.1681	−0.0345	0.0622	3.2547	0.0011
2020 年第三季度	0.1677	−0.0345	0.0622	3.2513	0.0011
2020 年第四季度	0.1673	−0.0345	0.0621	3.2476	0.0012
2021 年第一季度	0.2087	−0.0345	0.0651	3.7344	0.0002
2021 年第二季度	0.2094	−0.0345	0.0651	3.7445	0.0002
2021 年第三季度	0.2101	−0.0345	0.0651	3.7546	0.0002
2021 年第四季度	0.2108	−0.0345	0.0651	3.7647	0.0002
2022 年第一季度	0.3288	−0.0345	0.0651	5.5780	0.0000
2022 年第二季度	0.3294	−0.0345	0.0651	5.5886	0.0000
2022 年第三季度	0.3301	−0.0345	0.0651	5.5992	0.0000
2022 年第四季度	0.3307	−0.0345	0.0651	5.6098	0.0000

从表 9.17 看，在样本区间内，判断 SDM 模型是否与 SAR 模型、SEM 模型有区别的 Likelihood-ratio 检验结果表明，SDM 模型与 SAR 模型、SEM 模型有显著的区别，即地价波动对省域金融稳定影响的 0-1 矩阵 SDM 模型不能退化为 SAR 模型或 SEM 模型，应选择 SDM 模型进行回归分析。Wald 检验的检验结果同样支持了这一结论，即地价波动对省域金融稳定影响的 0-1 矩阵模型应选择 SDM 模型而不是 SAR 模型或 SEM 模型。从地价波动率系数及其显著性来看，SDM 模型、SAR 模型与 SEM 模型中，地价波动对省域金融稳定有着相近的影响系数且均显著，这说明地价波动对省域金融稳定有着显著的空间影响且这种影响较为稳健。

表 9.17　地价波动对省域金融稳定影响的 0-1 矩阵空间模型选择

变量	SDM	SAR	SEM
主要效应			
rl	−0.00298 **	−0.00274 *	−0.00371 **
	(−1.91)	(−1.74)	(−2.42)
cpi	−0.00176	−0.000797	−0.00150
	(−1.50)	(−1.19)	(−1.25)
czh	0.00101	−0.000830 ***	0.000721
	(1.37)	(−3.32)	(0.90)
czs	0.0256 ***	0.0150 ***	0.0284 ***
	(6.27)	(3.94)	(6.75)
gyz	0.0000386	0.0000799	0.000105
	(0.39)	(0.79)	(1.07)
rk	−0.0372 ***	−0.0410 ***	−0.0438 ***
	(−6.30)	(−6.85)	(−7.46)
空间自回归项			
rl	0.00102		
	(0.35)		
cpi	−0.00238 *		
	(−1.72)		

续表

变量	SDM	SAR	SEM
czh	0.000239		
	(0.27)		
czs	−0.0932 ***		
	(−8.35)		
gyz	−0.000253		
	(−1.32)		
rk	0.0377 **		
	(2.00)		
空间特征			
rho	0.964 ***	0.958 ***	
	(204.14)	(187.02)	
lambda			0.963 ***
			(207.84)
方差			
lgt_theta	−2.561 ***	−2.242 ***	
	(−13.48)	(−15.19)	
sigma2_e	0.000325 ***	0.000371 ***	0.000344 ***
	(20.89)	(21.19)	(20.79)
ln_phi			1.868 ***
			(4.71)
N	960	960	960

Likelihood-ratio test(Assumption：SAR nested in SDM)：	
LR chi2(6) = 98.89	Prob>chi2 = 0.0000
Likelihood-ratio test(Assumption：SEM nested in SDM)：	
LR chi2(6) = 50.05	Prob>chi2 = 0.0000
Wald test for SAR：	
chi2(6) = 103.95	Prob>chi2 = 0.0000
Wald test for SEM：	
chi2(6) = 49.78	Prob>chi2 = 0.0000

注：* 、** 、*** 分别表示在 10%、5%、1%的水平下显著，括号内为各统计量的 t 值。

从表 9.18 看，在样本区间内，判断双固定效应模型是否与时间固定效应模型、个体固定效应模型有区别的 Likelihood-ratio 检验结果显示，双固定效应模型与时间固定效应模型有区别且区别明显，双固定效应模型与个体固定效应模型有区别但区别不大，结合 rho 系数的显著性判断，地价波动对省域金融稳定影响的 0-1 矩阵模型选择双固定效应模型最佳。从表 9.18 看，地价波动对所在省域金融稳定指数 0-1 矩阵的主要影响系数是负数，这说明地价的波动会降低所在省域的金融稳定指数，即增加所在省域的金融风险，这与前面的理论分析也是一致的。

表 9.18　地价波动对省域金融稳定影响的 0-1 矩阵固定效应选择

变量	both	time	ind
主要效应			
rl	−0.00298*	−0.0242***	−0.00210
	(−1.91)	(−15.18)	(−1.38)
cpi	−0.00176	0.00122	−0.00241**
	(−1.50)	(0.64)	(−2.10)
czh	0.00101	−0.00105***	0.00348***
	(1.37)	(−5.91)	(4.79)
czs	0.0256***	0.0377***	0.0321***
	(6.27)	(9.34)	(7.92)
gyz	0.0000386	−0.000109	0.0000337
	(0.39)	(−0.64)	(0.35)
rk	−0.0372***	0.00945	−0.0363***
	(−6.30)	(1.31)	(−6.25)
空间自回归项			
rl	0.00102	0.0286***	0.000697
	(0.35)	(5.69)	(0.25)
cpi	−0.00238*	−0.0131**	−0.00171
	(−1.72)	(−2.30)	(−1.26)
czh	0.000239	−0.00194***	−0.00220**
	(0.27)	(−2.67)	(−2.53)
czs	−0.0932***	−0.0830***	−0.0980***
	(−8.35)	(−4.21)	(−8.96)
gyz	−0.000253	−0.000855*	−0.000247
	(−1.32)	(−1.79)	(−1.32)

续表

变量	both	time	ind
rk	0.0377**	−0.0683**	0.0408**
	(2.00)	(−2.62)	(2.20)
空间特征			
rho	0.964***	0.161**	0.964***
	(204.14)	(2.19)	(208.61)
方差			
lgt_theta	−2.561***		
	(−13.48)		
sigma2_e	0.000325***	0.000948***	0.000311***
	(20.89)	(21.88)	(21.51)
N	960	960	960

Likelihood-ratio test(Assumption:ind nested in both)：

LR chi2(20) = 243.28　　　　　　Prob>chi2 = 0.0000

Likelihood-ratio test(Assumption:time nested in both)：

LR chi2(20) = 1112.28　　　　　　Prob>chi2 = 0.0000

注：*、**、*** 分别表示在10%、5%、1%的水平下显著，括号内为各统计量的 t 值。

地价波动对省域金融稳定 0-1 矩阵的空间影响还可以细分为直接效应与间接效应。如表9.19所示，在地价波动对省域金融稳定的双固定效应中，地价波动率对本省金融稳定指数直接影响效应的系数为负数且显著性较高，说明地价波动在 0-1 矩阵的作用下会降低本省的金融稳定指数，即地价波动会增加本省的金融风险。地价波动率对本省金融稳定指数间接影响效应的系数为正数且显著性较高，说明地价波动在 0-1 矩阵的作用下会提升直接相邻省域的金融稳定指数，即地价波动会使直接相邻省域的金融风险增加。地价波动率对本省金融稳定指数总影响效应的系数为正数但不显著，无法说明直接相邻省域金融稳定指数的提升在 0-1 矩阵的作用下会提升本省的金融稳定指数。

表 9.19　地价波动对省域金融稳定影响的 0-1 矩阵空间效应及其分解

变量	直接效应	间接效应	总效应
rl	−0.0238 ***	0.0291 ***	0.00535
	(−14.59)	(4.68)	(0.82)
cpi	0.000946	−0.0156 **	−0.0146 **
	(0.51)	(−2.35)	(−2.12)
czh	−0.00107 ***	−0.00244 ***	−0.00352 ***
	(−6.06)	(−3.04)	(−4.35)
czs	0.0363 ***	−0.0918 ***	−0.0555 **
	(9.49)	(−3.64)	(−2.12)
gyz	−0.000120	−0.0010 **	−0.00116 *
	(−0.72)	(−1.88)	(−1.91)
rk	0.00862	−0.0782 **	−0.0696 **
	(1.23)	(−2.42)	(−2.13)
N	960	960	960

注：*、**、*** 分别表示在 10%、5%、1% 的水平下显著，括号内为各统计量的 t 值。

为了避免重复性表述与节约篇幅，本书在研究地价波动对省域金融稳定的地理距离、对称经济距离、非对称经济距离、对称社融距离、非对称社融距离空间效应时，已将相关变量的莫兰指数度量、空间模型选择、固定效应模型选择的结果在书外备好以供查阅，而在接下来的正文中，将重点阐述地价波动对省域金融稳定影响的地理距离、对称经济距离、非对称经济距离、对称社融距离、非对称社融距离空间效应。

（二）地价波动对省域金融稳定的地理距离空间效应检验与测度研究

地价波动对省域金融稳定地理距离矩阵的空间影响还可以细分为直接效应与间接效应。如表 9.20 所示，在地价波动对省域金融稳定的双固定效应中，地价波动率对本省金融稳定指数直接影响效应的系数为负数且显著性较高，说明地价波动在地理距离矩阵的作用下会降低本省的金融稳定指数，即地价波动会增加本省的金融风险。地价波动率对本省金融稳定指数间接影响效应的系数为正数且显著性较高，说明地价波动在地理距离矩阵的作用下会提高地理距离相邻省域的金融稳定指数。地价波动率对本省金融稳定指数总影响效应的系数为正数且显著性较高，说明地理距离相邻省域金融稳定指数的提升在地理距离矩阵的作用下会提升本省的金融稳定指数，即地理距离相邻省域的金融稳定程度提高会对本省的金融稳定程度起到正向作用。

表 9.20　地价波动对省域金融稳定影响的地理距离矩阵空间效应及其分解

变量	直接效应	间接效应	总效应
rl	-0.0243 ***	0.0268 ***	0.00242 **
	(-14.68)	(4.44)	(2.38)
cpi	0.000948	-0.0151 **	-0.0141 ***
	(0.51)	(-2.40)	(-2.16)
czh	-0.00104 ***	-0.00233 ***	-0.00337 ***
	(-5.76)	(-2.99)	(-4.30)
czs	0.0384 ***	-0.0797 ***	-0.0413
	(9.77)	(-3.29)	(-1.64)
gyz	-0.000142	-0.00106	-0.00120 *
	(-0.83)	(-1.86)	(-1.92)
rk	0.0111	-0.0619 **	-0.0508
	(1.58)	(-2.00)	(-1.63)
N	960	960	960

注：* 、** 、*** 分别表示在 10%、5%、1% 的水平下显著，括号内为各统计量的 t 值。

（三）地价波动对省域金融稳定的对称经济距离空间效应检验与测度研究

　　地价波动对省域金融稳定对称经济距离矩阵的空间影响还可以细分为直接效应与间接效应。如表 9.21 所示，在地价波动对省域金融稳定的双固定效应中，地价波动率对本省金融稳定指数直接影响效应的系数为负数且显著性较高，说明地价波动在对称经济距离矩阵的作用下会降低本省的金融稳定指数，即地价波动会增加本省的金融风险。地价波动率对本省金融稳定指数间接影响效应的系数为正数且显著性较高，说明地价波动在对称经济距离矩阵的作用下会提高对称经济距离相邻省域的金融稳定指数，即地价波动会降低对称经济距离相邻省域的金融风险。地价波动率对本省金融稳定指数总影响效应的系数为负数但不显著，无法有效证明对称经济距离相邻省域金融稳定指数的提高在对称经济距离矩阵的作用下会降低本省的金融稳定指数，即无法证明对称经济距离相邻省域的金融稳定程度提高会对本省的金融稳定程度起到负向作用。

表 9.21　地价波动对省域金融稳定影响的对称经济距离矩阵空间效应及其分解

变量	直接效应	间接效应	总效应
rl	-0.0248 ***	0.0243 ***	-0.000449
	(-14.61)	(4.08)	(-0.07)
cpi	0.000812	-0.0144 **	-0.0136 **
	(0.43)	(-2.39)	(-2.18)
czh	-0.00103 ***	-0.00220 ***	-0.00323 ***
	(-5.64)	(-2.86)	(-4.18)
czs	0.0410 ***	-0.0703 ***	-0.0294
	(10.18)	(-2.99)	(-1.21)
gyz	-0.000190	-0.00103 *	-0.00122 **
	(-1.09)	(-1.88)	(-2.03)
rk	0.0144 **	-0.0497 *	-0.0353
	(2.01)	(-1.68)	(-1.20)
N	960	960	960

注：* 、** 、*** 分别表示在 10%、5%、1%的水平下显著，括号内为各统计量的 t 值。

（四）地价波动对省域金融稳定的非对称经济距离空间效应检验与测度研究

地价波动对省域金融稳定非对称经济距离矩阵的空间影响还可以细分为直接效应与间接效应。如表 9.22 所示，在地价波动对省域金融稳定的双固定效应中，地价波动率对本省金融稳定指数直接影响效应的系数为负数且显著性较高，说明地价波动在非对称经济距离矩阵的作用下会降低本省的金融稳定指数，即地价波动会增加本省的金融风险。地价波动率对本省金融稳定指数间接影响效应的系数为正数且显著性较高，说明地价波动在非对称经济距离矩阵的作用下会显著提高非对称经济距离相邻省域的金融稳定指数，即地价波动会降低非对称经济距离相邻省域的金融风险。地价波动率对本省金融稳定指数总影响效应的系数为负数且不显著，无法说明非对称经济距离相

邻省域金融稳定指数的提高在非对称经济距离矩阵的作用下会降低影响本省
的金融稳定指数。

表 9.22　地价波动对省域金融稳定影响的非对称经济距离矩阵空间效应及其分解

变量	直接效应	间接效应	总效应
rl	−0.0256***	0.0228***	−0.00285
	(−14.83)	(3.96)	(−0.47)
cpi	0.00124	−0.0140**	−0.0128**
	(0.66)	(−2.43)	(−2.14)
czh	−0.000976***	−0.00210****	−0.00308***
	(−5.25)	(−2.82)	(−4.13)
czs	0.0433***	−0.0678***	−0.0246
	(10.52)	(−2.93)	(−1.03)
gyz	−0.000156	−0.000874	−0.00103*
	(−0.88)	(−1.62)	(−1.76)
rk	0.0161**	−0.0456	−0.0295
	(2.25)	(−1.58)	(−1.03)
N	960	960	960

注：* 、** 、*** 分别表示在 10%、5%、1%的水平下显著，括号内为各统计量的 t 值。

（五）地价波动对省域金融稳定的对称社融距离空间效应检验与测度研究

地价波动对省域金融稳定对称社融距离矩阵的空间影响还可以细分为直接效应与间接效应。如表 9.23 所示，在地价波动对省域金融稳定的双固定效应中，地价波动率对本省金融稳定指数直接影响效应的系数为负数且显著性较高，说明地价波动在对称社融距离矩阵的作用下会降低本省的金融稳定指数，即地价波动会增加本省的金融风险。地价波动率对本省金融稳定指数间接影响效应的系数为正数且显著性较高，说明地价波动在对称社融距离矩阵的作用下会提高对称社融距离相邻省域的金融稳定指数，即地价波动会降低对称社融距离相邻省域的金融风险。地价波动率对本省金融稳定指数总影响效应的系数为负数且显著性较高，说明对称社融距离相邻省域金融稳定指数的提高在对称社融距离矩阵的作用下会降低本省的金融稳定指数，即对称社融距离相邻省域的金融稳定程度提高会对本省的金融稳定程度起到负向作用。

表 9.23　地价波动对省域金融稳定影响的对称社融距离矩阵空间效应及其分解

变量	直接效应	间接效应	总效应
rl	−0.0267 ***	0.0191 ***	−0.00761 **
	（−14.87）	（3.37）	（−2.27）
cpi	0.00234	−0.0117 **	−0.00939
	（1.24）	（−2.12）	（−1.66）
czh	−0.000924 ***	−0.00183 ***	−0.00276 ***
	（−4.86）	（−2.50）	（−3.77）
czs	0.0464 ***	−0.0648 ***	−0.0185
	（10.93）	（−2.81）	（−0.78）
gyz	−0.000190	−0.00118 **	−0.00137 **
	（−1.04）	（−2.02）	（−2.17）
rk	0.0195 ***	−0.0326	−0.0131
	（2.69）	（−1.17）	（−0.48）
N	960	960	960

注：**、*** 分别表示在 5%、1% 的水平下显著，括号内为各统计量的 t 值。

（六）地价波动对省域金融稳定的非对称社融距离空间效应检验与测度研究

地价波动对省域金融稳定非对称社融距离矩阵的空间系数还可以细分为直接效应与间接效应。如表 9.24 所示，在地价波动对省域金融稳定的双固定效应中，地价波动率对本省金融稳定指数直接影响效应的系数为负数且显著性较高，说明地价波动在非对称社融距离矩阵的作用下会显著降低本省的金融稳定指数，增加本省金融风险。地价波动率对本省金融稳定指数间接影响效应的系数为正数且显著性较高，说明地价波动在非对称社融距离矩阵的作用下会提高非对称社融距离相邻省域的金融稳定指数，即地价波动会降低非对称社融距离相邻省域的金融风险。地价波动率对本省金融稳定指数总影响效应的系数为负数且显著性较高，说明非对称社融距离相邻省域金融稳定指数的提高在非对称社融距离矩阵的作用下会降低本省的金融稳定指数，即非对称社融距离相邻省域的金融稳定程度提高会对本省的金融稳定程度起到负向作用。

表 9.24 地价波动对省域金融稳定影响的非对称社融距离矩阵空间效应及其分解

变量	直接效应	间接效应	总效应
rl	−0.0272***	0.0156***	−0.0117**
	(−14.91)	(2.93)	(−2.09)
cpi	0.00332	−0.00836	−0.00504
	(1.77)	(−1.61)	(−0.96)
czh	−0.000920***	−0.00150**	−0.00242***
	(−4.79)	(−2.17)	(−3.52)
czs	0.0519***	−0.0726***	−0.0206
	(11.69)	(−3.12)	(−0.86)
gyz	−0.000237	−0.00114**	−0.00138**
	(−1.31)	(−2.08)	(−2.34)
rk	0.0235***	−0.0338	−0.0103
	(3.21)	(−1.25)	(−0.38)
N	960	960	960

注：**、***分别表示在 5%、1%的水平下显著，括号内为各统计量的 t 值。

第五节　小结

基于以上房价波动、地价波动影响省域金融稳定的实证分析，可以得出以下结论。

第一，房价波动与地价波动对省域金融稳定具有不可忽视的影响。相对于加入经济层面的控制变量，房价波动对省域金融稳定的影响在社会层面的控制变量加入后更大。这说明，相比于货币发行量与经济发展，社会基本面在房价波动影响金融稳定的过程中起到了越来越显著的作用，所在地区的城镇化程度、常住人口以及居民就业与金融稳定亦有着密切的联系。相对于加入社会层面的控制变量，地价波动对省域金融稳定的影响在经济层面的控制变量加入后变显著。这表明，地价波动与省域金融稳定之间的关系受经济层面控制变量影响显著，仅考虑控制城镇化率、失业率等社会层面控制变量易导致结果失准。

第二，相邻省域金融稳定之间存在空间异质性和空间传染性，因此我国各地区之间的金融风险并非相互独立，而是在地理距离相邻、经济距离相邻、社融距离相邻的情况下具有相互传播的特征，即本地区房价与地价的波动，不仅会加大本地区的金融风险，还可能会增加相邻地区的金融风险。

第三，房价与地价波动对省域金融稳定同时具有对称性与非对称性的影响。在对称性影响层面，即在不同发展程度的经济或社融对等影响的前提下，省域之间的金融稳定呈竞争状态，即相邻省域金融稳定程度的提高会对本省域的金融稳定起到挤压与恶化作用。然而，在非对称性影响层面，即在不同发展程度的经济或社融不对等影响的前提下，经济发展不对等会使得省域之间的金融稳定呈互补状态，而社融不对等则会导致省域之间的金融稳定呈竞争状态。

因此，为了维护省域金融的稳定，本章提出以下政策建议。

首先，地方政府不应盲目追求经济的增长速度，而应该追求经济的高质量发展。盲目追求经济增长速度会提高房价波动对金融风险的影响程度，在发展中会产生并集聚金融风险。我国经济发展已进入新常态，需要在高质量发展经济的同时把金融风险维持在可控的范围内，实现经济的可持续发展与绿色发展，在发展过程中提高经济的抗冲击能力。

其次，基于各省（自治区、直辖市）的房价、地价波动各有地域特点与时间特征，以及所在地区的金融稳定存在空间溢出效应等经验证据，中央政府应该制定既具有全局性又具有地方针对性的措施，严格控制金融风险在相邻地区之间的外溢。同时，中央政府还应该平衡不同地区之间的发展速度，发挥经济发展良好省份对经济发展较差省份的帮带作用，发挥财政转移支付的平滑作用，促进我国不同省域之间经济的良好协同发展与金融发展的良性互动。

最后，在我国宏观金融风险总体可控的前提下，对于突发性、区域性金融风险也应该加以警惕，保持金融产品的穿透式监管以及房价总体调控体系的稳健性，提前建立风险突发应急方案，做好应对突发性、区域性金融风险的充分准备。与此同时，在应对金融风险时，不仅要把目光聚焦在经济与金融因素上，更应该全盘考虑我国经济发展的基本面。在稳定经济层面因素的同时，维持社会层面因素的稳定，如保持较为稳定与适当的失业率，在必要的时候可以出台刺激性的定向财政与货币政策保持社会层面因素的良好发展态势。

| 第十章 |

房地产价格波动对中国区域
金融稳定的影响

——基于面板联立方程模型、空间面板联立方程模型的实证研究

第一节　研究背景

一　现实背景

维护区域金融稳定，意味着要实现对区域金融风险的严格把控。党的二十大报告及 2023 年中央金融工作会议指出，要压实各方责任，防范化解重大金融风险，防止形成区域性金融风险，守住不发生系统性金融风险的底线，以维护国家安全和社会稳定。房价、地价是重要的资产价格，房地产市场风险已成为我国主要的重大金融风险。一方面，在过去的十几年时间里，由于宽松的信贷政策、土地出让的盛行以及居民对未来房价持续上涨的高预期，商品住宅的价格持续走高，远超其基础价值，形成了房价泡沫；另一方面，土地出让及房地产相关税金已经成为地方政府的重要收入来源，较高的土地出让依赖度意味着地方政府收入受地价波动的影响显著，地价的频繁波动会导致地方政府收入具有极大的不确定性，影响地方政府的偿债能力，进而形成地方政府债务风险，并通

过土地抵押融资渠道将风险传导至银行部门，最终对区域金融稳定形成剧烈冲击。

从维护区域金融稳定的重要性来看，较高的区域金融稳定性是防范化解重大金融风险、守住不发生系统性金融风险底线的重要屏障。通过对东部区域、中部区域和西部区域进行横向对比可以发现，各区域的房价泡沫水平、土地出让依赖度均存在较大的差异，这意味着房价、地价波动对区域金融稳定的影响在各个区域可能有所不同，而且前文区域金融稳定指数的构建已经证明了不同区域的金融稳定水平存在差异。因此，针对各区域的特点应进行分区域实证研究，警惕金融风险的跨区域传染，运用局部—整体思维，实现区域金融稳定和宏观金融稳定的有机结合。

尽管近年来随着中央对房地产市场的调控升级和对地方政府土地出让的限制，房价、地价的调控均出现明显效果，但随着经济逐渐复苏，个别区域房地产市场价格调控出现了松动趋势，仍存在一定的房地产价格反弹风险，房地产价格波动对区域金融稳定的影响仍不容忽视。

为明确房地产价格波动是否会对区域金融稳定产生影响，且这一影响是否存在显著的区域异质性和空间效应，本章选取三阶段最小二乘法（3SLS）构建面板联立方程模型，把房价波动、地价波动、金融稳定三者纳入统一的分析框架中，并进一步构建空间面板联立方程模型探究三者的空间效应。相比以往学者的研究，基于空间面板联立方程模型的实证分析不仅更加符合我国房地产市场的实际运行情况，使得实证结果更具有说服力，而且是对相关领域研究的进一步完善和补充。

本章的结构安排如下：第一节为研究背景，包括现实背景与理论背景；第二节运用传统经济、金融学理论及相关学者的研究，分析房价、地价波动对区域金融稳定的影响，并基于此提出本章的研究假说；第三节为模型设定、变量定义及计算处理、数据来源与统计特征；第四节分别运用所构建的面板联立方程模型、空间面板联立方程模型进行实证研究，并对结果进行分析；第五节为小结。

二　理论背景

由于本章的研究内容主要是房价波动、地价波动对区域金融稳定的影响，因此，为了更好地梳理主要变量之间的相关关系、确定研究的方法，本章将从以下几个方面对理论背景展开论述：①房价与地价之间的相互关系；②房价波动影响金融稳定的作用渠道和传导机制；③地价波动影响金融稳定的作用渠道和传导机制；④房价、地价、金融稳定的空间效应。

学术界对房价、地价之间的关系存在明显分歧（Ball et al.，2022）。第一种观点是房价决定地价的"需求拉动论"。这部分学者认为，房价上涨意味着房地产开发商收入的增加，出于增加利润的动机，房地产开发商将使用更多资金购买土地用于后续商品房的开发，从而使得地价上涨。严金海（2006）基于四象限模型、格兰杰因果检验和误差修正模型等分析方法，研究发现短期内房价决定地价，长期内二者相互影响；陈会广和刘忠原（2011）利用 Granger 因果关系检验，发现房价与地价在短期内相互影响，但从长期来看房价水平决定地价水平。上述学者均证明了房价在一定时间内可以决定地价，但存在长短期的差异。第二种观点是地价影响房价的"成本推动论"（Wang and Hou，2021），即上一期地价的升高会推动本期房价的升高（况伟大、李涛，2012）。这部分学者认为土地是房地产开发商最重要的成本之一，土地价格上涨意味着房地产开发商的成本上升，为了保持原有的利润水平，房地产开发商将抬高房价，即地价的上涨通过成本渠道推动房价上涨。第三种观点是房价和地价互为因果，即房价、地价间存在显著的正相关关系（Mou et al.，2017）。

房价波动对金融稳定的影响存在不同的作用渠道和传导机制。从房价上涨的角度来看，房价的快速上涨造成了房地产市场过热，刺激了家庭的购房需求，为满足日益增长的住房需求，居民通常会考虑通过银行贷款获取所需资金，使得家庭部门杠杆率随之升高（周广肃、王雅琦，2019；Anundsen et al.，2016），而家庭部门过高的杠杆率会使得家庭部门的流动性降低，从而对消费产生挤出效应（Yang et al.，2018）；家庭部门的消费减少意味着购买力的下降，企业所生产的产品无法及时售出将危害企业特别是中小微企业的盈利能力（张晓磊等，2019），企业盈利能力的降低意味着企业的偿债能力下降，由于商业银行通常是企业贷款的认购方，这将导致风险通过信贷渠道传导至银行部门，最终形成对金融稳定的负向冲击。但也有部分学者认为，房价上涨对金融稳定的影响并非总是负面的，高波等（2019）认为房价上涨幅度较小时，增加的住房抵押贷款会显著降低银行风险，即房价的小幅上涨有利于金融稳定；张超等（2020）认为房价波动对银行风险的影响存在两个阶段，即初期房价上涨能缓解银行风险、后期房价上涨会增大银行风险，而这更多地取决于银行的信贷质量；贾庆英和高蕊（2020）通过构建面板双门槛模型发现，房价上涨对金融风险的影响存在门槛效应，低杠杆下房价上涨有利于金融稳定，中杠杆下房价上涨促进风险积累，高杠杆下房价上涨增加系统性金融风险。从房价下跌的角度来看，房价下跌的冲击也会促使风险溢出和金融风险增加（郭娜，2019），进一步来看，当房价下跌时，家庭和企业部门持有的房产会贬值，财富会减少，财富的减少意味着相关部门抵御风险能力的降低，且当房价下降幅度过大、商品住房现存价值无法抵扣所需偿还的贷款时，出于维护自身利益的考虑，家庭部门很有可能选择放弃偿还债务，即家庭部门的还款意愿和还款能力会下降，住房抵押贷款违约率会上升，从而使商业银行风险增加（Adelino et al.，2018），进而形成对金融稳定的不利影响。更有学者认为，房价下跌对系统性金融风险的冲击比房价上涨更大（张璇等，2022）。

国内学者普遍认为地价波动对金融稳定的影响主要体现在地方政府债务风险上。由于地方政府普遍存在土地出让依赖度较高的情况，土地出让收入和土地抵押借贷已经成为地方政府的重要资金来源，地价与地方政府收入存在显著正相关关系（梅冬州等，2021）。一方面，随着地价的上涨，地方政府所持有的土地价值增加，地方政府抵押土地所能获取的银行贷款会增加，地方政府债务规模会显著扩张（田新民、夏诗园，2017），地方政府债务风险随之增加，金融稳定状况也随之恶化；同时，地方政府债务扩张具有挤出效应，由于银行的可贷资金通常是有限的，银行提供给政府的土地抵押贷款规模增大，会导致企业可获信贷资源减少，从而推高企业的融资成本，挤出企业投资，并进一步影响企业的盈利能力和还款能力，增加企业的债务风险，这一挤出效应对于高效民营企业尤为显著（余海跃、康书隆，2020）。另一方面，由于企业管理层对于企业未来经营与发展通常存在一定的目标，地方政府挤出企业融资后，企业为保持原有的融资量，会出现操纵杠杆、隐瞒财务信息的动机，而这也会进一步加剧企业未来的债务违约风险（饶品贵等，2022），并通过信贷渠道将风险传导至商业银行，威胁金融稳定。从地价下跌的角度来看，土地出让收入是地方政府重要的收入来源之一，地价下跌意味着地方政府土地出让收入减少，而土地出让收入是地方政府偿还当期土地抵押贷款的主要资金来源，土地出让收入的减少势必会导致地方政府债务风险的增大。同时，商业银行通常是大量地方政府债务的认购方，地方政府收入的减少意味着偿债能力的下降，这就导致了地方政府的债务风险转化为银行的风险，并最终威胁整个金融系统的稳定（毛锐等，2018）。

学术界金融稳定的空间效应的相关研究较少，更多的是对金融风险的空间效应研究。通常来讲，某一区域的金融风险越大意味着这一区域金融运行越不稳定，因此金融稳定的空间效应在一定程度上可由金融风险的空间效应反映出来。各区域金融风险间存在显著的空间关联和传染效应（沈丽等，2019），研究表明，金融风险的跨区域传导可能主要是通过不同行业对不同地区的"模仿行为"或"驱动效应"（Liu et al.，2019）实现的，强财政政策刺激引发的投资过剩和产能过剩也是金融风险空间溢出的一个十分重要的原因，在 2008 年国际金融危机救市计划后尤为显著（王营、曹廷求，2017）。其中，最突出的风险是地方政府债务风险，显露出较强的空间溢出效应（陈守东等，2020）。进一步分析表明，这主要是由于政府借贷引发的居民、企业融资挤出，加剧了居民、企业部门的金融风险（伏润民等，2017）。从房地产价格空间相关性的角度来看，城市住房价格存在显著为正的空间自相关关系（丁如曦、倪鹏飞，2015；Zhang and Fan，2019），这一相关性随着空间距离的增加而减弱，随着时间的推移而增强（张谦等，

2016)；地价之间亦存在显著为正的空间自相关关系，不同层级城市的地价会因核心城市地价变动而产生同向变动的趋势，而产生这一变动趋势的主要原因是要素流动聚集效应与市场联动（黄忠华等，2022）。房地产价格间显著的空间正向关联意味着中国房地产市场风险也会出现空间上的显著正向关联（鞠方等，2018）。

综上所述，房价、地价间存在相互影响关系，房价、地价又会通过不同的作用渠道影响金融稳定，即房价波动、地价波动和金融稳定间存在显著的多重影响，且三者均存在显著的空间效应。因此，将三者纳入统一分析框架进行实证分析能够有效提升参数估计结果的说服力，而这一点在以往的文献中并未体现。考虑到单方面建模可能存在内生性问题，本章将选取面板联立方程模型作为第四节实证分析部分的模型，并选取空间面板联立方程模型进一步对空间效应进行测度。鉴于现阶段中央对于防范化解区域性金融风险的重视，本章将进一步立足区域视角，探究房地产价格波动对区域金融稳定的影响及其区域差异性，在一定程度上对现有研究进行补充与完善，并根据研究结论提出更具区域特色的政策建议。

第二节　理论分析及研究假说

一　房地产价格波动对区域金融稳定的直接影响

（一）房价波动对区域金融稳定的直接影响渠道分析

房地产市场是我国重要的商品市场之一，商品房具备一般商品所不具备的特殊性，这是因为居民持有房产不仅是为了满足日常居住的刚性需求，而且存在持有房产获取增值收益的投资需求。因此，准确、全面地分析房价波动对区域金融稳定影响的传导渠道，需要从金融体系传导渠道和宏观经济传导渠道两个层面进行分析，并将金融体系传导渠道进一步分解为信贷传导机制、流动性传导机制和资产证券化传导机制；将宏观经济传导渠道进一步分解为财富效应传导机制和托宾 Q 值传导机制。

1. 信贷传导机制

商业银行通常是居民住房抵押贷款的主要提供方，房价上涨意味着作为抵押品的商品房价值升高，住房抵押贷款规模因此增大。由于住房抵押贷款是商业银行的风险资产，伴随着房价持续上涨，房地产价格泡沫逐渐变大，势必会导致商业银行所持有的资产风险头寸增加，威胁商业银行业的稳定经营，并对金融风险形成冲击。

而房价下跌意味着住房抵押贷款抵押品价值缩水，当房价下跌到一定程度时，住房抵押贷款的违约成本将小于继续还款成本，此时出于维护自身利益的考量，部分持有贷款的居民可能会选择不继续偿还，道德风险产生，商业银行等持有住房抵押贷款的金融机构产生资产损失，从而不利于金融市场稳定。

2. 流动性传导机制

住房抵押贷款和房地产开发企业贷款通常为中长期贷款，房价上涨引发的信贷扩张会导致住房抵押贷款和房地产开发企业贷款规模增大，且居民存款通常来讲是中短期的，当房价持续上涨引发的信贷扩张达到一定程度时，短存长贷会使银行期限错配问题不断加重，最终影响银行的流动性。

在房价下跌时期，信贷由扩张转化为收缩，房地产相关贷款的违约率在这个时期也会提高，大量的短存长贷和不良贷款使得一旦出现大规模客户提取存款的行为，流动性不足的银行就必须通过低价拍卖资产将其转化为现金用来满足客户的提款需求，此时房价会进一步下跌，房价的持续下跌会导致市场出现恐慌情绪并引发挤兑现象，加大对银行流动性的冲击并最终危害金融市场的稳定性。

3. 资产证券化传导机制

房价波动对区域金融风险影响的资产证券化传导机制主要通过住房抵押贷款支持证券（MBS）来体现。住房抵押贷款支持证券是指以商业银行为主的金融机构将其持有的流动性较差但具有未来现金流入的住房抵押贷款汇聚重组为住房抵押贷款群，住房抵押贷款群被证券机构购入，伴随着担保和信用增级后以证券的形式出售给投资者，这类证券主要的收益来源为借款人每月还款的现金流。通常来讲，判断住房抵押贷款是否能被证券化需要从低风险性、统一性和分散性三个方面进行考虑。

当房价出现大幅上涨趋势时，居民住房抵押贷款违约的概率会随之降低，这意味着以借款人每月还款现金流作为主要收益的住房抵押贷款支持证券的预期收益增加，房地产市场投机机会也相应增加。投资者的逐利性使得证券市场资金进一步流向房地产，随着证券市场资金流向房地产的比例逐渐增大，会形成证券市场配置过于房地产化的问题，最终对区域金融风险形成不利冲击。

而当房价处于下跌时期时，道德风险和逆向选择问题逐渐显露，部分居民可能会选择不继续偿还住房抵押贷款，这就导致住房抵押贷款支持证券的预期收益减少，价格随之下跌。此时，部分投资者会选择卖出 MBS，由于资产证券化市场的不透明，MBS 价格下降可能会引发市场恐慌并进一步导致 MBS 被大量卖出，引发金融机构流动性不足问题，违约风险和流动性风险间的风险传染和恶性循环，最终导致区域金融风险增大，金融的稳定性受到严重威胁。

4. 财富效应传导机制

当房价处于上涨时期时，居民持有的房产财富随之增加，增加的财富又可分为实际财富增加和名义财富增加。具体来讲，对于拥有多套房产的居民来说，当房产价值上升时，其可以通过变卖房产或者出租房产获取现金，实际可支配收入随之增加；对于仅有一套房产的居民来说，尽管房产升值，但由于其房产需要用来满足日常居住需求，无法通过变卖或出租转化为实际收益，增加的只是名义财富。多套房产居民基于实际可支配收入增加而增加其消费，单套房产居民由于其财富同样是增长的，尽管无法转化为实际可支配收入，但仍会进行一定程度上的消费行为调整，其消费支出同样可能会增加，使得社会总消费增加，形成社会消费波动，影响宏观经济稳定，最终体现在金融领域。而对于无房者来说，房价上涨意味着其购房成本的增加，为了满足购房需求，其不得不减少其他方面的消费支出，同样会对社会总消费产生影响。

当房价处于下跌时期时，居民实际财富和名义财富均会缩水，此时，居民实际可支配收入和消费行为会进行同步调整，社会总消费随之减少，影响宏观经济稳定，最终体现在金融领域。

5. 托宾 Q 值传导机制

托宾 Q 值为企业股票市值与资产重置成本的比值，根据托宾 Q 理论，当 Q 值大于 1 时，购买新生产的资本产品更为有利，此时投资的需求增加，社会总产出增加；当 Q 值小于 1 时，购买现成的资本产品更有利，资本需求减少，投资减少，社会总产出减少。

当房价处于上涨时期时，房地产市场繁荣会带动房地产开发企业股价的上涨和托宾 Q 值的增大，这意味着房地产市场的投资回报增加，投资者的投资意愿随之增强，投资支出增加，并进一步影响社会总需求和总供给，影响经济发展，股票市场和宏观经济产生波动并最终传导至金融领域。

而当房价处于下跌时期时，房地产开发企业股价和托宾 Q 值降低，投资者投资意愿降低，投资支出减少，社会总需求和总供给减少，形成宏观经济波动并传导至金融领域。

从区域层面来看，受房地产市场热度、金融市场发展程度和经济发达程度等多方面因素的影响，房价波动对区域金融稳定的影响可能存在一定的区域差异性。首先，相比中部区域和西部区域，东部区域的住房抵押贷款规模和房地产开发企业贷款规模更大，房地产价格泡沫也更大，这表明东部区域商业银行等金融机构资产风险头寸比重和短存长贷问题更为显著，但由于东部区域各省份经济、金融发达程度普遍较高，高度关联的金融机构中某一家金融机构出现严重的流动性问题时，更容易通过拆借和向中央银行借贷的方式化解流动性风险，金融风险的抵御能力也相对更强。

资产证券化传导机制和托宾 Q 值传导机制表明：房价上涨会导致证券市场资金和股票市场资金流向房地产领域，从而引发证券市场波动和宏观经济波动，间接作用于区域金融稳定。各区域的金融体系完善程度存在明显的差异，发达地区的金融体系更为完善，证券市场、股票市场更为健全，当市场出现房价上涨信息时，也能及时反映到证券市场和股票市场的资金流向中，并迅速影响投资和实际产出。因此，不同区域金融市场发达程度的不同会导致房价波动对区域金融稳定影响的资产证券化传导机制和托宾 Q 值传导机制的效果存在显著差异。

然后，房价波动对区域金融稳定影响的财富效应传导机制会因实际财富变化和名义财富变化而有所不同，实际财富变化增加的是实际可支配收入，名义财富变化会导致消费行为调整，事实上，名义财富变化引发的消费行为调整带来的社会总消费增加更容易导致宏观经济的非理性膨胀，产生的宏观经济波动也就更为显著，对区域金融稳定的影响也就更大。是否拥有多套房产可在一定程度上衡量居民是实际财富增长还是名义财富增长，因为仅有一套房产的居民由于要满足住房需求，不存在出租或变卖房产的条件。总体来看，东部区域由于房地产投资的热度更高，拥有两套及以上住房资产的家庭也就更多，形成明显的区域差异性。

基于上述理论分析，本章提出如下假说。

假说 1：房价波动增大区域金融风险，且这一效应存在明显的区域差异性。

（二）地价波动对区域金融稳定的直接影响渠道分析

地价波动对区域金融稳定的影响可从地方政府债务风险和企业债务风险两个方面来考虑。

从地价波动影响地方政府债务风险的角度来看，多数情况下，仅仅依靠当年的财政收入无法支持地方政府的各项支出，为满足资金需求，地方政府会考虑将土地作为抵押物向银行贷款，而土地抵押贷款所获取的资金通常被用于投资回收期较长、营利性较低的项目，这些项目的投资回报无法及时偿还银行信贷，因此，当期的土地出让收入仍然是地方政府获取偿债资金的主要渠道。随着地价波动加剧以及国内对于土地出让限制力度的加大，地方政府收入的不确定性增加，地方政府债务风险也随之增大。由于银行通常是地方政府土地抵押贷款的认购方，地方政府出现违约问题会通过信贷渠道将风险传导至银行系统，最终对区域金融稳定形成负向冲击。

从区域层面来看，一、二线城市地方政府的土地出让依赖度普遍较高，这表明这些城市政府收入受地价波动的影响更大，而这类城市大多数位于东部地区，中部地区次之，西部地区最少。同时，各区域的经济、金融发展程度也存在较大的差异，经济越发达的区域，地方政府财政收入也就越多，抵御风险的能力也就越强；金融越发达的区域，金融基础设施越完善，银行可贷资金越多，融资渠道越广，对冲地价波动引发的地方政府收入的不确定性的能力也就越强。因此，可初步判断地价波动对地方政府债务风险的影响存在显著的区域差异性。

从地价波动影响企业债务风险的角度来看，土地出让价格的提高扩大了土地抵押贷款规模，地方政府债务规模的不断扩大会对企业的融资产生挤出效应，增加其融资成本，损害企业的盈利能力和偿债能力，企业债务违约风险增加，并最终传导至银行部门。

从区域层面来看，得益于东部地区更为完善的金融系统，该区域企业存在更多的融资渠道，能够有效避免由地方政府土地抵押贷款挤占银行可贷资金引发的融资困境；进一步联系西部大开发等各类西部企业帮扶政策这一实际因素，包括人才、资金、设备等各类资源向西部地区优质企业倾斜，有效缓解了西部企业融资难、发展难等问题。因此，可初步判断地价波动对企业债务风险的影响存在显著的区域差异性。

基于上述理论分析，本章提出如下假说。

假说2：地价波动不利于金融稳定，且这一效应存在显著的区域差异性。

二 房价与地价之间的相互影响

房价与地价之间的相互关系可从以下两个方面进行考虑。

一方面，房价对地价存在需求拉动效应。当房价上涨时，房地产开发商的利润随之增加，此时房地产开发商出于进一步增加利润的考量，存在购买更多土地扩大再生产的动机，这就导致房地产开发商对土地的需求增加，而地方政府对土地的供给总体上保持不变，进而出现地价与房价同方向变动的趋势。

另一方面，地价对房价存在成本推动效应。地方政府通常拥有土地出让价格的定价权，当地方政府制定的土地出让价格上涨时，由于土地是房地产开发的刚性需求，此时房地产开发商不得不花费更多的资金购买所需的土地，这就导致开发商的成本增加。为弥补因土地价格上涨而产生的利润损失，房地产开发商存在制定更高房价来弥补成本的动机，进而使得房价随着地价的上涨而上涨。

基于上述理论分析，本章提出如下假说。

假说 3：受房价对地价的需求拉动效应和地价对房价的成本推动效应的影响，房价和地价之间存在显著的正相关关系。

三 房地产价格波动对区域金融稳定的间接影响

结合上述理论分析，房价波动会通过消费、居民财富、企业利润、企业融资、就业等渠道影响金融稳定；地价波动会通过影响地方政府和企业的偿债能力等影响金融稳定；房价和地价之间存在显著为正的相关关系。因此，可初步判断，房价波动、地价波动不仅对金融稳定存在直接影响，即存在"房价波动→金融稳定、地价波动→金融稳定"的直接影响渠道；房价波动、地价波动间的相互作用也会进一步影响金融稳定，即存在"房价波动→地价波动→金融稳定、地价波动→房价波动→金融稳定"的间接影响渠道。

四 空间效应理论分析

（一）区域金融稳定的空间效应理论分析

各区域的地方政府债务风险具有较强的空间溢出效应。具体来讲，当某一区域的地方政府出现偿债困难时，通常需要向当地银行贷款来解决这一问题，由于银行系统内可贷资金的有限性，该区域地方政府的银行借贷行为会对其他区域的居民、企业、地方政府产生借贷挤出效应，增加其借贷难度和借贷成本，从而增大邻近区域的金融风险，威胁邻近区域的金融稳定。

基于上述理论分析，本章提出如下研究假说。

假说4：区域金融稳定存在显著为正的空间效应。

（二）房价、地价间的空间联动效应

房地产价格亦存在显著的空间效应，即各区域的房地产市场之间存在联动的情况。

从基准价格的角度来看，房地产商和地方政府在进行商品房和土地的基准定价时，通常会将邻近区域的房价和地价作为本区域定价的参考依据，此时价格示范效应发挥作用，即当某一区域的房价、地价上涨时，会导致邻近区域的房价、地价基准价格同步上涨。

从供需的角度来看，当某一区域的房价、地价上涨时，出于降低成本的考虑，购房者和房地产商购买这一区域住房和土地的偏好可能会降低，并有可能退而求其次选择邻近区域的住房与土地，这就导致邻近区域住房和土地的需求增多，价格上涨。

由于房价、地价间存在显著的正相关关系，结合上述理论分析，本章提出如下研究假说。

假说5：房价、地价间存在显著为正的空间联动效应。

第三节　模型设定及数据来源

一　模型设定

根据上述理论分析，房价、地价的波动不仅能直接影响区域金融稳定，其相互作用也会对区域金融稳定产生间接影响。因此，可初步判断，房价波动、地价波动和区域金融稳定三者间存在多重影响，单方面建模可能会导致模型出现内生性问题。为有效解决内生性问题、分解各变量间相互影响的作用渠道与传导效应，本章将综合选取面板联立方程模型实证分析房价波动与地价波动对区域金融稳定的影响效应与作用渠道，具体形式如下：

$$fsi_{i,t} = C_1 + \alpha_1\, rh_{i,t} + \alpha_2\, rl_{i,t} + \alpha_3\, cpi_{i,t} + \alpha_4 gd_{i,t} + \alpha_5\, gdppr_{i,t} + \alpha_6\, rlr_{i,t} + \varepsilon_{1t}$$

$$(10.1)$$

$$rh_{i,t} = C_2 + \beta_1\, rl_{i,t} + \beta_2\, \text{ln} reel_{i,t} + \beta_3\, \text{ln} celp_{i,t} + \beta_4\, ippi_{i,t} + \beta_5\, psls_{i,t} + \varepsilon_{2t} \quad (10.2)$$

$$rl_{i,t} = C_3 + \gamma_1\, rh_{i,t} + \gamma_2\, \text{ln} nsc_{i,t} + \gamma_3\, gdppr_{i,t} + \gamma_4\, gdpgr_{i,t} + \gamma_5\, \text{ln} lsa_{i,t} + \varepsilon_{3t}$$

$$(10.3)$$

在式（10.1）中，i 表示各区域，t 表示各季度，fsi 表示区域金融稳定指数；rh 和 rl 分别表示房价波动率和地价波动率；其余控制变量依次为消费者价格指数（cpi）、地方政府财政收支差额（gd）、人均 GDP（$gdppr$）、区域总杠杆率（rlr）；C 为常数项，ε 表示残差值。

在式（10.2）中，rh 和 rl 的含义不变；其余控制变量依次为房地产业各项贷款余额对数值（$\text{ln} reel$）、建筑业企业劳动生产率对数值（$\text{ln} celp$）、生产者价格指数（$ippi$）、人均供地面积（$psls$）；C 为常数项，ε 表示残差值。

在式（10.3）中，rh 和 rl 的含义不变；其余控制变量依次为房地产业新签合同额对数值（$\text{ln} nsc$）、人均 GDP（$gdppr$）、GDP 增长率（$gdpgr$）、房屋竣工面积增加额对数值（$\text{ln} lsa$）；C 为常数项，ε 表示残差值。

同时，区域间存在价格传导效应与金融风险溢出效应，为准确测度房价波动、地价波动、区域金融稳定的空间效应，本章构建一个包含区域金融稳定和房地产价格的空间联立方程。目前，可以进行空间联立方程模型估计的命令有三个：reg3、spregcs、gs3sls。其中，spregcs 和 gs3sls 只能进行两个方程组的空间联立方程模型估计，考虑到实证部分三个方程组联立的情况，本章选用 reg3 命令进行估计。空间面板联立方程如下所示：

$$fsi_{i,t} = C_1 + \rho_1 \sum_{i=1}^{n} w_{ij}\, fsi_{i,t} + \alpha_1\, rh_{i,t} + \rho_2 \sum_{i=1}^{n} w_{ij}\, rh_{i,t} + \alpha_2\, rl_{i,t} +$$
$$\rho_3 \sum_{i=1}^{n} w_{ij}\, rl_{i,t} + \alpha_3\, X_{i,t} + \varepsilon_{1t}$$

$$(10.4)$$

$$rh_{i,t} = C_2 + \rho_1 \sum_{i=1}^{n} w_{ij}\, rh_{i,t} + \beta_1\, rl_{i,t} + \rho_2 \sum_{i=1}^{n} w_{ij}\, rl_{i,t} + \beta_2\, X_{i,t} + \varepsilon_{2t} \quad (10.5)$$

$$rl_{i,t} = C_3 + \rho_1 \sum_{i=1}^{n} w_{ij}\, rl_{i,t} + \gamma_1\, rh_{i,t} + \rho_2 \sum_{i=1}^{n} w_{ij}\, rh_{i,t} + \gamma_2\, X_{i,t} + \varepsilon_{3t} \quad (10.6)$$

其中，w_{ij} 表示各区域间的空间关系，为了不失一般性，采用最为常见的二值空间权重矩阵，即当区域间地理位置邻近时 $w_{ij}=1$；区域间地理位置不相邻时 $w_{ij}=0$。各核心变量空间效应测度的估计系数用 ρ 来表示。其余核心变量与控制变量均与基准回归方程保持一致，$X_{i,t}$ 为一组控制变量。

二　变量定义及计算处理

（一）核心变量

第一，区域金融稳定指数（fsi），指数越大区域金融稳定程度越高，指数越小区域金融稳定程度越低。该数据来源于本书第四章。

第二，房价波动率（rh），参考王振霞等（2023）的研究，选取实际波动率衡量房价波动率，即将房价的季度波动率表示为月度变化平方的加总，具体方法如下：

$$rv_y(\rho_m) = \sum_{m=1}^{Y_m} \rho_m^2 = \sum_{m=1}^{Y_m} \left(\frac{p_m - p_{m-1}}{p_{m-1}} \right)^2 \tag{10.7}$$

其中，$rv_y(\rho_m)$ 表示房价季度实际波动率，p_m 为第 m 个月的价格，基于 Andersen 等（2001）的相关研究，任何一个 h 期的价格实际波动率 rv，均可代表该价格时间序列的真实波动率的无偏和有效估计。

第三，地价波动率（rl），为保证与房价波动率计算方法上的一致性，同样采用实际波动率衡量地价波动率，即地价的季度波动率由月度变化平方加总计算得来。

（二）其他变量

一是经济层面的相关控制变量，包括消费者价格指数（cpi）、生产者价格指数（$ippi$）、人均 GDP（$gdppr$）、GDP 增长率（$gdpgr$）、区域总杠杆率（rlr），其中区域总杠杆率由各省份总贷款除以各省份 GDP 后得到；二是区域层面的相关控制变量，包括地方政府财政收支差额（gd）、人均供地面积（$psls$）、房屋竣工面积增加额对数值（$\ln lsa$），其中地方政府财政收支差额的具体计算过程为各省份某季度的财政收入减去财政支出，人均供地面积由各省份某季度供地面积存量除以该省份常住人口数量后得到；三是房地产业层面的相关控制变量，包括房地产业各项贷款余额对数值（lnreel）、建筑业企业劳动生产率对数值（lncelp）、房地产业新签合同额对数值（lnnsc）。各变量的具体定义与计算公式如表 10.1 所示。

表 10.1 变量定义与计算公式

变量符号	变量含义	计算公式
fsi	区域金融稳定指数	直接来源于本书第四章
rh	房价波动率	实际波动率
rl	地价波动率	实际波动率
cpi	消费者价格指数	直接来源于国家统计局
ippi	生产者价格指数	直接来源于国家统计局
gdppr	人均 GDP	当季 GDP 增加值/该区域总人口数
gdpgr	GDP 增长率	（当季 GDP−上季 GDP）/上季 GDP
rlr	区域总杠杆率	各省份总贷款/各省份 GDP
gd	地方政府财政收支差额	各省份地方政府财政收入和财政支出的差额
psls	人均供地面积	各省份土地供应面积/各省份常住人口数量
lnlsa	房屋竣工面积增加额对数值	各省份房屋竣工面积当期与上期差额取对数
lnreel	房地产业各项贷款余额对数值	房地产业各项贷款余额取对数
lncelp	建筑业企业劳动生产率对数值	建筑业企业劳动生产率取对数
lnnsc	房地产业新签合同额对数值	房地产业当期合同和上期合同数的差额取对数

三 数据来源与统计特征

由于西藏的数据存在一定的缺失，因此为保证数据的完整性，本章实证部分选用 30 个省份 2015~2022 年共 32 个季度的面板数据，区域划分采取国家统计局的划分标准，将 30 个省份划分为东部地区、中部地区和西部地区①。数据来

① 为避免东北地区样本量过少的问题，将辽宁纳入东部地区，将黑龙江和吉林纳入中部地区。

源方面，金融稳定指数原始数据来源于本书第三章和第四章的省域与区域金融稳定指数，其余数据均来源于国家统计局、各省份统计局、国信房地产信息网和 Wind 数据库。各变量的描述性统计特征具体如表 10.2 所示。

表 10.2　各变量的描述性统计特征

变量名称	观测值	均值	标准误	最小值	最大值
区域金融稳定指数(fsi)	960	0.6312	0.1061	0.2311	0.8578
房价波动率(rh)	960	0.0042	0.0133	7.37e-07	0.2276
地价波动率(rl)	960	11.6207	89.1112	0.0009	2097.9583
区域总杠杆率(rlr)	960	6.3016	1.8738	2.6451	18.5536
消费者价格指数(cpi)	960	1.8671	1.0108	-1.6	6.5
人均 GDP($gdppr$)	960	1.6985	0.8221	0.4475	5.4877
GDP 增长率($gdpgr$)	960	5.7697	4.0400	-39.3	11
人均供地面积($psls$)	960	0.4238	0.4521	-0.1682	3.1665
房地产业各项贷款余额对数值($lnreel$)	960	7.4796	0.9612	5.1257	9.8503
建筑业企业劳动生产率对数值($lncelp$)	960	12.2490	0.5976	10.3849	13.5306
生产者价格指数($ippi$)	960	1.0036	0.0602	0.823	1.239
房地产业新签合同额对数值($lnnsc$)	960	7.1422	1.2005	1.2920	9.5000
房屋竣工面积增加额对数值($lnlsa$)	960	6.8564	1.6020	0.7080	10.19773
地方政府财政收支差额(gd)	960	14.6087	11.3904	-11.5066	56.5651

首先，样本观测值中区域金融稳定指数 fsi 的最大值和最小值分别为 0.8578 和 0.2311，这表明各区域的金融稳定状况并非大体一致，而是存在较为显著的差异，存在部分区域的金融稳定程度较低，而部分区域的金融稳定程度较高。其次，房价波动率 rh 的最大值和最小值分别为 0.2276 和 0.000000737，地价波动率 rl 的最大值和最小值分别为 2097.9583 和 0.0009，这表明国内的房价、地价波动均存在较为显著的区域不平衡问题，从侧面反映了各区域住宅和土地的需求也存在较大的不平衡问题。受

劳动力跨区域迁移、炒房等多方面因素影响，东部地区的住房需求普遍高于中部地区和西部地区，并进一步影响房地产开发商对于土地的需求。对于房价、地价的限制应更加侧重于炒房重灾区，同时要避免低房价区域房价的进一步下跌。同时，可以发现地价波动率不管是均值还是最大值与最小值之间的差额均显著大于房价波动率。这意味着，相比房价，地价的大幅波动情况更为显著。

考虑到土地购买是房地产开发商的重要支出之一，地价的上涨会导致房地产开发商支出增加，为保证原有利润，房地产开发商可能会根据地价波动调整房价，即房价波动、地价波动可能存在一定的多重共线性问题。模型出现多重共线性问题，意味着解释变量之间存在高度的相关关系，这会导致模型估计的准确性降低。通常来讲，利用方差膨胀因子 VIF 可以有效测度模型是否存在明显的多重共线性问题，为防止本章实证模型出现多重共线性问题，采用 VIF 方法检测变量间的多重共线性，并将结果列入表10.3 中。

表 10.3 多重共线性检验

公式（10.1）		公式（10.2）		公式（10.3）	
变量	VIF	变量	VIF	变量	VIF
gdppr	1.74	psls	1.32	rh	0.99
gd	1.72	lnreel	1.25	lnnsc	6.08
rlr	1.27	lncelp	1.13	lnlsa	5.48
rl	1.07	rl	1.01	gdppr	1.44
rh	1.06	ippi	1.00	gdpgr	1.13
cpi	1.01				

分别对三个方程中的解释变量进行多重共线性检验，可以看到，解释变量的方差膨胀因子 VIF 均显著小于 10，这表明本章实证分析所用变量间的多重共线性较弱。经济指标之间的联系通常是错综复杂的，表 10.3 中的方差膨胀因子 VIF 属于可以接受的水平。

第四节　实证结果与分析

一　基准回归结果与分析

基于联立方程识别的阶条件和秩条件可知，本章所构建的面板联立方程模型中的各方程均是过度识别的，采用三阶段最小二乘法对模型进行估计能够有效解决这一问题。

（一）全国样本

全国样本中房地产价格波动对区域金融稳定影响的估计结果见表 10.4。

表 10.4　房地产价格波动对区域金融稳定影响的估计结果（全国样本）

全国样本					
方程（10.1）：*fsi*		方程（10.2）：*rh*		方程（10.3）：*rl*	
rh	-10.8837 *** (-6.62)	*rl*	0.0006 *** (8.32)	*rh*	734.3089 *** (2.66)
rl	0.0102 *** (7.12)	*psls*	-0.0039 *** (-3.99)	ln*nsc*	-8.6922 *** (-6.45)
gdppr	-0.0461 *** (-3.82)	ln*reel*	0.0032 *** (5.43)	*gdpgr*	0.6051 *** (3.33)
gd	-0.00110 * (-1.74)	ln*celp*	-0.0063 *** (-6.58)	*gdppr*	6.4475 *** (3.32)
cpi	-0.0110 ** (-2.54)	*ippi*	-0.0184 *** (-3.05)	ln*lsa*	3.9875 *** (3.41)
rlr	-0.0114 *** (-3.01)	常数项	0.0741 *** (5.98)	常数项	23.5611 *** (3.14)
常数项	0.7899 *** (20.78)	样本量	960	样本量	960
样本量	960				

注：***、**、* 分别表示在 1%、5%、10%的水平下显著，括号内为 z 统计量。

首先，根据表 10.4 中方程（10.1）的估计结果，房价波动率（rh）对金融稳定指数（fsi）的参数估计结果为-10.8837，并在 1% 的显著性水平下显著，即房价波动率（rh）上升 1 个单位会导致金融稳定指数（fsi）下降 10.8837 个单位，表明房价波动从全国层面上来看不利于金融稳定，与理论分析部分假说 1 保持一致。

其次，地价波动率（rl）对金融稳定指数（fsi）的参数估计结果为 0.0102，并在 1% 的显著性水平下显著，表明地价波动率上升有利于金融稳定，即地价波动减少金融风险，与理论分析内容有一定的偏差。进一步对比房价波动对金融稳定影响的参数估计结果，可以发现，防范化解区域金融风险，应更加注重房价调控。

再次，根据表 10.4 中方程（10.2）的估计结果，地价波动率（rl）对房价波动率（rh）的参数估计结果为 0.0006，并在 1% 的显著性水平下显著，即地价上涨会导致房价上涨，证明地价对房价的成本推动效应显著存在。进一步分析表明，人均供地面积（$psls$）的增加会导致房价下跌，这一点也符合供需原理；房地产业各项贷款余额（$\ln reel$）的增加会进一步推高房价，为维护房价稳定，需要进一步限制房地产企业的贷款规模再扩大；建筑业企业劳动生产率（$\ln celp$）提升能够有效缓解房价波动。

最后，根据表 10.4 中方程（10.3）的估计结果，房价波动率（rh）对地价波动率（rl）的参数估计结果为 734.3089，同样在 1% 的显著性水平下显著，这表明房价的上涨同样会导致地价上涨，二者呈现同方向变动趋势。通过横向对比地价波动对房价波动、房价波动对地价波动的两组参数估计结果可以发现，房价的需求拉动效应显著大于地价的成本推动效应，即房价的需求拉动效应在房价与地价的相互作用中占据主导地位。

（二）东部地区

东部地区房地产价格波动对区域金融稳定影响的估计结果见表 10.5。

表 10.5 房地产价格波动对区域金融稳定影响的估计结果（东部地区）

	东部地区				
方程(10.1): *fsi*		方程(10.2): *rh*		方程(10.3): *rl*	
rh	-2.451 *** (-2.90)	*rl*	0.0001 * (1.75)	*rh*	504.9 (1.42)
rl	-0.0005 (-0.65)	*psls*	-0.00303 ** (-1.97)	ln*nsc*	3.224 (0.63)
gdppr	-0.0182 ** (-2.07)	ln*reel*	0.00307 ** (2.40)	*gdpgr*	-2.473 *** (-3.63)
gd	0.0022 (1.52)	ln*celp*	-0.00857 *** (-5.31)	*gdppr*	2.842 (0.75)
cpi	-0.0060 (-0.96)	*ippi*	0.0146 (1.04)	ln*lsa*	-5.503 (-1.46)
rlr	-0.0142 *** (-2.88)	常数项	0.0726 *** (2.91)	常数项	26.09 (1.33)
常数项	0.7509 *** (19.58)	样本量	352	样本量	352
样本量 N	352				

注：***、**、*分别表示在1%、5%、10%的水平下显著，括号内为 z 统计量。

首先，根据表 10.5 中方程（10.1）的估计结果，房价波动率（*rh*）对区域金融稳定指数（*fsi*）的参数估计值为 -2.451，并在 1% 的显著性水平下显著，这表明东部地区的房价上涨会对该区域的金融稳定形成明显的负向冲击，即东部地区的房价上涨不利于该区域金融稳定。

其次，根据表 10.5 中方程（10.1）的估计结果，地价波动率（*rl*）对区域金融稳定指数（*fsi*）的参数估计结果为 -0.0005，但未能在 10% 的显著性水平下显著，可初步判断地价波动对东部地区的金融稳定无直接影响。具体来讲，尽管东部地区的地方政府相较于其他两个区域的地方政府而言，具有最高的土地出让依赖度，地方政府收入受地价波动的影响最为显著，然而，东部地区各省份的经济普遍较为发达，地方政府财政收入较高，这意味着即使东部地区的地方政府收入因地价波动而受到较大影响，其仍具有较为充足的其他收入支撑地方政府偿还债务，有效避免了地价波动导致的地方政府债务风险。而且，东部地区各省份普遍具有较为发达的金融系统，这意味着东部地区的地方政府和企业拥有更多元的融资渠道和更充足的可贷资金，即使地方政府收入受到地价波动的严重影响，导致其无法依靠自身收入偿还债务，其仍可通过信贷渠道向银行等金融机构贷款以解决债务问题，且更为充足的银行可贷资金也意味着地方政府土地抵押贷款对企业贷款的挤出效应较小，有效避免了因"融资难"问题而产生的企业债务风险。

再次，根据表 10.5 中方程（10.2）的估计结果，东部地区地价波动率（rl）对房价波动率（rh）的参数估计结果为 0.0001，在 10% 的显著性水平下显著，这表明东部地区地价对房价的成本推动效应存在，地价波动率每上升 1 个单位会导致房价波动率同方向上升 0.0001 个单位。严格控制房价的进一步上涨，需要控制地方政府的卖地行为以防止地价上涨，同时需限制房地产企业的贷款规模和生产规模，并通过扩大保障性住房供给的方式增加人均供地面积，满足居民部门对商品住宅的刚性住房需求。

最后，根据表 10.5 中方程（10.3）的估计结果，东部地区房价波动率（rh）对地价波动率（rl）的参数估计结果为 504.9，未能通过显著性检验，即在东部区域，房价对地价的需求拉动效应并不显著。具体来讲，地价的影响因素可从供需和基础价格两个方面进行考虑。从供需的角度来看，东部区域炒房热度和房地产市场繁荣程度普遍高于中部区域和西部区域，总体来看，东部区域各省份的土地均是需求远大于供给的情况，供需严重不平衡使得房价波动对土地需求影响的边际效应较小。从地价的基础价格角度来看，地价的基础价格主要受行政、人口、社会、经济和区域五类因素影响，其中各省份的行政、人口、社会和经济因素在月度乃至一个季度大幅波动的可能性较小，而东部各省份内的地价存在显著的区域差异性，在某一月度中，土地拍卖的主要区域为高地价区域就会导致这段时间内的土地均价较高；土地拍卖的主要区域为低地价区域就会导致这段时间的土地均价较低。因此，在东部区域，影响土地均价的主要因素应为拍卖土地所属区域，而房价波动对其的影响较小。

（三）中部地区

中部地区房地产价格波动对区域金融稳定影响的估计结果见表10.6。

表 10.6　房地产价格波动对区域金融稳定影响的估计结果（中部地区）

中部地区					
方程（10.1）：fsi		方程（10.2）：rh		方程（10.3）：rl	
rh	−4.598 *** （−3.57）	rl	0.00129 *** （4.43）	rh	92.23 （1.58）
rl	0.00814 ** （1.98）	psls	0.00130 （0.57）	lnnsc	1.051 * （1.69）
gdppr	−0.0101 （−0.46）	lnreel	0.00271 *** （3.13）	gdpgr	0.00958 （0.15）
gd	0.00164 （1.29）	lncelp	−0.00751 *** （−7.08）	gdppr	1.653 * （1.72）
cpi	−0.0152 ** （−2.30）	ippi	0.00220 （0.24）	lnlsa	−1.513 *** （−3.73）
rlr	−0.0227 *** （−3.15）	常数项	0.0709 *** （4.54）	常数项	2.130 （0.80）
常数项	0.753 *** （16.77）	样本量	256	样本量	256
样本量	256				

注：***、**、* 分别表示在1%、5%、10%的水平下显著，括号内为 z 统计量。

首先，根据表10.6方程（10.1）中房价波动率（rh）对区域金融稳定指数（fsi）的参数估计结果，得到参数估计值为−4.598，并在1%的显著性水平下显著，即房价波动率每上升1个单位，金融稳定指数会下降4.598个单位。与全国样本和中部区域一致，房价波动也会对中部区域金融稳定产生显著的负向冲击。

其次，根据表10.6方程（10.1）中地价波动率（rl）对区域金融稳定指数（fsi）的参数估计结果，得到参数估计值为0.00814，并在5%的显著性水平下显著，即中部地区地价波动率每上升1个单位，会导致中部地区金融稳定指数上升0.00814个单位。这表明中部区域地价波动有利于区域金融稳定，与理论分析和现实情况不符。实际上，对比房价波动、地价波动影响金融稳定的参数估计结果可以发现，相比于房价波动，地价波动对区域金融稳定的影响较小，显著性程度也偏低，因此从房地产价格这一整体来看，其波动对中部区域金融稳定的影响仍体现为负向影响。

再次，表 10.6 方程（10.1）中其他控制变量的回归结果表明，消费者价格指数（cpi）和区域总杠杆率（rlr）对区域金融稳定指数的参数估计结果均显著为负，证明物价的上涨和区域总体负债水平的提高不利于中部区域金融稳定。因此，有效缓解区域金融风险，将区域金融风险水平控制在合理区间内，需避免物价快速上涨，实现物价上涨与经济增长双重目标的有机结合。同时，目前的区域整体负债水平较高，通过提杠杆促进经济发展可能会引发一定的金融风险。

从次，根据表 10.6 中方程（10.2）的估计结果，地价波动率（rl）对房价波动率（rh）的参数估计结果为 0.00129，并在 1% 的显著性水平下显著，这意味着中部地区地价波动率每上升 1 个单位，会导致房价波动率上升 0.00129 个单位，地价的成本推动效应在中部区域亦显著存在。房地产业各项贷款余额（$lnreel$）的增加会提高房价波动率，建筑业企业劳动生产率（$lncelp$）的提高会使房价波动率下降。因此，为有效缓解房价波动，促进房地产市场平稳发展，在控制地价波动的基础上，应进一步限制中部房地产企业贷款，促进建筑业企业生产率的提高。

最后，根据表 10.6 中方程（10.3）的估计结果，房价波动率（rh）对地价波动率（rl）的参数估计结果为 92.23，未能通过显著性检验，与东部区域的参数估计结果保持一致。这表明无论是在东部区域还是在中部区域，房价波动对地价波动的影响均不显著，即证明房价波动引发的供需变化并不是地价波动的主要原因，即使在同一时间的同一省份，不同市、县各区域的地价也存在显著差异。在计算各省份当季土地均价时，高土地价格的区域占比越多，土地的均价就越高；反之，低土地价格的区域占比越多，土地均价就越低。区域成为土地均价的关键影响因素，这也就导致了房价波动对地价波动的影响较弱。

（四）西部地区

西部地区房地产价格波动对区域金融稳定影响的估计结果见表 10.7。

表 10.7　房地产价格波动对区域金融稳定影响的估计结果（西部地区）

西部地区					
方程（10.1）：fsi		方程（10.2）：rh		方程（10.3）：rl	
rh	-13.07 ** (-2.57)	rl	0.000134 ** (2.35)	rh	145.7 (0.17)
rl	0.00771 *** (4.15)	$psls$	-0.00277 (-1.24)	$lnnsc$	-11.39 *** (-5.63)
$gdppr$	-0.133 ** (-2.24)	$lnreel$	0.000787 (0.90)	$gdpgr$	0.917 * (1.95)
gd	-0.000943 (-0.56)	$lncelp$	-0.00667 *** (-6.71)	$gdppr$	15.57 * (1.68)
cpi	-0.00353 (-0.43)	$ippi$	-0.0218 *** (-3.64)	$lnlsa$	3.784 * (1.76)
rlr	-0.00248 (-0.43)	常数项	0.101 *** (7.25)	常数项	34.03 * (1.87)
常数项	0.830 *** (8.15)	样本量	352	样本量	352
样本量	352				

注：*** 、** 、* 分别表示在 1%、5%、10%的水平下显著，括号内为 z 统计量。

首先，根据表 10.7 方程（10.1）中房价波动率（rh）对区域金融稳定指数（fsi）的参数估计结果，得到参数估计值为-13.07，在 5%的显著性水平下显著，表明西部区域房价波动率每上升 1 个单位，会导致西部区域金融稳定指数下降 13.07 个单位，即西部区域房价波动对区域金融稳定的冲击为负。

其次，根据表 10.7 方程（10.1）中地价波动率（rl）对区域金融稳定指数（fsi）的参数估计结果，得到参数估计值为 0.00771，在 1%的显著性水平下通过检验，即地价波动率上升会使西部区域金融稳定指数提高，区域金融稳定程度上升。

再次，根据表 10.7 中方程（10.2）的估计结果，地价波动率（rl）对房价波动率（rh）的参数估计结果为 0.000134，并在 5% 的显著性水平下显著，这意味着西部地区地价波动率每上升 1 个单位，会导致房价波动率上升 0.000134 个单位，即西部区域地价波动会导致西部区域房价同步波动，地价的成本推动效应在西部区域亦显著存在。需要注意的是，建筑业企业劳动生产率（lncelp）和生产者价格指数（ippi）对房价波动率的估计结果均显著为负，即建筑业企业劳动生产率的提高和购买建房所需材料等成本的上升，能在一定程度上缓解西部区域的房价波动问题。

最后，根据表 10.7 中方程（10.3）的估计结果，与东部区域和中部区域的结果一致，西部区域房价波动率对地价波动率的参数估计结果未能通过显著性检验。这说明，各个区域房价波动引发的需求变动均不是地价波动的主要原因，地价波动率的大幅变动可能是由于当月推出土地的所属区域有很大的差异，各区域的地价差异使得统计出来的总的各省份土地当季均价存在较大差异。

构建面板联立方程模型，将房价波动、地价波动、区域金融稳定纳入统一的分析框架，并从全样本、东部区域、中部区域、西部区域入手进行实证研究，对上述回归结果进行总结，得到如下几个主要结论。

第一，无论是从宏观层面还是从区域层面，房价波动对金融稳定的直接影响均显著为负，即房价波动会对金融稳定形成不利冲击，增大区域金融风险，理论分析部分假说 1 成立。

第二，实证分析结果表明，从宏观层面上来看，地价波动对金融稳定的直接影响显著为正，区域异质性分析表明，这一效应在中部区域和西部区域显著存在，而在东部区域不显著。地价波动率的提高会使得区域金融稳定指数同步上升，这意味着地价波动有利于区域金融稳定，与理论分析假说部分相比存在较大的偏离。总体来看，房价波动对区域金融稳定的直接负向冲击要远大于地价波动对区域金融稳定的直接正向冲击，且考虑到地价波动会引发房价波动，且这一效应在宏观层面和各区域均显著存在，因此存在地价波动导致房价波动从而间接对区域金融稳定产生不利影响的可能。正向的直接效应和负向的间接效应使得地价波动对区域金融稳定的影响存在一定的不确定性，需要进一步分离其直接影响和间接影响实现对总效应的辨别。

第三，根据参数估计结果，无论是全国样本还是区域样本，地价波动率对房价波动率的参数估计结果均显著为正，即地价波动引发房价波动这一效应在宏观层面和区域层面均显著存在。

第四，与地价波动影响房价波动的结果不同，房价波动影响地价波动仅在全国样本中成立，而在分区域样本中并不成立。根据上文实证结果，地价除了受供需影响外，还受到行政、人口、社会、经济和区域等多方面因素的影响，其中各个省份的行政、人口、社会、经济情况在一个月内发生大幅变动的情况通常来讲是不存在的，而由于同一省份各个月度推出土地的所属区域不同，不同区域的土地价格存在较大区别，因此，当某一省份在某一季度拍卖土地时，所拍卖的土地来源于高地价区域的占比越高，月度的土地均价越高；反之，当某一省份在某一季度所拍卖的土地来源于低地价区域的占比越高，该月的土地均价越低。因此，在这一情况下，区域成为影响各省份土地月度均价的重要因素，使得地价波动率出现大幅波动。而全国层面上，由于样本量的增多，有效缓解了土地月度均价计算过程中小样本引发的偏误，所选区域地价差异对土地均价的影响减弱，房价的需求拉动效应逐渐显著。

二　作用渠道与传导效应比较

面板联立方程模型具有能够分离各变量间直接影响和间接影响的优势。为确定房价波动与地价波动对金融稳定的作用渠道与传导效应，以及对其进行分区域对比分析，本章参考储德银等（2019）的相关研究，将变量进行标准化处理后，对模型进行标准化回归估计，并在此基础上计算房价波动、地价波动对金融稳定影响的直接效应、间接效应和总效应，具体估计和计算结果如表 10.8 和表 10.9 所示。

表 10.8　标准化回归结果

变量	全国样本	东部地区	中部地区	西部地区
方程(10.1):fsi				
rh	-1.3640***	-0.3948***	-0.3757***	-1.3128**
	(-6.62)	(-2.90)	(-3.57)	(-2.57)
rl	8.5953***	-0.6344	0.5140**	4.2543***
	(7.12)	(-0.65)	(1.98)	(4.15)
控制变量	是	是	是	是
常数项	0.4193***	-0.2232*	-0.1147	-0.1331
	(3.27)	(-1.93)	(-1.45)	(-0.55)
方程(10.2):rh				
rl	3.7638***	0.9553*	0.9987***	0.7372**
	(8.32)	(1.75)	(4.43)	(2.35)
控制变量	是	是	是	是
常数项	0.26520***	-0.1106	0.1521**	0.0145
	(4.60)	(1.43)	(2.21)	(0.28)
方程(10.3):rl				
rh	0.1096***	0.0676	0.1194	0.0265
	(2.66)	(1.42)	(1.58)	(0.17)
控制变量	是	是	是	是
常数项	-0.0593***	-0.1026***	-0.0714	0.0030
	(-3.30)	(-5.32)	(-1.63)	(0.04)
样本量	960	352	256	352

注：***、**、* 分别表示在 1%、5%、10% 的水平下显著，括号内为 z 统计量。

表 10.9　房价波动、地价波动对区域金融稳定影响的作用渠道与传导效应

	作用渠道	效应测算	测算结果
全国样本	房价波动→金融稳定	α_1	-1.3640
	房价波动→地价波动→金融稳定	$\gamma_1 \times \alpha_2$	0.9420
	地价波动→金融稳定	α_2	8.5953
	地价波动→房价波动→金融稳定	$\beta_1 \times \alpha_1$	-5.1338
东部区域	房价波动→金融稳定	α_1	-0.3948
	房价波动→地价波动→金融稳定	$\gamma_1 \times \alpha_2$	不显著
	地价波动→金融稳定	α_2	不显著
	地价波动→房价波动→金融稳定	$\beta_1 \times \alpha_1$	-0.3772

	作用渠道	效应测算	测算结果
中部区域	房价波动→金融稳定	α_1	-0.3757
	房价波动→地价波动→金融稳定	$\gamma_1 \times \alpha_2$	不显著
	地价波动→金融稳定	α_2	0.5140
	地价波动→房价波动→金融稳定	$\beta_1 \times \alpha_1$	-0.3752
西部区域	房价波动→金融稳定	α_1	-1.3128
	房价波动→地价波动→金融稳定	$\gamma_1 \times \alpha_2$	不显著
	地价波动→金融稳定	α_2	4.2543
	地价波动→房价波动→金融稳定	$\beta_1 \times \alpha_1$	-0.9678

首先，从全国样本来看，房价波动对金融稳定直接影响的测算结果为 -1.3640，显著为负，这表明房价波动在宏观层面上会使金融风险增加，不利于金融稳定，即"房价波动→金融稳定"的直接影响渠道存在。地价波动对金融稳定的直接影响显著为正，与原假说不符，但这并不意味着地价波动对金融稳定的影响是有利的。通过对房价波动、地价波动间的相互关系进行实证回归，得到的参数估计结果为 3.7638、0.1096，均显著为正，即房价波动会引发地价同方向波动，地价波动也会引发房价波动，考虑到房价波动与金融稳定间的负向关联，地价波动会导致房价波动从而间接对金融稳定形成负向冲击，因此在宏观层面进行地价调控仍有必要。

其次，对于东部地区，房价波动对金融稳定直接影响的参数估计结果为 -0.3948，这表明在东部区域，房价波动增大区域金融风险，存在"房价波动→金融稳定"这一直接影响渠道。地价波动对区域金融稳定的直接影响未能通过显著性检验，可初步判断东部区域地价波动对区域金融稳定无直接影响。但房价波动、地价波动间可能存在相互影响的作用机制，使得房价波动、地价波动存在间接影响区域金融稳定的可能。实证结果表明，地价波动会导致房价同方向变动并间接危害区域金融稳定。因此，尽管地价波动对区域金融稳定的直接影响并不显著，仍不能忽视对地价的调控，避免地价的间接影响渠道形成区域性金融风险。而房价波动的间接影响渠道"房价波动→地价波动→金融稳定"未能通过显著性检验。

再次，对于中部地区，房价波动直接对区域金融稳定形成负向冲击，即存在"房价波动→金融稳定"的直接影响渠道。由于中部地区房价波动未能引发地价波动，所以房价波动的间接影响渠道不存在。与全国样本、东部区域一致，地价波动在中部区域对区域金融稳定的直接影响同样体现为有利于区域金融稳定，这似乎说明地价波动并不是导致区域性金融风险增大的主要原因。但由于地价波动导致房价波动从而间接影响区域金融稳定在中部区域亦显著存在，因此仍需限制政府的土地出让行为，实现房价、地价关系的进一步解绑。

最后，西部地区房价波动同样会对区域金融稳定形成冲击，增大区域性金融风险，且通过对比参数估计结果可以发现，西部区域房价波动率上升对区域金融稳定指数的影响将远大于东部区域和中部区域。一方面，西部区域的金融系统脆弱性较高，抵御风险的能力较差；另一方面，西部区域房地产发展水平相对较低，短时间内房价的异常波动更容易产生金融风险，但考虑到西部区域整体房价波动率普遍较低，产生冲击的可能性更小。西部区域地价波动对区域金融稳定的直接负向影响并不存在，但仍会通过影响房价波动间接危害区域金融稳定。

三　空间效应检验

首先，如表 10.10 中区域金融稳定方程实证结果所示，选定 $w_{ij}fsi$ 为核心解释变量，金融稳定指数（fsi）为被解释变量，得到参数估计结果为 0.9227，在 1% 的显著性水平下显著。实证回归结果说明了邻近区域金融稳定存在空间上显著为正的相关关系，即某一区域的金融稳定状况变好能够有效带动邻近区域的金融稳定程度上升。这表明应充分利用金融稳定的空间效应，优先改善某些重点省份和城市的金融稳定状况，再通过区域间金融稳定的正向空间传导实现由点及面扩张，最终实现改善宏观金融稳定状况的目的。

表 10.10　空间效应检验结果

区域金融稳定方程(10.4)		房价波动方程(10.5)		地价波动方程(10.6)	
$w_{ij}fsi$	0.9227*** (43.30)	$w_{ij}rh$	0.5058*** (3.18)	$w_{ij}rl$	0.0088 (0.12)
$w_{ij}rh$	2.1313* (1.75)	$w_{ij}rl$	5.38e−06 (0.18)	$w_{ij}rh$	−1066.116** (−2.22)
$w_{ij}rl$	0.0000 (0.15)	rl	0.0005*** (7.42)	rh	1534.29*** (3.08)
rh	−2.5980** (−2.26)	常数项	0.0254 (1.42)	常数项	20.5603** (2.55)
rl	0.0054*** (10.36)	控制变量	是	控制变量	是
控制变量	是	样本量	960	样本量	960
常数项	0.1495*** (7.52)				
样本量	960				

注：***、**、*分别表示在1%、5%、10%的水平下显著，括号内为 z 统计量。

其次，选定 $w_{ij}rh$ 为核心解释变量，金融稳定指数（fsi）为被解释变量进行实证回归，得到参数估计结果为 2.1313，参数估计值为正数，在 10% 的显著性水平下通过了检验，表明本区域房价波动会提高邻近区域金融稳定指数，使其金融风险减小。本区域房价波动率提高意味着本区域房价波动更为频繁，供需变化更大，房地产市场价格不确定性较高。出于风险防范和规避的目的，投资者在进行房地产市场投资时，在收益相同的情况下会优先考虑波动性较低的区域进行投资，这就使得资金大量流入邻近区域的房地产市场，并通过影响经济来反哺金融，最终降低邻近区域金融风险。

再次，选定 $w_{ij}rl$ 为核心解释变量，金融稳定指数（fsi）为被解释变量，可以发现，地价波动对区域金融稳定的空间效应并不显著，而是通过影响房价间接形成对邻近区域金融稳定的冲击。因此，为预防金融风险的空间传染，对房价的调控重视程度理应大于对地价的调控重视程度。

最后，如表 10.10 中方程（10.5）和方程（10.6）的实证结果所示，总体来看，房价、地价存在空间上显著为正的价格示范效应，即某一省份的房价上涨会导致邻近省份的房价、地价呈现同方向上涨的趋势，某一省份的地价上涨亦会导致邻近省份的房价、地价出现同方向上涨。

第五节　小结

本章通过建立面板联立方程模型，将房价波动、地价波动与区域金融稳定纳入统一的分析框架，深入剖析了各区域间存在的显著差异性，并构建空间面板联立方程模型进行了空间效应测度。

首先，房价波动对金融稳定具有直接的负向影响，即房价波动增大金融风险，不利于金融稳定，且这一效应存在显著的区域异质性。具体表现为，房价波动对区域金融稳定的负向冲击在西部区域最大、中部区域次之、东部区域最小。可以发现，房价波动对区域金融稳定的影响与经济、金融发达程度总体呈负相关关系，经济、金融发达程度越高的区域，抵御金融风险的能力就越强，受到的冲击就越小。

其次，地价波动对区域金融稳定的直接影响仅在全国层面、中部区域和西部区域显著存在，而在东部区域不显著。经济发达程度高的东部区域，其地方政府税收收入也相对更高，能够有效对冲地价波动引发的地方政府收入波动；且发达、完善的金融系统为地方政府债务的偿还提供了稳定的信贷支持，能够尽可能避免当期政府收入波动引发的偿债困难问题。

再次，房价、地价间存在显著的正相关关系，即房价上涨会推动地价上涨，地价上涨又能反过来推动房价上涨。结合房价、地价波动对金融稳定的直接影响，进一步得出房价、地价波动和金融稳定之间存在间接影响渠道，房价、地价任何一方的上涨都会导致另一方的上涨从而间接影响金融稳定。区域异质性分析表明，房价波动对地价波动的推动效应，仅在全国样本中显著，而在各区域中均不显著。本章地价波动率这一指标是根据当期推出土地均价进行计算的，而每一期的土地均价计算时的样本又存在很大的差异，当某一期推出土地主要来源为核心区域时，土地均价会变高，而推出土地主要来源为边缘地区时，土地均价会变低，这就导致房价波动对地价波动的影响不显著。而当样本扩展到全国层面时，样本量增多能够有效降低土地均价计算过程中小样本引发的偏误。

最后，空间效应测算表明，各区域金融稳定存在显著为正的空间效应，即某一区域的金融稳定程度上升会使邻近区域的金融稳定程度同步上升；房地产价格存在空间上的价格示范效应，即某一区域的房价上涨会导致邻近区域的房价、地价同步上涨，某一区域的地价上涨亦会导致邻近区域的地价、房价同步上涨。

基于上述结论，在此提出有针对性的政策建议。

一是应坚持"房住不炒"定位，确保房地产市场的平稳发展。一方面，地方政府可通过出台限购、限贷、限售等措施在短期内抑制投资性住房需求；另一方面，房产税和保障性住房建设等措施能促使房地产市场达到一个合理的长期均衡。

二是应限制地方政府土地出让规模的进一步扩张，将维护房价、地价平稳纳入地方政府的考核指标体系，避免地方政府官员出于自身绩效考核需要而产生短视行为。

三是应根据区域特点提出具有针对性的区域性政策。现阶段，东部区域地价波动不是影响区域金融稳定的主要因素，地价波动通过引起房价波动间接引发区域金融风险，因此需重视土地市场与住房市场的深度绑定问题，重点控制房价波动；而对于中、西部区域，现阶段地价波动对区域金融风险的正向直接效应大于负向间接效应，这表明合理利用土地出让增加地方政府收入仍能在一定程度上缓解区域金融风险，但需妥善使用这一政策，避免政府过度举债引发区域性金融风险。

四是要运用整体—局部思维，警惕金融风险的跨区域传染，将防范化解区域性金融风险作为守住不发生系统性金融风险的重要屏障，进而实现区域乃至宏观层面的分层级金融稳定。

第四部分

结论与政策建议

第十一章

结论与政策建议

先前的章节主要分为三个部分，分别为中国金融稳定指数构建与分析、主要金融风险领域动态随机一般均衡分析、房地产价格波动对中国金融稳定影响的实证研究。

第一部分从宏观、省域、区域三个层面出发，以中央提出的八大风险为框架，分别构建了三个层面的金融稳定指数，并基于指数涉及的研究范围进行了深入分析。具体而言，宏观金融稳定指数聚焦于全国层面的形势分析与预测，而省域和区域金融稳定指数则对 31 个省（自治区、直辖市）或指定区域范围内的时空变化及其重点风险指标进行分析，最终基于研究结论得到宏观、省域以及区域层面具有针对性的政策建议。

随后，第二部分以三章的篇幅分别就八大风险中与房地产价格紧密相关的地方政府债务、影子银行以及企业债务三个风险领域进行了动态随机一般均衡分析。第五章通过模型构建与分析得到的主要结论是，房地产价格波动通过地方政府的土地出让行为影响地方政府债务稳定性，进而将风险传导至宏观经济；第六章的理论模型构建则证明了房地产价格波动通过抵押担保渠道放大了宏观金融波动，而包含影子银行的宏观审慎监管框架有利于促进金融稳定发展，且在此过程中，房地产需求使得影子银行存量规模呈现正向波动；第七章基于 BGG 模型优化了分析框架，得到的主要结论为，房地产价格波动通过影响企业债务传导至宏观金融运行机制中，并通过"金融加速器"效应将价格波动的各种影响在传导过程中进一步放大，最终使企业债务稳定状况与经济周期变化相匹配。

基于以上对金融稳定指数和主要金融风险领域理论模型的构建与分析，第三部分以房价波动和地价波动作为自变量，以金融稳定指数作为因变量，从宏观、省域、区域三个层面进行了实证研究。宏观层面利用TVP-SV-VAR 模型探究房价波动、地价波动与金融稳定三者之间的关系，最终得到三者的关系在不同条件下存在较强的时变性。省域层面利用空间模型探索各省金融稳定之间的空间相关性和依赖性，结果显示房价波动对金融稳定存在重要影响，且该影响在货币或信贷宽松时更加显著；此外，省域金融稳定之间存在空间异质性和空间传染性。区域层面基于面板联立方程模型和空间面板联立方程模型就房地产价格波动对区域金融稳定的影响进行了实证研究。结果表明，房价波动和地价波动均不利于区域金融稳定，且这一效应存在显著的区域异质性；房价、地价间存在显著的正相关关系，房价、地价任何一方的波动都会通过使另一方波动而间接影响金融稳定；各区域的金融稳定存在显著的正向空间效应。

下文是各个部分得出的具体结论与提出的政策建议。

第一节　结论

一　中国金融稳定指数构建与分析

对金融稳定的分析与形势研判需要基于对不同层面金融稳定的量化，因此针对我国金融稳定状况的分析首先应当建立在指数构建的基础上。本书共构建了宏观、省域、区域三个层面的金融稳定指数，以求对之后的理论模型构建和实证研究提供理论研究基础和量化数据支撑。

（一）宏观金融稳定指数构建与分析的研究结论

在第二章中，宏观金融稳定指数的构建主要分为两个部分：首先是基于金融稳定的内涵，选取 13 个基础指标构建宏观金融稳定指标体系；其次是选取 2008~2022 年的季度数据，采用 TVP-FAVAR 模型对各项指标权重进行赋值，最终构建我国宏观金融稳定指数。

该章节对我国宏观金融稳定指数进行了敏感性检验，并利用马尔可夫区制转换模型将宏观金融稳定指数划分至"高稳定"区制和"低稳定"区制，对我国不同时段的宏观金融稳定状况进行了深入分析。研究可得：从总体趋势来看，我国宏观金融稳定性呈现波动上升的趋势；而从区制分析来看，我国处于"高稳定"区制的时间要多于"低稳定"区制，证明我国的宏观金融稳定性较高且向"低稳定"区制转移的概率较低。

该章节采用定性与定量相结合的方法对宏观金融稳定状况进行了分析及预测，结果表明：一方面，宏观金融稳定指数能够较好地体现关键性事件以及重要宏观经济变量的冲击对我国宏观金融稳定的影响，这也反向证明了本书所构建的中国宏观金融稳定指标体系的客观性与合理性；另一方面，宏观金融稳定指数的建立能够有效预测我国宏观金融稳定的走势。

（二）省域金融稳定指数构建与分析的研究结论

第三章基于王劲松和任宇航（2021）的中国金融稳定指数构建标准得到包含八大风险共 9 个风险指标的省域金融稳定指标体系，然后选取 2015~2022 年 31 个省（自治区、直辖市）共 32 个季度的数据，运用熵值法构建得到省域金融稳定指数。总体来说，影响各省份金融稳定的主要风险因素集中在省级地方政府债务负担率、对外开放程度、北京大学数字普惠金融指数、企业部门杠杆率和省级法人银行业金融机构流动性比例上，尤以北京大学数字普惠金融指数和省级地方政府债务负担率最为明显。具体而言，我国金融发展状况较好的省份，即北京、上海、广东的金融稳定指数绝对数值较小，金融稳定性较低。

进一步分层探讨省域差异情况得到的结论有：首先，根据经济区域划分，中部和东北地区均呈现极端的变化趋势，且存在地理位置上的风险辐射；其次，层级划分下影响同一梯队金融稳定指数的因素基本集中于省级地方政府债务负担率、股票市盈率波动率以及对外开放程度；最后，在时间序列分析中，影响省域金融稳定指数均值离散程度的指标为上海银行间同业拆借利率波动率和省级地方政府债务负担率。

鉴于全球突发性公共卫生事件（新冠疫情）的重要影响，该章节也对重点省份——湖北省进行了研究，研究发现企业部门杠杆率的显著提高对该省的金融稳定状况产生了重大影响。

（三）区域金融稳定指数构建与分析的研究结论

基于第三章构建的省域金融稳定指数，第四章从区域层面（包括东部地区、中部地区、西部地区、东北地区）构建了区域金融稳定指数，并对区域金融稳定指数进行了区制状态分析、差异分析与时空变化分析，从而得到以下三个结论。

首先，利用马尔可夫区制转换模型对区域金融稳定状态进行了分析，该模型将我国区域金融稳定指数划分至"低稳定"和"高稳定"两个区制。结果显示，一方面，我国区域金融稳定指数总体处于"高稳定"区制，且不易转移至"低稳定"区制；另一方面，各区域的金融稳定指数基本与宏观金融稳定指数的波动趋势同步，省域金融稳定因素不同是区域所处区制产生差异的原因。

其次，使用泰尔指数对区域金融稳定进行了差异分析，该模型将区域金融稳定差异分解为组间差异和组内差异。分析发现，各区域金融稳定差异较小，且东部地区对于宏观金融稳定具有决定性意义，区域内差异的贡献度占比远大于区域间差异。

最后，时空分析结果显示，中国四大区域的金融稳定指数在整体发展水平、省份间差异、极化程度等方面呈现出随时间波动的演进特征以及一定的空间分异演变规律。具体而言，中部地区金融稳定指数在研究期内波动较大；研究期内区域金融稳定指数呈现空间分散和差异显著的状态；各区域均出现局部空间集聚现象，其中极化效应和落后过渡是两种主要的空间分异特征。

二　主要金融风险领域动态随机一般均衡分析

第二部分是在房地产价格波动的基础上，引入金融稳定指标进行冲击分析。该部分的三个章节利用动态随机一般均衡模型（DSGE）模型，分别引入了地方政府债务风险、影子银行风险和企业债务违约风险作为金融稳定的反向指标进行分析，并得出相关研究结论。

（一）地方政府债务风险领域研究结论

第五章构建了动态随机一般均衡模型（DSGE），并将土地出让、预算软约束、政府支出效率以及债务置换这些具有实际经济意义的因素嵌入模型。基于模型的动态经济特征分析，得到以下四个结论。

首先，地方政府的土地出让行为是房价波动影响地方政府债务的关键环节。具体而言，地方政府对土地供给具有主导作用，与此同时地方政府收入也大量依靠土地出让收入，因而在房地产价格波动的过程中，土地价格也会受到冲击，进而影响政府收支情况，最终影响地方政府债务稳定。

其次，预算软约束实际上放大了房价波动对地方政府债务稳定性的影响。由于地方政府实施针对国有房地产部门的优惠政策，商业银行对国有房地产企业也通常存在信贷偏好，因而在国有房地产部门"大而不倒"的前提下，政府的隐性担保无形中提升了自身的债务压力。

再次，地方政府支出效率可以影响房价波动对地方政府债务稳定性的作用程度。"晋升激励锦标赛"的出现降低了地方政府支出的效率，而地方政府支出效率的提升能够降低地方信用担保的程度，进而对地方政府债务稳定性产生影响。然而，结果显示，国有房地产部门价格波动对地方政府债务的影响并没有在政府支出效率提高时得到更为有效的缓解。

最后，2015年起实行的债务置换政策在短期内确实能使地方政府债务压力有所缓解。具体而言，债务置换政策通过影响政府的债务期限结构，在短期内减少地方政府债务的累积量，进一步削弱地方政府债务的违约风险，促使地方政府债务稳定性有所提高，并带动政府支出效率的提升，对宏观经济产生正向影响。然而，债务置换政策在中长期无法对宏观经济产生正向效果。商业银行资产负债表约束、预期收益效应等因素削弱了中长期政府扩张性支出的积极作用，并降低了政府支出的有效性。对比不同的政府支出效率可以发现，随着政府支出效率的提高，债务置换的短期有效性也在降低。

（二）影子银行风险领域研究结论

为分析房地产波动对影子银行风险的影响机理，第六章的 DSGE 模型在原有基础上嵌入了房地产市场波动和异质性金融中介，将影子银行风险设定为影子银行存量规模和杠杆指标，并结合当下国家积极建立的宏观审慎监管内容，动态分析比较了在两种宏观审慎监管框架下房地产市场波动对影子银行风险以及其他宏观经济变量的作用机制和影响效果。基于模型的动态经济特征分析，得到的结论如下。

首先，房地产市场波动主要通过抵押担保渠道传导至影子银行。房地产市场中，房地产资产是主要的抵押资产，因而房地产市场波动会通过影响房价进而影响抵押物价值，并经由银行部门影响总体信贷规模。然而，商业银行为抵抗风险制定的信贷约束会诱发信贷朝影子银行方向发展，这些游离于银行监管约束之外的影子银行极有可能无限制放大信贷规模和杠杆，从而影响宏观经济金融的波动态势。

其次，在紧缩性货币政策和严格监管的作用下，引入包含影子银行的宏观审慎监管框架可有效控制影子银行杠杆率，促进金融稳定。宏观审慎监管框架中的逆周期调节能够有效调节信贷拨放，引导信贷规模以更为合理的速度增长。然而，广义的宏观审慎监管框架对于缓解房地产市场波动对影子银行和宏观金融稳定的影响并不具有显著作用。

最后，第六章分析了影子银行存量规模和影子银行杠杆率的影响机制。研究发现，只有房地产需求冲击会促使影子银行的存量规模产生正向波动。而从影子银行的杠杆指标来看，货币政策与监管收缩以及房地产市场的波动都会推高影子银行的杠杆率，其中房地产市场波动的影响最为显著。

（三）企业债务风险领域研究结论

在第五章与第六章的基础上，第七章分析的角度转为通过企业债务的稳定状况反推宏观金融稳定状况，因而构建了包含房地产资产与异质性企业部门的 BGG 模型，从而将房价、异质性企业债务稳定性、宏观经济稳定结合。经过动态经济模拟分析，可得到以下结论。

首先，从作用机制上讲，房地产需求对房价的冲击通过信贷渠道传导到企业债务领域，从而最终传导至宏观金融领域。具体而言，异质性企业在房地产需求增加的情况下会选择持有更多房地产资产，而房地产投资需求的增加会抬高房地产价格，企业净值明显上升。房地产需求增加和价格抬升后，一方面，异质性企业外部融资约束放松，导致信贷市场需求增加和规模扩大；另一方面，房价上涨促使异质性企业外部融资溢价下降，进一步刺激投资规模扩大和资产价格上升，经济总产出显著增加，经济呈现周期性上升态势，这种现象即为"金融加速器"效应。反之，一旦房价泡沫破裂，企业资产净值会急速缩水，而信贷收缩会导致企业违约和破产风险急速提升。

其次，作为研究对象的异质性企业债务稳定性会受到体制性因素的影响。与第五章结论类似，政府更愿意为国有企业提供隐性担保，这种偏好会产生两种影响：其一，会引发国有企业对民营企业信贷的挤占，进而加大民营企业做大做强的投融资压力，长此以往容易使大量民营企业破产离场；其二，会削弱外部融资约束对企业扩大债务规模的影响，使国有企业杠杆率提升、债务规模扩大，而民营企业由于受政策扶持的力度相对较小，因而其外部融资溢价约束相较国有企业存在增强趋势，从而促使其债务规模短期显著下降，同时伴随着企业融资压力增加。综上，政府隐性担保的存在本身对国有企业和民营企业信贷的合理配置就存在抑制作用，而民营企业可能面临的大量离场也不利于国家宏观经济抬升和资源配置，最终影响宏观经济金融稳定。

最后，国家的财政政策与货币政策对企业债务稳定性的影响有所分化。以扩张性财政政策和紧缩性货币政策为例，扩张性财政政策会增加市场总需求和产出，需求推动资产价格攀升，进而引发信贷膨胀；紧缩性货币政策会降低市场需求，引发以房地产企业为首的投资产出水平下降，与此同时，异质性企业部门净值缩水，信贷收缩引发企业杠杆率上升，外部融资约束进一步收紧。虽然两种政策的影响不同，但民营企业始终存在外部融资约束，而国有企业依靠隐性担保挤出大量民营企业，最终仍旧会影响宏观经济金融的稳定发展。

三 房地产价格波动对中国金融稳定影响的实证研究

实证研究房地产价格波动对金融稳定的影响，首先要明确自变量和因变量的定义及数据选择标准。第三部分的第八、九、十章分别实证分析了房地产价格波动对宏观、省域和区域金融稳定的影响，从可行性和可获得性两个角度进行考量，最终选取房价和地价来量化房地产价格的波动情况。具体研究结论从宏观、省域和区域三个角度进行总结。

（一）房地产价格波动对宏观金融稳定影响的研究结论

第八章的实证研究着眼于宏观金融稳定，因而在第二章宏观金融稳定指数构建的基础上，该章节利用 TVP-SV-VAR 模型实证探究了房地产价格波动对我国金融稳定的影响及其作用机制。实证结果显示，房价波动、地价波动与金融稳定之间的关系不是唯一的，随着条件改变会产生不同的结果，该结果证明三者之间的关系具有时变性和复杂性。具体而言，这些时变效应可以概括为以下三点。

其一，房价波动和地价波动之间存在显著的相互拉动作用。TVP-SV-VAR 模型的时变参数特征表明，房价波动对地价波动影响的时变性并不强；而时变脉冲响应函数结果显示，房价波动对地价波动的影响受时间变化的影响较弱，但地价波动对房价波动的影响有着很强的时变特性。两方面的实证结果均说明房价波动和地价波动之间存在显著的长期影响。

其二，房价波动通过企业抵押贷款渠道和住房部门个人按揭贷款渠道将积累的信贷风险传导至金融体系，并通过影响土地出让收入形成联动机制，叠加影响宏观金融稳定。房价波动与地价波动的联动效应，会对宏观金融稳定产生持久且显著的不利影响，而且这种冲击相比仅受地价波动影响更为显著。

其三，地方政府高度依赖土地出让的发展模式导致地价波动通过增加地方政府偿债压力累积并放大金融风险，进而威胁宏观经济金融的平稳运行。基于理论研究和时变脉冲函数分析发现，地价波动在短期内对宏观金融稳定呈现出显著的负向影响，且随着时间推移这一负向影响持续增大。

（二）房地产价格波动对省域金融稳定影响的研究结论

在第三章省域金融稳定指数构建的基础上，第九章运用系统 GMM 模型与空间杜宾模型就房地产价格波动对省域金融稳定的影响进行了实证研究，解释了多区域之间的邻域效应及空间依赖性。

首先，房价波动对省域金融稳定具有显著影响，相对于加入经济层面的控制变量，房价波动对省域金融稳定的影响在社会层面的控制变量加入后更大。这说明，相比于货币发行量与经济发展，社会基本面在房价波动影响金融稳定的过程中起到了越来越显著的作用，所在地区的城镇化程度、常住人口以及居民就业与金融稳定亦有着密切的联系。相对于加入社会层面的控制变量，地价波动率对省域金融稳定的影响在经济层面的控制变量加入后变显著。这表明，地价波动与省域金融稳定之间的关系受经济层面控制变量影响显著，仅考虑控制城镇化率、失业率等社会层面控制变量易导致结果失准。

其次，细化到空间效应可以发现，省域金融稳定状况存在空间异质性和空间传染性。具体而言，我国地理距离相邻、经济距离相邻、社融距离相邻的各地区之间的风险具有相互传播的特征，即本地区房产价格的升高最终会带动本地区和相邻地区的金融风险共同增加。

最后，房地产价格波动对省域金融稳定有着对称性与非对称性的影响。在不同发展程度的经济或社融对等影响的前提下，省域之间的金融稳定呈竞争状态，即相邻省域金融稳定程度的提高会对本省的金融稳定起到挤压与恶化作用。然而，在非对称性影响下，经济发展不对等会使得省域之间的金融稳定呈现互补状态，而社融不对等则会导致省域之间的金融稳定呈竞争状态。

（三）房地产价格波动对区域金融稳定影响的研究结论

在第四章建立的区域金融稳定指数的基础上，第十章构建了面板联立方程模型和空间面板联立方程模型，将房价波动、地价波动与区域金融稳定纳入统一的分析框架，深入剖析了各区域存在的显著差异，并进行了空间效应测度。

首先，房价波动对金融稳定具有直接的负向影响，即房价波动增大金融风险，不利于金融稳定，且这一效应存在显著的区域异质性。具体表现为，房价波动对区域金融稳定的负向冲击在西部区域最大、中部区域次之、东部区域最小。可以发现，房价波动对区域金融稳定的影响与经济、金融发达程度总体呈负相关关系，经济、金融发达程度越高的区域，抵御金融风险的能力就越强，受到的冲击就越小。

其次，地价波动对区域金融稳定的直接影响仅在全国层面、中部区域和西部区域显著存在，而在东部区域不显著。经济发达程度高的东部区域，其地方政府税收收入也相对更高，能够有效对冲地价波动引发的地方政府收入波动；且发达、完善的金融系统为地方政府债务的偿还提供了稳定的信贷支持，能够尽可能避免当期政府收入波动引发的偿债困难问题。

再次，房价、地价间存在显著的正相关关系，即房价上涨会推动地价上涨，地价上涨又能反过来推动房价上涨。结合房价、地价波动对金融稳定的直接影响，进一步得出房价、地价波动和金融稳定之间存在间接影响渠道，房价、地价任何一方的上涨都会导致另一方的上涨从而间接影响金融稳定。区域异质性分析表明，房价波动对地价波动的推动效应，仅在全国样本中显著，而在各区域中均不显著。本章地价波动率这一指标是根据当期推出土地均价进行计算的，而每一期的土地均价计算时的样本又存在很大的差异，当某一期推出土地主要来源为核心区域时，地价均价会变高，而推出土地主要来源为边缘地区时，地价均价会变低，这就导致房价波动对地价波动的影响不显著。而当样本量扩展到全国层面时，样本量增多能够有效降低土地均价计算过程中小样本引发的偏误。

最后，空间效应测算表明，各区域金融稳定存在显著为正的空间效应，即某一区域的金融稳定程度上升会使邻近区域的金融稳定程度同步上升；房地产价格存在空间上的价格示范效应，即某一区域的房价上涨会导致邻近区域的房价、地价同步上涨，某一区域的地价上涨亦会导致邻近区域的地价、房价同步上涨。

第二节　政策建议

一　加强宏观、省域及区域金融稳定

维持宏观金融的稳定态势，不仅需要各级政府加大对各地重点、重大风险的防范化解力度，更需要周边省份乃至区域协调带动各省金融稳定发展，进而由区域平衡最终反馈于宏观经济金融平稳运行。因此，针对如何加强金

融稳定的政策建议，本章将分别从宏观、省域、区域三个层面进行阐述。

（一）加强宏观金融稳定

当前，国内外环境尚不明朗，国内经济增速下行压力不断加大，金融风险不断加剧，我国金融稳定的形势仍然不容乐观。因此，国家应当加大对金融风险的防控力度，扎实推进消除金融风险隐患的各项工作，切不可放松警惕，努力确保金融体系持续平稳运行。总体而言，针对加强宏观金融稳定的政策建议主要包含以下几点。

第一，明确金融稳定的定义和内涵。监管当局在防范化解重大金融风险前，应当首先明确何为金融稳定，从而分析当下或未来可能影响金融稳定运行的经济变量及指标，进而主动加强事前监管预警工作和构建严格的风险阻断机制，并设计出有效的金融政策工具，用于预防、发现、应对和化解金融体系运行过程中出现的各种风险。若金融体系不慎进入高风险状态，监管当局应果断采取处置措施；而对于严重资不抵债、无法持续经营的金融机构，金融市场也应当完善退出机制，利用市场化手段对其进行清算、关闭或重组。

第二，运用大数据等新一代信息技术协助维护金融稳定。当今社会，金融科技的创新发展对宏观金融的稳定运行起到了重要的作用，也为提升对金融机构的监管力度、降低潜在金融风险、提高应对突发风险的能力提供了更多方案。当前我国面临的金融稳定问题，并不仅仅局限于宏观经济和金融体系，许多潜在风险是不易察觉的，因而监管当局可以借助更多的金融科技手段，从阻隔风险的传染着手，既避免风险的纵向传导，也防止某一领域的风险横向传递至其他领域，进而影响实体经济的运行。

第三，把握好宏观金融稳定与省域、区域金融稳定之间的关系。研究结论表明，宏观调控对于省域、区域金融的稳定发展具有积极的影响，因而在当前经济下行压力较大的大背景下，央行应当实行积极的财政政策和稳健的货币政策，为金融体系注入良好充裕的流动性，以促进省域、区域经济金融平稳运行。然而，地方政府为促进当地经济增长采取了加强招商引资的手段，最终促使政府的隐性债务规模扩大，无形中增加了监管漏洞和债务风险。而这些风险最终仍会转嫁到中央政府的信用背书中，事实上背离了中央政府监管的初衷。因此，地方政府的自由裁量权应当被收紧，且地方政府应当努力加强自身的抗风险能力，而不是将信用背书的压力全盘交由中央政府承担。

第四，应当继续深化金融改革，引导金融稳定和金融发展共同推进。第三章的研究结果显示，我国各省份的金融实力和金融稳定大致存在一种负相关关系，即金融发展状况越好的省份实际上存在越多的金融风险，然而这一结论对于国家宏观经济金融平稳运行而言是相当不利的，尤其是面对由外部向内部传导的结构性风险时，金融实力较强的省份对风险的敏感性只会导致其经济更加脆弱，政策控制调整的压力也更大。针对以上问题，我国需要进一步深化金融改革，引导金融资源在区域间合理配置，打破资源流动的区域壁垒，通过不断完善市场规则以及推进金融结构与功能优化，加快部署构建金融监管体系，最终促进宏观金融稳定与省域、区域金融的全面发展。

（二）加强省域金融稳定

结合第三章和第四章的研究内容可以发现，省域因素是导致区域金融稳定指数出现差异的原因，省域金融稳定性的高低对于区域金融稳定具有决定性意义。因此，研究各省份金融稳定差异的来源和各省份应当重点关注的金融风险，对维护区域金融稳定乃至宏观金融稳定具有重大意义。

首先，针对我国当前存在的互联网金融风险问题，应当正确看待其背后隐含的正向或负向影响。一方面，从较多现实事例中不难看出，P2P 事件不仅造成了平台参与者的巨额损失，严重挫伤了我国投融资主体的信心，而且还影响到其他第三方支付平台的稳定运行，不利于我国金融市场体系的完善。另一方面，鉴于当前我国互联网金融蓬勃发展的态势，以及金融科技的优势产物（互联网、大数据、"5G"、区块链、数字货币等）在全国大规模铺开，强行阻断其发展趋势会阻碍金融创新的步伐，对我国提升自主创新能力、完善的金融体系极为不利。因而，国家需要严厉打击非法融资等金融违规违法行为、整顿金融市场秩序、补齐监管短板，不断完善金融风险监控、识别、评估、预警机制。与此同时，国家也应当发挥有利于民生发展、经济进步的金融科技工具的优势，推进便民服务科技化，在降低社会成本的同时也为促进经济增长带来关键助力。

其次，不良资产风险涉及我国安徽、广西、云南、陕西4个省份。为此，地方政府应当提升各省份银行系统的稳健经营能力，提高其对不良资产的抵御能力，通过引进战略投资者的方式引入合作方的技术、资金、人力以及组织形式，突破地方性银行区域扩展能力弱、资金紧缺等普遍瓶颈。另外，我国银行系统有着区别于其他国家的高储蓄率的特点，因而各省份也应当统筹好当地银行的风险管理工作，充分发挥商业银行在金融体系具有的金融中介功能。

再次，第三章还对其他省份存在的问题进行了详细阐述。针对辽宁、海南、内蒙古、贵州、天津、黑龙江、吉林、新疆八个省份存在的地方政府债务风险，地方政府应当完善当地的债务披露制度，加强对地方债务专项发行的监管，避免出现违约。山西、江苏、江西、山东、湖南、四川、宁夏七个省份相较其他省份面临更大的外部冲击风险，因而这些省份应当慎重考虑国际贸易和海外市场扩张等对外投资的规模，将对外扩张的力度控制在合理的范围内。

最后，研究结果显示，地方杠杆率风险也是我国各省份集中存在的金融风险，各省份仍需根据自身状况提升治理水平。一方面，针对我国目前仍旧重点关注的公司债暴雷问题，国家应当优化信用评级机制，提高信息披露违规成本，提高债券市场监管法规的一致性。而对于公司债券违约问题，国家应当基于普适标准施行相关法律，坚决守住债券违约的底线。另一方面，工业新旧动能转换不畅以及接踵而至的工业负债剧增等问题本质上仍是财政问题，因而地方政府应当鼓励企业加快技术创新的步伐，提高企业产能利用率。国家应当继续加强对地方财政拨款对象和规模的监管，确保资金切实有效地运用到真正急需资金的工业企业主体中，避免大量融资难的小微企业被迫退出市场，从而加剧市场波动。

（三）加强区域金融稳定

如前所述，我国区域金融稳定在空间上具有分散化、差异化的特点。受行政规划以及自然人文地理条件差异影响，各区域金融稳定程度存在差异。

东部地区得益于金融体制完善的优势，金融基础设施相对完备，进而带动金融投融资活动越发活跃，但与之伴随的却是金融稳定程度的下降；而中部地区和西部地区的金融市场功能虽然较为薄弱，但受到的外部风险冲击也较小，金融发展状况总体较为稳定。与此同时，第三章的省域金融稳定分析还体现出我国东北三省面临的产能过剩、废弃产能效率低下等问题，即我国东北地区存在高端制造业发展能力不足、技术创新实力不高的问题。在这样的状态下，东北三省的地方政府依赖重工业维持当地经济增长、提供信用背书支持企业运营，但缺乏合理的市场化退出机制，进一步增加了政府的负债压力，降低了市场对资源的配置能力，严重威胁本省乃至区域、宏观金融的稳健发展。

因此，结合各个区域的金融体系特征与金融发展能力，国家应当因地制宜地为各地区提供各种完善措施。东部地区应当注重金融体系的优化与调整，不断加强金融监管，提高金融体系的抗风险能力。中部与西部地区应当在追求金融发展深化的过程中注重发展质量，维护金融体系的可持续性与稳定性。而东北三省的金融波动情况与其产业结构紧密相关。因此，一方面，国家应当牢牢把握实体经济的重要支柱地位，通过提升技术创新水平来提高产业资源配置效率和转化效率，将实体经济的快速发展与金融发展更为紧密地结合起来，以实体经济带动金融发展；另一方面，国家对工业企业的重点定向扶持会缩减小微企业的融资渠道，政府和企业应当进行有效的协调和沟通，拓宽小微企业融资渠道。

此外，为促进区域协调发展，国家应当结合区域共性部署战略措施。一是利用好金融溢出效应的正向作用。各级政府应当推动东部、东北地区的金融活动向中部、西部地区扩散，提升区域金融稳定，加快实现区域融合，以促进金融布局不断优化。研究表明，优化各区域金融布局不仅能够促进本区域的金融稳定与资源集聚，还会通过正向溢出效应促进周边区域的金融稳定发展，最终实现宏观金融体系的稳定与协调。二是地方政府应适度调整对城市商业银行的干预程度。四大区域中具有金融稳定优势省份的不稳定因素大多体现在省级法人银行业金融机构流动性比例这一指标上，因而地方政府应当努力提升地方商业银行的流动性与稳定性，提升在金融市场中具有重要中介功能的银行的资本配置能力，进而通过发展城市商业银行这一平台更好地服务于中小微企业。

二 通过主要金融风险领域加强金融稳定

（一）通过增强地方政府债务稳定性加强金融稳定

地方政府债务对金融稳定造成的不利影响主要是基于历史体制上为谋求招商引资选择信用背书带来的负向反馈。在此过程中，信用背书的地方政府面临巨大的债务风险；而为维持地方金融稳定，中央政府通过各种金融政策工具来缓解债务压力，但也为宏观经济的平稳运行带来了影响。综上，影响地方政府债务稳定性的两个主要主体实质上是中央政府和地方政府。

对中央政府而言，中央政府需凭借强制性手段化解地方政府债务风险背后的体制性问题，从制度上消除地方政府的土地融资行为和对国有企业的隐性担保，提升地方政府的自主创收能力，并运用制度手段对系统性金融风险进行规避。

对地方政府而言，政府支出效率不高造成的信用违约是地方政府债务风险的来源之一。各地方政府应因地制宜地调整支出结构，优化资源配置，及时削减或退出效率低下的项目，减少不必要的财政支出；提高支出公开透明程度，引导公众参与信息监督；不断提升自身的治理效能，开展预算绩效管理改革，引入中长期战略目标，及时调整短期绩效目标；针对市场失灵的领域，重点加大投资力度，有序推进 PPP 项目的落地实施，提高政府和民间资本合作的效率，缓解地方政府债务负担成本。

此外，由于债务置换政策在一定条件下能够促进政府支出效率提升，因此地方政府要把握好债务置换政策的短期有效性，充分做好事前稽查审核工作，努力将扩张的政府支出集中到刺激经济增长的关键领域和项目，发挥政府支出效率提升对经济发展的正向作用，进一步提高地方政府支出效率以维护地方政府债务稳定。经由上述的正向反馈环节，地方政府最终能够进一步提升债务稳定性以促进金融的健康稳定发展。

（二）通过包含影子银行的宏观审慎监管加强金融稳定

第六章的研究核心是房地产波动、宏观审慎监管与影子银行风险三者之间的关系。从研究目的出发，由于房地产波动向影子银行传导的作用机制确实存在，因此协调房地产市场调控政策、宏观审慎调控政策和货币政策将有助于缓解影子银行风险。同时，促进市场调控之间的信息共享、工具互补，提升各市场的危机应变能力，最大限度地发挥不同调控措施的跨市场效应，能够有效阻断不同市场之间的风险传染，为维护金融稳定提供助力。

研究表明，将影子银行纳入宏观审慎监管框架，能够通过适当消除监管不对称、多渠道补充资本等方式提高抵御风险能力，有效缓解影子银行风险。基于此结论，应当把握以下两个关键点。一是明确制定宏观审慎监管政策的必要性，良好的宏观审慎监管政策对于经济金融的稳定发展具有积极意义。宏观审慎监管政策不仅可以对货币政策起到辅助作用，还能够推动建立金融稳定指标体系、完善金融风险预警机制，以及通过平缓信贷拨放等方式抑制信贷扩张，从而降低影子银行风险带来的影响。二是在制定宏观审慎监管政策的过程中，政府不仅要考虑商业银行的信贷规模，还要根据影子银行的信贷规模，适当放宽资本要求，纳入逆周期因子以降低金融体系的顺周期性，从而在促进经济稳定增长的同时保持金融平稳运行。

此外，基于动态角度评估影子银行风险，应当建立更加灵活和专业的影子银行监管规则。当前影子银行仍存在监管边缘化、量化难度极高等特点，且由于其自身运作的复杂性和专业性，商业银行资本的逆周期监管只能在特定情况下缓解影子银行风险。因此，针对当前监管不透明的现状，政府应当从源头出发，识别各类影子银行风险源，在此基础上针对不同的风险源实施不同的监管政策，实现"一事一策"，而不是寻求"万全之策"。

（三）通过增强非金融企业的债务稳定性加强金融稳定

第七章通过构建 BGG 模型，探讨了房地产价格波动对异质性企业债务稳定性以及宏观经济的影响。基于第七章的研究结论，本书提出以下针对性建议。

其一，大力开展改革工作，通过降低国有企业占比、增加民营企业数量的方式消除异质性企业债务风险背后的体制性因素。部分低效率国有企业因受国家扶持，在产出和信贷方面会显著挤占民营企业资源。因此，应当进一步深化供给侧结构性改革，有效释放过剩产能，优化经济结构和企业退出机制。

其二，国有企业信贷受到隐性担保的问题需要采取相关措施进行解决。隐性担保的背后是国有企业信贷加速扩张，而民营企业面临"融资难、融资贵"等问题。因而，应当弱化政府对国有企业的隐性担保，切断国有企业与政府之间的利益关联，促进企业培育优势项目，提升自身的经营和创新能力，进而提高生产效率和产出水平。

其三，要控制政府支出规模，避免带来企业信贷需求的过度膨胀，削弱国有企业与政府之间的利益关联。首先，要从收入端实行减税等财政政策增加企业收入，协助企业提升运营能力和盈利能力，避免企业由于过高的资产负债率而陷入融资困境。其次，还需要通过实施逆周期性的紧缩性货币政策收缩企业信贷，避免企业债务过度膨胀。其中，财政政策与货币政策的实施必须与消除体制性因素同时进行，避免体制性因素影响政策实施的效果，从而避免实体经济出现结构性矛盾。

三 通过调控房地产价格加强金融稳定

房地产价格波动小可波及各省份金融的稳定发展，大可影响区域乃至宏观经济金融的稳健运行。第三部分就房价、地价波动对不同层面（宏观、省域和区域）金融稳定的影响进行了深入的理论分析和规范的实证研究，下文根据实证结果分别就如何通过降低房地产价格波动加强宏观、省域、区域金融稳定提出相关政策建议。

（一）通过降低房地产价格波动加强宏观金融稳定

第八章的实证研究将房价和地价波动作为衡量房地产价格波动的指标，因而下文将从这两个方面提出相关政策建议。

1. 降低房价波动对宏观金融稳定的影响

突发性公共卫生事件给我国经济带来的巨大冲击使得企业和家庭部门的债务危机频发，家庭部门债务与房地产领域"灰犀牛"之间的风险联动效应也对我国房地产市场产生了巨大影响。为防范房价波动影响整体金融运行以形成系统性风险，我国应当继续实施以下房地产调控政策。

第一，坚持"房住不炒"的原则。政府应当综合运用多种手段完善住房制度，增加住房供给，合理释放房地产市场内需，防止房价过快上涨引起宏观经济金融整体波动。同时，国家应大力发展地方经济和地方实体产业，努力摆脱地方经济对房地产的依赖，避免陷入地方政府债务剧增的风险陷阱。

第二，加快推进房产税的立法。基于我国目前免征房产税的背景，地方政府大多通过增加土地出让收入的方式减轻财政压力，而房地产行业投机属性的增强刺激房价持续上涨。在这样的前提下，采取主要城市实施限购、提高首付占房产价格的比重和二手房交易个人所得税的税率等措施，能在很大程度上抑制房地产商的炒房行为，调控房价波动的态势。

第三，改进土地供给模式。国家供给土地的核心要放在扩大住房和商服用地供给、降低土地要素成本上，而非将房地产作为主要的金融投资工具。若在由土地转向房地产的中间环节实行限制政策，将有利于降低炒房等行为导致的房地产泡沫风险，从而促进中国房地产行业持续健康发展。

第四，从供给端出发，加大住房供应力度。从第二部分的理论模型构建和研究中可以发现，房价受需求推动增长显著，如果国家能从供给端增加住房数量、避免需求端推动房价过度膨胀，则能够有效抑制投机性购房、炒房行为。与此同时，研究结果显示，房价的上涨会导致企业债务规模扩张和总产出增加，因而在经济下行时期，国家可以基于房价波动的传导机制，利用金融工具进行房价调控和稳定企业债务，利用逆周期性的资产价格调控政策调节房地产价格，同时要避免房价调控政策引发的放大效应。

2. 降低地价波动对宏观金融稳定的影响

控制地价波动是维稳房价的重要措施之一。我国明确了政府对土地的控制权与所有权，因而土地出让收入全由地方政府支配。然而，地方政府长期依靠土地出让获取财政收入的方式会抬高房价，进而对整个社会的平稳发展有着较大的负向影响。因此，要想使房价调控政策得以有效实施，破解土地出让难题势在必行。

第一，要牢牢把握中央提出的"稳地价"政策。首先，国家应当推进财税体制改革、健全地方税收体系，加快消费税、个人所得税改革，通过提高地方政府在税收分配中的占比来赋予地方政府更多的财政自主权，从而减轻地方政府的财政压力，促使房价调控政策在地方上得以展开；其次，加快完善土地出让收入的监管体制，赋予地方政府对土地出让金自由支配的权力；最后，当前我国土地出让自身存在较强的不确定性，国家应当明确规范土地抵押风险的评估程序，降低土地抵押预期价值减少的风险。

第二，预防地方政府债务违约风险。地价的过度波动会增加地方政府债务违约风险，进而威胁宏观金融稳定。为此，一方面，中央应当加强地方政府债务管理，提高政府债务融资的规范性与透明度；另一方面，在采取债务置换措施时，可考虑使用财政资金增补银行资本金或降低银行准备金率，将地价调控对经济的负向影响降到最低。

综上所述，面对繁荣的房地产行业，中央需要警惕房地产泡沫可能带来的风险，通过完善房地产行业的长效发展机制，在坚持"住房不炒"的基本前提下运用各种房地产调控政策维护市场稳定。同时，国家需要加强土地供给制度改革，在适度增加土地供给量的同时提升居住用地的比例。此外，政府应当加快财税体制改革，改变地方政府过度依赖土地出让的现状，通过破解土地出让难题维护宏观金融的稳定。

（二）通过降低房地产价格波动加强省域金融稳定

首先，由第九章的研究结果可知，在货币或信贷宽松的经济背景下要严控房地产价格波动、维护经济平稳发展。这对省域经济而言首先体现在地方政府的监管效能上，地方政府不应盲目追求经济的"高增长"，而应该追求经济的"高质量"发展，努力实现经济的可持续发展与绿色发展，提升金融体系的稳定性和抗冲击能力。与此同时，国家应当严格管控和努力化解重大金融风险给经济和社会带来的负面影响，始终将金融风险降低到可防、可控、可治的范围内。

其次，基于各省份房价波动的地域特点、时间特征以及金融风险的空间溢出效应等实证结论，中央政府应该制定具有全局性与针对性的管控措施，严格控制金融风险在相邻地区之间的外溢。结合 2020 年以来房地产市场持续低迷、失业率上升的不利趋势，政府应当实施较为积极的政策调节经济，例如适当放松房贷利率等，从而促进房地产行业持续推动宏观经济稳步发展。

最后，当前我国宏观金融风险总体可控，而针对局部区域的突发性金融风险，地方政府应当做好预警和防范工作，完善风险突发应急方案；而中央政府需要加强对金融产品的穿透式监管、提升房价调控水平，在降低房价波动的前提下化解省域金融风险、维护省域金融稳定。

（三）通过降低房地产价格波动加强区域金融稳定

首先，地方政府应打破原有的"以地融资"的发展模式，将维护房地产市场平稳发展纳入地方政府的考核指标体系。同时，要大力培育和发展多元化产业，逐步脱离房地产作为经济发展支柱的状态。另外，地方政府应结合区域优势，发展地方性产业，激活地方整体经济活力，加快脚步实现区域产业转型升级，以绿色发展引领经济高质量发展。

其次，由于房价、地价波动对金融稳定的影响存在区域差异，应根据区域特点提出具有针对性的政策。区域治理应当立足于该区域聚焦的金融风险，在制定房地产市场相关法律法规时纳入这些风险因素，并根据不同区域房地产市场的特点，例如发展程度、投资规模等，调整政策实施的方向和力度，合理调控各区域的金融运行。

最后，四大区域内各省份间均存在显著的风险传染效应，且总体上房地产价格存在空间上的联动效应。因此，要运用整体—局部思维，警惕金融风险的跨区域传染，将防范化解区域性金融风险作为守住不发生系统性金融风险的重要屏障，从而实现各区域乃至宏观层面金融的稳定发展。

参考文献

白鹤祥，刘社芳，罗小伟，刘蕾蕾，郝威亚. 基于房地产市场的我国系统性金融风险测度与预警研究[J]. 金融研究，2020（8）：54-73.

白文周. 我国高房价驱动力及其治理策略——基于35个大中城市面板数据的实证研究［J］. 上海财经大学学报，2012，14（6）：82-89.

卞志村，孙慧智，曹媛媛. 金融形势指数与货币政策反应函数在中国的实证检验[J]. 金融研究，2012（8）：44-55.

才国伟，吴华强，徐信忠. 政策不确定性对公司投融资行为的影响研究[J]. 金融研究，2018（3）：89-104.

蔡真. 我国系统性金融风险与房地产市场的关联、传染途径及对策［J］. 中国社会科学院研究生院学报，2018，（5）：42-61.

陈斌开，黄少安，欧阳涤非. 房地产价格上涨能推动经济增长吗？［J］. 经济学（季刊），2018，17（3）：1079-1102.

陈斌开，金箫，欧阳涤非. 住房价格、资源错配与中国工业企业生产率［J］. 世界经济，2015，38（4）：77-98.

陈斌开，杨汝岱. 土地供给、住房价格与中国城镇居民储蓄［J］. 经济研究，2013，48（1）：110-122.

陈贵，林钧跃，尚伟龙. 2017中国城市商业信用环境指数（CEI）蓝皮书[J]. 2018：99-103.

陈汉鹏，戴金平. Shibor作为中国基准利率的可行性研究[J]. 管理世界，2014，253（10）：37-46.

陈俊，胡宗义，刘亦文．金融集聚的区域差异及影响因素的空间计量分析[J]．财经理论与实践，2013，34（6）：21-24.

陈琳，杜海涛，谭建辉，周耀旭．房价涨势的区域异质性及时期差异性研究——基于中国 30 个省市面板数据的实证分析[J]．广州大学学报（社会科学版），2018，17（8）：65-74.

陈守东，李卓，林思涵．地方政府债务风险对区域性金融风险的空间溢出效应［J］．西安交通大学学报（社会科学版），2020，40（6）：33-44.

陈小亮，马啸．"债务-通缩"风险与货币政策财政政策协调[J]．经济研究，2016，51（8）：28-42.

陈勇兵，刘佳祺，徐丽鹤．房价与出口：不可贸易部门对可贸易部门的挤出效应[J]．经济研究，2021，56（3）：186-203.

陈雨露，马勇，阮卓阳．金融周期和金融波动如何影响经济增长与金融稳定？［J］．金融研究，2016，（2）：1-22.

陈雨露，马勇．金融体系结构、金融效率与金融稳定[J]．金融监管研究，2013（5）：1-21.

陈雨露．"新常态"下的经济和金融学理论创新［J］．经济研究，2015，50（12）：8-10.

储德银，邵娇，迟淑娴．财政体制失衡抑制了地方政府税收努力吗？［J］．经济研究，2019，54（10）：41-56.

崔光灿．资产价格、金融加速器与经济稳定［J］．世界经济，2006（11）：59-69+96.

戴淑庚，余博．资本账户开放会加剧我国的系统性金融风险吗——基于 TVP-FAVAR 和 SV-TVP-VAR 模型的实证研究［J］．国际贸易问题，2020（1）：159-174.

邓创，谢敬轩．中国的金融稳定及其与经济、金融周期波动的关联动态[J]．国际金融研究，2021（7）：13-23.

刁节文，章虎．基于金融形势指数对我国货币政策效果非线性的实证研究[J]. 金融研究, 2012 (4): 32-44.

刁伟涛. 财政新常态下地方政府债务流动性风险研究: 存量债务置换之后[J]. 经济管理.2015, 37 (11): 11-19.

丁焕峰, 何小芳, 孙小哲. 中国城市专利质量评价及时空演进[J]. 经济地理, 2021, 41 (5): 113-121.

丁慧, 陈颖, 卞志村. 中国金融市场压力指数构建及其宏观经济非线性效应[J]. 现代财经 (天津财经大学学报), 2020, 40 (8): 18-30.

丁如曦, 倪鹏飞. 中国城市住房价格波动的区域空间关联与溢出效应——基于2005-2012年全国285个城市空间面板数据的研究 [J]. 财贸经济, 2015, (6): 136-150.

董迪. 区域金融稳定性指数的构建与评估研究[J]. 武汉金融, 2018 (2): 50-55.

董凯, 葛扬, 杜修立等. 金融杠杆、房产价格与消费支出的动态关联性研究 [J]. 上海经济研究, 2021, (11): 100-111.

段忠东. 房地产价格与通货膨胀、产出的非线性关系——基于门限模型的实证研究[J]. 金融研究, 2012 (8): 84-96.

范百灵. 城镇化对房价影响及其区域差异性研究[J]. 价格理论与实践, 2021 (3): 39-42+69.

范剑勇, 莫家伟. 地方债务、土地市场与地区工业增长[J]. 经济研究, 2014, 49 (1): 41-55.

范子英. 土地财政的根源: 财政压力还是投资冲动[J]. 中国工业经济, 2015 (6): 18-31.

方先明, 权威. 信贷型影子银行顺周期行为检验[J]. 金融研究, 2017 (6): 64-80.

方先明, 谢雨菲, 权威. 影子银行规模波动对金融稳定的溢出效应[J]. 经济学家, 2017 (1): 79-87.

方意, 邵稚权, 黄昌利. 资本市场开放与跨境风险传染防控——基于沪港通的经验证据[J]. 国际金融研究, 2021 (9): 65-75.

方兆本，朱俊鹏.中国金融稳定的度量及预测［J］.金融论坛，2012，17（10）：4-10.

伏润民，缪小林，高跃光.地方政府债务风险对金融系统的空间外溢效应［J］.财贸经济，2017，38（9）：31-47.

高波，李言，李萌.住房抵押贷款与银行业风险分析——来自中国商业银行的经验证据［J］.产业经济研究，2019，（4）：101-112.

高波，毛丰付.房价与地价关系的实证检验：1999-2002［J］.产业经济研究，2003（3）：19-24.

高国华，潘英丽.基于动态相关性的我国银行系统性风险度量研究［J］.管理评论，2013，25（1）：9-15.

高然，龚六堂.土地财政、房地产需求冲击与经济波动［J］.金融研究，2017（4）：32-45.

高惺惟.中美贸易摩擦下人民币国际化战略研究［J］.经济学家，2019（5）：59-67.

宫汝凯.财政不平衡和房价上涨：中国的证据［J］.金融研究，2015（4）：66-81.

苟文均，袁鹰，漆鑫.债务杠杆与系统性风险传染机制——基于 CCA 模型的分析［J］.金融研究，2016（3）：74-91.

古杰，周素红，闫小培，郑重.中国农村居民生活水平的时空变化过程及其影响因素［J］.经济地理，2013，33（10）：124-131.

桂文林，梁彩丽，朱丰毅，黄云英.基于 TVP-FAVAR 模型的中国金融状况指数的构建和预测［J］.统计与信息论坛，2022，37（7）：61-74.

郭爱请，李昱，都晓，但臻.关于环首都区域住宅地价变动规律研究——基于空间自相关的分析［J］.价格理论与实践，2021（3）：158-161+168.

郭峰，王靖一，王芳，孔涛，张勋，程志云.测度中国数字普惠金融发展：指数编制与空间特征［J］.经济学（季刊），2020，19（4）：1401-1418.

郭峰，熊瑞祥.地方金融机构与地区经济增长——来自城商行设立的准自然实验[J].经济学（季刊），2018，17（1）：221-246.

郭红兵，杜金岷.中国金融稳定状况指数的构建[J].数量经济技术经济研究，2014，31（5）：100-116+161.

郭俊峰，陈耀辉，刘芳.地方金融稳定指数构建与区域经济增长关系——来自江苏省1999-2012年数据[J].华东经济管理，2015，29（4）：17-22.

郭娜，葛传凯，祁帆.我国区域金融安全指数构建及状态识别研究[J].中央财经大学学报，2018（8）：37-48.

郭娜，梁琪.我国房地产市场周期与金融稳定——基于随机游走滤波的分析[J].南开经济研究，2011（4）：98-107.

郭娜，申琳，张宁.中国金融系统脆弱性指数的构建与区制状态分析[J].当代经济科学，2020，42（1）：1-9.

郭娜，王少严，胡佳琪.房地产价格、金融稳定与宏观审慎监管——基于NK-DSGE模型的研究[J].武汉金融，2022（6）：3-12.

郭娜.房价粘性、系统性风险与货币政策调控[J].财经科学，2019，（2）：15-26.

郭田勇.资产价格、通货膨胀与中国货币政策体系的完善[J].金融研究，2006（10）：23-35.

韩立达，何理.人口流动对商品住宅价格影响的区域差异性研究[J].当代经济研究，2021（9）：86-98.

韩梦瑶，刘卫东，谢漪甜，姜宛贝.中国省域碳排放的区域差异及脱钩趋势演变[J].资源科学，2021，43（4）：710-721.

何德旭，娄峰.中国金融稳定指数的构建及测度分析[J].中国社会科学院研究生院学报，2011（4）：16-25.

何德旭，张斌彬.居民杠杆与企业债务风险[J].中国工业经济，2021（2）：155-173.

何德旭，郑联盛.美国新一轮金融危机解析[J].理论前沿，2008（23）：5-9.

何启志，彭明生.基于互联网金融的网贷利率特征研究[J].金融研究，

2016 (10)：95-110.

何青，钱宗鑫，郭俊杰. 房地产驱动了中国经济周期吗？[J]. 经济研究，2015，50 (12)：41-53.

何青，张策，田昕明. 中国工业企业无利润扩张之谜[J]. 经济理论与经济管理，2016 (7)：58-70.

何淑兰. 热钱、房地产价格波动与金融体系稳定——基于 SVAR 模型的实证分析 [J]. 经济与管理，2013，27 (1)：25-31.

何杨，满燕云. 地方政府债务融资的风险控制——基于土地财政视角的分析[J]. 财贸经济，2012 (5)：45-50.

贺星源，易家权，李新. 居民杠杆率、房地产价格与金融稳定——基于 TVP-VAR 模型的实证研究[J]. 宏观经济研究，2022 (5)：48-59.

洪祥骏，宫蕾. 房地产限购的信息价值与信贷风险——资产证券化市场的证据[J]. 中国工业经济，2021 (7)：63-80.

侯成琪，黄彤彤. 影子银行、监管套利和宏观审慎政策[J]. 经济研究，2020，55 (7)：58-75.

胡利琴，王安东，常月. 影子银行、宏观审慎政策和金融监管[J]. 金融经济学研究，2018，33 (6)：22-35.

胡荣才，刘晓岚. 货币政策影响房价的区域差异性——基于省际面板数据的实证研究[J]. 南京财经大学学报，2010 (4)：7-13.

胡毅，陈海强，齐鹰飞. 大数据时代计量经济学的新发展与新应用——第二届中国计量经济学者论坛 (2018) 综述[J]. 经济研究，2019，54 (3)：199-203.

黄和平，易梦婷，曹俊文，邹艳芬，黄先明. 区域贸易隐含碳排放时空变化及影响效应——以长江经济带为例[J]. 经济地理，2021，41 (3)：49-57.

黄宪，刘岩，童韵洁. 金融发展对经济增长的促进作用及其持续性研究——基于英美、德国、法国法系的比较视角[J]. 金融研究，2019 (12)：147-168.

黄晓雯. 基于宏观审慎监管角度的影子银行风险溢出效应研究[J]. 南

方经济，2017（7）：85-99

黄志刚，许伟．住房市场波动与宏观经济政策的有效性[J]．经济研究，2017，52（5）：103-116.

黄智淋，董志勇．我国金融发展与经济增长的非线性关系研究——来自动态面板数据门限模型的经验证据[J]．金融研究，2013（7）：74-86.

黄忠华，李书萱，杜雪君．长三角一体化发展下城市地价时空格局及影响机制研究[J]．中国土地科学，2022，36（2）：53-62.

惠康，任保平，钞小静．中国金融稳定性的测度[J]．经济经纬，2010（1）：145-149.

纪敏，严宝玉，李宏瑾．杠杆率结构、水平和金融稳定--理论分析框架和中国经验[J]．金融研究，2017（2）：11-25.

纪洋，王旭，谭语嫣，黄益平．经济政策不确定性、政府隐性担保与企业杠杆率分化[J]．经济学（季刊），2018，17（2）：449-470.

贾庆英，高蕊．房地产价格、经济杠杆与金融系统性风险[J]．南京审计大学学报，2020，17（6）：69-78.

江春，杨力菲，姜婷婷．投资者风险态度、资产价格与汇率预期的动态关系研究——基于DCC-GARCH和TVP-SV-VAR模型[J]．统计研究，2022，39（2）：114-129.

姜世超．影子银行规模与房地产价格关系的实证检验[J]．统计与决策，2019，35（10）：153-156.

蒋灵多，陆毅．市场竞争加剧是否助推国有企业加杠杆[J]．中国工业经济，2018（11）：155-173.

解百臣，谭昕昀，张爽．基于生产理论分解分析的火电企业碳排放驱动因素与时变趋势[J]．中国人口·资源与环境，2021，31（4）：42-50.

鞠方，阳娟，黎小佳．基于空间异质性的中国住房空置率与房地产金融风险研究[J]．财经理论与实践，2018，39（4）：26-31.

孔丹凤，谢国梁．地方政府债券、债务置换与商业银行理财收益率[J]．当代财经，2020（9）：66-75.

孔庆龙，高印朝，樊锐．资产价格波动与银行危机的一般均衡分析模型的改进[J]．上海金融，2008（9）：50-55．

况伟大，李涛．土地出让方式、地价与房价[J]．金融研究，2012（8）：56-69．

况伟大．开征房产税对预期房价的影响：来自北京市调查问卷的证据[J]．世界经济，2013，36（6）：145-160．

兰晓梅，杨胜刚，杨申燕．货币政策与宏观审慎政策协调对影子银行的影响[J]．国际金融研究，2020（9）：23-33．

雷霖．影子银行规模、房地产价格与金融稳定性[J]．经济与管理研究，2018，39（11）：107-117．

李程，赵艳婷．实体经济各部门杠杆率、房地产价格与金融风险联动研究[J]．金融监管研究，2021，（3）：92-114．

李春吉，范从来，孟晓宏．中国货币经济波动分析：基于垄断竞争动态一般均衡模型的估计[J]．世界经济，2010，33（7）：96-120．

李春吉，范从来，孟晓宏．中国货币经济波动分析：基于垄断竞争动态一般均衡模型的估计[J]．世界经济，2010，33（7）：96-120．

李昊洋，程小可，高升好．高房价"驱逐"了公司的研发活动吗？——来自创业板的经验证据[J]．中国软科学，2018（12）：95-109．

李健，邓瑛．推动房价上涨的货币因素研究——基于美国、日本、中国泡沫积聚时期的实证比较分析[J]．金融研究，2011（6）：18-32．

李菁，王冠英．利率冲击与理性股票价格泡沫——基于 TVP-SV-VAR 模型的检验[J]．当代财经，2015，（12）：58-68．

李兰英，李伟．我国房地产金融风险向土地财政风险传导的博弈机制分析[J]．现代财经（天津财经大学学报），2012，32（7）：59-68．

李林，丁艺，刘志华．金融集聚对区域经济增长溢出作用的空间计量分析[J]．金融研究，2011（5）：113-123．

李敏波，梁爽．监测系统性金融风险——中国金融市场压力指数构建和状态识别[J]．金融研究，2021，No.492（6）：21-38．

李鹏. 房价波动与银行稳定性的门槛效应研究——基于抵押物价值视角[J]. 云南财经大学学报, 2017, 33 (6): 81-89.

李强, 赵桦. 中国金融稳定指数的构建及测度[J]. 统计与决策, 2022, 38 (01): 131-136.

李文喆. 中国影子银行的经济学分析: 定义、构成和规模测算[J]. 金融研究, 2019 (3): 53-73.

李向前, 诸葛瑞英, 黄盼盼. 影子银行系统对我国货币政策和金融稳定的影响[J]. 经济学动态, 2013 (5): 81-87.

李旭辉, 何金玉, 李艳, 程刚, 张继泽. 高端产业发展的统计测度、区域差异与驱动力考察[J]. 统计与决策, 2022, 38 (6): 119-124.

李玉龙. 地方政府债券、土地财政与系统性金融风险 [J]. 财经研究, 2019, 45 (09): 100-113.

李政, 梁琪, 方意. 中国金融部门间系统性风险溢出的监测预警研究——基于下行和上行 ΔCoES 指标的实现与优化[J]. 金融研究, 2019 (2): 40-58.

李中山, 杜莉. 中国影子银行对金融稳定性的影响[J]. 财经理论研究, 2019 (4): 48-60.

梁琪, 郝毅. 地方政府债务置换与宏观经济风险缓释研究[J]. 经济研究, 2019, 54 (4): 18-32.

梁永礼. 新常态下我国金融安全实证分析[J]. 经济问题探索, 2016 (11): 128-137.

梁云芳, 高铁梅. 我国商品住宅销售价格波动成因的实证分析[J]. 管理世界, 2006 (8): 76-82.

梁云芳, 高铁梅. 中国房地产价格波动区域差异的实证分析[J]. 经济研究, 2007 (8): 133-142.

林春, 谭学通. 中国县域普惠金融的时空格局及影响因素[J]. 经济地理, 2021, 41 (6): 126-135.

刘超, 张瑞雪, 朱相宇. 金融风险与宏观经济风险的交互行为研究 [J].

管理评论，2022，34（2）：46-61.

刘华军，吉元梦. 大气污染全球不平等的时空格局与演进趋势[J]. 中国人口·资源与环境，2021，31（6）：39-44.

刘佶鹏. 人口老龄化对住房价格影响的区域差异性研究[J]. 价格理论与实践，2021（2）：166-169.

刘金全，张龙. 中国混频金融状况指数的经济增长预测效果与检验[J]. 统计与信息论坛，2019（1）：30-39.

刘莉亚，刘冲，陈垠帆，周峰，李明辉. 僵尸企业与货币政策降杠杆[J]. 经济研究，2019，54（9）：73-89.

刘琳，刘洪玉. 地价与房价关系的经济学分析[J]. 数量经济技术经济研究，2003（7）：27-30.

刘诺，余道先. 基于外资流动风险的中国经济安全状况分析[J]. 上海经济研究，2016a（4）：3-13.

刘诺，余道先. 金融稳定国际指标及其对中国的适用性[J]. 经济管理，2016b，38（3）：1-11.

刘尚希，白景明，傅志华，程瑜，李成威，梁季，梁强. 高度警惕风险变形 提升驾驭风险能力——"2017 年地方财政经济运行"调研总报告[J]. 财政研究，2018（3）：2-13+30.

刘守英. 以地谋发展模式的风险与改革[J]. 国际经济评论，2012（2）：92-109+7.

刘卫江. 中国银行体系脆弱性问题的实证研究[J]. 管理世界，2002（7）：3-10+156.

刘晓欣，雷霖. 金融杠杆、房地产价格与金融稳定性——基于基于SVAR 模型的实证研究[J]. 经济学家，2017，（8）：63-72.

刘晓宇，辛良杰. 2007—2019 年中国城市土地价格的空间分化[J]. 地理研究，2022，41（6）：1637-1651.

刘行，建蕾，梁娟. 房价波动、抵押资产价值与企业风险承担[J]. 金融研究，2016（3）：107-123.

刘亚静，李胜男．基于 MGWR 模型的城市住宅用地地价驱动因素分析[J]．华北理工大学学报（自然科学版），2022，44（3）：53-62．

刘艳艳．中国影子银行体系对金融稳定性影响的实证分析[J]．财经理论与实践，2017，38（5）：27-32．

刘元春，陈金至．土地制度、融资模式与中国特色工业化[J]．中国工业经济，2020（3）：5-23．

逯进，王金涛．经济政策不确定性、金融稳定与波动的动态关联——基于中国 2007—2019 年数据的分析［J］．商业研究，2020，（5）：26-33．

罗必良．分税制、财政压力与政府"土地财政"偏好[J]．学术研究，2010（10）：27-35．

罗刚强，赵涛．区域经济基本面与住房价格波动——1999-2008 年东、中、西部地区房价动力因素的经验研究[J]．西安电子科技大学学报（社会科学版），2010，20（4）：73-80．

罗孝玲，王慧琳．文教卫类公共服务供给对房价影响的区域差异性研究[J]．价格月刊，2019（1）：44-49．

马理，范伟．促进"房住不炒"的货币政策与宏观审慎"双支柱"调控研究[J]．中国工业经济，2021（3）：5-23．

马文涛，马草原．政府担保的介入、稳增长的约束与地方政府债务的膨胀陷阱[J]．经济研究，2018，53（5）：72-87．

马勇，陈雨露．金融杠杆、杠杆波动与经济增长[J]．经济研究，2017，52（6）：31-45

马勇，田拓，阮卓阳，朱军军．金融杠杆、经济增长与金融稳定[J]．金融研究，2016（6）：37-51．

马勇，王芳．金融开放、经济波动与金融波动［J］．世界经济，2018，41（2）：20-44．

马勇，吴雪妍．银行信贷如何影响房价？［J］．金融评论，2018，10（3）：1-22+122．

毛捷，曹婧．中国地方政府债务问题研究的文献综述［J］．公共财政研究，2019，（01）：75-90.

毛锐，刘楠楠，刘蓉. 地方政府债务扩张与系统性金融风险的触发机制［J］. 中国工业经济，2018，（4）：19-38.

梅冬州，崔小勇，吴娱. 房价变动、土地财政与中国经济波动［J］. 经济研究，2018，53（1）：35-49.

梅冬州，温兴春，王思卿. 房价调控、地方政府债务与宏观经济波动［J］. 金融研究，2021（1）：31-50.

梅冬州，温兴春. 外部冲击、土地财政与宏观政策困境［J］. 经济研究，2020，55（5）：66-82.

孟宪春，张屹山. 家庭债务、房地产价格渠道与中国经济波动［J］. 经济研究，2021，56（5）：75-90.

苗文龙. 金融稳定与货币稳定——基于信息约束经济中央银行独立性的分析［J］. 金融研究，2007，319（1）：163-174.

聂辉华，江艇，杨汝岱. 中国工业企业数据库的使用现状和潜在问题［J］. 世界经济，2012，35（5）：142-158.

欧阳资生，徐彦欣. 经济政策不确定性对金融业系统性风险的溢出效应研究［J］. 湖南财政经济学院学报，2021，37（6）：5-15.

潘长春. 人民币汇率变动的价格传递效应——基于 TVP-SV-VAR 模型的实证检验［J］. 国际贸易问题，2017（4）：141-152.

潘桔，郑红玲. 区域经济高质量发展水平的测度与差异分析［J］. 统计与决策，2020，36（23）：102-106.

彭翀，常黎丽. 湖南省县域城镇化时空格局及其经济发展相关性研究［J］. 经济地理，2013，33（8）：73-78.

彭俞超，黄娴静，沈吉. 房地产投资与金融效率——金融资源"脱实向虚"的地区差异［J］. 金融研究，2018a（8）：51-68.

彭俞超，倪骁然，沈吉. 企业"脱实向虚"与金融市场稳定——基于股价崩盘风险的视角［J］. 经济研究，2018b，53（10）：50-66.

皮舜，武康平. 房地产市场发展和经济增长间的因果关系——对我国的实证分析[J]. 管理评论, 2004 (3): 8-12+63.

钱明辉, 胡日东. 中国区域性金融中心的空间辐射能力[J]. 地理研究, 2014, 33 (6): 1140-1150.

钱宗鑫, 王芳, 孙挺. 金融周期对房地产价格的影响——基于SV-TVP-VAR模型的实证研究[J]. 金融研究, 2021 (3): 58-76.

邱志刚, 王子悦, 王卓. 地方政府债务置换与新增隐性债务——基于城投债发行规模与定价的分析[J]. 中国工业经济, 2022 (4): 42-60.

裘翔, 周强龙. 影子银行与货币政策传导[J]. 经济研究, 2014, 49 (5): 91-105.

饶品贵, 姜国华. 货币政策对银行信贷与商业信用互动关系影响研究[J]. 经济研究, 2013, 48 (1): 68-82+150.

饶品贵, 汤晟, 李晓溪. 地方政府债务的挤出效应: 基于企业杠杆操纵的证据 [J]. 中国工业经济, 2022, (1): 151-169.

任爱华, 刘玲. 中国"动态"金融压力指数构建与时变性宏观经济效应研究[J]. 现代财经 (天津财经大学学报), 2022, 42 (3): 17-32.

任行伟, 邢天才, 张鑫. 影子银行、货币政策与房地产价格[J]. 经济与管理, 2019, 33 (4): 58-64.

任英华, 徐玲, 游万海. 金融集聚影响因素空间计量模型及其应用[J]. 数量经济技术经济研究, 2010, 27 (5): 104-115

荣华. 基于泰尔指数的区域金融业发展非均衡性分析[J]. 西部金融, 2019 (12): 25-30.

尚玉皇, 赵芮, 董青马. 混频数据信息下的时变货币政策传导行为研究——基于混频TVP-FAVAR模型[J]. 金融研究, 2021 (1): 13-30.

尚玉皇, 郑挺国. 中国金融形势指数混频测度及其预警行为研究[J]. 金融研究, 2018 (3): 21-35.

邵新建, 巫和懋, 江萍等. 中国城市房价的"坚硬泡沫"——基于垄断性土地市场的研究 [J]. 金融研究, 2012, (12): 67-81.

申博. "去库存"视角下房地产行业对区域金融稳定的影响——基于空

间面板模型的实证研究[J]. 河北经贸大学学报，2016，37（3）：61-66+101.

申广军，龚雅娴，姚洋. 金融发展与教育回报率的地区差异[J]. 金融研究，2015（3）：131-145.

沈丽，刘媛，李文君. 中国地方金融风险空间关联网络及区域传染效应：2009-2016［J］. 管理评论，2019，31（8）：35-48.

沈悦，郭培利. 收入、房价与金融稳定性——源自异质面板门槛模型的解析[J]. 经济科学，2015（6）：38-50.

施建刚，段锴丰，吴光东. 长三角地区城乡融合发展水平测度及其时空特征分析[J]. 同济大学学报（社会科学版），2022，33（1）：78-89.

司登奎，葛新宇，曾涛，李小林. 房价波动、金融稳定与最优宏观审慎政策[J]. 金融研究，2019（11）：38-56.

宋凌峰，叶永刚. 中国房地产行业宏观金融风险研究——基于金融稳定的视角［J］. 经济管理，2010，32（12）：34-39.

谭德凯，何枫. 自律机制对 Shibor 报价的影响研究[J]. 金融研究，2019，No. 468（6）：39-57.

谭小芬，张文婧. 财政分权、地方政府行为与企业杠杆率分化[J]. 经济研究，2021，56（6）：76-92.

谭语嫣，谭之博，黄益平，胡永泰. 僵尸企业的投资挤出效应：基于中国工业企业的证据[J]. 经济研究，2017，52（5）：175-188.

谭政勋，陈铭. 房价波动与金融危机的国际经验证据：抵押效应还是偏离效应［J］. 世界经济，2012，35（3）：146-159.

谭政勋，王聪. 中国信贷扩张、房价波动的金融稳定效应研究——动态随机一般均衡模型视角[J]. 金融研究，2011（8）：57-71.

唐建伟，李明扬，史智宇. 资产价格波动与银行系统稳定[J]. 财贸经济，2006（12）：3-10+35+108.

唐魏，刘世锦，曾培炎. 我国金融体系与宏观经济的关联性理论分析[J]. 技术经济与管理研究，2019（4）：84-88.

唐云锋，刘清杰. 土地财政、房价上涨与地方政府债务风险——基于双向叠加视角的研究[J]. 财经问题研究，2020（2）：81-89.

唐云锋，张帆，毛军. 地方债务风险溢出效应及其影响的测度分析[J]. 数量经济技术经济研究，2021，38（9）：139-158.

陶玲，朱迎. 系统性金融风险的监测和度量——基于中国金融体系的研究[J]. 金融研究，2016（6）：18-36.

田霖. 我国金融排除空间差异的影响要素分析[J]. 财经研究，2007（4）：107-119.

田新民，夏诗园. 地方政府债务风险影响研究——基于土地财政和房地产价格的视角 [J]. 山西财经大学学报，2017，39（6）：26-38.

万晓莉. 中国1987~2006年金融体系脆弱性的判断与测度[J]. 金融研究，2008（6）：80-93.

汪勇，马新彬，周俊仰. 货币政策与异质性企业杠杆率——基于纵向产业结构的视角[J]. 金融研究，2018（5）：47-64.

王班班，廖晓洁，谭秀杰. 城市化对雾霾暴露的贡献——基于对中国城市群的时空分解[J]. 中国人口·资源与环境，2021，31（7）：63-74.

王桂虎，郭金龙. 宏观杠杆率与系统性金融风险的门槛效应——基于跨国面板数据的经验研究[J]. 金融评论，2019，11（1）：112-122+126.

王鹤. 基于空间计量的房地产价格影响因素分析[J]. 经济评论，2012（1）：48-56..

王劲松，戴大淳. 房价波动对中国区域金融稳定的影响——基于面板与空间杜宾模型分析[J]. 经济问题，2022（5）：39-46+81.

王劲松，任宇航. 中国金融稳定指数构建、形势分析与预判[J]. 数量经济技术经济研究，2021，38（2）：24-42.

王拉娣，安勇. 居民收入差距、预期对城市房价的影响[J]. 经济问题探索，2016（12）：53-59.

王娜，施建淮. 我国金融稳定指数的构建：基于主成分分析法[J]. 南方金融，2017（6）：46-55.

王频，侯成琪．预期冲击、房价波动与经济波动[J]．经济研究，2017，52（4）：48-63．

王瑞．影子银行对房地产市场影响研究[J]．时代金融，2021（5）：36-38．

王若涵．货币政策与影子银行对房价的联动影响——基于我国省级面板模型的实证分析[J]．技术经济与管理研究，2020（8）：105-110．

王书斌，王雅俊．银行系统性风险传染机制的研究与实证——基于资产价格波动视角[J]．金融与经济，2010（7）：6-9．

王万珺，刘小玄．为什么僵尸企业能够长期生存[J]．中国工业经济，2018（10）：61-79．

王维安，钱晓霞．金融开放、短期跨境资本流动与资本市场稳定——基于宏观审慎监管视角[J]．浙江大学学报（人文社会科学版），2017，47（5）：196-212．

王晓博，徐晨豪，辛飞飞．基于 TVP-FAVAR 模型的中国金融稳定状态指数构建[J]．系统工程，2016，34（10）：19-26．

王叙果，沈红波，钟霖佳．政府隐性担保、债券违约与国企信用债利差[J]．财贸经济，2019，40（12）：65-78．

王学龙，杨文．中国的土地财政与房地产价格波动——基于国际比较的实证分析 [J]．经济评论，2012，（4）：88-96+144．

王雪峰．中国金融稳定状态指数的构建——基于状态空间模型分析[J]．当代财经，2010（5）：51-60．

王雅君，陈松威．地方政府性债务风险、不良资产处置与金融稳定[J]．税务与经济，2018（5）：5-10．

王莒，曹廷求．中国区域性金融风险的空间关联及其传染效应——基于社会网络分析法 [J]．金融经济学研究，2017，32（3）：46-55．

王永钦，陈映辉，杜巨澜．软预算约束与中国地方政府债务违约风险：来自金融市场的证据[J]．经济研究，2016，51（11）：96-109．

王振霞，闫冰倩，王蕾．能源价格与房地产市场波动——来自中国地级市层面的经验证据 [J]．金融研究，2023，（2）：1-20．

王竹泉，宋晓缤，王苑琢．我国实体经济短期金融风险的评价与研判——存量与流量兼顾的短期财务风险综合评估与预警[J]．管理世界，2020，36（10）：156-170+216-222．

王自力．金融稳定与货币稳定关系论[J]．金融研究，2005（5）：1-11．

王祖山，何立华．地价与房价高企的关系辨析——理论与证据［J］．现代经济探讨，2015，（1）：18-22．

魏伟，陈骁，张明．中国金融系统性风险：主要来源、防范路径与潜在影响［J］．国际经济评论，2018，（3）：125-150+7．

魏燕子．影子银行与我国房地产价格相互影响研究——基于VAR模型的实证分析[J]．金融经济，2016（22）：98-101．

温海珍，吕雪梦，张凌．房价与地价的内生性及其互动影响——基于联立方程模型的实证分析［J］．财贸经济，2010，（2）：124-129．

文凤华，张阿兰，戴志锋，杨晓光．房地产价格波动与金融脆弱性：——基于中国的实证研究[J]．中国管理科学，2012，20（2）：1-10．

吴德胜，曹渊，汤灿，郝希阳．分类管控下的债务风险与风险传染网络研究[J]．管理世界，2021，37（4）：35-54．

吴丽华，傅广敏．人民币汇率、短期资本与股价互动[J]．经济研究，2014，49（11）：72-86．

吴盼文，曹协和，肖毅，李兴发，鄢斗，卢孔标，郭凯，丁攀，徐璐，王守贞．我国政府性债务扩张对金融稳定的影响——基于隐性债务视角[J]．金融研究，2013（12）：57+59-71．

吴培新．美联储VS QE3［J］．资本市场，2012，（7）：91．

吴粤，王涛，竹志奇．政府投资效率与债务风险关系探究[J]．财政研究，2017（8）：29-42+55．

吴振宇，朱鸿鸣，朱俊生．新冠肺炎疫情对金融运行的影响及政策建议[J]．经济纵横，2020（3）：1-6+137．

武彦民，竹志奇．地方政府债务置换的宏观效应分析[J]．财贸经

济 . 2017, 38 (3)：21-37.

厦门大学宏观经济研究中心 CQMM 课题组，李文溥，余长林，吴华坤 . 系统性金融风险与预算软约束 [J]. 东南学术，2017 (6)：65-77+247.

肖卫东 . 中国种植业地理集聚：时空特征、变化趋势及影响因素 [J]. 中国农村经济，2012 (5)：19-31.

熊琛，金昊 . 地方政府债务的宏观经济效应——基于信贷错配视角的研究 [J]. 经济学（季刊），2021, 21 (5)：1545-1570.

徐国祥，郭建娜，陈燃萍 . 中国金融稳定指数的构建及其领先能力分析 [J]. 统计与信息论坛，2017, 32 (4)：27-33.

徐晶 . 房价上涨与经济增长的退耦分析 [J]. 管理世界，2013 (9)：172-173.

徐军伟，毛捷，管星华 . 地方政府隐性债务再认识——基于融资平台公司的精准界定和金融势能的视角 [J]. 管理世界，2020, 36 (9)：37-59.

徐荣，郭娜，李金鑫，何龄童 . 我国房地产价格波动对系统性金融风险影响的动态机制研究——基于有向无环图的分析 [J]. 南方经济，2017 (11)：1-17.

许文彬，叶文霞 . FDI、经济增长与金融发展双门槛效应——基于我国 1992-2012 年省际面板数据 [J]. 数理统计与管理，2016, 35 (6)：972-983.

许宪春，常子豪，唐雅 . 从统计数据看新冠肺炎疫情对中国经济的影响 [J]. 经济学动态，2020 (5)：41-51.

闫先东，张鹏辉 . 土地价格、土地财政与宏观经济波动 [J]. 金融研究，2019 (9)：1-18.

严金海 . 土地供给管制与城市住房用地供给错配——基于 2009—2015 年中国城市面板数据的分析 [J]. 中国土地科学，2018, 32 (6)：15-22.

严金海 . 中国的房价与地价：理论、实证和政策分析 [J]. 数量经济技术经济研究，2006, (1)：17-26.

杨楠，马绰欣 . 我国金融发展对城乡收入差距影响的动态倒 U 演化及下降点预测 [J]. 金融研究，2014 (11)：175-190.

杨骞，刘鑫鹏，孙淑惠．中国科技创新效率的区域差异及其成因识别——基于重大国家区域发展战略［J］．科学学研究，2022，40（5）：927-937+949.

杨秀云，赵勍，安磊．高铁开通对中国城市房价的影响研究［J］．西安交通大学学报（社会科学版），2019，39（2）：20-32.

杨友才．金融发展与经济增长——基于我国金融发展门槛变量的分析［J］．金融研究，2014（2）：59-71.

杨子晖，王姝黛．突发公共卫生事件下的全球股市系统性金融风险传染——来自新冠疫情的证据［J］．经济研究，2021，56（8）：22-38.

叶贵，朱科卫，张继红．房价与地价的因果关系研究——基于重庆的实证检验［J］．中国土地科学，2016，30（6）：62-70.

余海跃，康书隆．地方政府债务扩张、企业融资成本与投资挤出效应［J］．世界经济，2020，43（7）：49-72.

余华义，陈东．中国地价、利率与房价的关联性研究［J］．经济评论，2009（4）：41-49+88.

余辉，余剑．我国金融状况指数构建及其对货币政策传导效应的启示——基于时变参数状态空间模型的研究［J］．金融研究，2013（4）：85-98.

余泳泽，张少辉．城市房价、限购政策与技术创新［J］．中国工业经济，2017（6）：98-116.

喻坤，李治国，张晓蓉，徐剑刚．企业投资效率之谜：融资约束假说与货币政策冲击［J］．经济研究，2014，49（5）：106-120.

原鹏飞，冯蕾．经济增长、收入分配与贫富分化——基于DCGE模型的房地产价格上涨效应研究［J］．经济研究，2014，49（9）：77-90.

原鹏飞，魏巍贤．房地产价格波动的宏观经济及部门经济影响——基于可计算一般均衡模型的定量分析［J］．数量经济技术经济研究，2010，27（5）：88-103.

曾海舰．房产价值与公司投融资变动——抵押担保渠道效应的中国经验证据［J］．管理世界，2012（5）：125-136.

詹向阳，郑艳文．地方政府债务置换的影响［J］．中国金融．2015（20）：32-34．

张超，张梦婷，韩扬．房价波动对银行业系统性风险的影响研究——来自我国 14 家上市商业银行的经验证据［J］．经济问题，2020，（9）：27-35．

张辉．影子银行、房价波动与金融稳定性的动态研究——基于 SVAR 模型的实证分析［J］．中国房地产，2019（9）：10-18．

张杰，宋志刚．供给侧结构性改革中"去产能"面临的困局、风险及对策［J］．河北学刊，2016，36（4）：123-129．

张莉，年永威，刘京军．土地市场波动与地方债——以城投债为例［J］．经济学（季刊），2018，17（3）：1103-1126．

张凌，温海珍，贾生华．中国沿海和内陆城市住房价格波动差异与动力因素［J］．中国土地科学，2011，25（3）：77-84．

张明，郭子睿，何帆．"钱荒"为什么会发生？——上海银行间同业拆放利率的影响因素分析［J］．国际金融研究，2016（12）：84-93．

张晓晶，刘磊．宏观分析新范式下的金融风险与经济增长——兼论新型冠状病毒肺炎疫情冲击与在险增长［J］．经济研究，2020，55（6）：4-21．

张晓晶，刘学良，王佳．债务高企、风险集聚与体制变革——对发展型政府的反思与超越［J］．经济研究，2019，54（6）：4-21．

张晓晶，孙涛．中国房地产周期与金融稳定［J］．经济研究，2006（1）：23-33．

张晓磊，徐林萍，吕立刚．县城炒房是否损害了中小微企业的盈利能力——基于江苏省县域中小微企业数据的实证分析［J］．中国农村经济，2019，（6）：127-144．

张晓朴．互联网金融监管的原则：探索新金融监管范式［J］．金融监管研究，2014（2）：6-17．

张馨．论第三财政［J］．财政研究，2012（8）：2-6．

张璇，张梅青，唐云锋．地方政府债务风险与金融风险的动态交互影响研究——基于系统动力学模型的政策情景仿真［J］．经济与管理研究，

2022, 43（7）：3-15.

张岩，胡迪．中国金融市场风险交互溢出效应分析——来自股灾期间的新证据[J]．金融论坛，2017，22（11）：41-55.

张一林，蒲明．债务展期与结构性去杠杆[J]．经济研究，2018，53（7）：32-46.

张曾莲，王莹．地方政府隐性债务影响金融稳定的空间效应与门槛效应研究[J]．科学决策，2021（6）：20-43.

赵扶扬，陈斌开，刘守英．宏观调控、地方政府与中国经济发展模式转型：土地供给的视角[J]．经济研究，2021，56（7）：4-23.

赵扶扬，王忏，龚六堂．土地财政与中国经济波动[J]．经济研究，2017，52（12）：46-61.

赵江萌，朱道林，李瑶瑶．基于新数据的城市住宅地价空间分异及影响因素研究——以郑州市为例[J]．现代城市研究，2022（3）：112-118.

赵凯，刘成坤．住房价格、土地价格与地方政府行为 [J]．统计研究，2018，35（10）：15-27.

赵胜民，何玉洁．影子银行对货币政策传导与房价的影响分析——兼论宏观审慎政策与货币政策协调[J]．经济科学，2018（1）：83-95.

赵文哲，杨继东．地方政府财政缺口与土地出让方式——基于地方政府与国有企业互利行为的解释[J]．管理世界，2015（4）：11-24.

赵燕菁．土地财政：历史、逻辑与抉择[J]．城市发展研究，2014，21（1）：1-13.

郑骏川．地方政府财政压力、土地出让收益与房地产价格——来自中国35城市面板数据的证据[J]．宏观经济研究，2020（2）：63-74+175.

郑思齐，孙伟增，吴璟，武赟．"以地生财，以财养地"——中国特色城市建设投融资模式研究[J]．经济研究，2014，49（8）：14-27.

中共中央党史和文献研究院．习近平关于金融工作论述摘编 [M]．北京：中央文献出版社，2024.

中国财政科学研究院"降成本"课题组，刘尚希，傅志华，马洪范，程瑜，李成威，梁季，许文．降成本：2017 年的调查与分析［J］．财政研究，2017（10）：2-29+42.

中国地方金融发展报告编委会．中国地方金融发展报告（2019）［R］．全国地方金融二十三次论坛，2019.

中国经济增长前沿课题组，张平，刘霞辉．城市化、财政扩张与经济增长［J］．经济研究，2011，46（11）：4-20.

中国人民银行货币政策分析小组．中国区域金融运行报告［R］．中国人民银行，2015-2019.

中国人民银行营业管理部课题组，周学东，李宏瑾，李康，苏乃芳．预算软约束、融资溢价与杠杆率——供给侧结构性改革的微观机理与经济效应研究［J］．经济研究，2017，52（10）：53-66.

钟宁桦，刘志阔，何嘉鑫，苏楚林．我国企业债务的结构性问题［J］．经济研究，2016，51（7）：102-117.

周广肃，王雅琦．住房价格、房屋购买与中国家庭杠杆率［J］．金融研究，2019（6）：1-19.

周海欧，肖茜．我国金融稳定测度与因素分析（1994-2013）——基于"表现"和"能力"综合评价的视角［J］．当代财经，2015，（1）：43-54.

周黎安．中国地方官员的晋升锦标赛模式研究［J］．经济研究，2007（7）：36-50.

周世愚．地方政府债务风险：理论分析与经验事实［J］．管理世界，2021，37（10）：128-138.

周小亮，李广昊．房价泡沫如何影响经济增长？——基于要素市场扭曲的中介视角［J］．现代经济探讨，2021（12）：1-11+22.

周学东，李文森，刘念，周源，姜子叶，彭恒文，陈冀，唐晓婕．地方债务管理与融资规范研究［J］．金融研究，2014（10）：34-49.

朱鸿鸣，薄岩．"去杠杆"的五大误区：认知根源及其危害［J］．发展研究，2016，（12）：35-38.

朱孟楠，丁冰茜，闫帅．人民币汇率预期、短期国际资本流动与房价［J］．

世界经济研究，2017，（7）：17-29+53+135.

朱英姿，许丹. 官员晋升压力、金融市场化与房价增长[J]. 金融研究，2013（1）：65-78.

祝继高，李天时，尤可畅. 房地产价格波动与商业银行贷款损失准备——基于中国城市商业银行的实证研究[J]. 金融研究，2017（9）：83-98.

邹琳华，钟春平. 饥饿供地，还是售地冲动——基于地级以上城市土地出让及房价数据的实证分析[J]. 财贸经济，2022，43（3）：82-98.

Andersen T G, Bollerslev T, Diebold F X, Ebens H. The Distribution of Realized Stock Return Volatility [J]. Journal of Financial Economics, 2001, 61 (1): 43-76.

Acharya V, Engle R, Richardson M. Capital shortfall: A new approach to ranking and regulating systemic risks [J]. American Economic Review, 2012, 102 (3): 59-64.

Adelino M, Schoar A, Severino F. The role of housing and mortgage markets in the financial crisis [J]. Annual Review of Financial Economics, 2018, 10 (1): 25-41.

Albulescu C T. Forecasting the Romanian financial system stability using a stochastic simulation model [J]. Romanian Journal of Economic Forecasting, 2010, 13 (1): 81-98.

Aliber R Z, Kindleberger C P, McCauley R N. Manias, panics, and crashes: A history of financial crises [M]. Basingstoke: Palgrave Macmillan, 2015.

Allen F, Gale D. Financial contagion [J]. Journal of Political Economy, 2000, 108 (1): 1-33.

Allen M, Rosenberg C B, Keller C, et al. A balance sheet approach to financial crisis [R]. IMF Working Paper, 2002.

Allen W A, Wood G. Defining and achieving financial stability [J]. Journal of Financial Stability, 2006, 2 (2): 152-172.

Almahadin H A, Kaddumi T, Qais A L K. Banking soundness-financial stability nexus: empirical evidence from Jordan [J]. Banks and Bank Systems, 2020, 15 (3): 218.

Altman E. Financial Ratios Discriminant analysis and the prediction of corporate bankruptcy [J]. Journal of Finance, 1968, 23 (4): 589-609.

Andrés J, Arce O. Banking competition, housing prices and macroeconomic stability [J]. The Economic Journal, 2012, 122 (565): 1346-1372.

Angelini P, Neri S, Panetta F. The interaction between capital requirements and monetary policy [J]. Journal of Money, Credit and Banking, 2014, 46 (6): 1073-1112.

Anselin L. Local indicators of spatial association—LISA [J]. Geographical Analysis, 1995, 27 (2): 93-115.

Anselin L. Spatial econometrics: methods and models [M]. Springer Science & Business Media, 1988.

Anundsen A K, Gerdrup K, Hansen F, et al. Bubbles and crises: The role of house prices and credit [J]. Journal of Applied Econometrics, 2016, 31 (7): 1291-1311.

Aoki K, Proudman J, Vlieghe G. House prices, consumption, and monetary policy: a financial accelerator approach [J]. Journal of Financial Intermediation, 2004, 13 (4): 414-435.

Babar S, Latief R, Ashraf S, et al. Financial stability index for the financial sector of Pakistan [J]. Economies, 2019, 7 (3): 81.

Ball M, Shepherd E, Wyatt P. The relationship between residential development land prices and house prices [J]. Town Planning Review, 2022, 93 (4): 401-421.

Barrell R, Davis E P, Karim D, et al. Bank regulation, property prices and early warning systems for banking crises in OECD countries [J]. Journal of Banking & Finance, 2010, 34 (9): 2255-2264.

Beau D, Clerc L, Mojon B. Macro-prudential policy and the conduct of monetary policy [R]. Banque de France Working Paper, 2012.

Beck T, Demirgüç-Kunt A, Levine R. Financial institutions and markets across countries and over time-data and analysis [R]. World Bank policy Research Working Paper, 2009 (4943).

Beltrame F, Previtali D, Sclip A. Systematic risk and banks leverage: The role of asset quality [J]. Finance Research Letters, 2018, 27: 113-117.

Bernanke B, Gertler M, Gilchrist S. The financial accelerator and the flight to quality [J]. Review of Economics and Statistics, 1996, 78 (1): 1-15.

Bernanke B S, Gertler M, Gilchrist S. The financial accelerator in a quantitative business cycle framework [J]. Handbook of Macroeconomics, 1999, 1: 1341-1393.

Bernanke B S, Gertler M. Should central banks respond to movements in asset prices? [J]. American Economic Review, 2001, 91 (2): 253-257.

Bernanke B S, Lown C S, Friedman B M. The credit crunch [J]. Brookings Papers on Economic Activity, 1991, 1991 (2): 205-247.

Biegun K, Karwowski J. Macroeconomic imbalance procedure (MIP) scoreboard indicators and their predictive strength of? multidimensional crises? [J]. Equilibrium. Quarterly Journal of Economics and Economic Policy, 2020, 15 (1): 11-28.

Black F, Scholes M. The pricing of options and corporate liabilities [J]. Journal of Political Economy, 1973, 81 (3): 637-654.

Bogliacino F, Piva M, Vivarelli M. R&D and employment: An application of the LSDVC estimator using European microdata [J]. Economics Letters, 2012, 116 (1): 56-59.

Borio C, Shim I What can (Macro) -prudential policy do to support monetary policy? [R]. BIS Working Papers, 2007, 242.

Borio C. Rediscovering the macroeconomic roots of financial stability policy:

Journey, challenges, and a way forward [J]. Annu. Rev. Financ. Econ., 2011, 3 (1): 87-117.

Borio C. Towards a macroprudential framework for financial supervision and regulation? [J]. CESifo Economic Studies, 2003, 49 (2): 181-215.

Boubakri N, El Ghoul S, Guedhami O, et al. Post-privatization state ownership and bank risk-taking: Cross-country evidence [J]. Journal of Corporate Finance, 2020, 64: 101625.

Brandt L, Litwack J, Mileva E, Wang L, Zhang Y, Zhao L. China's productivity slowdown and future growth potential [R]. World Bank Policy Research Working Paper, 2020, No. 9298.

Browning M, Gørtz M, Leth-Petersen S. Housing wealth and consumption: a micro panel study [J]. The Economic Journal, 2013, 123 (568): 401-428.

Brownlees C, Engle R F. SRISK: A conditional capital shortfall measure of systemic risk [J]. The Review of Financial Studies, 2017, 30 (1): 48-79.

Brunnermeier M K, Eisenbach T M, Sannikov Y. Macroeconomics with financial frictions: A survey [R]. NBER Working Papers, 2012.

Burnside C, Eichenbaum M, Rebelo S. Prospective deficits and the Asian currency crisis [J]. Journal of Political Economy, 2001, 109 (6): 1155-1197.

Calvo G A. Staggered prices in a utility-maximizing framework [J]. Journal of Monetary Economics, 1983, 12 (3): 383-398.

Cardarelli R, Elekdag S, Lall S. Financial stress and economic contractions [J]. Journal of Financial Stability, 2011, 7 (2): 78-97.

Case K E, Shiller R J. Forecasting prices and excess returns in the housing market [J]. Real Estate Economics, 1990, 18 (3): 253-273.

Cecchetti S G, Mohanty M S, Zampolli F. The real effects of debt [R]. BIS Working Paper, 2011, No. 352.

Chaney T, Sraer D, Thesmar D. The collateral channel: How real estate shocks affect corporate investment [J]. American Economic Review, 2012, 102

（6）：2381-2409.

Chang C, Liu Z, Spiegel M M. Capital controls and optimal Chinese monetary policy [J]. Journal of Monetary Economics, 2015, 74: 1-15.

Chant J. Financial stability as a policy goal [J]. Essays on financial stability, 2003, 95.

Chen J, Wu F. Housing and land financialization under the state ownership of land in China [J]. Land Use Policy, 2022, 112: 104844.

Chen N K. Bank net worth, asset prices and economic activity [J]. Journal of Monetary Economics, 2001, 48 (2): 415-436.

Chen T, Liu L, Xiong W, et al. Real estate boom and misallocation of capital in China [J]. Work. Pap. , Princeton Univ. , Princeton, NJ, 2017, 9.

Chow G C, Lin A. Best linear unbiased interpolation, distribution, and extrapolation of time series by related series [J]. The Review of Economics and Statistics, 1971: 372-375.

Christensen I, Meh C, Moran K. Bank leverage regulation and macroeconomic dynamic [J]. CIRANO-Scientific Publications 2011s-76, 2011.

Christiano L J, Eichenbaum M, Evans C L. Nominal rigidities and the dynamic effects of a shock to monetary policy [J]. Journal of Political Economy, 2005, 113 (1): 1-45.

Christian V D K, Sweder V W. Financial fragility, sovereign default risk and the limits to commercial bank bail-outs [J]. Journal of Economic Dynamics and Control, 2014 (43): 218-240.

Collyns C, Senhadji A S. Lending booms, real estate bubbles, and the Asian crisis [J]. Real Estate Bubbles, and the Asian Crisis, 2002.

Coricelli F, Driffield N, Pal S, et al. When does leverage hurt productivity growth? A firm-level analysis [J]. Journal of International Money and Finance, 2012, 31 (6): 1674-1694.

Creel J, Hubert P, Labondance F. Financial stability and economic performance [J]. Economic Modelling, 2015, 48: 25-40.

Crockett A. The theory and practice of financial stability [J]. De Economist, 1996, 144 (4): 531-568.

Dahir A M, Mahat F, Razak N H A, et al. Capital, funding liquidity, and bank lending in emerging economies: An application of the LSDVC approach [J]. Borsa Istanbul Review, 2019, 19 (2): 139-148.

Davis M A, Heathcote J. The price and quantity of residential land in the United States [J]. Journal of Monetary Economics, 2007, 54 (8): 2595-2620.

Dong Y, Hou Q, Ni C. Implicit government guarantees and credit ratings [J]. Journal of Corporate Finance, 2021, 69: 102046.

Doz C, Giannone D, Reichlin L. A two-step estimator for large approximate dynamic factor models based on Kalman filtering [J]. Journal of Econometrics, 2011, 164 (1): 188-205.

Duisenberg W. 6. The role of the Eurosystem in prudential supervision [J]. Banking Supervision at the Crossroads, 2003: 59.

Eggertsson G B, Krugman P. Debt, deleveraging, and the liquidity trap: A Fisher-Minsky-Koo approach [J]. The Quarterly Journal of Economics, 2012, 127 (3): 1469-1513.

European Central Bank. Box 1: A Global Index of Financial Turbulence [J]. Financial Stability Review, 2009, 21-23.

Evans A. Economics, Real Estate and the Supply of Land [M]. Blackwell, 2004.

Fang H, Gu Q, Xiong W, et al. Demystifying the Chinese housing boom [J]. NBER Macroeconomics Annual, 2016, 30 (1): 105-166.

Fang H, Wu J, Zhang R, et al. Understanding the resurgence of the SOEs in China: evidence from the real estate sector [R]. National Bureau of Economic Research, 2022.

Fan Y, Yang Z, Yavas A. Understanding real estate price dynamics: The case of housing prices in five major cities of China [J]. Journal of Housing Economics, 2019, 43: 37-55.

Fisher I. The debt-deflation theory of great depressions [J]. Econometrica, 1933, 1 (4): 337 - 357.

Flannery M J, Lin L. House prices, bank balance sheets, and bank credit supply [R]. Unpublished Working Paper, 2015.

Gan J. Collateral, debt capacity, and corporate investment: Evidence from a natural experiment [J]. Journal of Financial Economics, 2007, 85 (3): 709-734.

Gao H, Ru H, Townsend R, et al. Rise of bank competition: Evidence from banking deregulation in China [R]. National Bureau of Economic Research, 2019.

Gebauer S, Mazelis F. Macroprudential regulation and leakage to the shadow banking sector [J]. European Economic Review, 2023, 154: 104404.

Geng Z, Pan J. The SOE premium and government support in China's credit market [R]. National Bureau of Economic Research, 2019.

Gerlach S, Peng W. Bank lending and property prices in Hong Kong [J]. Journal of Banking & Finance, 2005, 29 (2): 461-481.

Gersl A, Hermanek J. Financial stability indicators: advantages and disadvantages of their use in the assessment of financial system stability [J]. Occasional Publications-Chapters in Edited Volumes, 2007: 69-79.

Gertler M, Karadi P. A model of unconventional monetary policy [J]. Journal of Monetary Economics, 2011, 58 (1): 17-34.

Gertler M, Kiyotaki N, Prestipino A. Wholesale banking and bank runs in macroeconomic modeling of financial crises [M]. Handbook of macroeconomics. Elsevier, 2016, 2: 1345-1425.

Gertler M, Kiyotaki N. Financial intermediation and credit policy in business cycle analysis [M]. Handbook of Monetary Economics. Elsevier, 2010, 3:

547-599.

Gertler P, Hofmann B. Monetary facts revisited [J]. Journal of International Money and Finance, 2018, 86: 154-170.

Ghiaie H. Shadow bank run, housing and credit market: The story of a recession [J]. The BE Journal of Macroeconomics, 2020, 20 (2): 219.

Giroud X, Mueller H M. Firm leverage and regional business cycles [R]. National Bureau of Economic Research, 2018.

Goetz V P. Asset prices and banking distress: A macroeconomic approach [J]. Journal of Financial stability, 2009, 5 (3): 298-319.

Goldsmith O. The poems of thomas gray, william collins, oli-ver goldsmith [M]. Longman, 1969.

Gonzalez L, Ortega F. Immigration and housing booms: Evidence from Spain [J]. Journal of Regional Science, 2013, 53 (1): 37-59.

Goodhart, C A, Kashyap, A K, Tsomocos, D P, Vardoulakis, A P. Financial regulation in general equilibrium [R] . Cambridge, MA: National Bureau of Economic Research, No. 17909, 2012.

Gorton G, Metrick A. Getting up to speed on the financial crisis: a one-weekend-reader's guide [J]. Journal of Economic Literature, 2012, 50 (1): 128-150.

Gouveia A F, Osterhold C. Fear the walking dead: zombie firms, spillovers and exit barriers [J]. OECD Productivity Working Papers, 2018, No. 13.

Gray T, Collins W, Goldsmith O, et al. The Poems of Thomas Gray, William Collins, Oliver Goldsmith [J]. 1969.

Guerrieri L, Iacoviello M. Collateral constraints and macroeconomic asymmetries [J]. Journal of Monetary Economics, 2017, 90: 28-49.

Hamilton J D. A new approach to the economic analysis of nonstationary time series and the business cycle [J] . Econometrica: Journal of the Econometric Society, 1989: 357-384.

Hatzius J, Hooper P, Mishkin F S, et al. Financial conditions indexes: A fresh look after the financial crisis [R]. National Bureau of Economic Research, 2010.

Herring R J, Wachter S M. Real estate booms and banking busts: An international perspective [R]. The Wharton School Research Paper, 1999 (99-27).

He Z, Jia G. Rethinking China's local government debts in the frame of modern money theory [J]. Journal of Post Keynesian Economics, 2020, 43 (2): 210-230.

Hofmann B. Bank lending and property prices: Some international evidence [R]. The Hong Kong Institute for Monetary Research Working Paper, 2003, 22 (3): 34-47.

Holly S, Pesaran M H, Yamagata T. The spatial and temporal diffusion of house prices in the UK [J]. Journal of Urban Economics, 2011, 69 (1): 2-23.

Holmstrom B, Tirole J. Financial intermediation, loanable funds, and the real sector [J]. The Quarterly Journal of Economics, 1997, 112 (3): 663-691.

Houben A C F J, Kakes J, Schinasi G J. Toward a framework for safeguarding financial stability [M]. Washington, DC: International Monetary Fund, 2004.

Huang J, Shen G Q, Zheng H W. Is insufficient land supply the root cause of housing shortage? Empirical evidence from Hong Kong [J]. Habitat International, 2015, 49: 538-546.

Huang Z, Du X. Holding the market under the stimulus plan: Local government financing vehicles' land purchasing behavior in China [J]. China Economic Review, 2018, 50: 85-100.

Iacoviello M, Neri S. Housing market spillovers: evidence from an estimated DSGE model [J]. American Economic Journal: Macroeconomics, 2010, 2 (2): 125-164.

Iacoviello M. House prices, borrowing constraints, and monetary policy in the business cycle [J]. American Economic Review, 2005, 95 (3): 739-764.

Illing M, Liu Y. Measuring financial stress in a developed country: An application to Canada [J]. Journal of Financial Stability, 2006, 2 (3): 243-265.

End J. Indicator and boundaries of financial stability [R]. Netherlands Central Bank, Research Department, No. 97, 2006.

Jin Y, Leung C K Y, Zeng Z. Real estate, the external finance premium and business investment: A quantitative dynamic general equilibrium analysis [J]. Real Estate Economics, 2012, 40 (1): 167-195.

Khwaja A I, Mian A. Do lenders favor politically connected firms? Rent provision in an emerging financial market [J]. The Quarterly Journal of Economics, 2005, 120 (4): 1371-1411.

Kiyotaki N, Michaelides A, Nikolov K. Winners and losers in housing markets [J]. Journal of Money, Credit and Banking, 2011, 43 (2-3): 255-296.

Kiyotaki N, Moore J. Credit cycles [J]. Journal of Political Economy, 1997, 105 (2): 211-248.

Koetter M, Poghosyan T. Real estate prices and bank stability [J]. Journal of Banking & Finance, 2010, 34 (6): 1129-1138.

Koong S S, Law S H, Ibrahim M H. Credit expansion and financial stability in Malaysia [J]. Economic Modelling, 2017, 61: 339-350.

Koop G, Korobilis D. A new index of financial conditions [J]. European Economic Review, 2014, 71: 101-116.

Kornai J. The place of the soft budget constraint syndrome in economic theory [J]. Journal of Comparative Economics, 1998, 26 (1): 11-17.

Kroszner R. Interconnectedness, fragility and the financial crisis [C]. Mimeograph The University of Chicago Booth School of Business, prepared for Financial Crisis Forum Financial Crisis Inquiry Commission, Washington DC, February. 2010.

Li L, Wu X. Housing price and entrepreneurship in China [J]. Journal of Comparative Economics, 2014, 42 (2): 436-449.

Liu F, Ren H, Liu C. Housing price fluctuations and financial risk transmission: A spatial economic model [J]. Applied Economics, 2019, 51 (53): 5767-5780.

Liu Z, Wang P, Zha T. Land-price dynamics and macroeconomic fluctuations [J]. Econometrica, 2013, 81 (3): 1147-1184.

Longworth D. Combatting the Dangers Lurking in the Shadows: The Macroprudential Regulation of Shadow Banking [J]. CD Howe Institute Commentary, 2012 (361).

Martin A, Moral-Benito E, Schmitz T. The financial transmission of housing bubbles: Evidence from Spain [R]. Banco de Espana Working Paper, 2018, No. 1823.

Martinez-Miera D, Repullo R. Monetary policy, macroprudential policy, and financial stability [J]. Annual Review of Economics, 2019, 11: 809-832.

McGowan M A, Andrews D, Millot V. Insolvency regimes, zombie firms and capital reallocation [J]. OECD Economic Department Working Papers, 2017.

McKinnon, R. I. Inflation as a global problem: Randall Hinshaw, (The Johns Hopkins University Press, Baltimore and London, 1972) pp. vii + 184 [J]. Journal of International Economics, 1973, 3 (4), 397-398.

Meeks R, Nelson B, Alessandri P. Shadow banks and macroeconomic instability [J]. Journal of Money, Credit and Banking, 2017, 49 (7): 1483-1516.

Meh C A, Moran K. The role of bank capital in the propagation of shocks [J]. Journal of Economic Dynamics and Control, 2010, 34 (3): 555-576.

Mendoza E G, Terrones M E. An anatomy of credit booms and their demise [R]. National Bureau of Economic Research, 2012.

Merton R C. On the pricing of corporate debt: The risk structure of interest rates [J]. The Journal of Finance, 1974, 29（2）：449-470.

Mian A, Sufi A. The consequences of mortgage credit expansion：Evidence from the US mortgage default crisis [J]. The Quarterly Journal of Economics, 2009, 124（4）：1449-1496.

Miao J, Wang P, Zhou J. Asset bubbles, collateral, and policy analysis [J]. Journal of Monetary Economics, 2015, 76：S57-S70.

Miao J, Wang P. Sectoral bubbles, misallocation, and endogenous growth [J]. Journal of Mathematical Economics, 2014, 53：153-163.

Mishkin F S. Global financial instability：framework, events, issus. The Journal of Economic Perspectives, 1999, 13（4）：3-20.

Morales M A, Estrada D. A financial stability index for Colombia [J]. Annals of Finance, 2010, 6（4）：555-581.

Moran P A P. Notes on continuous stochastic phenomena [J]. Biometrika, 1950, 37（1/2）：17-23.

Morris V C. Measuring and forecasting financial stability：The composition of an aggregate financial stability index for Jamaica [J]. Bank of Jamaica, 2010, 6（2）：34-51.

Moscone F, Tosetti E, Canepa A. Real estate market and financial stability in US metropolitan areas：A dynamic model with spatial effects [J]. Regional Science and Urban Economics, 2014, 49：129-146.

Mou Y, He Q, Zhou B. Detecting the spatially non-stationary relationships between housing price and its determinants in China：Guide for housing market sustainability [J] . Sustainability, 2017, 9（10）：1826.

Nakajima J. Time-varying parameter VAR model with stochastic volatility：An overview of methodology and empirical applications [J]. Monetary and Economic Studies, 2011. 29, 107-142.

Nelson W R, Perli R. Selected indicators of financial stability [J]. Risk Measurement and Systemic Risk, 2007, 4：343-372.

Okina K, Shirakawa M, Shiratsuka S. The asset price bubble and monetary policy: Japan's experience in the late 1980s and the lessons [J]. Monetary and Economic Studies (special edition), 2001, 19 (2): 395-450.

Ooi J, Lee S T. Price Discovery Between Residential Land & Housing Markets [J]. Journal of Housing Research, 2004, 15 (2): 95 - 112.

Ooi J, Lee S T. Price discovery between residential land & housing markets [J]. Journal of Housing Research, 2004, 15 (2): 95-112.

O Sullivan. Urban Economies [M]. The McGraw-Hill Companies, 2002.

Ott H. Will euro area house prices sharply decrease? [J]. Economic Modelling, 2014, 42: 116-127.

Ouyang A Y, Wang J. Shadow banking, macroprudential policy, and bank stability: Evidence from China's wealth management product market [J]. Journal of Asian Economics, 2022, 78: 101424.

Padoa-Schioppa T. Central banks and financial stability: exploring the land in between [J]. The Transformation of the European Financial System, 2003, 25: 269-310.

Paligorova T, Santos J A C. Monetary policy and bank risk-taking: Evidence from the corporate loan market [J]. Journal of Financial Intermediation, 2017, 30: 35-49.

Palley T I. Asset price bubbles and monetary policy: why central banks have been wrong and what should be done [R]. IMK Working Paper, 2008.

Pan H, Wang C. House prices, bank instability, and economic growth: Evidence from the threshold model [J]. Journal of Banking & Finance, 2013, 37 (5): 1720-1732.

Pellegrini C B, Cincinelli P, Meoli M, et al. The contribution of (shadow) banks and real estate to systemic risk in China [J]. Journal of Financial Stability, 2022, 60: 101018.

Pesaran M H, Xu T T. Business cycle effects of credit and technology shocks in a dsge model with firm defaults [R]. IZH Discussion Paper, 2011.

Petrovska M, Mihajlovska E M. Measures of financial stability in Macedonia [J]. Journal of Central Banking Theory and Practice, 2013, 2 (3): 85-110.

Pool S. Mortgage debt and shadow banks [R]. De Nederlandsche Bank Working Paper, 2018, No. 588

Pouvelle M C. Bank credit, asset prices and financial stability: Evidence from French banks [M]. International Monetary Fund, 2012.

Primiceri G E, Time varying structural vector autoregressions and monetary policy [J]. The Review of Economic Studies, 2005, 72 (3): 821-852.

Rakshit B, Bardhan S. Does bank competition enhance or hinder financial stability? Evidence from Indian banking [J]. Journal of Central Banking Theory and Practice, 2020, 9 (s1): 75-102.

Rashid A, Hassan M K, Karamat H. Firm size and the interlinkages between sales volatility, exports, and financial stability of Pakistani manufacturing firms [J]. Eurasian Business Review, 2021, 11: 111-134.

Reinhart C M, Rogoff K S. From financial crash to debt crisis [J]. American Economic Review, 2011, 101 (5): 1676-1706.

Renaud B. The 1985 - 94 global real estate cycle: its causes and consequences [M]. World Bank Publications, 1995.

Rotemberg J J, Saloner G. A supergame-theoretic model of business cycles and price wars during booms [R]. NBER Working Paper, 1984.

Ruscher E, Wolff G B. Corporate balance sheet adjustment: stylized facts, causes and consequences [R]. Bruegel Working Paper, 2012.

Samad K, Mohd Daud S N, Mohd Dali N R S. Determinants of household debt in emerging economies: A macro panel analysis [J]. Cogent Business & Management, 2020, 7 (1): 1831765.

Sasao T, De Jaeger S, De Weerdt L. Does weight-based pricing for municipal waste collection contribute to waste reduction? A dynamic panel analysis in

Flanders [J]. Waste Management, 2021, 128: 132-141.

Schinasi G J. Defining financial stability [J]. IMF Working Papers, 2004.

Scholte J A. Civil society and the governance of global finance [M]//Civil society and global finance. Routledge, 2002: 11-32.

Shao S, Zhang Y, Tian Z, et al. The regional Dutch disease effect within China: A spatial econometric investigation [J]. Energy Economics, 2020, 88: 104766.

Silvo A. The interaction of monetary and macroprudential policies [J]. Journal of Money, Credit and Banking, 2019, 51 (4): 859-894.

Smets F, Wouters R. Shocks and frictions in US business cycles: A Bayesian DSGE approach [J]. American Economic Review, 2007, 97 (3): 586-606.

Stojkov A, Warin T. Drivers of European transition countries' external current accounts: An LSDVC approach [J]. Eastern European Economics, 2016, 54 (5): 405-436.

Tan S. The Dynamic Panels With Threshold Effect of China's OFDI on Host Country Technological Progress: An Empirical Analysis Based on Different Types of Countries Along the Belt and Road [J]. International Journal of Information Systems in the Service Sector (IJISSS), 2022, 14 (2): 1-12.

Tsafack G, Li Y, Beliaeva N. Too-big-to-fail: The value of government guarantee [J]. Pacific-Basin Finance Journal, 2021, 68: 101313.

Tzolos E, Dweck M R. Threshold effect for lipoprotein (a) in aortic stenosis [J]. Heart, 2021. 107 (17), 1367-1368.

van den End J W. Indicator and boundaries of financial stability [R]. Netherlands Central Bank, Research Department, 2006.

van der Kwaak C G F, Van Wijnbergen S J G. Financial fragility, sovereign default risk and the limits to commercial bank bail-outs [J]. Journal of Economic Dynamics and Control, 2014, 43: 218-240.

Verona F, Martins M M F, Drumond I. (Un) anticipated monetary policy in a DSGE model with a shadow banking system [J]. Bank of Finland Research Discussion Paper, 2013 (4).

V Von Peter G. Asset prices and banking distress: a macroeconomic approach [J]. Journal of Financial Stability, 2009, 5 (3): 298-319.

Wang R, Hou J. Land finance, land attracting investment and housing price fluctuations in China [J]. International Review of Economics & Finance, 2021, 72: 690-699.

Wang S Y. State misallocation and housing prices: theory and evidence from China [J]. American Economic Review, 2011, 101 (5): 2081-2107.

Wellink N, Chapple B, Maier P. The role of national central banks within the European System of Central Banks: The example of De Nederlandsche Bank [J]. Review of The Economic Conditions in Italy, 2002 (2): 203-226.

Wu, F. Land financialisation and the financing of urban development in China [J]. Land Use Policy, 2022, (112): 104412.

Wu F. The long shadow of the state: Financializing the Chinese city [J]. Urban Geography, 2023, 44 (1): 37-58.

Wu G L, Feng Q, Li P. Does local governments' budget deficit push up housing prices in China? [J]. China Economic Review, 2015, 35: 183-196.

Yang G, Zha D, Zhang C, et al. Does environment-biased technological progress reduce CO_2 emissions in APEC economies? Evidence from fossil and clean energy consumption [J]. Environmental Science and Pollution Research, 2020, 27: 20984-20999.

Yang W, Zhang Z, Wang Y, et al. Impact of China's Provincial Government Debt on Economic Growth and Sustainable Development [J]. Sustainability, 2022, 14 (3): 1474.

Yang Z, Fan Y, Zhao L. A reexamination of housing price and household consumption in China: the dual role of housing consumption and housing investment [J]. The Journal of Real Estate Finance and Economics, 2018, 56:

472-499.

Yan X, Huang Y. Is there a nonlinear economic threshold effect of financial development on the efficiency of sci-tech innovation? An empirical test from the Yangtze River Economic Belt [J]. Growth and Change, 2021, 52 (3): 1387-1409.

Zhang C. Money, housing, and inflation in China [J]. Journal of Policy Modeling, 2013, 35 (1): 75-87.

Zhang D, Fan G Z. Regional spillover and rising connectedness in China's urban housing prices [J]. Regional Studies, 2019, 53 (6): 861-873.

Zhang J, Li L, Zhang D, et al. Seven super urban agglomerations, governments' debt risk, and land leasing, China [J]. Growth and Change, 2021, 52 (4): 2662-2679.

附　录

附录1　2008~2022 年宏观金融稳定指数

时间	*FSI*	时间	*FSI*	时间	*FSI*	时间	*FSI*	时间	*FSI*
2008 年 1 月	0.90	2009 年 11 月	0.45	2011 年 9 月	0.48	2013 年 7 月	0.39	2015 年 5 月	0.17
2008 年 2 月	0.87	2009 年 12 月	0.61	2011 年 10 月	0.47	2013 年 8 月	0.36	2015 年 6 月	0.15
2008 年 3 月	0.84	2010 年 1 月	0.65	2011 年 11 月	0.48	2013 年 9 月	0.38	2015 年 7 月	0.15
2008 年 4 月	0.97	2010 年 2 月	0.58	2011 年 12 月	0.44	2013 年 10 月	0.37	2015 年 8 月	0.12
2008 年 5 月	0.86	2010 年 3 月	0.48	2012 年 1 月	0.44	2013 年 11 月	0.40	2015 年 9 月	0.12
2008 年 6 月	0.80	2010 年 4 月	0.45	2012 年 2 月	0.37	2013 年 12 月	0.40	2015 年 10 月	0.08
2008 年 7 月	0.85	2010 年 5 月	0.55	2012 年 3 月	0.36	2014 年 1 月	0.36	2015 年 11 月	0.04
2008 年 8 月	0.99	2010 年 6 月	0.66	2012 年 4 月	0.40	2014 年 2 月	0.34	2015 年 12 月	0.03
2008 年 9 月	1.18	2010 年 7 月	0.61	2012 年 5 月	0.35	2014 年 3 月	0.34	2016 年 1 月	0.05
2008 年 10 月	1.26	2010 年 8 月	0.54	2012 年 6 月	0.39	2014 年 4 月	0.32	2016 年 2 月	0.07
2008 年 11 月	1.26	2010 年 9 月	0.49	2012 年 7 月	0.47	2014 年 5 月	0.29	2016 年 3 月	0.06
2008 年 12 月	1.20	2010 年 10 月	0.48	2012 年 8 月	0.50	2014 年 6 月	0.28	2016 年 4 月	0.03
2009 年 1 月	0.78	2010 年 11 月	0.51	2012 年 9 月	0.45	2014 年 7 月	0.25	2016 年 5 月	0.01
2009 年 2 月	0.76	2010 年 12 月	0.60	2012 年 10 月	0.32	2014 年 8 月	0.25	2016 年 6 月	0.02
2009 年 3 月	0.85	2011 年 1 月	0.39	2012 年 11 月	0.27	2014 年 9 月	0.20	2016 年 7 月	0.05
2009 年 4 月	0.82	2011 年 2 月	0.38	2012 年 12 月	0.26	2014 年 10 月	0.20	2016 年 8 月	0.07
2009 年 5 月	0.81	2011 年 3 月	0.46	2013 年 1 月	0.31	2014 年 11 月	0.20	2016 年 9 月	0.07
2009 年 6 月	0.71	2011 年 4 月	0.49	2013 年 2 月	0.32	2014 年 12 月	0.19	2016 年 10 月	0.04
2009 年 7 月	0.78	2011 年 5 月	0.46	2013 年 3 月	0.37	2015 年 1 月	0.28	2016 年 11 月	0.02
2009 年 8 月	0.77	2011 年 6 月	0.42	2013 年 4 月	0.37	2015 年 2 月	0.20	2016 年 12 月	0.01
2009 年 9 月	0.62	2011 年 7 月	0.46	2013 年 5 月	0.38	2015 年 3 月	0.20	2017 年 1 月	0.08
2009 年 10 月	0.50	2011 年 8 月	0.46	2013 年 6 月	0.42	2015 年 4 月	0.17	2017 年 2 月	0.09

时间	*FSI*	时间	*FSI*	时间	*FSI*	时间	*FSI*	时间	*FSI*
2017 年 3 月	0.11	2018 年 5 月	0.34	2019 年 7 月	0.59	2020 年 9 月	0.68	2021 年 11 月	0.73
2017 年 4 月	0.09	2018 年 6 月	0.34	2019 年 8 月	0.61	2020 年 10 月	0.69	2021 年 12 月	0.73
2017 年 5 月	0.09	2018 年 7 月	0.37	2019 年 9 月	0.61	2020 年 11 月	0.72	2022 年 1 月	0.69
2017 年 6 月	0.11	2018 年 8 月	0.40	2019 年 10 月	0.61	2020 年 12 月	0.74	2022 年 2 月	0.66
2017 年 7 月	0.10	2018 年 9 月	0.41	2019 年 11 月	0.62	2021 年 1 月	0.78	2022 年 3 月	0.60
2017 年 8 月	0.12	2018 年 10 月	0.42	2019 年 12 月	0.59	2021 年 2 月	0.75	2022 年 4 月	0.60
2017 年 9 月	0.16	2018 年 11 月	0.47	2020 年 1 月	0.53	2021 年 3 月	0.69	2022 年 5 月	0.63
2017 年 10 月	0.18	2018 年 12 月	0.50	2020 年 2 月	0.41	2021 年 4 月	0.75	2022 年 6 月	0.66
2017 年 11 月	0.20	2019 年 1 月	0.49	2020 年 3 月	0.44	2021 年 5 月	0.70	2022 年 7 月	0.70
2017 年 12 月	0.24	2019 年 2 月	0.52	2020 年 4 月	0.55	2021 年 6 月	0.68	2022 年 8 月	0.71
2018 年 1 月	0.28	2019 年 3 月	0.52	2020 年 5 月	0.59	2021 年 7 月	0.69	2022 年 9 月	0.69
2018 年 2 月	0.27	2019 年 4 月	0.56	2020 年 6 月	0.61	2021 年 8 月	0.69	2022 年 10 月	0.65
2018 年 3 月	0.29	2019 年 5 月	0.54	2020 年 7 月	0.63	2021 年 9 月	0.70	2022 年 11 月	0.62
2018 年 4 月	0.32	2019 年 6 月	0.54	2020 年 8 月	0.67	2021 年 10 月	0.71	2022 年 12 月	0.60

附录 2　2015~2022 年省域金融稳定指数

时间	北京	天津	河北	山西	黑龙江	辽宁	吉林	内蒙古
2015 年第一季度	0.29	0.52	0.47	0.46	0.49	0.50	0.51	0.55
2015 年第二季度	0.35	0.57	0.53	0.52	0.56	0.55	0.57	0.61
2015 年第三季度	0.56	0.77	0.74	0.73	0.77	0.76	0.79	0.82
2015 年第四季度	0.49	0.70	0.67	0.66	0.69	0.67	0.71	0.74
2016 年第一季度	0.48	0.68	0.65	0.64	0.69	0.66	0.69	0.71
2016 年第二季度	0.43	0.63	0.59	0.58	0.62	0.60	0.63	0.65
2016 年第三季度	0.57	0.77	0.73	0.72	0.76	0.74	0.77	0.79
2016 年第四季度	0.51	0.70	0.67	0.65	0.70	0.66	0.70	0.71
2017 年第一季度	0.41	0.61	0.56	0.54	0.60	0.56	0.60	0.61
2017 年第二季度	0.56	0.75	0.71	0.69	0.74	0.70	0.75	0.76
2017 年第三季度	0.47	0.65	0.61	0.59	0.64	0.60	0.64	0.66
2017 年第四季度	0.62	0.81	0.77	0.75	0.79	0.75	0.79	0.81
2018 年第一季度	0.41	0.63	0.57	0.56	0.60	0.56	0.60	0.61
2018 年第二季度	0.54	0.77	0.70	0.69	0.73	0.69	0.74	0.75
2018 年第三季度	0.52	0.74	0.68	0.67	0.70	0.67	0.71	0.72
2018 年第四季度	0.52	0.76	0.68	0.67	0.70	0.67	0.71	0.72
2019 年第一季度	0.39	0.57	0.53	0.53	0.54	0.52	0.55	0.58
2019 年第二季度	0.32	0.51	0.47	0.46	0.48	0.47	0.49	0.52
2019 年第三季度	0.46	0.65	0.60	0.60	0.61	0.61	0.62	0.65
2019 年第四季度	0.45	0.65	0.60	0.60	0.60	0.60	0.62	0.65
2020 年第一季度	0.38	0.55	0.52	0.52	0.52	0.52	0.54	0.58
2020 年第二季度	0.23	0.40	0.37	0.37	0.37	0.37	0.38	0.42
2020 年第三季度	0.38	0.56	0.53	0.53	0.53	0.53	0.54	0.58
2020 年第四季度	0.50	0.68	0.65	0.64	0.64	0.64	0.66	0.69
2021 年第一季度	0.55	0.68	0.65	0.60	0.67	0.65	0.66	0.65
2021 年第二季度	0.68	0.79	0.77	0.72	0.79	0.77	0.78	0.77
2021 年第三季度	0.68	0.80	0.79	0.73	0.80	0.78	0.79	0.78
2021 年第四季度	0.57	0.69	0.67	0.61	0.69	0.66	0.68	0.66
2022 年第一季度	0.58	0.69	0.68	0.63	0.69	0.67	0.68	0.67
2022 年第二季度	0.35	0.47	0.46	0.41	0.47	0.45	0.46	0.45
2022 年第三季度	0.50	0.62	0.62	0.56	0.62	0.60	0.61	0.61
2022 年第四季度	0.50	0.60	0.61	0.56	0.61	0.59	0.60	0.59

续表

时间	上海	江苏	浙江	安徽	福建	江西	山东	河南
2015 年第一季度	0.40	0.46	0.50	0.48	0.52	0.48	0.49	0.47
2015 年第二季度	0.44	0.52	0.56	0.54	0.58	0.54	0.55	0.53
2015 年第三季度	0.66	0.73	0.77	0.76	0.80	0.76	0.76	0.74
2015 年第四季度	0.58	0.65	0.68	0.68	0.71	0.68	0.69	0.66
2016 年第一季度	0.57	0.63	0.67	0.65	0.70	0.66	0.67	0.64
2016 年第二季度	0.52	0.58	0.61	0.61	0.65	0.60	0.61	0.58
2016 年第三季度	0.65	0.72	0.74	0.74	0.78	0.74	0.75	0.73
2016 年第四季度	0.58	0.65	0.67	0.67	0.72	0.67	0.68	0.66
2017 年第一季度	0.49	0.55	0.57	0.56	0.61	0.57	0.58	0.56
2017 年第二季度	0.64	0.70	0.71	0.71	0.75	0.72	0.72	0.70
2017 年第三季度	0.54	0.60	0.61	0.61	0.66	0.62	0.63	0.61
2017 年第四季度	0.69	0.75	0.76	0.76	0.81	0.77	0.78	0.76
2018 年第一季度	0.49	0.55	0.57	0.56	0.62	0.57	0.58	0.56
2018 年第二季度	0.63	0.69	0.70	0.69	0.75	0.70	0.72	0.70
2018 年第三季度	0.60	0.66	0.68	0.66	0.73	0.69	0.70	0.68
2018 年第四季度	0.60	0.67	0.68	0.67	0.73	0.70	0.70	0.68
2019 年第一季度	0.46	0.52	0.54	0.53	0.59	0.55	0.55	0.54
2019 年第二季度	0.39	0.46	0.48	0.47	0.53	0.50	0.49	0.48
2019 年第三季度	0.53	0.61	0.62	0.61	0.68	0.64	0.63	0.63
2019 年第四季度	0.52	0.60	0.61	0.61	0.67	0.63	0.62	0.62
2020 年第一季度	0.42	0.52	0.53	0.53	0.59	0.56	0.54	0.55
2020 年第二季度	0.27	0.36	0.37	0.39	0.43	0.41	0.38	0.40
2020 年第三季度	0.41	0.53	0.53	0.55	0.59	0.57	0.54	0.56
2020 年第四季度	0.53	0.65	0.65	0.66	0.71	0.68	0.66	0.67
2021 年第一季度	0.58	0.66	0.65	0.67	0.72	0.69	0.66	0.68
2021 年第二季度	0.70	0.78	0.77	0.79	0.83	0.81	0.78	0.80
2021 年第三季度	0.71	0.80	0.79	0.81	0.85	0.83	0.80	0.81
2021 年第四季度	0.60	0.69	0.67	0.69	0.75	0.71	0.68	0.70
2022 年第一季度	0.61	0.69	0.68	0.70	0.74	0.72	0.69	0.70
2022 年第二季度	0.39	0.47	0.46	0.48	0.52	0.50	0.47	0.49
2022 年第三季度	0.55	0.63	0.61	0.64	0.68	0.66	0.62	0.64
2022 年第四季度	0.54	0.63	0.60	0.63	0.67	0.65	0.62	0.64

续表

时间	湖北	湖南	广东	广西	海南	重庆	四川	贵州
2015 年第一季度	0.46	0.47	0.44	0.51	0.52	0.50	0.47	0.52
2015 年第二季度	0.52	0.53	0.49	0.57	0.58	0.55	0.52	0.58
2015 年第三季度	0.73	0.75	0.71	0.77	0.80	0.76	0.73	0.77
2015 年第四季度	0.66	0.66	0.63	0.70	0.71	0.68	0.65	0.67
2016 年第一季度	0.64	0.64	0.62	0.67	0.69	0.66	0.63	0.65
2016 年第二季度	0.59	0.58	0.57	0.62	0.63	0.59	0.57	0.57
2016 年第三季度	0.73	0.72	0.71	0.76	0.77	0.73	0.71	0.70
2016 年第四季度	0.66	0.64	0.64	0.69	0.69	0.66	0.64	0.63
2017 年第一季度	0.56	0.54	0.54	0.58	0.58	0.56	0.54	0.54
2017 年第二季度	0.70	0.69	0.69	0.73	0.72	0.71	0.68	0.67
2017 年第三季度	0.61	0.59	0.59	0.63	0.63	0.61	0.58	0.57
2017 年第四季度	0.76	0.74	0.74	0.78	0.77	0.76	0.73	0.72
2018 年第一季度	0.56	0.54	0.55	0.59	0.59	0.57	0.54	0.54
2018 年第二季度	0.70	0.68	0.68	0.72	0.71	0.70	0.68	0.67
2018 年第三季度	0.68	0.66	0.66	0.70	0.70	0.68	0.65	0.66
2018 年第四季度	0.68	0.66	0.66	0.71	0.69	0.69	0.65	0.67
2019 年第一季度	0.54	0.52	0.52	0.57	0.56	0.55	0.52	0.55
2019 年第二季度	0.48	0.47	0.46	0.51	0.50	0.49	0.46	0.49
2019 年第三季度	0.62	0.61	0.60	0.65	0.64	0.63	0.60	0.63
2019 年第四季度	0.62	0.60	0.59	0.65	0.64	0.63	0.59	0.64
2020 年第一季度	0.55	0.54	0.50	0.58	0.57	0.56	0.52	0.58
2020 年第二季度	0.40	0.38	0.35	0.43	0.42	0.40	0.36	0.43
2020 年第三季度	0.56	0.55	0.51	0.59	0.57	0.56	0.52	0.59
2020 年第四季度	0.67	0.66	0.63	0.71	0.68	0.68	0.64	0.71
2021 年第一季度	0.69	0.69	0.65	0.71	0.70	0.70	0.66	0.71
2021 年第二季度	0.81	0.82	0.77	0.84	0.81	0.82	0.78	0.83
2021 年第三季度	0.82	0.83	0.79	0.85	0.83	0.84	0.80	0.85
2021 年第四季度	0.71	0.71	0.67	0.74	0.71	0.72	0.68	0.74
2022 年第一季度	0.71	0.72	0.68	0.75	0.71	0.73	0.68	0.75
2022 年第二季度	0.49	0.50	0.46	0.53	0.49	0.51	0.47	0.54
2022 年第三季度	0.65	0.66	0.61	0.69	0.65	0.66	0.62	0.69
2022 年第四季度	0.65	0.65	0.60	0.69	0.64	0.66	0.62	0.69

时间	云南	西藏	陕西	甘肃	青海	宁夏	新疆
2015 年第一季度	0.52	0.46	0.47	0.51	0.57	0.59	0.51
2015 年第二季度	0.58	0.52	0.53	0.57	0.63	0.64	0.56
2015 年第三季度	0.78	0.73	0.74	0.78	0.81	0.86	0.76
2015 年第四季度	0.70	0.66	0.65	0.71	0.74	0.76	0.68
2016 年第一季度	0.68	0.65	0.63	0.69	0.73	0.75	0.67
2016 年第二季度	0.63	0.60	0.58	0.64	0.65	0.68	0.62
2016 年第三季度	0.76	0.76	0.71	0.78	0.79	0.82	0.75
2016 年第四季度	0.69	0.70	0.65	0.72	0.74	0.76	0.69
2017 年第一季度	0.58	0.60	0.54	0.63	0.65	0.66	0.58
2017 年第二季度	0.72	0.75	0.69	0.77	0.78	0.79	0.72
2017 年第三季度	0.62	0.66	0.59	0.68	0.68	0.71	0.62
2017 年第四季度	0.77	0.82	0.74	0.84	0.83	0.86	0.77
2018 年第一季度	0.58	0.63	0.55	0.65	0.65	0.67	0.59
2018 年第二季度	0.72	0.76	0.69	0.78	0.77	0.80	0.72
2018 年第三季度	0.69	0.74	0.66	0.75	0.75	0.77	0.69
2018 年第四季度	0.70	0.75	0.67	0.76	0.75	0.78	0.69
2019 年第一季度	0.57	0.63	0.53	0.61	0.60	0.63	0.55
2019 年第二季度	0.50	0.56	0.46	0.55	0.53	0.57	0.49
2019 年第三季度	0.64	0.68	0.60	0.68	0.65	0.70	0.63
2019 年第四季度	0.64	0.68	0.60	0.68	0.66	0.70	0.63
2020 年第一季度	0.57	0.62	0.52	0.60	0.59	0.62	0.55
2020 年第二季度	0.42	0.48	0.37	0.44	0.44	0.46	0.40
2020 年第三季度	0.58	0.63	0.53	0.60	0.57	0.63	0.56
2020 年第四季度	0.70	0.71	0.65	0.72	0.68	0.74	0.68
2021 年第一季度	0.72	0.74	0.65	0.70	0.64	0.66	0.67
2021 年第二季度	0.84	0.85	0.78	0.82	0.76	0.78	0.79
2021 年第三季度	0.86	0.86	0.79	0.83	0.76	0.80	0.81
2021 年第四季度	0.75	0.74	0.67	0.72	0.64	0.68	0.69
2022 年第一季度	0.75	0.76	0.68	0.72	0.66	0.69	0.71
2022 年第二季度	0.54	0.55	0.46	0.50	0.44	0.48	0.48
2022 年第三季度	0.69	0.70	0.62	0.66	0.59	0.63	0.64
2022 年第四季度	0.69	0.67	0.61	0.65	0.57	0.61	0.63

附录 3　2015~2022 年区域金融稳定指数

区域	2015 年第一季度	2015 年第二季度	2015 年第三季度	2015 年第四季度	2016 年第一季度	2016 年第二季度	2016 年第三季度	2016 年第四季度
东部地区	0.4550	0.5092	0.7214	0.6415	0.6288	0.5747	0.7127	0.6448
中部地区	0.4715	0.5306	0.7444	0.6656	0.6447	0.5904	0.7274	0.6608
西部地区	0.5194	0.5763	0.7789	0.6978	0.6814	0.6218	0.7606	0.6964
东北地区	0.5004	0.5592	0.7722	0.6905	0.6756	0.6177	0.7523	0.6870

区域	2017 年第一季度	2017 年第二季度	2017 年第三季度	2017 年第四季度	2018 年第一季度	2018 年第二季度	2018 年第三季度	2018 年第四季度
东部地区	0.5431	0.6896	0.5926	0.7454	0.5521	0.6868	0.6624	0.6653
中部地区	0.5550	0.7027	0.6046	0.7577	0.5611	0.6941	0.6731	0.6771
西部地区	0.5970	0.7396	0.6417	0.7962	0.6069	0.7380	0.7142	0.7205
东北地区	0.5821	0.7283	0.6263	0.7781	0.5852	0.7160	0.6912	0.6906

区域	2019 年第一季度	2019 年第二季度	2019 年第三季度	2019 年第四季度	2020 年第一季度	2020 年第二季度	2020 年第三季度	2020 年第四季度
东部地区	0.5175	0.4545	0.5956	0.5899	0.5053	0.3529	0.5093	0.6266
中部地区	0.5374	0.4779	0.6177	0.6143	0.5390	0.3900	0.5494	0.6656
西部地区	0.5803	0.5161	0.6519	0.6515	0.5782	0.4269	0.5823	0.6958
东北地区	0.5386	0.4780	0.6141	0.6092	0.5289	0.3741	0.5322	0.6460

区域	2021 年第一季度	2021 年第二季度	2021 年第三季度	2021 年第四季度	2022 年第一季度	2022 年第二季度	2022 年第三季度	2022 年第四季度
东部地区	0.6451	0.7646	0.7782	0.6627	0.6695	0.4481	0.6034	0.5942
中部地区	0.6688	0.7916	0.8035	0.6882	0.6965	0.4788	0.6354	0.6287
西部地区	0.6877	0.8079	0.8201	0.7058	0.7157	0.4987	0.6544	0.6429
东北地区	0.6599	0.7812	0.7904	0.6730	0.6781	0.4572	0.6113	0.6018

图书在版编目（CIP）数据

房地产价格与中国金融稳定：指数构建、DSGE分析
与实证研究／王劲松，唐洛秋，武文慧著 . -- 北京：
社会科学文献出版社，2024.12. -- ISBN 978-7-5228
-3904-2

Ⅰ. F299.233.5；F832

中国国家版本馆 CIP 数据核字第 2024DV8719 号

房地产价格与中国金融稳定：指数构建、DSGE 分析与实证研究

著　　者／王劲松　唐洛秋　武文慧

出 版 人／冀祥德
责任编辑／史晓琳
文稿编辑／赵亚汝
责任印制／王京美

出　　版／社会科学文献出版社·经济与管理分社（010）59367226
　　　　　地址：北京市北三环中路甲 29 号院华龙大厦　邮编：100029
　　　　　网址：www.ssap.com.cn
发　　行／社会科学文献出版社（010）59367028
印　　装／三河市尚艺印装有限公司

规　　格／开　本：787mm×1092mm　1/16
　　　　　印　张：31.25　字　数：474 千字
版　　次／2024 年 12 月第 1 版　2024 年 12 月第 1 次印刷
书　　号／ISBN 978-7-5228-3904-2
定　　价／168.00 元

读者服务电话：4008918866